2판

새로운 청소년정책 총론

이광호 지음

창지사

머리말

한국사회에서 1960년대부터 청소년대책, 청소년육성정책, 청소년정책 등 여러 가지 용어로 청소년 관련 정책이 수립되기 시작하였고, 그동안 청소년정책에 관한 연구와 책자도 적지 않게 발간되었다. 1992년부터 국가적 차원에서 청소년지도자 양성이 이루어지고, 대학에 청소년 관련 학과가 개설·운영되면서 청소년정책에 대한 여러 가지 이론적·학문적 접근은 더욱 활발하게 이루어져 왔다.

그렇지만 청소년정책 입안자, 청소년 분야의 연구자 및 청소년사업 실천 현장의 청소년지도자들이 청소년정책에 관한 이론적·학문적 필요를 채울 수 있는 책자는 부족했다. 더욱이 일반 정책의 아류로서가 아니라 청소년정책의 본질적 특성에 충실한 종합적 안내서가 필요했다.

이러한 바람에 부응해 보고자 하는 조그마한 시도에서 2012년 『새로운 청소년육성제도 및 정책론』을 발간한 바 있다. 그리고 10여 년의 시간이 지났다. 그동안 유럽 등 서구사회에서는 청소년정책에 대한 여러 가지 새로운 논의가 활발하게 진행되었고, 특히 교육, 복지, 노동, 보건 등 청소년이라는 젊은 세대의 온전한 성장을 지원하는 포괄적이고 통합적인 청소년정책이 강조되고 있다. 그런데 우리나라에서 청소년정책은 세계적 동향과는 달리 청소년정책을 주로 담당하는 주무부처의 고유영역, 즉 다른 부처의 업무와 중복되거나 충돌하지 않는 정책영역을 중심으로 하는 폐쇄적이고 고립적인 청소년정책의 성격이 더욱 강화되고 있다.

한편 19세 이상 34세 이하의 '청년의 권리 및 책임과 국가와 지방자치단체의 청년에 대한 책무를 정하고 청년정책의 수립·조정 및 청년지원 등에 관한 기본적인 사항을 규정'하는 「청년기본법」이 2020년 제정·시행되면서 우리나라는 아동, 청소년, 청년에 관한 개별적 법령을 가진 국가가 되었고, 청소년정책의 정체성과 위상은 더욱 혼란스러운 상황에 빠져들고 있다. 「청년기본법」에서 '청년정책'은 '청년발전을 주된 목표로 하는 것으로서 국가 또는 지방자치단체가 시행하는 정책(제3조 제4호)'으로 정의하고, '청년발전'은 '청년의 권리보호 및 신장, 정책결정과정 참여확대, 고용촉진, 능력개발, 복지향상 등을 통해 정치, 경제, 사회, 문화의 모든 영역에서 청년의 삶의 질을 향상시키는 것(제3조 제2호)'으로 포괄적이고 통합적으로 규정하고 있다. 청년정책과 영문 명칭인 Youth Policy의 사용을 두고 뜻하지 않게 경쟁(?)해야 하는 상황에 놓인 청소년학계와 현장은 다시 청소년정책의 정체성과 본질에 대해 성찰해야 할 시점이다.

따라서 이번 개정판은 초판인 『새로운 청소년육성제도 및 정책론』에 비해 다음과 같은 몇 가지 점에서 차별화하려고 하였다. 첫째, 세계적인 청소년정책과 청년정책의 동향을 반영한 이론적이고 실천적인 접근에 충실하려고 노력했다. 유럽 등 서구사회의 청소년정책은 주로 Youth Policy 내지는 Youth Work Policy와 관련된 연구를 참고하였기 때문에 우리 상황에 비추어 볼 때, 이 책에서 청소년정책과 청년정책은 크게 구분되지 않는다. 또한 청소년은 청년도 아니고 소년(아동)도 아닌 존재가 아니라, '청년+소년(아동)'을 합친 생애 발달 단계의 포괄적 의미를 가진 사회적 집단으로 간주한다. 이 책에서도 밝히고 있지만, 우리나라 근대화 초기에 새로운 사회적 세력으로 젊은 세대를 호명하면서 근대적 의미의 청년과 소년이 등장하고 청소년은 청년과 소년을 포괄하는 의미로 사용되기 시작했다. 해방 이후 군사정부를 거치면서 어느새 청소년은 소년과 청년도 아닌 사춘기의 낀 사회적 집단으로 굴절되고 있다.

둘째, 이 개정판은 아동정책, 청소년정책, 청년정책에 관심이 있는 누구에게나 이론적, 실천적 기반을 제공하고자 하는 작은 바람을 가지고 정리되었다. 이런 의미에서 개정판의 제목도 『새로운 청소년육성제도 및 정책론』에서 『새로운 청소년정책 총론』으로 바꾸었다. 아직 「청소년기본법」의 개정이나 청소년지도사 양성 과목의 변경에는 이르지 못하였지만, 최근 청소년육성 개념을 폐지하고자 하는 청소년학계와 실천 현장의 노력을 반영하고도 싶었기 때문이다. 개정판은 온전히 아동과 청년을 포괄하는 넓은 의미의 청소년에 관한, 청소년에 의한, 청소년을 위한 정책으로서 아동정책, 청소년정책 및 청년정책의 이론적, 실천적 이해에 충실하고자 했다.

셋째, 개정판에서는 자주 변경되는 청소년정책 관련 법령들의 구체적인 내용이나 국제기구와 외국의 청소년정책 등의 내용을 가능한 한 제외하려고 애썼다. 청소년 관련 법체계는 법령 개입의 행태, 기본원리 및 정당성, 법령의 유형 등 기초적이고 이론적인 내용만을 수록하였다. 2021년 8월 현재 「청소년기본법」의 전부개정안과 「청소년활동 진흥법」 일부개정안이 국회에 계류 중이고, 이후에도 미래 청소년정책의 재정립을 위해 청소년 관련 법령의 전면 혹은 일부개정이 빈번하게 이루어질 것으로 예상된다. 또한 국제기구와 주요 외국의 청소년정책도 과감하게 생략하는 대신에 정책의 기본 프레임워크 중심으로 기술하고, 구체적인 내용은 독자들이 쉽게 찾아볼 수 있는 길라잡이로서 기본 정보 제공에 충실하고자 했다.

이번 개정판은 3부로 구성되어 있으며 1부는 청소년정책의 기본적 이해, 2부는 청소년정책의 이론적 이해, 3부는 청소년정책의 실천적 이해로 구성되어 있다.

1부 : 청소년정책의 기본적 이해로서, 4차 산업혁명과 코로나19 대유행 및 청소년의 생활조건 변화를 비롯하여 Z세대와 알파세대 등 새로운 세대의 등장 및 청소년이 살아가는 생애 레짐의 탈표준화 등의 변화에 대응하는 새로운 청소년정책의 필요성과 배경을 비롯하여 청소년정책 개념과 통합적 청소년정책의 이해로서 일반적 청소년정책의 개념과 독특한 한국사회 청소년정책 개념 이해와 청소년육성정책 및 부문을 가로지르는 통합적 청소년정책의 의미와 본질 및 접근방식 등에 대한 기본적 이해를 다루었다. 아울러 국가 간 청소년정책의 차이를 비교·인식하는 데 유용한 청소년정책 이해의 핵심 코드를 3가지로 정리하였다.

2부 : 청소년정책의 이론적 이해로서, 청소년정책의 일반적, 국제적 프레임워크와 원칙 및 가치를 비롯하여 청소년정책의 거버넌스, 청소년정책의 주요 영역과 지표 및 유형을 담았고, 아울러 청소년정책 개발의 이유 및 성공 요소와 양질의 청소년정책을 위한 표준을 다루었다.

3부 : 청소년정책의 실천적 이해로서, 청소년행정 및 관련 법체계에 대한 이해를 위해 청소년행정 체계 분류기준과 유형, 수직적·수평적 체계, 청소년 관련 법령 개입의 형태와 기본원리와 정당성 및 법령의 유형에 관한 내용을 담고 있다. 또한 청소년정책의 핵심 요소로서 강조되고 있는 청소년 참여에 대한 이해를 높이기 위해 청소년 참여의 개념과 참여 형태를 비롯하여 청소년 참여의 이유와 핵심 원칙 및 다양한 청소년 참여의 모델을 정리하였다.

『새로운 청소년육성제도 및 정책론』의 개정판인 『새로운 청소년정책 총론』은 최근 청소년정책에 관한 이론적, 실천적 이해가 더욱 필요하다는 청소년정책 분야에 몸담은 지 30여 년의 시간을 보낸 저자 나름대로의 절심함에서 시작되었지만 총론적 기술을 마치면서 아쉬움도 크다. 오늘도 여러 아동, 청소년 및 청년 관련 사업 현장에서 묵묵히 일생을 바치고 있는 많은 분들과 아동정책, 청소년정책과 청년정책에 대한 학문적·이론적 정립에 애쓰고 계시는 동료들의 질책과 조언을 겸허히 기다린다.

저자의 새로운 청소년정책에 대한 총론적 이해와 이론적·학문적 욕심이 배어 있는 많은 분량의 책자 발간을 결심해 주신 창지사의 김기섭 사장님을 비롯하여 출판사의 많은 분들께 감사드린다. 이 개정판을 준비하는 과정에서 청소년정책에 대해 함께 묵묵히 공부해 온 동료 같은 제자를 비롯하여, 일일이 밝히지 못하는 지인들에게 진심으로 감사의 마음을 전하고 싶다.

2022년 1월

이광호

차 례

새로운 청소년정책 총론

1부

청소년정책의 기본적 이해

››› 새로운 청소년정책 총론

1장 새로운 청소년정책의 필요성과 배경

▣ 개요

이 장에서는 새로운 청소년정책의 필요성과 배경으로서 우선 4차 산업혁명과 코로나19 대유행에 따른 젊은 세대의 현실과 청소년의 생활조건 변화를 기술한다. 그리고 최근 새로운 세대로서 Z세대와 알파세대의 등장과 특징 및 기존의 청소년기와 다른 새로운 인생단계로 출현하고 있는 '후기 청소년기(post-adolescence) 이론'이나 '이머징 어덜트후드(emerging adulthood) 이론'에 대해 살펴본다. 아울러 새로운 청소년정책의 역할 차원에서 청소년이 성인으로 이행해 가는 생애과정(life course)의 레짐(regime) 변화를 분석한다.

1. 4차 산업혁명, 코로나19 대유행 및 청소년의 생활조건 변화

2000년대 들어 4차 산업혁명의 기술적 발전에 의한 불확실성의 심화와 더불어 2020년 코로나19의 세계적 대유행 등 급격한 사회변화와 충격으로 청소년정책은 새로운 과제를 안게 되었다. 특히 청소년의 생활조건의 변화 및 성인으로 성장해 가는 이행 과정에서 직면하게 되는 새로운 각종 도전과 장애 등의 변화에 따라 새로운 청소년정책의 필요성은 더욱 증대되고 있다.

구글이 선정한 최고의 미국 미래학자이자 미래학 싱크탱크인 다빈치연구소 T. Frey는 2015년 한국을 방문해 "인류는 여태껏 겪은 변화보다 다가올 20년간 더 많은 변화를 보게 될 것"(KBS, 2015)이라고 주장했다. 실제로 디지털화, 세계화, 인구통계학적 변화, 지구온난화 등의 기후변화는 우리의 삶, 문화에 중대한 영향을 미치고 있다. 이 거대한 흐름은 우리 일상의 인간관계, 교류방식뿐만 아니라 미래에 바라고 있는 꿈의 세계와 교육, 소비하는 재화와 서비스, 비즈니스 운영방법,

소득과 부의 재분배에 이르기까지 지속적으로 빠르게 변화시키고 있다.

특히 직업과 일하는 방식은 거대한 트렌드 변화에 더욱 민감하다. 예를 들어 오늘날 단순하고 반복적인 일은 자동화되고 기계로 대체된다. 인간의 고유한 능력을 활용하기 위한 직업의 재구성이 이루어지고, 재구성되는 직업들은 기술 변화가 가속됨에 따라 지속적으로 신기술을 학습할 것을 요구한다. 고용주와 노동자 간의 관계도 변한다. 한때는 대부분의 노동자가 정규직이었지만 미래에는 상당 부분 프리랜싱(freelancing)에서부터 크라우드 소싱(crowd sourcing), 계약기반 업무 등 대안적 고용계약을 통해 일하는 개인들이 늘어날 것으로 전망된다(딜로이트 컨설팅, 2018: 61). 이러한 변화는 청소년의 생활조건과 성인으로의 이행 과정에 분명하게 영향을 미치고 있다. 그 영향력은 빠르게 디지털화가 진행 중인 산업화된 국가에서 더욱 크게 나타나고 있다.

1) 4차 산업혁명과 기하급수적 변화에 따른 불확실성의 증대

최근 4차 산업혁명에 의한 디지털 전환은 전 세계적으로 가장 큰 화두 중의 하나이다. 4차 산업혁명 신드롬은 2016년 1월 본격적으로 시작되었다. 다보스 세계경제포럼 연례 총회에서 Klaus Schwab 회장이 처음 언급하면서부터였다. 오늘날 인공지능과 사물인터넷 같은 신기술은 생산기기와 생산품 간의 상호 소통체계를 구축함으로써 모든 것이 연결되는 '초연결 사회'를 구현하고 있다. 그는 이러한 초연결 사회가 전체 생산과정을 최적화할 것이며, 그 결과로서 또 한번의 새로운 산업혁명이 시작되고 있다고 역설했다.

4차 산업혁명은 흔히 인공지능과 사물인터넷, 빅데이터, 로봇기술과 같은 첨단기술로 표현되지만, 핵심은 기술혁명을 통해 현실 세계와 가상세계의 벽을 허무는 데 있다. 현실 세계는 아톰(atom, 원자)으로 이루어진 물질의 세계다. 반면 가상세계는 비트(bit, 데이터의 최소단위)로 구성되는 비물질의 세계다. 첨단 기술은 독립적으로 존재하던 두 세계를 하나의 세계로 연결하고 융합한다. 온라인 정보는 현실의 아날로그 세상을 바꾸고, 현실의 변화는 다시 온라인에 피드백을 준다.

이렇게 서로 다른 두 세계는 실시간으로 동기화되어 유기적으로 진화해 나간다. 그리고 두 세계의 융합은 개별적으로 발달하던 각종 기술들을 포용하며 새로운 부가가치를 창출하도록 이끈다. 이것이 오늘날 우리가 마주하고 있는 4차 산업혁명이다(클라우스 슈밥, 2016).

4차 산업혁명은 기존의 산업혁명과는 달리 변화의 속도와 범위, 깊이에서 극명한 차이를 보인다. 이 변화는 단순히 생산체제의 변화에 그치지 않는다. 정치, 경제, 사회, 문화의 전반에 걸친 직접적인 패러다임의 전환을 유도한다. 그리고 사회 전체 시스템의 변화를 이끌어 간다. 그러나 이러한 변화를 경험하는 것은 결국 인간이다. 사회 전체 시스템의 변화는 사회를 구성하는 개인의 문제로 귀결된다. 이미 과학기술은 많은 부분에서 인간의 능력을 넘어서고 있다. 그리고 지금까지와는 다른 방식의 삶을 인간에게 약속하고 있다. 이제 4차 산업혁명의 영향은 '무엇을', 그리고 '어떻게' 변화시키는지에 한정되지 않는다. 인간보다 뛰어난 능력을 가진 인공지능 로봇을 마주할 때 우리는 스스로에게 물을 수밖에 없다. '내가 더 잘 하는 것은 무엇인가?' 그리고 이 질문은 궁극적으로 '내가 왜 존재하는가?', '나는 누구인가?'라는 질문으로 향하게 된다. 다시 말해, 4차 산업혁명은 인간의 정체성과 인간관계를 변화시키는 혁명인 것이다.

이런 4차 산업혁명 시대에 세상은 기하급수적으로 변해 간다(커스와일, 2007). 2000년대 초반 인터넷에 연결된 장치 수는 5억 개 정도였다. 2020년에는 500억 개, 2024년에는 1조 개가 될 것으로 예상된다. 20세기 이전에 인류의 지식은 대략 한 세기마다 2배가 되었다. 오늘날에는 대략 13개월마다 지식이 2배로 늘어난다. IBM에 따르면 사물인터넷이 실현되면 인류의 지식은 12시간마다 두 배로 증가할 것이라고 한다. 산술급수에 익숙한 우리는 기하급수적 증가가 얼마나 가공할만한 위력을 가졌는지 쉽게 상상하지 못한다. 산술급수는 같은 숫자를 반복적으로 더해서 나오는 값들을 의미하는 반면 기하급수는 같은 숫자를 반복적으로 곱해서 나오는 값들이다. 따라서 산술급수에 의한 증가는 시간에 따라 안정적인 직선의 형태를 띠지만, 기하급수에 의한 증가는 어느 시점에 휘어져 급등하는 모습을 보인다. 예를 들어 한 걸음에 1m씩 걸어서 30발자국을 간다면 우리는 30m를 갈 수 있다. 이것이 산술급수적 변화다. 그러나 우리가 만일 기계의 도움을 얻어 첫 걸음에는 1m, 두 번째 걸음에는 2m, 세 번째 걸음에는 4m처럼 2배씩 30발자국을 간다면 우리는 얼마나 걷게 될까. 불과 29번째 발걸음에 우리는 달에 도착하게 되고, 30번째 발걸음이면 다시 지구로 돌아오고도 남는 거리를 걷게 된다.

엑스프라이즈(XPrize) 재단 설립자 겸 미래학자인 Peter Diamandis는 기하급수적으로 변하는 세상에 대해 이렇게 이야기한다(커즈와일, 김명남·장시형 옮김, 2007). '지금까지 본 것은 아무것도 아니다. 지금 변하지 않는 것은 변화한다는 사실 뿐이다.' 변화된 미래의 모습을 정확하게 예측할 수 있는 사람은 없다. 우리 아이들이 살아가게 될 미래는 대체 어떤 모습일까. 기하급수적 변화의 소용돌이 속에서 미래는 너무나 예측하기 어렵고, 불확실하고, 복잡하고, 불안정하다. 이처럼 오늘날의 복잡하고 불확실한 성격을 가리켜 '뷰카(VUCA) 시대'라고 한다. '변동성이 커서(Volatile) 불안정하고, 확실하지 않고(Uncertain), 복잡하고(Complex), 애매모호한(Ambiguous)' 상황을 뜻하는 영문의 머리글자를 따온 말이다. '뷰카'는 1990년대 미국의 육군대학원에서 냉전 후 시대의 불안정하고 복잡 미묘한 상황을 표현하기 위한 군사용어로 처음 사용했다. 현재 처한 상황이 제대로 파악되지 않아 즉각적이고 유동적인 대응태세와 경계심이 요구되는 상태를 가리키는 말이었다. 이런 군사적 상황의 대응 개념은 시간이 지나며 일반 사회, 경제 분야로 확대 적용되었다. 미국의 금융위기 이후 앞날을 예측하기 힘들어진 사회경제적 상황을 설명하는 데 이 용어가 쓰인 게 시작이었다.

기하급수적 변화와 불확실성은 기회와 위기의 양면을 지니고 있다. 변화에 따른 위기를 극복하고 새로운 기회를 창출하기 위한 방법 모색이 필요하다. 그리고 기업을 비롯한 많은 조직들은 기존 방식으로는 급속한 변화 상황에 적절히 대응할 수 없다는 걸 깨닫고 있다. 과거에는 경영을 하거나 프로젝트를 수행하기 위해 치밀한 계획이 필요했다. 이런 경영방식은 가설을 세우고 장기적인 목표를 설정하는 것에서 시작된다. 그리고 목표에 따른 연구개발을 수행하고, 연구결과에 따라 목표 달성을 위한 가장 합리적인 방법이 무엇인지를 확인하고 추진한다. 이처럼 원하는 바를 이루기 위해서는 정확한 예측과 치밀한 계획이 무엇보다도 중요한 요소였다.

그러나 이제 이런 방식은 시간과 비용만 낭비할 가능성이 크다. 오늘날의 사회는 복잡하고, 변동성이 높고, 불확실하다. 그래서 목표 설정에 따라 완벽한 계획을 세우는 것 자체가 불가능하다. 차라리 어느 정도 타당한 아이디어가 있다면 빨리 시도한 후 시행착오를 통해 배우는 것이 낫다. 물론 그 과정에서 예상과 다른 결과가 나올 수 있다. 그럴 때면 무엇이 잘못되었는지를 확인하고 빠르게 방향을 바꾸거나 수정한다. 우물쭈물하다가는 세상이 언제 또 다시 바뀔지도 모르기 때문이다.

뷰카 시대에는 우선 행동하면서 실패로부터 빠르게 학습할 수 있는 능력이 핵심역량으로 부상하고 있다. 목표를 정하고 계획을 세운 뒤 행동하는 전통적인 방식으로는 변화를 따라갈 수 없기 때문이다. 인과론적 추론에 근거한 경영관리적 사고는 더 이상 뷰카 시대에 적합하지 않을 수 있다. 예를 들어 우리나라의 진로교육은 어떨까. 진로교육은 장래희망을 직업 중심으로 목표를 정한 후 목표에 맞는 계획을 세워 실천하게 하는 인과론적 경영관리 사고를 그대로 따르고 있다. 이제는 뷰카 시대를 살아갈 청소년의 꿈을 과거의 틀에 억지로 끼워 맞추고 있는 것은 아닌지 진지하게 고민해볼 시기이다(이광호, 2020).

이와 같이 4차 산업혁명으로 야기되는 기술변화와 불확실성은 청소년의 진로교육을 비롯한 많은 부분에서 새로운 대응을 필요로 할 뿐만 아니라 청소년 스스로 청소년문화의 주류를 이루고 있는 신기술에 적응하기 위한 디지털 역량을 함양하는 등의 과제를 안게 된다. 아울러 청소년정책과 사업은 새로운 디지털세계로 나아가기 위해 디지털을 도구로서(as a tool), 내용으로서(as a content), 활동 그 자체로서(as an activity) 적극 활용하고 대응해야 할 필요가 있다(NYCI, 2019). 실제로 세계 각국은 빠르게 새로운 디지털 청소년사업(digital youth work) 등을 도입하고 있다.

2) 코로나19 대유행과 젊은 세대의 현실

2019년 12월 처음 발생한 이후 전 세계적으로 대유행(팬데믹, pandemic)한 코로나바이러스 감염증-19(코로나19)는 산업 분야뿐만 아니라 삶의 방식과 가치관에 이르기까지 사회 전반에 큰 변화를 가져왔다. 초유의 온라인 개학과 원격교육을 비롯하여 재택근무, 한시적 원격의료 허용 등 비대면(언택트)이 확대되는 등 코로나19로 인해 우리의 일상과 일하는 방식은 크게 바뀌고 있다.

"코로나19 이전의 세상은 다시 돌아오지 않는다"와 같은 질병관리본부를 비롯한 방역 전문가들의 한결같은 '예언'에서 코로나19의 영향과 충격은 잘 드러난다. 감염 예방을 위한 방역의 중요성을 강조한 것일 테지만, 우리 사회 시스템의 근본적인 변화를 촉구하는 발언이기도 하다. 미국 국무장관을 지낸 Henry Kissinger는 "코로나19 팬데믹(대유행)이 끝나도 세계는 그 이전과 전혀 같지 않을 것이며, 코로나19가 세계질서를 영원히 바꿔 놓을 것"이라고 진단했다. 심지어 코로나19가 인류사회에 미치는 거대한 변화에 대해 뉴욕타임스 칼럼니스트 Thomas Friedman은 BC를 '코로나 이전(Before Corona)', AC를 '코로나 이후(After Corona)'로 부르며 '세계는 코로나 이전과 이후로 나뉠 것'이라고 주장했다.

신종 코로나바이러스 대유행으로 인한 충격 중에서도 우선 주목해야 할 것은 2020~2021년에 전 세계가 '대공황' 이후 최악의 경기침체를 겪을 것이라는 전망이다. IMF는 이번 신종 코로나19 사태로 인한 경제위기를 1930년대 대공황에 빗대어 '대봉쇄(Great Lockdown)'로 비유(한겨레, 2020. 4. 14.)했다. 경기침체는 기업실적 악화, 실업 급증 및 일자리 감소로 이어질 수밖에 없다. 국제노동기구(ILO)는 코로나19로 인한 글로벌 경기침체로 실업자가 최소 530만 명에서 최대 2,470만 명까지 나올 수 있다는 내용을 담은 보고서를 공개했다(경향신문, 2020. 3. 19.). 또한 코로나19 사태가 끝나도 공포는 남아 고객은 소비를, 기업은 투자를 꺼려, 영국 경제지 이코노미스트는 "세계는 곧 '90퍼센트 이코노미'를 맞을 것"이라고 우려한다.

우리 경제도 즉각 반등하기는 쉽지 않은 상황이라고 정부는 진단한다. "실물경제 침체와 실업 등 본격적인 충격은 이제 시작"이라며 현재 경제 상황에 대해 "세계 경제가 깊지만 짧은 침체 후 반등할 것이라는 견해와 더 강력한 대공황(Greater Depression)의 서막이 올랐다는 비관론이 공존하고 있을 만큼 불확실성이 큰 상황"이라는 것이다. 코로나19 사태의 여파로 국내 노동시장에서 기업의 신규 인력 수요도 크게 위축된 것으로 나타났다. 특히 사회적 거리 두기 시행으로 직접 타격을 입은 업종에서 구인 규모가 크게 감소했다.

그런데 코로나19 사태로 인한 갑작스러운 실업과 일자리 감소는 젊은 근로자, 불안정한 고용관계 및 노동소득이 낮은 근로자에게 더욱 가혹하게 나타난다. ILO는 코로나19에 취약한 인구집단으로 이미 높은 실업률에 직면하고 있는 청년, 서비스업에 상대적으로 많이 종사하는 여성 노동자, 자영업자, 긱(gig) 노동자, 이주 노동자 등을 꼽았다. 애비게일 애덤스 영국 옥스퍼드대 교수와 테오도라 보네바스위스 취리히대 교수 등은 '코로나 쇼크 영향의 불평등'이라는 제목의 논문에서 "코로나로 인한 고용 충격은 소득이 적고 고용이 불안정하며, 막 사회에 진입한 젊은 근로자들에게 집중됐다"고 보고한다. 연령별로 보면 30세 미만의 젊은 근로자들이 코로나 충격에 가장 취약한 것으로 드러났다. 이는 젊은 근로자들이 코로나 셧다운의 직접적인 영향을 받는 서비스업에 종사하는 경우가 많고, 숙련도가 떨어져 가장 먼저 감원 대상이 되기 때문이다. 특히 전문가들은 이번 코로나 사태가 'Z세대(1995~2001년생)의 위기'로 이어질 수 있다고 경고한다(조선일보, 2020. 5. 5.).

우리나라에서도 사정은 비슷하다. 한국개발연구원은 2008년 글로벌 금융위기 충격 때와 마찬가지로 코로나19 사태가 청년층 실업난으로 이어지면서 금융위기 세대와 같은 '코로나 세대'를 양산할 수 있다고 경고한다. 코로나19로 국내·외 관광객, 서비스 수요가 급감하면서 청년층 일자리가 몰려 있던 이들 직종이 직격탄을 맞았다. '청년 고용의 현황 및 정책 제언' 현안 보고서를 발표한 한요셉(2020) 연구위원은 같은 나이의 근로자에 비해 첫 입직이 1년 늦어졌다면 이후 10년 동안 받은 임금이 연평균 4~8퍼센트 적다"는 분석도 내놓았다. 코로나 취업난의 여파가 단기간에 그치지 않고 10년 뒤에도 계속된다는 의미다. 데이비드 블랜치플라워 미국 다트머스대 교수도 "20대에 실업난을 겪으면 그 피해는 평생 지속"되며, "미래의 실업 가능성을 높이고 소득 잠재력을 손상시킨다"고 주장한다(조선일보, 2020. 5. 5.).

한편 신종 코로나바이러스 감염증(코로나19) 확산은 일하는 모습과 사람을 고용하는 방식도 바꾸어 가고 있다. 우선 코로나19 대유행 사태로 재택근무와 원격회의가 일상화됐다. 원격회의 서비스 줌(ZOOM)의 하루 이용자는 3억 명을 넘어 석 달 만에 30배로 늘어났다(위크리비즈, 2020. 5. 1.). 그리고 코로나로 실업자가 폭증하는 가운데 산업 곳곳에서 자동화의 바람이 더 크고 빠르게 불고 있다. 감염 우려가 있는 근로자를 로봇으로 대체하려는 것이다.

수백 년 동안 지속해 온 일하는 방식도 바뀌고 있다. 근무 형태가 다양해지고 근무 시간도 유연해졌을 뿐만 아니라, 대면근무의 대안으로 원격근무가 떠오르고 있다. 그동안 원격근무는 일부 스타트업, IT기업의 전유물로 여겨져 왔다. 그러나 최근 일명 '언택트' 비대면 산업이 확산일로다. 코로나19 사태가 끝난다고 하더라도 이 같은 변화가 근로문화의 하나로 자리 잡을 것으로 예상된다. 실제 고강도 사회적 거리두기가 완화되더라도 일부 기업들은 '주3일 출근+2일 재택' 등의 변화된 근무 형태를 도입할 예정이다. 단기적으로는 근무 형태의 변화가 예상되지만, 중장기적으로는 일의 영역, 고용형태, 노동시간 산정, 급여지급방식, 일의 평가방법 등 모든 면의 변화가 불가피할 것으로 보인다(전자신문, 2020. 4. 19.).

재택근무와 원격회의 등 일하는 방식의 변화와 비대면 산업의 활성화는 코로나19를 계기로 촉발되었지만, 어떤 면에서 보면 지난 10여 년간 디지털 사회로의 전환 과정에서 꾸준히 진행되어 온 것들이기도 하다. 코로나19를 촉매제로 하여 4차 산업혁명에 의한 디지털화가 더욱 가속화되는 측면을 무시할 수 없다. 즉 포스트 코로나 시대의 키워드는 디지털화라고 할 수 있다. 4차 산업혁명과 함께 유통, 의료, 교육 등 다양한 분야를 아우르는 비대면 경제 확산은 디지털 혁신을 더욱 가속하고 산업 지형을 근본적으로 바꿀 전망이다(사이언스타임즈, 2020. 4. 24.).

Satya Nadella 마이크로소프트 CEO는 "코로나19는 업무와 생활 모든 측면에 영향을 끼쳤다"며 "2년 동안에 걸쳐 이뤄질 디지털 전환이 최근 2개월 사이 일어나는 걸 경험했다"고 말할 정도이다(중앙일보, 2020. 5. 4.). 정부의 초대 4차 산업혁명위원장을 지낸 장병규 크래프톤 이사회 의장은 "신종 코로나바이러스 감염증(코로나19)이 '방아쇠'를 당겼다. 4차 산업혁명이 진행되는 속도가 훨씬 더 빨라질 것이다"고 주장한다. 그는 코로나19의 함의를 '속도'라는 단어로 요약한다. 일(업무)과 일상이 '언택트'(비대면)로 이뤄지는 것을 당연하게 여기는 사회가 우리 예상보다 빨리 왔다는 것이다(한국경제, 2020. 5. 3.).

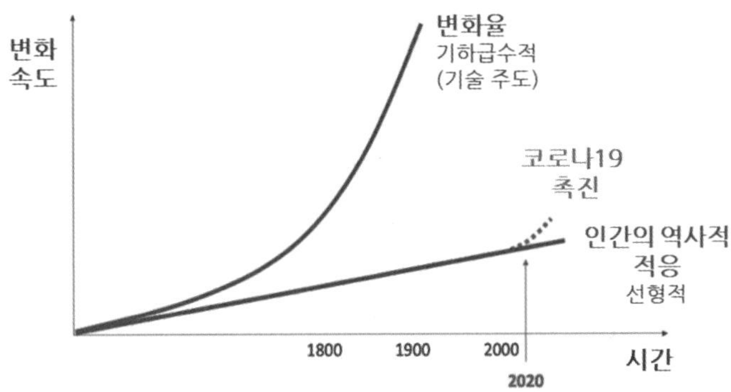

[그림 1-1] 코로나19 촉진 : 디지털 전환 가속화

코로나19 사태는 결국 디지털 전환의 속도를 높이고, 이러한 급격한 전환은 전 세계의 불확실성을 더욱 극대화시키고 있다. 이러한 관점에서 McGowan & Shipley(2020)는 코로나19가 디지털 전환, 불확실성의 확대, 그리고 더 나아가 일의 미래까지 가속화하고 있다고 주장한다. 코로나19로 인해 맞닥뜨리게 된 여러 사회문제를 해결하면서 일의 미래가 요구하는 일터의 재구조화, 역할의 재정의 및 빠른 학습 등을 고려해야 한다는 것이다.

코로나19의 세계적 대유행은 청소년정책과 사업 부문에도 큰 영향과 충격을 주었다. 코로나19는 사회의 각 분야에 기회와 위기를 동시에 주었지만, 그에 앞서 그 분야의 본래의 모습 내지는 민낯을 그대로 드러낸다고 한다. 유럽의 각 청소년 기관들은 우리의 경우와 마찬가지로 시설이나 공간의 폐쇄기간 온라인 회의나 비대면 방식으로 프로그램을 조정하고 있다. 또한 부분적으로 재개하더라도 공간 소독, 거리두기 확보, 마스크 배포 등 안전조치를 제공했다. 반면 긍정적인 면도 없지 않아, 청소년 부문에 디지털 전환의 필요성을 제기하고 속도를 내는 데 자극을 주었을 뿐만 아니라 청소년이 마스크를 재봉하거나 3D 프린터로 호흡마스크의 다른 부분을 만드는 등 사회적 약자를 지원하는 데 청소년의 적극적인 참여가 이루어지고 있었다(Youth Express Network, 2020). 기존 디지털 도구 및 플랫폼에 의해 아직 밝혀지지 않은 청소년의 요구와 관심도 증가하고 있다(Ștefan and Șerban, 2020). 즉, 코로나19는 청소년정책과 사업에 비대면 사업의 확대 등으로 야기된 디지털화의 가속화라는 측면과 아울러 새로운 디지털 세상에서 지금까지의 모습과 체제를 성찰하고 새로운 미래를 열어가야 하는 커다란 숙제를 던져 주었다.

3) 청소년의 생활조건 변화

4차 산업혁명 등의 사회변화와 더불어 후기 근대사회에 들어 청소년 생활조건의 변화에 대한 최근의 분석들은 성인으로의 '이행 기간의 연장'과 아울러 '기회와 위기 및 불확실성의 증대'에 초점을 맞추고 있다. 여기서는 주로 성인으로의 이행 기간, 즉 청소년기의 연장과 관련된 생활조건의 변화를 위기와 기회의 증대와 가족구조의 변화를 중심으로 기술하고, 후기 청소년기의 등장과 이행의 개별화 등 생애과정의 레짐 변화와 관련된 내용은 별도로 구분하여 다루고자 한다.

우선 후기 산업사회에 들어 청소년의 생활조건과 관련된 가장 큰 변화는 학교교육 기간과 청소년기의 연장이다. 교육은 청소년의 정체성을 결정하는 중요한 부분으로, 학교를 떠나는 연령이 점차 늦어지고 있다. 국가마다 차이는 있지만, 세계적으로 학교를 떠나는 최소 연령은 14세에서 16세 정도이다. 대부분의 유럽

국가들에서 의무교육은 16세까지이다. 한국사회에서 의무교육은 중학교까지이지만, 높은 교육열로 인해 대부분이 고등학교 교육을 이수하며, 대학 등 고등교육도 보편화되고 있다.

과거에는 대부분의 사람들이 15세 정도가 되면 학교를 마치고 일자리를 가졌기 때문에 청소년기가 비교적 짧았다. 반면 오늘날에는 많은 사람들이 20대가 되어도 학교에 계속 다니며 직업을 구하지 않거나, 구하지 못하고 있는 실정이다. 더욱이 유럽을 비롯한 선진 각국에서는 결혼 연령이 지난 20여 년간 매우 높아지고 있으며, 여성이 첫 아기를 낳아 부모가 되는 연령도 마찬가지로 늦어지고 있다. 이러한 현상은 고등교육이 보편화되어 학교교육 기간이 길어지고, 청년 취업률이 낮아지며 입직 연령이 점차 높아지고 있는 한국사회에서도 예외는 아니다. 학교교육 기간의 연장은 노동시장 진입을 지체시키고, 결과적으로 새로운 가족형성과 첫 아기 출산도 지연시키게 된다(IARD, 2001: 30-31).

노동시장으로의 이행 지체는 청소년에게 다른 의미 있는 영향을 미친다. 부모에 대한 경제적 의존 기간을 연장시킨다. 부모에 대한 경제적 의존 기간과 강도는 다음과 같은 변화에 의해 증폭된다. 먼저 실업 증가와 이에 따른 불안정한 단기적인 일의 비율이 높아지고, 복지체계가 전반적인 위기를 맞게 된다. 물론 이러한 현상은 청소년만이 아니라 모든 사회집단에 관련된다. 그렇지만 대부분의 유럽을 비롯한 산업화된 국가에서 청소년 연령층에 대한 부정적 영향은 더욱 심각하다. 사실 성인 고용자들은 법적으로 아무 때나 해고를 못하게 만들어 놓은 안정된 일자리에서 어느 정도의 보호를 받고 있다고 할 수도 있다. 그러나 대부분의 청소년들은 노동자로서 많은 기여를 한다고 해서 동등한 대우를 받는 것은 아니다. 따라서 처음 일자리를 찾는 젊은이들이 주로 실업의 위험에 놓이게 되는 것이다. 단기적이고 불안정한 일자리에서도 마찬가지이다. 젊은이들은 낮은 임금의 비정규직(임시 고용계약, 단기계약, 특별 훈련계약, 긱노동 등)을 수용할 수밖에 없는 처지에 놓이게 된다. 실제로 많은 젊은이들이 비공식 노동시장에서 일자리를 찾도록 강제되고 있는 현실이 매우 안타깝다.

이런 사회현상은 개인의 삶에서 청소년기라고 부를 수 있는 기간을 정확하게 결정하기 어렵게 만들고 있다. 관습적으로 혹은 연령적으로 청소년을 규정하는 방식이 모호해지고 있는 것이다(IARD, 2001). 즉, 청소년기가 길어짐으로써 '생물학적이고 지적인 성인'과 '사회적 성인'이 일치하지 않는 상황이 일어나게 된다. 현재는 50여 년 전과 마찬가지로 일정 기간 학교를 마치고, 직업을 구하고, 자신이 태어난 가족을 떠나 새로운 가족을 형성하고 자녀를 갖게 되는 시기를 '사회적 성인'으로 간주한다. 학교교육의 완료, 경제적 자립, 새로운 가족의 형성 등이 성인으로 이행하는 징표라고 할 수 있다.

결국 생물학적으로는 성인에 도달하였지만, 사회적으로는 아직 성인으로 인정받지 못하는 어정쩡한 이중적인 성격의 사회집단이 형성되고 있는 것이다. 이런 모든 변화의 전반적 영향은 '완전히 성인은 아닌' 청소년의 생활조건으로 확대되어 있다.

그런데 현재 청소년은 부모와 가족에 대한 물질적 의존이 증가함에도 불구하고, 과거에 비해 심리적 독립 경향은 더욱 커지고 있다. 심리적 독립은 성인으로 완전히 이행하는 평균 연령이 높아지고 아동의 행동을 통제하고 조정하는 가족의 기능 약화로부터 비롯된다. 아동의 행위를 통제하고 제한하는 기능이 약화된 가족은 가족 내의 변화뿐만 아니라 보다 일반적인 사회변화로부터 파생된 것이다. 지난 10여 년 동안 전형적인 핵가족 형태는 '후기 핵가족(postnuclear)', 즉 이혼하거나 한부모로 형성된 가족 형태로 변화되고 있다. 후기 핵가족 사회에서 성인의 권위는 현저하게 제한된다. 자연적인 한부모나 인위적으로 얻어진 부모 슬하에서 청소년의 정체성은 두 사람의 생물학적 부모와 함께 살 때보다 약화되는 단순한 이유 때문이다. 후기 산업사회에서는 사회에 대한 책임보다는 개인의 권리와 선택의 자유가 인간관계의 핵심이 되는 파편화된 가치체계가 지배적이라는 사실을 누구나 염두에 두어야 한다. 이것은 부모와 자녀관계에서도 마찬가지이다. 또한 경제와 노동조직은 과거보다 훨씬 자유롭고 유연해지고 있다. 이는 부모가 더 이상 과거와 동일한 수준에서 자녀에게 자신의 직업을 물려줄 수 없다는 사실을 의미한다. 일반적으로 현대사회에서 각 개인의 직업적·사회적 목표는 지난 20~30

년 전에 비해 더욱 자유롭지만 더 불확실하고 덜 정확해지고 있다.

한편 청소년기의 연장은 여러 가지 생활조건의 변화와 함께 일상생활에서 청소년에게 위기와 기회를 동시에 증대시키고, 양자 사이의 간격을 확대하고 있다. 대부분의 청소년은 어느 정도 자신의 길을 잘 관리하며 성공적으로 만들어 가고 있는 반면, 일부 청소년은 매우 어려운 여건에서 살아가면서 미래에 대한 불안감이 높아지기도 한다.

오늘날 청소년은 알코올중독, 약물 의존 및 나쁜 정신건강에 빠질 더 큰 위험에 놓여 있기도 하다. 심각한 심리적 불안이 나타나지 않더라도 많은 젊은이들이 직업시장과 사회의 다른 의미 있는 영역으로부터 소외되고 불안해하고 있다. 일부 청소년은 '최하층 계급(underclass)'이라고 일컬어질 수 있는 집단의 일부로 등장(Murray, 2001)할 수 있다는 주장도 제기되고 있다. 현재 청소년의 위기는 높은 실업률, 비정규직과 낮은 임금의 일자리에 종사하는 젊은이의 증가 등으로 분명하게 나타나고 있다. 대부분의 위기 청소년은 복합적인 문제를 안고 있는 가족 구성원－이주가족, 다문화가족, 가정 밖 청소년, 학업중단자 등－에서 나올 가능성이 점점 높아지고 있는 것이다.

반면, 교육과 소비를 포함하여 일상에서 다양한 선택 기회의 증가는 긍정적 측면으로 부각되고 있다. 청소년은 계속되고 있는 인구학적, 기술적 변화의 핵심 매개가 되고 있다. 또한 사회가 고령화됨에 따라 젊은 세대에 대한 기대도 높아지고 있다. 변화에 개방적이고, 유연하며 더 좋은 교육을 받고 평생학습에도 열려 있는 것 등도 청소년의 기회로 간주된다. 더욱이 청소년은 새로운 디지털기술의 활용과 확산의 매개로 등장하고 있다. 청소년은 또한 스포츠, 문화활동, 취미활동, 정보통신 네트워크뿐만 아니라 국제교류를 통한 비형식 학습 분야에서 역량을 개발하는 데에도 뛰어나다. 이런 특성은 청소년을 디지털 사회의 핵심 자원으로 만들고 있다. 동시에 세계 경제는 숙련노동의 수명을 단축시키고 있고, 청소년을 위한 더 나은 노동시장 전망을 열어가고 있기도 하다.

2. 새로운 세대의 등장과 특징

1) 새로운 세대로서 Z세대와 알파세대의 등장

1964~1979년에 태어난 X세대는 한때 '신인류'라 불렸다. 그만큼 그들의 파격적인 사고방식과 취향은 세상을 바꾸어 버릴 기세였다. 어느덧 시간이 흘러 X세대는 40~50대 아빠 엄마가 되었다. 한편 1980년대 초반에서 1990년대 후반에 태어난 20~30대를 '밀레니얼세대'라 한다. 이들은 부모세대보다 대학 진학률이 높고 소셜 네트워킹 서비스(SNS)를 능숙하게 사용하며 자기표현 욕구가 강하다. 그런데 '새천년'을 나타내는 희망적인 이름과 달리 이들의 현실은 막막하기만 하다. 미국 여론조사기관 퓨 리서치센터는 밀레니얼세대가 부모세대보다 더 배우고 덜 버는 첫 세대가 될 가능성이 크다고 우려했다. 영국의 중·저소득계층 관련 문제에 집중하는 정책연구기관인 레졸루션재단의 책임자, Torsten Bell은 밀레니얼세대가 이전 X세대(1966~1980년생)에 비해 20대(22~30세)를 보내는 동안 매년 더 적은 소득을 얻을 것이라는 연구결과를 발표했다. 오늘날 영국의 젊은 남성은 이전 세대와 비교하여 연 평균 12,500파운드(약 1,800만 원) 가량 적은 소득을 얻게 될 것으로 나타났다. 메시지는 분명하다. '이전 세대보다 다음 세대가 잘 사는 것을 당연하게 생각하던 시대는 끝났다'는 것이다.

우리나라 20~30대의 사정도 다르지 않다. 1990년대에 태어나 1997년 외환위기 시기를 거치며 성장한 그들은 이전의 어느 세대보다 뛰어난 스펙을 쌓았다. 하지만 화려한 스펙은 취업난의 벽 앞에 무기력할 뿐이다. "죽어라고 스펙을 쌓았지만 평범하게 사는 것조차 쉽지 않고", "아버지만큼 될 자신이 없다"고 한숨을 내쉰다. 아무리 '노오력'해도 성공할 수 없다는 좌절은 청년들에게 이미 당연한 상식처럼 여겨진다. 20대 청년의 분노와 좌절은 청년실업 문제와 직결된다. 대학졸업자가 넘쳐나는데 청년들의 눈높이에 맞는 일자리는 턱없이 부족하다. '일자리 눈높이 미스매칭'은 청년 실업문제의 핵심이라고도 할 수 있다. 이 절망적인 상황은 사회 양극화로 그 정점을 찍는다. 성공하기 위해서는 명석한 두뇌도, 개인의 노력도 아닌 부모의 재력이 필요하다고 말하는 사회. '노력으로 성공하는 시대는 끝났다'는 자조 섞인 말에 씁쓸하지만 고개를 끄덕일 수밖에 없다.

이런 밀레니얼세대의 뒤를 이어 등장한 세대가 바로 Z세대와 알파(alpha, A α)세대이다. Z세대는 1990년대 중반부터 2010년 무렵까지 출생한 현재의 10대 초반에서 20대 중반을 가리킨다. 1964~79년에 태어나 한때 신인류라 불릴 만큼 파격적인 사고방식과 취향을 지녔던 X세대의 자녀들이다. Y세대라고도 불리는 밀레니얼세대의 다음 세대를 의미한다는 점에서 X, Y, Z 세대교체의 마지막 퍼즐이라고도 할 수 있다. 한국사회에서 약 646만 명에 이르는 Z세대는 전체 인구의 12.5퍼센트를 차지한다.

한편 알파세대는 호주 맥크린들 연구소 대표인 M. McCrindle과 프리랜스 작가인 E. Wolfinger가 2010년에서 2025년까지 전 세계에서 태어난 청소년을 분류하기 위해 이름 붙였다. McCrindle 등은 기술변화가 급격히 변화하는 사회가치로 인해 세대 경계를 15년으로 줄이는 것이 더 합리적이라고 생각하고, Z세대 이후로 이어지는 세대에 대해 그리스 알파벳을 사용하여 다시 시작한다는 의미로 알파(alpha, α)세대로 분류한다. 가장 어린 알파가 태어나는 해인 2025년까지 알파세대는 전 세계 인구의 20억 명을 차지할 것으로 예상된다. 알파세대는 21세기의 가장 영향력 있는 세대라는 의미에서 '아이-제너레이션(i-Generation)'이라고도 불린다(McCrindle and Wolfinger, 2010).

현재 Z세대와 알파세대를 합치면 전 세계 인구의 20퍼센트를 넘어선다. 특히 Z세대의 절반 이상이 성인으로 진입했고, 그 결과 Z세대는 소비시장의 미래 권력으로 주목받고 있다. 때문에 Z세대의 특징은 주로 소비시장의 관점에서 분석되고 있다. Z세대의 니즈와 욕구를 파악하고 접근하기 위한 브랜드 전략에 집중하는 것이다. Z세대의 특징은 대개 3가지로 요약된다(삼성 SDI, 2018). 첫 번째는 '디지털 네이티브'라는 점이다. 디지털 혁명 시대에 출생한 Z세대에게 인터넷은 매순간 숨 쉬는 공기이며, IT기기는 어린 시절부터 함께한 소꿉친구이다. 대한민국에서 태어난 사람에게는 한국어가 모국어이듯, Z세대는 디지털 네이티브 스피커인 셈이다. 두 번째 특징은 '개인주의적 성향'이다. 개방적인 X세대를 부모로 두었으니 당연한 결과다. Z세대는 더욱 자유분방하고 개인주의적 성향이 극대화된 X세대의 확장판이다. 마지막으로는 '현재 지향적 성향'을 꼽는다. Z세대의 현재 지향성은 점점 더 불확실해지는 미래에 대한 반작용으로 이해할 수 있다. 이밖에 Z세대를 탈권위적 성향으로 설명하기도 한다. 과거의 위계와 서열, 관습적 예우 등에 대해 가장 반항적인 세대이기 때문이다. 모든 권위에 대해 회의적이고 비판적으로 바라보는 Z세대에게는 부모조차 비판의 대상에서 예외일 수 없다. 그런데 디지털 네이티브라는 점을 제외한 나머지는 Z세대만의 특징이라 보기엔 무리가 있다. 개인주의, 현재 지향성, 탈권위는 모두 1980년대 중반 X세대가 등장했을 때 그들의 특성으로도 지적되었기 때문이다.

한편 밀레니얼세대의 자녀이기도 한 알파세대는 21세기에 완전히 태어난 첫 세대이다. 그들은 스마트폰, 태블릿 및 응용프로그램 등과 함께 태어나 자연스럽게 사용한다. 알파세대는 집에서 SK텔레콤의 '누구(NUGU)', KT의 '기가지니(GiGA Genie)', 애플의 '시리(Siri)', 아마존의 '알렉사(Alexa)' 및 '구글 어시스턴트(Google Assistant)' 등의 친숙한 목소리를 들으며 함께 자라고 있다. 이들은 기술을 두려워하지도, 매뉴얼을 읽으면서 해당 버튼의 기능을 배우지도 않는다.

Z세대와 알파세대로 대표되는 청년과 청소년 등 젊은 세대가 과거 세대와 다른 것은 성향뿐만이 아니다. 오늘의 청소년은 자신이 가진 역량과 할 수 있는 일에서도 절대적인 차이를 보인다. 이런 역량의 차이는 다음 2가지에서 비롯된다.

첫째, 디지털 기술 발달에 따른 다양한 수단의 확보다. 말하자면 생산수단이 대중화된 것이다. 과거에는 자본을 지닌 소수에게만 생산수단이 집중되어 생산자와 소비자의 역할이 분명하게 구분되었다. 사람은 대부분 수동적인 위치에서 상품과 콘텐츠를 소비할 수 있었다. 그런데 지금은 디지털 기술의 발전에 따라 누구나 원한다면 자신만의 상품과 콘텐츠를 생산해 낼 수 있게 되었다. 콘텐츠의 생산과 저장, 유통이 더 이상 일부 계층에 제한되지 않고, 대중들의 자기표현 수단이 된 것이다.

특히 디지털 네이티브라 특징지어지는 청소년은 태어나면서부터 이런 기술과 장비를 사용하는 것이 이전의 그 어떤 세대보다도 자연스럽다. 스마트폰을 신체의 일부처럼 사용하는 인류라는 뜻의 '포노 사피엔스'(최재봉, 2019)라는 말처럼 청소년에게 스마트폰과 태블릿PC는 손에서 떨어지지 않는 필수품이다. 인터넷 네트워크는 매 순간 숨 쉬는 공기와도 같다. 손가락만 움직이면 청소년이 할 수 있는 것은 무궁무진하다. 이처럼 디지털 인프라를 자유자재로 활용하며 청소년은 자신들의 목소리를 내고 그들의 뜻을 행동으로 옮길 강력한 힘을 지니게 되었다.

둘째, 글로벌 네트워크의 구축이다. 밀레니얼세대는 인터넷의 발달과 함께 첫 번째 글로벌세대로 여겨졌다. 온라인 네트워크의 범위와 양이 빠르게 확장되는 시기에 태어난 Z세대는 밀레니얼세대보다도 생각하는 방식이나 상호작용, 공감능력 등에 있어서 더욱 긴밀하게 연결되어 있다. Z세대의 가장 큰 특징 중 하나가 바로 이러한 '초연결성'이다. 이제 청소년은 스마트폰을 손에 쥐고 24시간 온라인에 연결되어 있으며, 서로 간의 유기적인 관계망을 형성한다. 이 관계망은 일상에서 만나는 친구들로 제한되지 않는다. 오히려 세상에 존재하는 온갖 지식과 지구상의 모든 사람들과의 연결로 확장된다. 인종과 성별, 나이, 지역 등을 초월하여 누구와도 친구를 맺고 소통할 수 있는 것이다. 오늘날의 청소년은 범세계적으로 연결되어 있는 인류 역사 최초의 진정한 수평집단이라고 할 수 있다. 이렇게 초국가적으로 만들어진 새로운 집단은 개인으로서는 실행하기 어려운 문제를 함께 고민하고 실천함으로써 상상 이상의 추진력을 얻게 된다.

Z세대와 알파세대로 불리는 오늘날의 청년과 청소년을 표현하는 말은 한두 가지가 아니다. 최고 평균 학력과 높은 실업률, 디지털 네이티브, 개인주의적·탈권위적 성격, 감각과 경험 지향까지 미래를 이끌어 갈 이들이 대체 어떤 존재인지에 대해 많은 사람이 궁금해하고, 또 답하고 있다. 새로운 세대에 관해 넘쳐나는 분석 중에서 분명한 건 이들은 기성세대와는 '다른' 존재라는 것이다. 지금의 어른들과는 다른 성향과 가치관을 가지고 있으며, 역량과 잠재력도 같지 않다.

2) 행동하고 경험하며 학습해야 하는 새로운 세대

Z세대와 알파세대로 대표되는 오늘의 청소년은 세상을 바꾸고자 하는 열망으로 가득하며, 자신의 열망을 적극적으로 실천하고자 한다. 특히 Z세대의 특징을 두고 '필란스로키즈(Philanthrokids)'라 칭하기도 한다(더 나은 미래, 2019). 자선을 뜻하는 '필란스로피(philanthropy)'와 '아이(kids)'를 합친 합성어로, 공공의 선을 위해 행동하는 청소년이라는 뜻이다. 환경문제와 인권문제 등 우리가 살아가는 이 세상에 존재하는 여러 가지 문제에 대해 청소년은 무관심하지 않다. 오히려 적극적으로 자신들의 목소리를 내고, 문제를 해결하기 위해 직접적인 행동에 나선다.

전 세계적으로 Z세대는 급변하는 기후와 기술의 발전 등 인간에게 미치는 문제에 민감하게 대응하고 있다. 이들이 기후변화 등의 문제에 대응하는 이유는 무엇일까? 『렉서스와 올리브나무(*The Lexus and the Olive Tree*)』를 통해 세계화 시대 혁신의 속도의 중요성을 주장했던 Friedman(2017)은 지구를 변화시키는 3가지 힘으로 기술, 세계화, 기후변화를 손꼽았다. UN도 2020년 창립 75주년을 맞아 우리가 원하는 미래를 설계하기 위해 기후변화, 기술, 인구구성, 불평등과 갈등 및 폭력 등 크게 5가지의 인류가 닥친 문제에 대한 국제협력의 범지구적 대화를 'UN 75-2020, 그 너머로'라는 이름으로 세계적인 설문과 대화를 시작하고 있다. 인류의 미래를 위협하는 추세를 관리하고 변화와 위협에 대응하기 위해 국경과 부문 그리고 세대를 넘어 모두가 참여하는 협력의 필요성(UN, 2020)을 강조한다.

어쩌면 청소년은 이런 방식으로 세상을 바꾸는 변화와 위협에 적응하고 있을지도 모른다. 즉 '기후변화', '불평등과 갈등' 및 '새로운 폭력' 등 인류가 닥친 문제를 해결하기 위해 '기술'과 '세계화' 등을 활용하여 새로운 시대 변화에 대응하고 있는 것이다.

2018년 8월 스웨덴 국회의사당 앞에는 한 작은 소녀가 서 있었다. 15세의 Greta Thunberg였다. 학교도 가지 않은 채 1인 시위를 하며 Thunberg가 이야기하고 싶었던 것은 기후변화 문제였다. Thunberg는 나날이 심각해지는 기후변화에도 불구하고 어른들이 이 문제에 제대로 대응하고 있지 않음을 지적하며 조속히 대책을 마련할 것을 요구했다. 아직 어리게만 보이는 소녀가 1인 시위에 나섰다는 것도 놀라운 일이지만 놀라움은 거기서 그치지 않았다. Thunberg는 문제의 심각성을 알리기 위해 매주 금요일마다 등교를 거부하고 시위를 이어 나갔고, 그 진행 상황을 SNS에 실시간으로 공유했다. 그러자 Thunberg의 작은 움직임에 전 세계가 응답하기 시작했다. Thunberg의 행동에 공감한 전 세계의 청소년은 금요일 등교 거부 시위에 하나둘 동참하기 시작한 것이다. 이 운동은 #YouthforClimate, #schoolstrike4climate, #FridaysForFuture 등의 해시태그를 달고 급속도로 퍼져 나갔고, 그 결과 125개국 1,600여 개 도시에서 약 160만 명이 참여하는 동맹파업이 진행됐다(EBS, 2019).

그런데 이러한 대규모 학교 휴업에 대해 어른들의 우려하는 목소리도 적지 않았다. 지금은 학교를 다니며 공부를 할 때라는 것이다. 영국의 전 총리 Theresa M. May도 그 중 한 사람이었다. 그녀는 학생들의 등교거부 시위에 대해 "학생들의 시위로 인해 많은 혼란이 오고 선생님들의 일은 늘어나며 배움의 시간이 낭비될 수 있다. 이 중요한 배움의 시기를 통해 과학자, 엔지니어, 변호인들이 되어 환경문제를 다룰 수 있다"라고 말했다. May의 말은 '학생의 본분은 우선 공부이며, 지금은 공부를 하거나 미래를 위한 준비에 힘써야 하는 시기이고, 실질적으로 사회문제에 참여하는 것은 어른이 되었을 때 해도 늦지 않다'는 우리 기성세대의 시선을 잘 반영한 것이다.

이에 대해 Greta Thunberg는 "영국의 총리는 학생들의 시위가 '배움의 시간을 낭비'하는 것이라고 했다. 어쩌면 맞는 말이다. 그런데 정치지도자들은 아무 것도 하지 않은 채 30년을 낭비했다. 그게 좀 더 문제인 것 같은데"라고 답했다. 이 응답은 4만 명의 사람들에게 '좋아요'를 받았다. 세상의 변화와 발전을 꿈꾸는 모든 청소년들은 자기들을 못마땅해 하는 어른들에게 오히려 반문한다. "왜 어른이 될 때까지 기다려야 하나요?"

이렇듯, “왜 어른이 될 때까지 기다려야 하나요?”라는 반문은 단순히 청소년기에 나타나는 기성세대에 대한 저항이나 치기 어린 반발쯤으로 보기 어려울 것 같다. 왜냐하면 지금까지 우리가 당연하게 생각해 온 인생의 여정이었던 ‘교육(공부) – 일(직업) – 은퇴(여유)’라는 기본적인 인생의 틀을 부정하는 질문이기 때문이다. 우리는 지금까지 어린 시절에는 열심히 공부하며 준비하고, 장년기에는 준비한 내용을 바탕으로 열심히 일하며 돈을 벌고 노년을 준비해 왔다. 그렇기 때문에 우리는 ‘공부도 다 때가 있다’는 잔소리를 당연하게 생각했다. 어른이 되어 해도 늦지 않은 행동이나 사회적 참견은 기다리라고 서슴없이 충고해왔다. 그런데 이제 새로운 시대의 새로운 청소년은 왜 어른이 될 때까지 기다려야 하는지에 대해 진지한 의문을 제기하고 있는 것이다.

그렇다면 기성세대는 왜 청소년에게 어른이 될 때까지 기다리라고 하는 것일까. ‘어른이 될 때까지 기다려라’, ‘지금은 일단 배우고 나중에 사회에 진출했을 때 행동하라’고 강조하는 어른들의 메시지는 공교육 제도로서 학교교육이 성립된 이후 지금까지 근대교육을 뒷받침하고 있는 사고방식이다. 서구 근대교육은 자기 노동력의 가치(요즈음 말로는 몸값)를 높이기 위해 객관적 지식을 교육내용으로 한다. 근대교육은 지식전달자로서 교사의 역할을 강조하고, ‘무엇을 가르쳐야 하는가’ 하는 문제를 교육문제의 핵심 쟁점으로 삼아왔다(정재걸, 2002). 따라서 근대교육에서는 학생이 원하든 원하지 않든 관계없이 청소년의 성장에 도움이 될 것이라는 믿음 하에 학교나 국가가 교과목과 교육내용을 정해 왔다. 그리고 정해진 과목에 대해서 학생 개개인들이 얼마나 성취하였는가를 강조하게 되면서 그 결과 누가 얼마나 교육내용을 성취하였는가를 객관적으로 측정하고 평가하기 위해 ‘시험’이라는 것을 전면에 내세우게 된다. 결국 청소년에게 학교는 자신의 성취 정도를 나타내는, 시험을 위한 전쟁터나 다름없다는 사실을 부인하기 어렵다.

근대교육의 이런 특징을 교육자이자 미래학자인 Marc Prensky(2018: 13–14)는 ‘이론 중심 모델(Academic Model)’이라고 주장한다. 이론 중심 교육 패러다임은 학습이 이루어지기를 바라는 마음에서 학습 내용과 학생을 묶는 것부터 시작한다. 학습 내용으로서 '교육과정'은 교육목적과 교육 목표를 달성하기 위한 국가 수준의 지침이다. 각 학교에서 편성하고 운영해야 할 교육과정의 공통적이고 일반적인 기준이기에, 우리나라 교육의 표준이라 할 수 있다. 진로교육을 포함한 모든 교과목의 교육과정에서는 학생들이 학습해야 하는 목표를 설정하고, 성취도를 중심으로 교육의 성과를 평가한다. 즉 교육을 받고 시험을 잘 치러 높은 성적을 성취한 학생은 순전히 지식적인 측면에서 '더 나은' 사람이 된다. 이론 중심 교육은 이렇게 더 나은 사람이 된 학생들이 언젠가 학교를 마치고 먼 훗날 사회로 진출했을 때 세상을 더 나은 곳으로 바꿀 수 있으리라 기대한다. 이는 우리의 간절한 바람이기도 하다.

이제 4차 산업혁명으로 대표되는 디지털시대는 달라지고 있다. 행동하고 경험하면서 배워야 하는 시대가 온 것이다. 근대교육이 시작된 200여 년 동안 청소년이 태어나서 성장하고 독립적으로 사회생활을 꾸려가는 과정은 주로 선형적(linear) 방식이었다. 직업을 얻기 위해 필요한 기술을 합리적으로 예측하고, 필요한 학교 교육과정과 프로그램을 만들어 열심히 준비하면 자신이 원하는 직업에 종사할 수 있다고 생각했다.

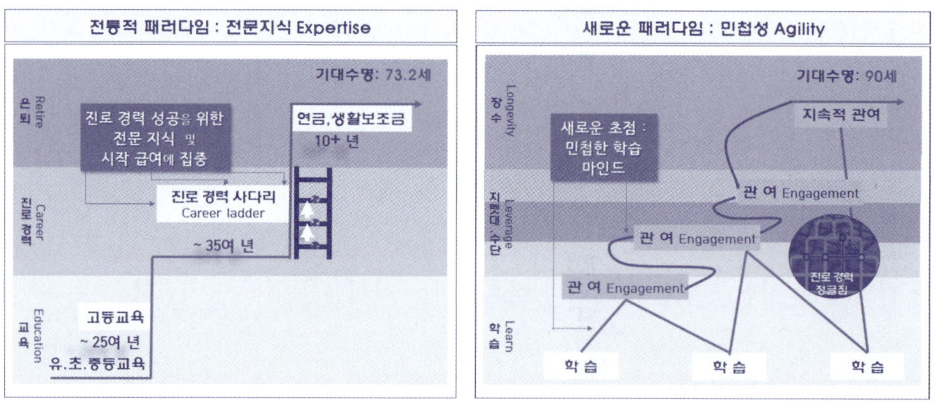

출처: McGowan and Shipley, 2018: 10.

[그림 1-2] 전통적 교육과 새로운 교육패러다임 비교

그런데 미래 교육과 일의 미래에 대해 세계적 명성을 얻고 있는 McGowan & Shipley(2020)는 청소년기에 집중적으로 교육받고 준비하는 선형적 방식은 이제 더 이상 유효하지 않다고 단언한다. 다시 말해 청소년이 16~18여 년간의 유치원부터 초등·중등·고등교육으로 준비한 지식과 기술로는 남은 30~40년의 직업생활을 유지하고 버티는 것이 불가능하다는 것이다. McGowan은 전통적 교육패러다임에서는 '일하기 위해 교육을 받는 구조(Learn to work)'였다면, '새로운 교육패러다임'에서는 '일하면서 학습하는 구조(Work to learn)'라고 말한다. 즉 지금까지는 직업을 얻고 일하기 위해 청소년 시기에 열심히 공부했다면, 이제부터는 행동(경험)하면서 지속적으로 학습하는 '민첩한 학습마인드'가 중요해진 것이다.

새로운 학습패러다임에 입각한 미래교육 설계로 세계적 명성을 얻고 있는 Marc Prensky(2018: 14–15)는 미래의 학습패러다임을 과거의 이론중심 모델과 비교해 '더 나은 세상을 만드는 역량 중심 모델(Empowerment to Better the World Model)'이라고 정의한다. 교육 목표가 '세상을 더 나은 곳으로 바꾸는 것'인 역량 중심 모델의 교육은 학생의 직접적인 프로젝트 참여와 역량을 자유롭게 발휘할 기회의 제공에 초점이 맞춰 있다. 직업을 얻기 위해 배우는 것이 아니라 배우기 위해 행동하고 일하는 교육모델로 전환하는 것이다.

새로운 교육모델은 학생과 교육내용이 아닌, 학생과 사회적 문제 또는 해결해야 할 과제를 한데 묶는 것에서 출발한다. 여기서 사회적 문제와 과제란 교육용으로 만들어 낸 가상의 것이 아니다. 앞서 설명한 기후변화와 같은 청소년이 실제 생활 속에서 스스로 인식하는 지역문제, 전 세계적으로 발생하는 해결과제를 말한다. 청소년은 더 나은 세상 만들기에 직접 참여하게 되며, '사회적 실현'을 목표로 삼게 된다. 이러한 도전은 단기간에 세상을 더 나은 곳으로 개선하는 효과를 내는 동시에 장기적으로는 실제 사회문제를 해결하는 역량을 갖춘 '시민'을 길러 내는 것이다.

오늘의 청소년은 직접 사회문제를 해결하며 성장한다. 이제 청소년에겐 배우면서 준비하는 것만으로는 충분하지 않다. 청소년이 원하고, 청소년에게 필요하고 유익한 것은 '실제로 해 보는 것'이다. 그 과정에서 청소년은 무엇인가를 학습하게 된다. Marc Prensky(2018: 83-85)는 '모든 아이가 사회참여 활동을 통해 자신의 열정을 발휘하는 방법을 찾아야 하고, 어른들은 청소년이 그것을 찾도록 도와야 한다'고 강조한다. 일반적으로 청소년은 무언가를 해냈을 때 실현했다는 감정을 느낀다. 그 무언가가 자신뿐만 아니라 다른 사람에게도 가치 있는 일일 때, 청소년은 더 큰 자극을 받고 자신감을 얻는다. 청소년 삶의 나침반이 될 '탐구하고 해결하는 활동'은 더불어 살아가는 이 세상을 더 나은 곳으로 만드는 열정이 투영되어야 한다. 청소년이 세상을 바꾸는 다양한 사회참여 프로젝트를 수행할 수 있도록 돕는 것이 어른의 역할이다.

3) 새로운 인생 단계로서 후기 청소년기의 등장

최근 유럽과 미국의 일부 연구자들은 청소년이 성인으로 이행하는 기간이 늘어나면서 10대 후반에서 20대에 걸친 시기의 발달적 특성을 차별적으로 설명하기 위해 새로운 인생 단계를 설정하려는 노력을 기울이고 있다. 기존의 청소년에 대한 발달심리학이나 사회이론에서 설명하지 못하는 차별되는 특성을 새로운 인생 단계로 설정하고 구별하려는 논의는 '후기 청소년기(postadolescence)' 이론과 '이머징 어덜트후드(emerging adulthood)' 이론으로 대표된다.

두 이론은 성인으로의 이행 기간의 연장에 따라 청소년 후기의 비슷한 시기에 나타나는 차별적인 발달심리적·문화적 특성을 설명하려는 공통점을 가진다. 또한 두 이론은 자녀의 결정을 통제할 수 있는 부모와 가정의 기능이 약화되고, 학교교육을 완성하고 새로운 가족을 형성하는 사이의 기간이 객관적으로 길어지는 것을 고려하고 있다. 그렇지만 후기 청소년기나 이머징 어덜트후드가 '인생의 새로운 단계의 출현'인지, 아니면 단순히 '일시적인 청소년기의 연장'인지에 대해서는 아직 논쟁의 여지가 남아 있다.

우선, 유럽을 중심으로 제기되고 있는 '후기 청소년기' 이론은 다음과 같은 3가지 주요 가설에 근거(IARD, 2001: 4)를 두고 있다.

㉠ 교육기간이 연장됨에 따라 사람들은 자신의 미래 진로와 삶에 대한 기대가 높아지게 된다. 그런데 교육수준의 인플레이션, 노동시장의 유연화 및 높은 실업률에 기인한 경제적·사회적 상황으로 이런 높아진 기대는 충족되기가 매우 어렵다. 다시 말해 많은 젊은이들이 더 오랜 기간 교육과 훈련을 받아 직업과 삶에 대한 기대가 높아졌지만, 그러한 기대가 경제적·사회적 현실에서 항상 충족되는 것은 아니다. 개인들은 새로운 시기로서 후기 청소년기를 맞이하게 된다. 이 시기는 '기다리는 기간(a waiting period)'으로서, 성인 역할을 적절하게 수행할 수도 없고 성인의 책임도 다할 수 없는 위험을 수반한다. 이 위험은 청소년에게 시민적 권리를 누리지 못하게 하는 중요한 부정적 의미를 포함하는 것이다.

㉡ 교육수준과 직업 및 사회통합의 기회 사이에 생기는 차이는 모든 책임을 져야 하는 성인이 될 때까지 대기해야 하는 길어진 기간을 경험하는 개인에게 달려 있다. 이러한 '대기 기간'을 즐기는 기회는 증가하고, 부모는 자녀가 경제적으로 독립하지 못하고 있음에도 불구하고 충분한 자율성을 더 부여해야 하는 상황에 놓이게 된다. 새로운 인생 단계로서 후기 청소년기는 현재의 청소년이 더욱 복잡해진 직업, 삶의 순서, 이성과의 결합 관계 등을 경험할지도 모르는 동안 생애 경로를 더욱 복잡하게 만들 수 있다. 따라서 성인으로서 갖는 인생의 목적지는 과거에 비해 더욱 불확실해지고 있다. 후기 청소년기의 사회적·인구학적 범주는 연령 관점에서 이론적으로는 20세에서 29세 사이를 일컫는다. 사회적 관점에서는 원(原)가족에게 더 이상 완전히 의존하지는 않지만, 아직 자신의 가족을 구성하지 않은 개인을 지칭한다. 새로운 인생단계로서 후기 청소년기 이론은 성인으로 이행의 개별적 파편화 경향에도 불구하고, 강점과 약점을 동시에 보여 준다. 예를 들어 자신의 가족을 새로 구성하지는 않았지만, 부모와 함께 살지 않는 개인은 과거에 비해 더욱 확산될 것이라는 사실은 의심할 여지가 없다. 이런 상황은 여러 가지 요인에 의해 야기된다. 대학생의 증가도 하나의 원인이 될 수 있다.

㉢ '후기 청소년기' 기간은 국가에 따라 다르다. 처음 결혼하거나 동거하는 평균

> 연령이 어떤 국가는 24세 혹은 25세인 반면 다른 국가는 29세인 경우도 있다. 새로운 현상임에도 불구하고 현대화가 덜 진행된 국가에서 후기 청소년기가 더 심하게 나타날 수도 있다.

한편 미국 미국 메릴랜드 대학 교수인 J. J. Arnett은 인생단계의 새로운 기간을 확인하기 위해 '이머징 어덜트후드(emerging adulthood)' 이론을 제안(Arnett, 2000; 2004; 2006)하고 있다. 지난 반세기 동안 주로 산업화된 사회에서 10대 후반과 20대, 특히 18~25세에 초점을 맞추고, 그들의 독특한 경험과 문화적 특성을 중심으로 이머징 어덜트후드를 정의하고 있다. 1950년대 이전까지만 해도 미국에서 고등교육을 이수한 사람은 소수였으며, 대부분의 젊은이는 10대 후반에 취업하였다. 지난 1950년대에는 25% 정도의 미국인이 고등교육을 이수하였고, 이들의 대부분이 젊은이들이었다. 대부분의 젊은 여성과 많은 젊은 남성은 10대 후반이나 20대 초 결혼하기 전까지 부모의 집에 남아 있었다. 1960년대 미국의 평균 초혼 연령은 여성이 20.3세, 남성이 22.8세였다. 평균적으로 결혼 1년 후에 부모가 되었다. 따라서 대부분의 젊은이들은 '청소년기(adolescence)'에서 20대 초반에 정해진 '젊은 성인(young adulthood)'으로 직접 이행(Arnett, 2004)하고 있었던 것으로 볼 수 있다.

그로부터 50여 년이 지난 오늘날 10대 후반에서 20대에 걸친 연령 기간은 극적인 변화를 겪고 있다. 대학에 진학하는 고등교육 참여율, 특히 젊은 여성의 참여율은 급격하게 증가하고 있다. 젊은 사람의 60% 이상이 고등학교를 졸업한 당해 연도에 대학으로 진학하고, 미국 대학 재학생의 57% 정도가 여성이다. 평균 초혼 연령도 여성이 26세, 남성이 27.5세로 가파르게 올라갔으며, 첫 아기를 갖는 연령도 덩달아 늦어졌다. 결혼 전의 성에 대한 태도도 변화되고, 10대 후반에 처음 성관계 경험을 갖는 비율도 늘어나고 있다. 그들의 2/3 정도는 결혼 이전에 동거경험을 가지기도 한다.

Arnett은 18~29세 연령집단을 더 이상 젊은 성인이라고 말할 수 없다고 주장한다. 왜냐하면 젊은 성인과 달리 이머징 어덜트후드는 결혼하지 않고, 아이를 갖지도 않았으며, 아직 안정된 일자리에 정착하지도 못했다. 그들은 청소년기라고 부를 수도 없다. 왜냐하면 청소년기와 달리 그들은 성숙기에 있지도 않고, 중등학교 재학생도 아니며, 그들의 대부분은 부모의 집에서 살지도 않기 때문이다. 그들을 '이머징 어덜트후드'로 부르는 것은 청소년기와 젊은 성인과 많은 면에서 다르다는 것과 생애과정의 새로운 기간이 청소년기나 성인기 사이에 나타나고 있다는 사실을 인정할 수 있기 때문이라고 주장한다.

Arnett(2004)은 새로운 인생 단계로서 이머징 어덜트후드의 다른 점을 5가지 특성으로 정리하여 제안한다. 이머징 어덜트후드 이론에 따르면 첫째, 정체성 탐구 시기(the age of identity explorations) 둘째, 불안정 시기(the age of instability) 셋째, 자기중심 시기(the selffocused age) 넷째, 중간자적 느낌의 시기(the age of feeling inbetween) 다섯째, 가능성의 시기(the age of possibilities) 등이다. 이머징 어덜트후드가 이 특성을 모두 경험하는 것은 아니며, 다른 기간에 비해 차별되는 지배적인 특성을 말하는 것이다.

㉠ 정체성 탐구는 지난날 청소년기와 연관되어 있다. Erikson의 인생 범주(life-span) 이론에 의하면, 생애과정의 각 기간은 중심적 도전 내지 위기를 가지는데, 청소년기는 정체성 위기에 직면한다. Erikson의 관점에서 청소년기는 정체성의 형성 특히, 사랑과 일에 관련한 것에 초점을 맞추는 시기이다. 1940년대 Erikson이 이 이론을 처음 형성할 시기에는 이러한 주장이 진실이었는지 모른다. 그렇지만 Arnett에 의하면 오늘날 대부분의 정체성 탐구는 이머징 어덜트후드 기간에 이루어진다는 것이다. 사랑의 면에서 보면 청소년기에 많은 사람들은 처음 낭만적 관계를 경험하게 되지만, 낭만적 관계와 정체성에 더 초점을 맞추는 시기는 이머징 어덜트후드 시기이다. 또한 많은 사람들은 청소년기 때 아르바이트나 시간제 일을 하지만, 정체성에 더 바탕을 두는 시기는 이머징 어덜트후드 기간으로 이때 자신의 재능과 흥미에 맞는 일을 찾게 된다.

㉡ 정체성 탐구는 이머징 어덜트후드를 불안정한 시기로 만든다. 왜냐하면 탐구과정에 이머징 어덜트후드는 사랑의 형태와 교육적·직업적 경로에서 변

화를 겪게 되기 때문이다. 그들은 다른 어느 시기보다 자주 주거지를 바꾸게 된다. 예를 들어 부모의 집을 떠나 친구와 살거나 파트너와 동거를 시작하기도 하고, 사랑과 교육 혹은 일과 관련한 이행에서 다시 부모의 집으로 돌아오기도 한다. 이 시기의 불안정성은 스트레스와 불안을 가중시킨다.

ㄷ 이머징 어덜트후드는 다른 사람에 의해 의무적으로 부여되는 것에 덜 영향을 받는 시기라는 점에서 자기중심적 기간이다. 아동과 청소년은 부모와 함께 살고, 매일의 생활을 부모와 다른 성인에 의해 통제된 프로그램－부모와 살면서 학교에 다니고, 부모가 승인한 여가활동에 참여－에 따르게 된다. 그러나 이머징 어덜트후드는 외부적 강제와 규율에 따르기보다는 다른 사람과 의논하지 않고 스스로 결정하며 그들이 원하는 대로 일상을 짜는 자유로운 시기이다. 이는 그들이 이기적이라는 것을 의미하지 않는다. 오히려 청소년기보다 덜 이기적인 경향을 보인다. 그들은 상대적으로 사회적 역할에 덜 구속적이며, 상당한 범위에서 자신이 원하는 삶을 살도록 허용된다.

ㄹ 이머징 어덜트후드는 청소년기와 성인의 중간자적 느낌을 갖는 시기이다. 미국을 비롯한 다른 산업국가의 조사에 의하면, 그들이 성인에 도달했다고 생각하는지를 묻는 질문에 대해 이머징 어덜트후드는 긍정도 부정도 하지 않고, 어떤 경우에는 '예'라고, 어떤 경우에는 '아니오'라고 답했다. 이머징 어덜트후드 시기에서 성인으로 이행해 가는 동안 주관성이 점차 강해진다. 교육을 마치고, 결혼하고 부모가 되는 등 전통적인 성인으로서의 이행이 아니라, 성인으로의 이행 경로는 무형의 개인적인 준거－특히 스스로 책임을 수용하고, 독립적으로 결정하고, 재정적으로 독립하는 등 3가지 기준－에 따라 결정된다.

ㅁ 끝으로 이머징 어덜트후드는 2가지 면에서 가능성의 시기라고 할 수 있다. 이머징 어덜트후드는 희망을 높게 품고 더 많은 기대를 갖는 기간이다. 비록 현재 생활에서 스트레스를 받고 어려움을 느낄지라도 끝내는 성인으로 잘 이행해 갈 것이라고 일반적으로 믿는다. 그들은 믿을 만한 결혼 상대보다는 영혼을 나누는 친구를 찾고, 안정적이고 높은 수입이 보장되는 직업보다는

> 스스로 만족하고 자신의 정체성을 표현할 수 있는 일을 찾는 데 더욱 희망을 가진다. 또한 삶에서 극적인 변화를 가져올 수 있는 기회의 창이 열려 있다는 점에서 이머징 어덜트후드는 가능성의 시기이다. 그들은 부모를 떠날 수도 있고, 문제가 있다고 생각되는 가족생활을 떠나 자유를 누릴 수도 있고, 삶을 되돌리는 결정도 스스로 할 수 있다.

일반적으로 대학생활 경험과 환경은 이머징 어덜트후드의 발달적 특성에 잘 들어맞는다. 고등교육에서 최초 2~4년간의 다양한 과정을 이수하는 것은 마치 어느 영역이 자신의 재능과 흥미에 가장 적합한지를 선택하는 것과 같이, 많은 이머징 어덜트후드에게는 정체성 탐구의 기간이 된다. 대학생활 환경은 청소년기와 젊은 성인 사이의 감각을 촉진할 것이다. 왜냐하면 대학생활은 – 특히 기숙사에서 생활한다면 – 책임감에 있어 청소년기보다는 많이, 성인 시기보다는 덜 느낄 것이기 때문이다.

이머징 어덜트후드가 대학생에게서만 경험되는 것은 아니다. 대학에 다니지 않는 이머징 어덜트후드 역시 자기 정체성에 맞는 만족스러운 일자리를 찾고, 결혼 시에도 어른이 생각하는 상대보다 자기에게 맞는 친구를 선호한다. 그들 역시 10대 후반과 20대 초에 잦은 일자리 이동을 통해 불안정성을 경험하게 된다. 대학생과 마찬가지로 중간자적 느낌을 가지게 된다. 그들은 비록 대학졸업증은 없다 할지라도 많은 기회가 자신들에게 열려 있을 것이라는 꿈과 믿음을 가진다.

이와 같은 청소년기의 연장에 따른 새로운 인생 단계 출현과 특성에 대한 이해는 청소년정책의 방향과 접근방식을 재검토하게 한다. 청소년정책의 연령범주와 정책영역을 확장시키고, 청소년의 일상과 관련된 다양한 영역의 연계·협력을 중요시하는 포괄적이고 통합적 성격을 강조한다. 특히 우리의 경우 아동, 청소년, 청년정책이 별도의 독립적인 법령 근거를 가지고 각각 별도의 중앙 부처에서 수행되고 있는 국가에서는 아동, 청소년, 청년에 대한 생애 주기적 접근 및 후기 청소년기와 청년과의 관계 설정 등이 더욱 중요한 과제로 등장하고 있다.

3. 청소년 생애과정의 레짐 변화

인간은 태어나는 순간부터 죽음에 이르기까지 다양한 변화를 겪는다. 아동기에서 노년기를 거쳐 죽음에 이르는 개인적 변화의 과정을 '생애과정(life course)'이라 부르는데, 생애과정은 일대기적 사건과 사회적 사건 간의 상호작용의 결과로 구성된다. 생애과정 중 특히 아동 또는 청소년에서 성인으로 이행(transition)하는 과정은 성장이 집중되는 시기로 매우 중요하다. 2000년대 이후 청소년의 생활조건과 관련하여 성인으로 이행해 가는 청소년의 생애과정의 레짐 변화가 가장 두드러지게 나타나고 있다. 일반적으로 레짐은 특별한 사회적 행위자의 갈등과 이해뿐만 아니라 그 행위자들이 지속적으로 재생산하는 일련의 가치와 해석에 의해 구조화된 역사를 가지는 기존의 제도적 틀과 관련된다. 청소년이 성인으로 이행해 가는 과정은 사회경제적 구조, 제도적 방식 및 문화 패턴의 복잡한 체제에 의해 구조화된다.

〈표 1-1〉 청소년 생애과정의 레짐 변화

과거 청소년 이행	새로운 청소년 이행
길들여진 길(tame zones)	야생 들판 길(wild zones)
제도화된 경로	제도화된 경로 매력 점점 상실
선형적(linear) 이행	비선형적(yoyos) 이행
표준화(standardize)	탈 표준화 / 구조화된 개별화 (de-standardize / individualize)
비교적 단기간 / 단순, 집합적	연장 / 복잡, 파편화, 다원화 불확실 / 기회(선택)와 위기 양극화

국내외 많은 청소년 연구(IARD, 2001; Walther et al., 2002, 2005; Williamson, 2002, 2006, 2008; 김현철, 2003; UNESCO, 2004; Siurala, 2005)들은 성인으로의 청소년 이행이 과거와 달리 개별화·파편화되며, 탈표준화되어 위험스러워지고 있

다고 진단한다. 이 연구들은 성인으로 이행의 전형적 장면인 '정상적인 일대기(normal biographies)'는 더 이상 없다는 점을 강조한다. 1970년대 말경부터 대다수 청소년이 경험하고 따랐던 '전통적'인 표준화된 선형적 이행—교육받고, 직업을 찾고, 사회적 관계를 형성하고 집을 떠나 자녀를 갖는 방식—은 서서히 끝나가고 있다는 것이다. 즉 오늘날 청소년이 성인으로 이행해 가는 생애과정은 과거와 다르다는 것이다. 청소년 세대가 겪어야 할 생애과정의 환경이 바뀌었으며, 환경의 변화에 따라 이행해 가는 방식도 완전히 다른 모습으로 펼쳐지고 있다.

1) 생애과정의 탈표준화 및 이행의 요요화

지금까지 청소년이 성인으로 이행(移行, transition)해 가는 생애과정은 비교적 '표준화'되어 있었다. 대부분의 청소년은 일정 기간 교육을 받으며 어려운 입시 관문을 넘어 대학에 입학하고, 졸업 후에는 직업을 찾아 취업한다. 취업 후에는 연애와 결혼을 하여 독립된 가정을 꾸리고 출산과 양육의 과정을 거치게 된다. 이 사회적 시간표에는 대부분의 청소년이 입학과 졸업, 취업 등 일련의 사건들을 시기와 순서에 맞추어서 거쳐 가야 한다는 소위 연령규범과 순서규범이 전제되어 있다.

생애과정의 표준화를 처음으로 제기한 학자들에 의하면 근대화와 산업자본주의의 확립에 따라서 생애과정은 제도화되고 예측 가능하게 되었다(남춘호, 2015). 그 결과 청소년이 성인으로 이행해 가는 징표로서의 사건들이 보다 보편적이 되고, 이행 사건들 사이의 시간적 간격도 짧아지는 표준화 현상이 나타났다. 사회구성원 대부분이 계층과 문화적 차이를 초월해 동질적인 생애경로를 걷게 되는 사회통합의 효과를 발휘하게 되는 것이다.

선형적이고 표준화된 생애과정은 변화의 속도가 빠르지 않을 때, 직업이나 일자리를 제공하는 기술과 교육을 집중적으로 받을 수 있도록 하는 학교교육은 미래 요구를 비교적 합리적으로 정확하게 예측할 수 있었다. 청소년 역시 그 예측으로 마련된 공부와 준비를 충실하게 한다면 충분히 좋은 직업을 가질 수 있었다.

그런데 사회경제와 기술의 변화 속도가 가파르게 빨라진 2000년대 이후부터는 생애과정이 다양화되고 개인화하는 '탈표준화' 현상이 확대되고 있다. 태어나서 정규 학교교육을 마친 후 안정적인 취업을 하고 결혼과 출산에 이르는 일반적인 시나리오, 이른바 '전통적이고 표준화된 성인기로의 이행'이 점차 해체되고 변형되는 것이다. 이는 우리 사회에만 국한되지 않고 전 세계에서 나타나는 보편적 현상이다. 세계화에 따른 노동시장 유연화와 청년실업 등 고용전망의 불안정화, 학교교육의 확대, 여성의 노동력 참여 증대, 가치관의 변화와 가족해체 및 다양화 등은 생애과정의 탈표준화 현상을 이끌었다. 이러한 생애과정의 탈표준화 현상은 성인기로 이행하는 사건들이 생략되거나 보편성을 저해하고, 이행의 가역성이 증가하거나 이행들 간의 연계의 약화 등으로 나타난다.

한편 생애과정의 탈표준화는 개인이 스스로 진로경력을 만들어야 함을 의미한다. 우리 사회에서도 대학졸업 후 길어지는 구직 기간, 성인기 이행의 지체와 청소년기의 장기화, 결혼의 지연과 출산율 저하 등은 이미 사회문제로 등장한 지 오래되었다. 점차 장기화되고 있는 성인기 이행 과정 동안 '대학졸업—취업—실업—교육훈련' 등을 반복하는 청소년과 청년의 다양한 삶의 궤적들은 우리 주변에서 쉽게 찾아볼 수 있게 되었다. 이제는 청소년의 성인기 이행 과정이 점점 더 예측 불가능하게 된 것이다.

청소년은 자신의 선택이 가져올 미래를 예측할 수 없는 상태에서 자기 삶에 중대한 영향을 미칠 교육과 취업, 고용에 관한 개인적 결단과 선택을 해야 한다. 성인기 이행 경로가 다양화되고 개인화될수록 청소년은 자신의 진로결정을 스스로 정당화해야 하며 직접 자원을 마련해야 하는 과제를 안게 된 것이다. 다시 말해 청소년은 과거에 비해 자기 자신의 삶과 진로를 자기 주도적으로 선택하고 결정해야 하는 것이다. 청소년은 스스로 어떤 교육과 훈련을 받을 것인지, 무슨 직업을 어떻게 선택할 것인지, 부모의 집에서 언제 독립해야 하는지 등을 비롯하여 자신의 생애과정 자체를 스스로 결정해야 한다. 탈표준화되고 개인화되는 이행 과정에서 개인의 '주관성'은 점점 더 결정적인 역할을 하게 되는 것이다. 그 결과 자신의 진로 선택이나 결정과정에서 개인에게 부여되는 책임 또한 훨씬 증대되고 있다.

청소년은 생애과정의 탈표준화, 이행 과정의 다양화와 개인화에 따라 취업했다가도 다시 교육(훈련)으로 복귀하기도 하고, 4년제 대학 졸업 후 다시 전문대학으로 입학하기도 한다. 노동시장과 교육 사이를 왔다 갔다 하는 소위 '요요 이행(yo-yo transition)'을 경험하는 개인이 늘어나고 있는 것이다. 탈표준화된 요요 이행에서 개인은 일상생활의 선택과 위기를 동시에 경험하게 되며, 미래는 예측이 어렵고 불확실하다.

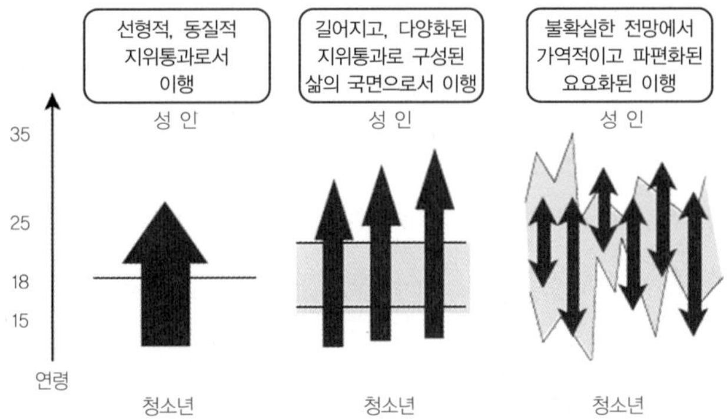

출처: Walters et al., 2002: 121.

[그림 1-3] 청소년과 성인 간 이행의 단계적 변화와 요요화 현상

우리 사회에서도 청소년의 요요 이행은 시점이나 조건에 따라 여러 가지 파편화된 형태로 나타나고 있다. 예를 들어 A청소년은 '전문대졸-취업-대학편입-구직활동 중'의 궤적으로, B청소년은 '전문대졸-아르바이트-정규직 취업-회사 도산으로 퇴직-호주 워킹홀리데이-귀국 이후 구직활동 중'인 궤적으로 보여 주고 있다. 또 다른 C청소년은 '대학입학-아르바이트와 학업 병행-장기휴학으로 자퇴-텔레마케터 취업-다시 대학입학-학업과 아르바이트 병행 중' 등의 굴곡진 궤적을 보이기도 한다. 이러한 요요 이행의 대표적인 예가 4년제 일반대학을 졸업한 뒤 전문대에 다시 입학하는 '유턴 신입생'이다. 이들은 '잘할 수 있는 직업을 찾아서', '어릴 적부터 가진 간호사의 꿈을 포기할 수 없어서' 등 주로 자신의 꿈을 이루기 위해 유턴 입학을 결정한 사연을 밝히고 있다(노컷뉴스, 2019. 4. 2.).

요요 이행과 함께 주목해야 할 큰 변화는 학교교육 기간과 청소년기의 연장이다. 노동시장 이행의 지체는 부모에 대한 경제적 의존 기간을 연장시킨다. 그 결과 생물학적으로는 성인에 도달하였지만, 사회적으로는 아직 성인으로 인정받지 못하는 어정쩡한 이중적인 성격의 사회집단이 형성되고 있는 것이다. 이런 모든 변화의 전반적 영향은 청소년 혹은 '완전히 성인은 아닌' 사회집단의 생활조건으로 확대해 가고 있다. 그러나 부모와 가족에 대한 물질적 의존이 증가함에도 불구하고, 과거에 비해 현재 청소년의 심리적 독립은 더욱 커지고 있다. 성인으로 완전히 이행하는 평균 연령은 높아지지만 아동의 행동을 통제하고 조정하는 가족의 기능은 상대적으로 약화되기 때문이다.

청소년기의 연장은 여러 가지 생활조건의 변화와 함께 일상생활에서 청소년에게 위기와 기회를 동시에 증대시키고, 양자 사이의 간격을 확대시킨다. 대부분의 청소년은 어느 정도 자신의 길을 잘 관리하며 성공적으로 만들어 가고 있는 반면, 일부 청소년은 매우 어려운 여건에서 살아가면서 미래에 대해 불투명한 전망을 가진다. 이같이 청소년의 생활조건의 변화에서 성인으로의 '이행 기간의 연장'과 아울러 '기회와 위기 및 불확실성의 증대'는 성인으로 이행하는 환경의 변화와 이행 방식의 변화에 밀접한 관련을 가지고 있다.

2) 이행 환경의 변화 : 포장도로에서 야생 들판 길로

최근 성인으로의 이행 환경은 복잡하며 파편적이고 다원화되어 가고 있으며 동시에 장기화되고 있다. 이런 이행 환경은 마치 잘 다듬어진 '포장도로(tame zones)'에서 '야생 들판(wild zone)'의 변화로 은유적으로 비교(Kelly, 1999 : Walther et al., 2002)된다.

과거 부모세대의 청소년기는 잘 닦여 있는 포장도로와도 같았다. 포장도로에서 모든 차들은 한 방향으로 달려간다. 정해진 차선을 이탈(탈선, 무리한 차선 변경 등)하지 않고 앞서 가는 부모세대의 뒤를 잘 쫓아가면 큰 위험 없이 때로는 더 괜찮은 성인으로 이행할 수 있었다. 만약 어느 차가 차선을 벗어나 탈선하려고 하면, 각종 교통 법규를 지키도록 하고 자신의 역할을 회복하여 제대로 차선을 지키며 달리도록 교육하고 지도하게 된다. 이를 우리는 '정상화(normalize)'시킨다고 한다. 포장도로의 생활은 예측 가능하며, 살아가는 방향이나 목적에 대한 고민은 크게 필요하지 않았다. 다만 공부하고 경쟁하면서 다른 사람들보다 주어진 목적지에 먼저 도착하도록 해 주는 '속도'를 우선시해야 했다.

부모세대가 보낸 청소년기가 포장도로였다면, 지금 청소년이 살아가는 길은 포장되지 않은 야생 들판 길과 같다. 비포장 야생 들판 길은 차선이 따로 없다. 차들은 제각기 다른 방향을 향해 달리고 있다. 어느 방향이 올바른 방향인지 누구도 자신 있게 말할 수 없다. 탈선이나 일탈이라는 말은 성립되기 어렵다. 따라서 야생 들판 길에서는 포장도로와 달리는 방법이 근본적으로 다르다. 포장도로에서 강조된 '속도' 역시 중요하지만, 그보다 '방향'의 설정이 훨씬 중요해진다. 아무리 빨리 간다고 하더라도 원하는 목적지로 가는 방향이 아니라면 소용이 없어지기 때문이다. 불확실성으로 가득한 야생 들판 길을 달리는 청소년은 스스로 '방향'(꿈과 비전의 설정)을 먼저 고민해야 한다. 그뿐만 아니라 방향에 맞게 잘 도착할 수 있도록 스스로 '점검'하며 불쑥 나타나는 위험 상황에도 유연하게 잘 적응하여야 한다.

또한 포장도로에서의 위험이 탈선과 이탈이었던 것과 달리, 야생 들판에서는 탈선의 위험보다 차량엔진의 시동이 꺼져 버리는 것과 같은 개인적 동기 상실이 큰 위기를 부르게 된다. 포장도로 위에서는 차선을 벗어나지만 않는다면 시동이 꺼지는 일은 대처가 가능하다. 뒤따르던 차들이 빨리 가기 위해서라도 도와줘야 하는 상호부조가 형성되기 때문이다. 하지만 야생 들판에서 시동이 꺼져 버린다면 저 멀리서 각자의 방향으로 가고 있는 차량들은 도와줄 수가 없다. 따라서 출발할 때부터 서로 경쟁하기보다는 비슷한 방향으로 가고자 하는 차량들끼리 미리 협력하여 함께 달리는 방법이 효과적일 수 있다. 마치 오늘날 청소년이 SNS를 통해 비슷한 관심사를 가진 커뮤니티를 형성하고 소통하는 것과 같이 말이다.

오늘날 청소년이 살아가며 진로를 개척해 가는 야생 들판에서는 '속도'보다는

'방향(꿈)'에 대한 고민이 우선시되어야 한다. 다른 무엇보다도 스스로 방향을 정하고 자신의 주도로 달려야 하는 개인적 동기가 중요하다. 그만큼 목적의식과 존재가치 부여 즉, 새로운 꿈 만들기가 강조된다. 야생 들판 환경에서 개인적 동기화(individual motivation)는 진로 개척뿐만 아니라 사회통합 혹은 사회적 격차의 결정적 요인이 될 수 있기 때문이다. 다시 말해 생애과정이 탈표준화된 이행 환경에서는 기회를 누리는 쪽(롤모델이 되는 사례)과 위기를 겪는 쪽(동기를 상실하거나 위기를 겪는 사례) 간의 양극화와 후자의 사회적 배제 위험성이 매우 증가한다.

미래연구소의 이사이자 『미래의 본질(*The Nature of the Future*)』 저자 Marina Gorbis(2016)는 미래사회에 나타날 '동기 격차(motivational divide)'의 위험성을 경고하고 있다. 사람들은 1990년대 중반 이후 디지털이 보편화되면서 '디지털 격차(digital divide)'를 우려했다. 디지털 기술을 제대로 활용하는 계층은 지식이 늘어나고 소득도 증가하는 반면 디지털을 이용하지 못하는 사람들은 전혀 발전하지 못함에 주목하고 계층 간의 격차가 커질 것을 염려한 것이다. Gorbis & Friedman(2013) 등 일부 미래학자들은 디지털 격차는 조만간 해결될 것으로 예상한다. 인터넷과 디지털 기술의 빠른 보급으로 거의 모든 사람이 디지털 기술을 쉽게 이용할 수 있는 환경이 조성되어 격차가 해소된다는 것이다.

Gorbis는 디지털 격차가 좁혀지면, 다음 격차는 '동기 격차'가 등장할 것이라고 전망한다. 4차 산업혁명 시대에는 지속적으로 학습하고 적응하도록 스스로 동기를 부여받은 사람들은 번성할 것이라고 강조한다. 야생 들판과 같은 이행 환경에서 일생 동안 지속적으로 학습하고 선택하며 스스로 달리기 위해서는 강력한 선택의지와 동기부여가 필수적이다. 물론 개인별로 선택의지와 동기부여의 정도에 차이가 나타날 수는 있다. 이 차이는 개인적인 특성보다는 사회적 환경에 더 큰 영향을 받는다. 예를 들어 책 읽는 것을 싫어하고 지속적인 학습의 동기가 없는 사람들 사이에서 자란 아이는 선택의지와 동기부여가 낮을 수밖에 없다. 따라서 동기 격차는 일종의 사회적 격차라 할 수 있다. 동기 격차는 디지털 격차보다도 더욱 큰 파급력을 가질 수 있다.

3) 이행 방식의 변화 : 기차 탑승 방식에서 자동차 및 로켓 여행 방식으로

청소년이 성인으로 성장하는 이행 환경뿐 아니라 이행 방식도 크게 변하고 있다. 과거 이행 방식은 앞서 말한 바와 같이, 선형적이고 표준화된 경로를 따라가는 방식이었다면, 이제 비선형적인 요요 이행인 동시에 개별화된 탈표준화 경로로 스스로 개척해 나가야 하는 방식이다. 이런 이행 방식의 변화는 마치 '기차 탑승' 방식에서 '마차 혹은 자동차 여행' 방식으로 비유(Williamson, 2006; Loynes, 2007)되고 있다. 더욱이 최근에는 오늘날 청소년의 이행 방식을 자동차 여행으로도 묘사하기 부족하다. 청소년은 과거보다 더 '빠른 속도'로, 더 '머나먼 목적지'로 가야 하기 때문이다. 이러한 특성을 반영한 이행 방식을 '로켓 여행 방식'으로 비유하기도 한다.

기차 탑승 방식은 여러 명의 승객을 정해진 경로와 속도로 지정된 도착지까지 데려다 주는 집단적이고 정형화된 서비스다. 일단 기차에 탑승하면 자기 의지대로 코스를 변경하기 어렵다. 출발시간과 경로, 목적지가 이미 정해져 있으며 시간과 경로, 목적지는 내가 아닌 다른 사람에 의해 결정된다. 기차의 목적지는 개인으로서 자신이 가고자 하는 최종 목적지가 아니라 기차가 도달할 수 있는 중간 목적지에 불과하다. 중간 목적지에 도착한 후에는 다시 각자 최종 목적지를 향해 가야 한다. 기차 탑승 방식의 장점은 자율을 제한받지만 대신 위험이 크지 않은 비교적 안전한 여행을 할 수 있다는 것이다. 또한 많은 사람이 집합적 양태로 움직이기 때문에 부잣집 아이나 가난한 집 아이나 같은 기차에 탈 수 있는 기회가 늘어난다. 가난한 집 아이는 기차 여행 동안 배고픔을 조금만 참아 내면 지정된 중간 목적지까지는 도달할 수 있게 된다. 즉 기차 속에서는 계층이 달라도 함께 무리를 형성한 집합적 형태로 중간 목적지까지는 비슷한 여행을 할 수 있다.

기차 탑승 방식은 마치 많은 청소년이 되고 싶은 비슷한 직업을 명사형 꿈으로 정하고 함께 경쟁하며 달려가는 방식과 흡사하다. 청소년이 되고 싶다고 표현하는 명사형 직업은 많은 사람들이 기차를 타고 함께 도착하기를 기대하는 사전에 지정된 중간 목적지와도 같다.

'트레인(train)'은 무엇인가를 끌고 가다(pull, drag)라는 뜻에서 기차, 행렬, 일행 등의 의미를 가진다. 여러 사람을 함께 훈련시키는 집단교육을 의미하는 트레이닝(training)과 이끄는 사람을 뜻하는 트레이너(trainer)의 어원이기도 하다. '이끌다'라는 의미에서 확장되어 '가르치다, 양성하다, 훈련시키다, 길들이다'와 같은 의미로 사용되는 것이다. 트레이닝의 경우 트레이너가 시작과 끝을 결정짓고 개인이 아닌 단체의 훈련방식을 가진다는 점을 생각해 본다면 이해하기 쉽다.

반면 마차와 자동차 여행 방식은 개별 고객을 출발지에서 원하는 최종 목적지까지 데려다 주는 서비스다. '코치(coach)'는 헝가리의 도시인 코치(Kocs)에서 개발된 네 마리의 말이 끄는 마차를 뜻하는 말로, 손님을 태우고 원하는 목적지까지 데려다 주는 개인 맞춤식 고객운송 서비스였다. 코칭(coaching)의 어원으로 고객이 시작과 끝을 결정짓는 개인 또는 소수집단의 훈련방식이라 할 수 있다.

마차와 자동차 여행 방식을 통해 성인으로 이행하는 청소년은 스스로 운전하는 사람이 되어야 한다. 떠나야 할 시간이나 경로, 목적지를 스스로 결정해야 한다. 청소년에게 주도권이 주어지기 때문에 여러 경로를 탐구하고 싶은 동기가 생기면 즉각적으로 민첩하게 변경할 수 있고, 가는 경로도 그만큼 다양해질 수 있다. 따라서 개별적 동기화가 매우 중요하다. 자동차 여행 방식에서 개인의 자율과 선택은 자신이 꿈꾸는 만큼 열려 있지만, 대신 그만큼 위험이 커진다. 사회적 배제의 위험 증대와 같은 새로운 위기 국면에 쉽게 노출되는 것이다.

한편 Marc Prensky(2018: 225–226)는 청소년에 대한 우려와 어두운 인식을 버리고 청소년을 다른 시선으로 바라볼 필요가 있다고 주장한다. 오늘날 청소년의 이행 방식은 가공할만한 속도로 머나먼 우주를 여행해야 하는 '로켓(rocket)'임에도 우리는 너무 미래로 가는 방식을 철로 위의 기차처럼 다룬다는 것이다. 그가 요즈음 청소년의 이행 방식을 로켓에 비유하는 이유는 2가지다.

첫째, 기술의 변화만큼이나 빠른 지적 성장 속도 때문이다. 청소년의 정서적 성장 속도는 거의 바뀌지 않았지만, 학습 속도와 지식의 양은 엄청나게 늘어났고,

그 결과 지적 성장 속도도 놀라울 정도로 빨라졌다. 부모와 교육자들은 청소년이 전통적 교육을 받도록 최선을 다해 애쓰지만 대체로 청소년의 요구에 못 미친다.

둘째, 로켓이 발사한 사람조차 볼 수 없는 머나먼 목적지를 향하는 것처럼, 요즘 청소년은 과거와 달리 높은 목적의식을 가져야 한다는 사실 때문이다. 인터넷, 소셜미디어, 복잡한 멀티플레이어 게임 등 21세기형 양육의 영향으로 청소년은 스스로 효과적인 것을 탐색하고 찾아낼 수 있게 되었다. 로켓은 매 순간 방향을 통제할 수 없듯이, 청소년도 마찬가지다. 중간에 궤도를 수정하거나 비행 중에 수리도 어렵기 때문에 처음부터 스스로 자립하고 나아갈 수 있도록 설계해야 한다. 가장 중요한 사실은 오늘날의 로켓과 청소년은 과학기술의 급속한 발달로 과거의 탐사로켓과 달리 더 멀리 날아가고, 더 많은 일을 할 수 있는 잠재력을 가지고 있으며 우리가 이를 믿어야 한다는 것이다.

우리가 상상할 수 없는 빠른 속도로 머나먼 목적지를 향해 가야 하는 청소년의 로켓 여행 방식의 이행은 비단 청소년뿐만 아니라 개인의 진로선택이나 기업의 성장 속도와 거대한 목적에도 마찬가지로 적용되고 비유된다.

페이스북 최고운영책임자이자 사내 2인자인 S. Sandberg(2012)는 미국 재무부 근무를 마치고 새로 직장을 구하는 과정에서 구글의 사업부 총괄 관리자를 제안받았다. 그녀는 당시 신생기업이나 다름없었던 구글에 입사하는 것을 망설였다고 한다. 이러한 샌드버그에게 당시 구글의 최고경영자였던 E. Schmidt는 "로켓에 빈자리가 생겼을 때는 바로 올라타라"고 권유했고 이 말에 샌드버그는 결심을 굳혔다고 한다. Sandberg와 Schmidt의 일화는 진로경력과 관련하여 두고두고 회자되고 있는 명언으로 남아 있다.

로켓 여행 방식은 부모세대가 바라고 쉽게 예견할 수 있는 목적의식이나 기존의 가치를 통해 미래를 설계하기 어렵다는 사실을 말해 준다. 학교를 졸업한 이후 처음으로 가지게 되는 직업만으로 미래를 꿈꾸기에는 한계가 있다. 미래를 설계하는 꿈의 패러다임을 바꾸어야 한다.

이와 같은 성인으로의 이행 과정의 변화와 특성으로 인하여 청소년에 대한 사회적 대응방식과 청소년정책은 커다란 전환기에 서 있는 것이다(Williamson, 2002; Siurala, 2005).

㉠ 청소년이 과거와 달리 점차 복잡하고 예측하기 어렵고 취약한 이행경로에 노출되고 있어, 이에 대한 정책적 대응으로 청소년의 연령범위와 정책영역을 확대하는 등 다양한 정책적 대응이 필요하다는 것이다. 특히 청소년기의 연장으로 청소년정책의 대상 연령은 크게 확대되고 있다.

㉡ 청소년의 생활조건이 기회와 위기로 양극화되는 경향이 두드러지고 있고, 이에 대한 정책 대응으로 기존의 여가활용 중심의 정책에서 청소년의 일상과 관련된 교육, 노동, 복지 등 여러 부문 간의 경계를 넘나드는 통합적 청소년정책으로의 전환이 요구되고 있다.

㉢ 불확실성이 증대하고 각종 위기가 가중됨에 따라 개인적 동기가 중요한 삶의 요소로 등장하면서, 청소년정책의 핵심으로 일상생활에서 청소년 참여가 더욱 중요해지고 시민성 학습과 훈련이 강조되고 있다.

2장 청소년정책 개념 및 통합적 청소년정책 이해

▣ 개요

이 장에서는 한국사회에서 통용되고 있는 청소년정책 개념과 세계 각국에서 일반적으로 사용하고 있는 청소년정책의 개념 인식에 차이가 있다는 사실에 주목하고, 일반적 청소년정책 개념 이해와 한국사회의 공공정책 개념에 기반한 청소년정책 이해 및 한국사회 고유의 청소년육성 정책 개념 이해로 나누어 살펴본다. 아울러 최근 청소년정책에서 강조되고 있는, 청소년의 삶에 온전히 영향을 미치는 부문을 가로지르는 통합적 청소년정책의 의미, 본질과 이슈 및 접근 방식을 구체적으로 설명한다.

19세기 들어 청소년이 뚜렷한 사회적 범주로 등장하면서 공공정책 조치들은 젊은이들을 주요 정책대상으로 겨냥해 왔다. 제2차 세계대전 이후 사회복지국가의 발전과 관련하여 청소년정책에 대한 현대적 아이디어가 등장했다. 특히 1950년대 말과 1960년대 초에 유럽연합에서는 통합적 청소년정책의 시작 징후가 보이기 시작했다. 통합적 청소년정책은 유럽연합의 경쟁력을 높이기 위한 유럽사회, 고용 및 경제정책 개발의 맥락에서 1990년대에 상당한 추진력을 얻었다. 청소년정책 이니셔티브는 빈곤 또는 사회적 배제와의 싸움을 주요 정책목표로 설정한 EU 경제 및 사회적 의제에 의해 상당한 영향을 받았다(Taru, 2017: 34).

그러나 지난 수십 년 동안 유럽 국가를 포함한 전 세계 젊은이들의 사회경제적 상황과 여건은 악화되어 왔다. 이로 인해 세대 간 계약이 여전히 유지되는지 또는 세대 간 갈등을 어떻게 해결하고 있는지에 대한 논의가 이어졌다. 이런 발전은 EU 등 세계 각국이 청소년의 복지와 미래에 더 많은 관심을 기울이기 시작하는 근본적인 요인으로 작용했다.

그런데 청소년정책이 점차 공식화되면서 청소년정책 개념은 그 다원성을 인정하고, 개별 국가에 따라 다양하게 정의되고 있다. 즉 한 국가에서 청소년이 성인으로 성장해 가는 이행 과정에서 무엇을 더 강조하는가에 따라 청소년정책의 개념뿐 아니라 목적과 내용도 달라진다.

1. 일반적 청소년정책의 개념 이해

1980년대 이후 국가 차원에서 청소년정책을 수립하고 시행할 필요가 있다는 UN 등 국제기구의 권고가 각국에서 활발하게 수용되면서, 1990년대 들어 청소년정책 개념과 의미에 대한 논의가 본격적으로 제기되었다. 청소년정책은 명시적이거나 일관적이지는 않지만 많은 국가에 존재하며, 세계 각국은 대부분 자체의 청소년정책을 가지고 있다. 실제로 청소년정책이 있는 국가는 세계 198개국 중에서 2013년에는 50% 수준인 99개국, 2014년에는 122개국으로 62% 수준이었는데, 2018년 82% 수준인 162개국으로 증가하였다(Karsten, 2018). OECD 회원국 중에서는 2018년 3월 60% 국가가 청소년정책 내지 청소년전략을 운영하고 있으며, 그 중 67% 국가는 청소년정책에 대한 모니터링과 평가를 시행하고 있다. 또한 52%는 성별로 구분된 자료를 제공하고 89%는 성별에 따른 목표를 설정하고 있다(OECD, 2018a: 6-7).

〈표 2-1〉 OECD 국가 중 국가 청소년전략을 가진 국가와 아닌 국가

국가 청소년전략을 가진 국가 (21개국)	국가 청소년전략이 없는 국가(14개국)
오스트레일리아, 벨기에, 캐나다, 스위스, 칠레, 덴마크, 프랑스, 영국, 그리스, 아이슬란드, 이스라엘, 이태리, 일본, 한국, 네덜란드, 노르웨이, 뉴질랜드, 폴란드, 포르투갈, 스웨덴, 미국	오스트리아, 체코, 독일, 에스파냐, 에스토니아, 핀란드, 헝가리, 아일랜드, 룩셈부르크, 라트비아, 멕시코, 슬로바키아, 슬로베니아, 터키

비고: 2018년 3월, 2021년 1월 OECD 회원국은 리투아니니아(2018. 7. 가입)와 콜롬비아(2020. 4. 가입) 등을 합하여 37개국이다.

출처: OECD, 2018a: 7.

그런데 청소년정책이라는 용어는 아직 모호하게 사용되고 있다. 대부분의 국가에서 청소년정책 개념은 대체로 관련 법령이나 정부 문서에 명확하게 정의되어 있지도 않다. 청소년정책이 무엇인지 혹은 무엇을 포함하는지 등에 대해 일반적으로 받아들여질 수 있는 정의는 없다(Williamson, 2006; Sener, 2009). 또한 청소년정책 개념은 고정(static)된 것이 아니고(Williamson, 2008: 17), 국가별로 강조하는 점도 차이가 있다(Siurala, 2005: 16; Jeffrey, 2008: 7).

청소년정책 개념에 대한 초기 논의는 일반 공공정책으로서 청소년정책의 성격을 강조하는 것이었다. 공공정책은 넓은 개념에서 '문제해결을 위해 정부가 시행하거나 하지 않기로 선택하는 모든 것'으로 설명된다. 또한 공공정책은 '주어진 분야에서 다양한 관련 행동을 안내하는 행동과정'으로도 묘사된다. 전자는 공공정책에서 목표와 정부라는 형식적 성격을 강조하는 것이라면, 후자는 목표와 관련 행동이라는 내용적 성격에 중점을 두는 것이라고 할 수 있다.

여하튼 공공정책은 다양하고 때로는 신비스럽고 복잡한 방식으로 나타난다. 정책은 법령에 담겨 있기도 하고, 지침에 따라 구성되기도 하고, 서면 또는 구두 진술을 통해 표현되기도 한다. 때로는 보도 자료에 의해 시작되고, 연구문서에 고정되거나 전략을 통해 구성되거나 프레젠테이션에 명시될 수도 있다. 공공정책은 일반적으로 이들의 다양한 조합을 통해 나타난다. 공공정책은 때때로 정부 등 공공기관의 필수 작업으로 묘사된다(Youth Partnership, 2020: 3-4).

공공정책에서도 현대적 형태의 사회정책은 19세기 후반 산업화, 도시화와 관련된 변화와 도전에 대한 대응으로 '서구'사회에서 등장하기 시작했다. 사회정책을 보는 한 가지 방법은 건강, 주택, 사회보장, 교육 및 복지 또는 '개인 사회서비스'와 같은 주요 사회서비스를 고려하는 것이다. 이 시각은 수년간 사회정책의 실천과 연구 모두에 대한 전통적인 접근법이었다. 다른 하나는 현재의 맥락에서 청소년을 비롯하여 사회정책과 관련된 주요 하위 인구그룹을 살펴보는 것이다. 아동, 청소년, 노인, 장애인, 빈곤층, 성별 혹은 인종그룹도 포함된다. 이 2가지 접근방식은 상호 배타적이지 않다. 단지 어떤 집단이 이런 방식으로 '표적화'되려면 먼저 정책입안자들이 그 집단이 존재하고 그 구성원이 다르게 대우받을 만한 가치가 있을 만큼 충분히 독특한 욕구와 속성을 갖고 있다는 것을 인식해야 한다(Chisholm et al., 2011: 26).

우선 사회정책은 국민생활의 질을 향상시키기 위하여 빈곤·산업재해·질병·노령·실업 등의 사회적 위험에 대비하고 각종 사회적 문제를 해결하려는 정책이다. 다소 단순하게 표현하여 사회정책의 광범위한 열망은 사회가 결속되고 국민이 편안하고 건강하며 안전하도록 보장하는 것이다. 그리고 그 목적을 달성하기 위해, 그 방향으로의 긍정적인 단계를 촉진하고, 부정적인 궤도를 방지하고 가정생활, 지역사회 및 경제생활에서 더 취약한 사람들을 보호하는 정책이 시행된다.

이렇게 볼 때, 사회정책은 정책의 목적과 특정 정책이 처음에 공식화되었을 수 있는 이유에 대해 말할 수 있는 의도를 가진 정책이라고 할 수 있다. 즉 사회정책은 사회의 결속과 추정되는 복지를 향한 다양한 정치적 조치를 포함한다. 이런 사회정책 근거는 여러 가지 방법과 이유로 구성될 수 있다. 가장 명백한 사회정책은 교육과 훈련, 고용, 건강, 주택 및 정의 영역의 정책이지만, 최근 디지털, 보안 및 환경 등을 포함한다. 이런 것들은 여러 가지 방향과 방식으로 젊은 세대, 청소년에게 영향을 미친다. 젊은 세대, 청소년의 요구를 해결하는 사회정책에서 젊은 세대의 관점은 중요하게 등장하게 된다. 이는 사회정책에 대한 명령의 본질을 변화시킬 수 있기 때문에 특히, 젊은 세대에 대한 '청소년정책'의 차원을 고려(Youth Partnership, 2020: 3-5)하게 되는 것이다.

사회정책의 특수 분야라고 할 수 있는 청소년정책은 청소년의 생활조건과 기회를 개선하고 경제, 사회 및 정치생활에 참여할 수 있는 동등한 가능성을 지원하기 위해 고안된 것이다. 청소년을 대상으로 하는 청소년정책은 범위, 방향 및 목표와 관련하여 세분화된 것으로 인식된다. 그러나 청소년은 다양한 방식으로 보고 설명할 수 있으며, 이는 다양한 국가 및 지역 맥락에서 다른 청소년정책 전략을 가져올 수 있다. 청소년정책은 주로 주택, 의료, 교육 및 일과 같은 사회정책의 여러 분야를 아우르는 다양한 과제를 가지고 있다(Young Adullt, 2020).

그런데 청소년정책의 일반적 개념 이해는 크게 2가지로 나누어 볼 수 있다. 첫째, 정책의 목표를 중심으로 논의하면서 정부 등 공공기관에서 채택한 정치적 목적과 가이드라인에 기반을 두는 측면을 부각시켜 실제로 문서로 정리된 계획이나 생산물에 더 비중을 두는 형식적 성격 중심의 이해이다. 둘째, 정책의 목표를 중심으로 논의하지만 형식적 성격보다 정책의 내용에 더욱 주목하는 내용적 성격 중심의 이해이다.

우선 청소년정책의 형식적 성격에 더욱 비중을 두는 개념 정의의 몇 가지 대표적 사례를 보면 다음과 같다. 스위스 제네바에 본부를 두고 있는 '청소년정책국제협의회'(International Council on National Youth Policy, ICNYP, 2008)는 '사회에서 청소년의 위상과 역할뿐만 아니라 청소년을 향한 사회와 공적 제도의 책무를 명확하게 결정하도록 청소년기관과 연계하여 정부가 만들고 의회가 승인한 정책'을 청소년정책으로 정의한다. 또한 뉴질랜드 청소년정책 주무부처인 청소년개발부(Ministry of Youth Development)는 청소년정책을 '도시, 지방 또는 지역사회에서 청소년의 개발에 기여하겠다는 정부 위원회의 약속을 표현한 것'(Ministry of Youth Development, 2020: 6)으로 간주한다.

우리나라의 경우 청소년정책은 법적으로 별도로 정의하지 않지만, 「청년기본법」에서는 "청년정책"은 '청년발전을 주된 목표로 하는 것으로서 국가 또는 지방자치단체가 시행하는 정책'으로 규정한다.

한편 벨기에 브뤼셀에 있는 EEA 조정부의 수석 책임자이며 청소년정책 전문가인 F. Y. Denstad와 그의 동료들은 '국가 청소년정책은 한 국가의 젊은 인구를 위한 좋은 생활조건과 기회를 보장하기 위한 정부의 약속과 실천'이라고 강조함으로써 청소년정책의 형식적 성격에 무게를 둔다(Denstad, Thomson, & Badre, 2016: 15). 그러면서도 다음과 같은 청소년정책이 가지는 형식적 요건의 폭넓은 유연성을 부각시킨다. 즉 청소년정책은 어느 정도 초점을 맞출 수 있고, 강하거나 약할 수 있으며 범위가 넓거나 좁을 수 있다. 청소년정책은 하나의 특정 전략 문서에 명시되어 있는 것이 바람직하지만 반드시 그렇지는 않다. 확립된 정책 실천의 집합이거나 정부가 처리하는 방법을 함께 결정하는 여러 가지 확인 가능한 문서에 뿌리를 둘 수도 있다. 청소년정책(또는 해당 문제에 대한 다른 정책)이 입법에 기반해야 한다는 것이 전제조건은 아니다. 이런 것들은 국가적 맥락에 크게 좌우된다는 것이다.

정부 등 공공기관의 정책 지침과 문서로서의 성격을 강조하는 청소년정책 개념은 다음과 같은 6가지 측면을 강조(ESCAP, 1999)한다.

㉠ 청소년정책의 최우선 과제는 청소년임을 실질적으로 제시하는 것이다.
㉡ 일종의 청소년개발에 대한 선언의 의미를 갖는다.
㉢ 남성 청소년과 여성 청소년을 포괄한다.
㉣ 청소년정책은 한 국가에서 청소년을 개발하는 일종의 목표 진술이다.
㉤ 청소년에 관한 정치적인 행동의 토대가 된다.
㉥ 청소년정책은 청소년의 지위, 권리, 책임 및 역할에 대한 청사진이다.

다음으로 청소년정책 개념의 형식적 성격보다 내용적 요건에 더욱 주목하는 입장의 대표적인 사례는 다음과 같은 정의들을 꼽을 수 있다. 이들 개념 이해도 청소년정책 개념이 갖는 형식적 요건을 무시하는 것이 아니라 내용적 성격에 보다 비중을 더 둘 뿐이다. 먼저 '영연방 청소년 프로그램'(Commonwealth Youth Programme, 1996: 11, ESCAP, 1999 재인용)은 청소년정책의 대상과 내용에 주목하여 다음과 같이 정의한다. 청소년정책이란 '한 국가가 젊은 여성과 남성의 개발에 제공하고자 하는 우선순위와 방향을 실질적으로 제시하고 선언하는 것'이다. 청소년정책은 남성과 여성 청소년을 모두 포괄하며, 특히 청소년의 참여와 개발을 도모할 수 있도록 전략과 계획 수립의 바탕이 되는 비전과 토대 및 현실적인 지침이라고 정의한다.

그리고 유럽평의회와 유럽연합의 '청소년 파트너십(Youth Partnership)'은 청소년정책은 끊임없이 변화하는 시스템과 구조를 가진 역동적인 과정이라고 전제하고, 청소년정책의 목적은 젊은이들이 지식, 기술 및 역량을 개발할 수 있도록 학습 기회 및 경험을 위한 조건을 조성하는 것이라고 강조한다. 이를 통해 청소년들은 민주주의의 주체가 되고 사회에 통합되며 특히 시민사회와 노동시장에서 적극적인 역할을 수행할 수 있다(Şerban and Barber, 2018: 8)는 것이다. 스웨덴 정부(The Government Offices of Sweden, 2020)는 '청소년정책은 부문을 가로지르는 통합적인 것(cross-sectoral)이며, 고용, 주거, 교육, 보건, 여가, 문화 및 영향력과 같은 여러 분야에서 청소년의 생활조건에 영향을 미치는 모든 결정과 조치를 다루는 것'이라고 정의함으로써 청소년정책이 갖는 다양한 정책영역과 그 부문 간의 통합성을 강조한다.

또한 핀란드는 2006년 기존의 「청소년사업법(Youth Work Act)」을 「청소년법(Youth Act)」으로 전면 개정하면서, 청소년정책의 개념을 법적으로 규정하였다. 당시 청소년정책은 '청소년 성장과 생활조건을 개선하는 것'(Ministry of Education and Culture, 2006)이라고 정의한다. 이후 2017년 「청소년법」을 개정하면서, 청소년정책은 '청소년의 성장과 생활조건 및 세대 간 상호작용을 개선하기 위한 조정된 행동'(Ministry of Education and Culture, 2017)으로 개념을 수정한 바 있다. 이는 '세대 간의 상호작용'이라는 내용적 요건과, '조정된 행동(coordinated actions)'라는 형식적 요건을 보완한 셈이다. 이같이 청소년정책 개념의 내용적 요건을 보다 강조하는 입장은 청소년정책이 가지는 대상으로서 남녀 청소년, 내용으로서 참여와 개발, 성장과 생활조건 개선 및 세대 간 상호작용 등 통합성에 중점을 두고 있다.

다른 한편으로 청소년정책의 형식적 요건과 내용적 요소를 합쳐 정의하는 청소년정책 개념 이해도 있다. 먼저 2020년 현재 영국 남웨일즈대학교 교수이며 저명한 유럽 청소년정책 전문가인 H. Williamson(2002: 35−36)은 청소년정책의 개념을 '교육, 훈련, 주거나 건강 등과 같은 일련의 정책 부문(policy sector)에서 이루어지는 국가, 지역, 지방 정부의 정치적 결정의 산물'이라고 정의한다. 청소년정책은 일반 청소년뿐만 아니라 젊은 여성, 범죄자 등과 같은 구체적인 하위 집단에도 관심을 기울인다. 청소년정책은 때로는 미혼모, 청년실업 등과 같은 특별한 정책 주제를 해결하고자 하는 과제 등으로 확대될 수 있다. 연구기관, 청소년기관, 기타 시민사회단체 등 모든 이해당사자들은 청소년정책의 영역에 정치적 영향력을 행사한다. 그 영향력은 한 사회에서 청소년의 긍정적 발달에 기여할 수도 있고 그렇지 않을 수도 있으며, 청소년정책에서 우선순위로 나타나기도 한다.

또한 유럽평의회의 2015년 권고(Council of Europe CM/Rec(2015))에서 청소년정책은 '청소년들에게 성공적인 사회통합을 지원하는 기회와 경험을 제공하고 청소년이 사회의 적극적이고 책임감 있는 구성원이 될 뿐만 아니라 변화의 주체가 될 수 있도록 하기 위해 공공기관이 실행하는 전략'(Council of Europe, 2015: 25; Council of Europe and European Commission, 2019: 4−5)으로 정의한다. 이 청소년정책 개념은 현재 가장 널리 인용되고 있다. 나아가 청소년정책은 여러 가지 개입 수단(법령, 특정 프로그램 등)을 활용하고, 장기적 교육 관점을 통합할 수도 있다고 본다. 그리고 청소년정책은 모든 청소년을 대상으로 하지만 사회적, 경제적 혹은 문화적으로 취약한 청소년에게 특별한 주의를 기울여야 한다고 강조한다. 궁극적으로 청소년정책은 청소년의 삶의 모든 측면을 나타내는 다음과 같은 4가지 차원을 포함한다는 점을 부각시킨다.

㉠ 좋은 상태로 살아가기(being in a good shape, 신체적·정신적으로)
㉡ 학습(learning, 무형식, 비형식 및 형식)
㉢ 참여(participation)
㉣ 포용(inclusion)

이러한 청소년정책 개념과 더불어 '청소년 파트너십'은 청소년정책의 역할, 영역, 적극적인 비전과 소극적인 조치 등에 대해 다음과 같은 사항을 주요한 개념 이해로 제시한다(Council of Europe and European Commission, 2019: 1−2).

㉠ 청소년정책은 청소년들을 위해 무엇을 할 수 있는가? 일반적으로 청소년정책은 웰빙(wellbeing), 학습, 민주적 참여, 포용 등 청소년의 삶에서 다양하고 상호 연결된 주제와 차원을 다룬다. 청소년정책은 청소년들이 사회에서 자

신의 자리를 찾고, 자율적이고, 시민사회와 노동시장에서 역할을 할 수 있는 지식, 기술 및 태도를 개발할 수 있는 기회를 제공할 수 있다. 결국, 청소년들은 긍정적인 가치(연대, 집단응집력 등)와 관련된 의미 있는 여가활동 또는 건강증진 활동, 기업가 정신 프로그램 또는 청소년 친화적 정의에 대한 접근 등 청소년정책 규정을 경험할 수 있다. 또 다른 청소년정책은 청소년들이 가치 공동체 안에서 "편안함(home)"을 찾을 수 있는 기회를 만들 수 있다. 이를 통해 사회적 응집력과 민주주의 사회의 발전을 지원할 수 있다.

ⓑ 청소년정책은 청소년에게 영향을 미치는 모든 정책영역, 예를 들어 사회적 보호, 보건, 주거, 고용/기업가 정신, 형식 교육 등은 물론 사회통합, 청소년 참여, 남녀평등 등과 같은 횡적 문제 등을 포함하는 것으로 간주될 수 있다.

ⓒ 청소년정책은 특히 청소년에 관한 것, 예를 들어 여가활동, 이동성, 자원봉사, 청소년사업 프로그램, 청소년 정보 및 의사결정에서 청소년 참여를 위한 플랫폼을 통한 프로그램 등으로 이해될 수 있다. 이 경우 청소년정책은 청소년과 관련된 다른 정책영역과 조정될 수 있다.

ⓓ 이것은 청소년정책에 대한 적극적인 비전이다. 그러나 그것은 또한 규제, 감시, 강요, 징계 및 때로는 처벌에 관한 것일 수 있다. 청소년이 실업 상태일 때 소득보전을 위한 대가로 강제된 활동이나 혹은 구금 중인 청소년사법 조치는 소극적인 청소년정책의 사례이다.

ⓔ 청소년정책에는 경제적으로 취약하거나 농어촌 혹은 도서벽지 지역에 거주하는 사람들과 같은 특정 청소년 그룹에 대한 조치가 포함될 수 있으므로 모든 청소년을 위한 조치 또는 프로그램이 포함될 수 있다.

그런데 1990년대 후반부터 유럽에서는 청소년정책의 개념을 논의하는 과정에서 지금까지 청소년정책이 다른 영역과의 소통 부족으로 분리되어 있고 별개로 고립되는 경향에 대해 우려하기 시작했다. 즉 청소년정책이 실제 청소년 일상의 과제와는 동떨어진 너무 제한된 좁은 범위에 국한하여 분리 및 세분화되어 있으며, 청소년정책의 프레임워크와 형성에 대한 전체론적 접근(holistic approach)이 부족하다는 것이다. 청소년정책의 우선순위와 초점은 종종 매우 좁게 구상되었고, 더 좁은 정보 및 상담 분야에서 파생되었다는 것이다. 특히 UN은 많은 회원국의 청소년정책이 지나치게 교육과 훈련에 집착하고 몰두하는 특징을 보여 준다고 주장한다(Williamson, 2002: 35). 세계은행(World Bank, 2006: 216)도 세계 각국의 많은 청소년정책이 교육, 보건 또는 노동과 같은 다른 청소년 서비스 부처와의 연계 협력이 거의 없고, 청소년정책 주무부처나 부서에서 할 수 있는 좁은 범위의 관심사에 초점을 맞춘다고 비판한다. 나아가 광범위하게 관심을 기울이더라도 그것은 매우 전략적이지 않다. 즉 그 관심은 전략적인 행동 프로그램으로 표출되지 않고, 바람직한 정책이 나열된 목록과 같다는 것이다.

이런 반성적 검토와 인식을 계기로 '통합적' 청소년정책('integrated' youth policy)의 필요성이 본격 제기되면서 다른 분야와의 가로지르기 내지는 경계 넘나들기(crossovers)에 관심을 기울이게 되었다. 통합적 관점은 서로 다른 병렬 부문에 걸쳐 공동 협력과 책임이 어떻게 할당되고, 구조화되고 최종적으로 구체적인 집단 간 부문별 조치로 전환되는지에 대한 메커니즘을 나타낸다. 즉 통합이란 교육, 보건과 위험예방, 고용, 주거, 사회통합, 인종차별과 외국인 혐오, 이민, 소비자 문제, 환경, 여성과 남성 간의 동등한 기회 등 모든 청소년문제를 해결하기 위해 여러 정부부처에 걸친 교차 부문 협력 메커니즘을 의미한다(Xuan Li, 2019: 7).

통합적 청소년정책을 이루기 위해서는 청소년들에게 영향을 미치는 분야 전반에 걸친 정치적, 전문적 의사결정을 통합하고, 그러한 결정에 영향을 받을 가능성이 있는 청소년들의 대표자들과 협력하는 정책 구조가 필요하다. 따라서 청소년정책에서 청소년과의 협의 및 참여의 효과적인 구조와 실행이 필수사항으로 고려되어야 한다. 핀란드 국제보고서는 통합적 청소년정책의 개념과 정책 구조에 대해 다음과 같이 주장한다(Williamson, 2002: 35–36).

> 개념으로서의 '청소년정책'은 다양한 정책 분야(예: 교육, 훈련, 주거 또는 보건) 내에서 내린 국제, 국가, 지역(지방)의 정치 결정의 산물이다. 그것은 젊은 사람들의 일반 인구와 해당 일반 인구 내의 특정 하위그룹(예:

젊은 여성, 범죄자 또는 소수 민족) 모두와 관련이 있다. 특정 정책 주제(예: 젊은 한부모 또는 소수 민족 실업)와 관련된 하위 범주를 향한 고도로 집중된 이니셔티브로 확장될 수도 있다. 그러나 이러한 모든 수준의 청소년정책은 행정부 내부와 외부 모두에 많은 파트너와 기여자로부터 정보를 받는다. 연구 데이터, 청소년기관, 미디어 프로파일링, 공공 도덕 옹호자 및 다양한 압력 그룹은 모두 '사회 내에서 젊은이들의 긍정적인 발전에 적합할 수도 있고 그렇지 않을 수도 있는' 청소년정책의 차원에 대한 정치적 사고에 영향을 미치려고 한다. 그러나 그들이 하는 일은 청소년정책의 우선순위를 구체화하는 것이다.

이러한 통합적 청소년정책 논의 과정에서 청소년정책 사고의 기본요소로서 청소년정책 개념의 포괄적 구성요소의 첫 글자를 따서 다음과 같은 '5C'가 강조(Williamson, 2002: 35-36; Youth Partnership, 2020: 10)된다.

㉠ 적용범위(coverage) : 청소년정책이 어느 정도의 영역을 주요 적용범위로 하고 있는지, 청소년정책에서 청소년의 연령 범위는 어떻게 설정하고 있는지, 그리고 일반 청소년과 위기 청소년 등 어느 집단에 우선순위를 부여하고 있는지, 집단별로 형평성 있게 적용하고 있는지 등에 대해 고려하는 요소이다. 궁극적으로 청소년정책은 도달하도록 설계된 청소년에게 실제로 도달할 수 있을 만큼 포괄적이어야 한다는 것이다.

㉡ 능력(capacity) : 정부가 청소년정책을 종합적으로 기획하고 집행하는 능력에 대한 고려 요소이다. 즉 청소년정책 포부와 의도를 생성하는 것은 상대적으로 쉽지만, 궁극적으로 전달을 위한 구조가 있어야 한다는 것이다. 이러한 능력은 정부와 청소년 NGO 및 시민사회단체와의 관계 설정 등 연계·협력을 포함한다.

㉢ 역량(competence) : 현장에서 청소년과 함께 청소년사업을 추진하는 청소년지도자의 전문적 역량을 강화하는 고려 요소이다. 청소년정책의 많은 영역

(특히 교육, 보건 및 정의)에서 청소년들이 적절한 수준의 전문 역량에 접근할 수 있어야 한다는 것이다. 또한 청소년지도자의 전문성 강화는 전문적 훈련과정과 자격부여 등과 같은 현안을 포함한다.

㉣ 연계·조정 및 일관성(cooperation, coordination and coherence) : 통합적 청소년정책이 강조하는 전체론적 접근방식에서 정책적 사안에 대한 관련 부처나 기관 간의 수직적·수평적 연계와 조정에 대해 고려할 요소이다. 최근 청소년정책의 개념을 고려할 때, 연계와 조정은 다른 어떤 정책에서보다도 청소년정책의 고유한 특성으로 부각되고 있다. 궁극적으로 청소년정책이 고립성과 중복 위험을 모두 피하기 위해 청소년정책과 관련된 모든 이해당사자들은 대화, 교류 및 상호보완하기 위한 플랫폼을 보장해야 한다는 것이다.

㉤ 비용(cost) : 청소년정책에서 고려해야 하는 필요한 재정과 인적자원 요소이다. 최근 비용 요소와 관련하여 청소년정책의 효과성을 제고하고자 하는 성과 지향적 노력이 강조되고 있다. 궁극적으로 청소년정책은 충분한 인적 및 재정적 자원이 지원될 때만 효과적일 수 있다는 것이다.

이와 같이 청소년정책의 통합적 성격과 전체론적 접근을 강조하는 시각은 다음과 같은 2가지 청소년정책에 대한 기술에서 잘 드러나고 있다.

> 청소년정책은 더 이상 교육만도 아니며, 사회 서비스만도 아니며 사회적 포용, 문화, 스포츠만도 아니며 폭력·약물·가출과 같은 청소년 문제행동에 대응하는 것만도 아니다. 이 모든 것보다도 큰 것이다. 이 부분들의 합보다도 더욱 큰 것이다. 청소년정책은 청소년이 일상에서 살아가면서 많은 가치 있는 기회를 누릴 수 있도록 지원하고 서비스하는 것이다(The Center for Guidance Studies, 2002: 1).

> 청소년정책의 공통된 정의 중의 하나는 청소년을 대상으로 한 모든 이니셔티브의 합이며, 청소년에게 어떤 식으로 영향을 미치는 모든 것이다.

이것은 청소년정책이 다양한 부문과 많은 행위자들에 걸쳐 확산된 결과일 수 있다(Sener, 2009).

이와 같이 청소년정책 개념은 점차 확장되고 있다. 나아가 청소년정책이 적용되는 청소년의 연령 범위도 상당히 넓어지고 있으며, 청소년정책의 합법 영역으로 간주되는 정책영역과 이슈도 다양화되고 있는 추세이다. 유럽의 청소년기관과 단체를 대표하며 많은 청소년이 참여하고 있는 플랫폼인 유럽청소년포럼(EYF, European Youth Forum, 2016: 6)은 청소년정책을 청소년의 잠재력을 최대한 발휘할 수 있도록 청소년의 개발을 지원하기 위한 일련의 정책 수단으로 이해한다. 청소년포럼은 모든 청소년이 자신의 능력과 재능을 가지고 있으므로, 청소년은 문제 집단이 아니라 권리 보유자로 접근한다는 전제에 기초한 적극적 청소년정책을 우선한다. 따라서 청소년이 사회에서 문제로 간주되고 청소년정책이 이 문제를 해결하는 도구로서의 접근을 회피한다. 청소년포럼은 사회에서 위험에 처해 있고 표적 조치가 필요한 청소년이 있음을 부정하지는 않지만, 청소년정책은 모든 청소년을 대상으로 해야 한다고 강조한다. 심지어 청소년포럼은 위험에 처한 청소년만을 대상으로 하는 청소년정책을 인정하지 않는다고 주장할 정도이다. 모든 청소년은 배경에 관계없이 동일한 권리를 가지며, 청소년정책은 모든 청소년의 요구를 충족시키기 위해 개발되어야 한다는 것이다.

이렇게 유럽사회에서 청소년정책은 주로 '청소년이 민주사회의 일원이 되는 데 필요한 지식, 기량 및 역량을 개발하고 사회구성원으로서 시민사회와 노동시장에서 적극적 역할을 수행할 수 있도록 사회적으로 통합하는 학습 기회와 체험을 만들어가는 전체론적 과정'(Siurala, 2005: 50)으로 이해한다. 그것은 조직적, 공동체적, 사회적 차원에서의 청소년 참여뿐만 아니라 민주적 시민사회 운동의 중요성을 강조해 온 유럽사회의 경향을 반영한 것이다. 취약한 사회적 배경을 가진 젊은이들의 사회 경제적 통합이 유럽 정책 문서의 유일한 목표는 아니지만, 21세기 초부터 유럽 청소년정책의 중요 관심사로 남아 있는 것이다.

따라서 유럽 차원에서 청소년정책은 광범위하고 다차원적이며 전체론적이고 통합적이며 부문을 가로지르는 정책이어야 한다는 의견이 청소년 분야에서 거의 합의되어 있다고 볼 수 있다. 요컨대, 청소년정책은 그 자체로 청소년정책 그 이상이며 원칙적으로 일련의 일관된 계획, 행동, 프로그램 및 정책과 협력, 의사소통, 포괄, 통합 또는 주도해야 함이 분명하다. 이런 차원에서 "청소년정책은 청소년과 함께 청소년의 필요에서 시작하는 청소년을 대상으로 하는 부문을 가로지르는 통합적 정책이다. 청소년정책의 목표는 젊은이들과 사회의 다른 그룹에 영향을 미치는 모든 범위의 사회적, 문화적, 정치적 문제를 포괄하는 젊은 사람들의 생활조건과 참여를 개선하고 개발하는 것"으로 간주된다(Nico, 2017: 18).

궁극적으로 청소년정책은 교육, 복지, 여가, 비행 예방 등 기존의 주요 범주를 가로지르거나 경계를 넘나들며 청소년의 일상에서 다양한 기회를 가질 수 있도록 지원하고 서비스하는 통합적인 정책이다. 특히 청소년의 일상을 '지원(support, S)' 하고 '기회(opportunity, O)'를 부여하고 '서비스(service, S)'하는 것은 청소년정책의 핵심 가치 'SOS'라고 할 수 있을 것이다. 나아가 청소년정책 개념은 국가나 정부의 행위로 볼 수 있는 '공공성', 교육과 보건·노동·복지 등 청소년의 일상과 관련된 주요 정책영역을 포괄하는 '통합성', 청소년의 일상 과제와 관련된 다른 부문과의 연계·협력·조정 등을 강조하는 접근방식의 '전체성'을 가장 중요한 기본적 특성으로 한다.

2. 한국사회 청소년정책의 개념 이해 및 청소년육성정책

한국사회에서 청소년정책은 서구사회와 같이, 정책학의 일반 정책 개념이나 견해, 절차 등을 차용하여 정의하려는 경향이 두드러진다. 청소년정책 개념뿐만 아니라 청소년정책의 수립, 집행, 평가 등 일련의 정책결정 과정도 일반 정책론에서 논의하는 기본적인 내용과 수준에 따라 이해하여 왔다. 따라서 청소년정책은 항상 일반 정책의 의미와 유형 및 정책과정 등 정책 일반이론에 대한 이해를 전제로 하여, 청소년과 청소년정책이 지니는 의미와 내용을 반영한 특수한 성격의 정책으로 인식한다.

우선 정책 일반이론에서 정책은 현실의 과제나 문제를 해결하기 위하여 일정한 목적을 설정하고, 이를 달성하는 데 필요한 목표와 자원조달 방법과 수단을 정하는 계획이나 이를 실천하는 행동지침으로 보고, 개인·기업과 같은 사적 영역이 아닌 정부·공공기관과 같은 공적 영역에서 이루어지는 공공정책으로 인식한다. 공공정책으로서 청소년정책도 청소년의 교육, 보건, 노동 등과 관련되는 복잡한 모습을 고려하여 정책의 일반이론에 대한 깊은 이해를 바탕으로 접근해야 한다(한국청소년개발원 편, 2003: 10)고 주장한다. 정책 일반이론을 원용하여 접근하는 것이 청소년정책을 근원적으로 정확하게 파악하는 데 도움이 된다는 것이다.

따라서 정책의 다양한 견해를 종합한 정책의 일반개념을 원용하고, 단지 정책목표와 대상 측면에서 청소년의 특성을 반영한 정책으로서 청소년정책을 설명한다. 청소년정책은 '청소년의 바람직한 사회 상태를 이룩하려는 정책목표와 이를 달성하기 위해 필요한 정책수단에 대하여 권위 있는 정부기관이 공식적으로 결정한 기본방침'이 된다. 혹은 청소년정책은 '중앙정부나 지방자치단체 등 공공적 부문에 근무하는 정책가들이 청소년 생활에서 제기되었거나 제기될 과제를 해결하기 위해서 일정한 목표를 설정하고 이를 달성하는 데 필요한 수단과 집행방법을 정하는 기본방침'(한국청소년개발원 편, 2003: 5)으로 정의되기도 한다.

그런데 한국사회에서 청소년정책에 대한 개념적 이해는 정책 일반이론의 의미를 기본으로 하여 첫째, 정책의 어떤 성격을 강조하는지 둘째, 정책의 목표, 범주, 주체 등을 포함하는지 셋째, 한국사회 청소년정책의 특수한 제도적 과정을 강조하는지 등에 따라 약간의 차이를 보인다. 여기서는 정책 일반이론에 근거하여 청소년정책을 정의하는 입장과, 한국사회의 청소년정책의 특수한 제도화 과정으로서 청소년정책의 개념을 고유한 '청소년육성정책'으로 정의하는 2가지 입장으로 크게 구분하여 설명한다.

1) 공공정책 개념에 기반한 청소년정책 개념 이해

공공정책의 일반적 이해에 기반을 둔 청소년정책 개념은 시대상황과 연구자의 시각에 따라 정책이 다양하게 정의되어 왔다고 전제한다. 정책은 일반적으로 '인간 집단, 비즈니스 조직, 정부 또는 정당이 공식적으로 합의한 특정 상황에서 해야 할 일에 대한 일련의 아이디어 혹은 계획'으로 이해한다. 따라서 정책은 방향과 의도를 설명하는 집단행동, 목적 및 우선순위와 관련된다. 정책은 첫째, '가치 기반'으로 사람들이 달성하고자 하는 것 둘째, '기대치'로서 가능하다고 생각하는 것 셋째, '협상'으로서 동의할 수 있는 것을 주요 요소로 한다. 그리고 공공정책은 일반 대중과 그 문제에 초점을 맞추고 일반적으로 문제 지향적이다. 그렇지만 문제 지향적이라고 해서 부정적인 문제에 초점을 두는 것과 동의어는 아니다. 권리 기반, 웰빙 지향 혹은 긍정 지향 접근방식은 문제 지향을 덜 강조하며 전체적이고 체계적인 정책 대응을 장려하기 위해 사용된다(Karsten, Muir, Ohana and Wolszczak, 2013).

이런 공공정책 인식에 근거하여 청소년정책은 '정부가 이룩하고자 하는 바람직한 사회를 건설하기 위하여 청소년과 관련하여 정부가 결정하고 수행하는 활동'으로 정의한다(김두현, 1999: 275; 강병연, 2006: 17-18). 이 입장에서는 일반 공공정책의 개념이 정책 성격의 어떤 점을 강조하는가에 따라 차이가 난다는 사실을 원용하여 청소년정책의 정의를 다음과 같은 3가지로 세분하여 기술한다.

㉠ 청소년정책은 청소년에 대한 가치의 권위 있는 배분이라고 정의(Easton, 1953)한다. 여기서 청소년에 대한 가치는 건전한 미래세대에 대한 성장·지원일 수도 있고 청소년의 현재 삶의 질적 향상일 수도 있다.

㉡ 청소년정책은 정책목적이나 가치를 지향하는 의사결정이나 행위로 정의(Lasswell & Kaplan, 1970)한다. 여기서 청소년정책은 정부가 의도하는 궁극적인 목적에 청소년이 부합하도록 만드는 것을 의미한다.

㉢ 청소년정책은 청소년문제 해결을 위한 정부의 활동으로 정의(Dubnick &

Bardes, 1983)한다. 여기서는 청소년이 당면하고 있는 문제를 해결하고자 하는 정부의 의도와 활동으로서 청소년정책을 설명한다.

또한 정책 일반의 이론적 이해를 전제로 하여 국가와 지방자치단체 및 공공기관 등 정책 기관의 역할을 강조하되, 청소년의 상황과 욕구의 범주 등을 고려하여 청소년정책을 정의하려는 경우도 있다. 김영모 외(1991: 2)는 청소년정책을 '청소년의 기본적 욕구인 소득, 보건, 교육, 주거 이외에도 비행, 보호, 고용, 환경, 스포츠, 레크리에이션, 상담 등을 해결하기 위한 국가 및 공공기관의 개입'으로 정의한다. 이용교(1994: 9-10)는 '모든 청소년의 바람직한 사회 상태를 목표로 하여 국가와 지방자치단체가 청소년의 사회적 욕구를 충족시키고 청소년문제를 해결하고자 법령과 시책을 통하여 밝힌 기본 방침'으로 이해한다.

이상과 같은 입장은 청소년정책의 일반적 이해를 바탕으로 청소년의 기본적 욕구나 문제 등 일상을 고려하여 청소년정책의 포괄적 범주를 전제하는 특징을 가진다. 나아가 보건, 교육, 주거, 고용, 상담 등 청소년정책의 범주를 포괄적으로 전제하여 특정 범주나 영역으로 한정하지 않는 것이다.

2) 한국사회의 고유한 청소년육성정책 개념 이해

전체론적이고 통합적인 청소년정책과 별도로, 한국사회에서 청소년정책의 주무부처나 부서가 계획하고 실행할 수 있는 부문을 중심으로 '청소년육성정책'이라는 고유한 영역을 규정하고자 하는 입장이다. 즉 한국사회에서 청소년정책의 여러 가지 현안, 주제 혹은 범주 중에서 특정 영역을 법적으로 부문화하고 경계를 만들어 부각시켜 놓은 개념이 '청소년육성정책'이라고 할 수 있다. 1991년 12월 처음으로 제정된 「청소년기본법」에 바탕을 두고, 조영승(1999: 366)은 청소년육성에 관한 정부의 공적 목표와 이를 달성하기 위한 행동 지침을 총괄하는 의미로 '청소년육성정책'을 정의한다. 이 입장에서는 정책 일반이론의 인식을 바탕으로 하여 청소년정책을 우선 단순하게 '청소년에 관한 모든 공공정책'으로 간주한다.

즉, 모든 청소년정책은 궁극적으로 청소년의 조화로운 성장 발달이라는 현실의 과제를 해결하는 것에 뿌리를 두고 있다는 것이다. 나아가 청소년에 관한 모든 정책을 의미하는 청소년정책을 이해하는 데에는 일정한 기준에 의해 분류해서 파악할 필요가 있다고 주장한다(한국청소년개발원 편, 2003: 176).

청소년정책은 그 구체적 기능이나 정책이 수행되는 공간을 기준으로 하여 청소년교육정책, 청소년육성정책, 청소년노동정책, 청소년복지정책 내지는 학교교육정책, 청소년활동지원정책, 청소년여건조성정책 등 특정 영역으로 구분한다. 예를 들어 학교를 중심으로 지적 능력 배양에 주력하는 학교 안의 청소년정책 영역을 학교교육정책, 학교 밖의 사회와 자연을 무대로 청소년의 도덕적 능력을 함양하는 데 주력하는 청소년정책 영역을 청소년활동지원정책이라고 하여 독특하게 공간별로 기능을 구분하여 개념적 의미를 부여한다. 이러한 학교교육정책과 청소년활동지원정책을 묶어 '청소년교육정책'이라고 주장한다.

그리고 학교 밖의 사회와 자연을 무대로 하는 청소년정책 영역은 청소년활동지원정책과는 달리 도덕적 능력 함양을 직접 목적으로 하는 것은 아니지만 도덕적 능력 함양에 영향을 주는 여건을 조성하는 '청소년여건조성정책' 개념을 상정한다. 청소년여건조성정책은 예를 들어, 청소년인권을 신장시키는 일, 청소년노동을 보호하는 일, 청소년건강을 도모하는 일, 청소년환경을 개선하는 일, 장애청소년·빈곤청소년·가정결손청소년과 같은 어려운 청소년을 지원하는 일, 비행청소년을 예방하고 치료하는 일, 청소년 고민을 상담하는 일 등을 정부가 수행하는 경우를 말한다.

이렇게 볼 때 한국사회의 독특한 청소년육성정책은 청소년교육정책 중에서 학교교육정책을 제외한 청소년활동지원정책과 청소년여건조성정책을 특정 영역으로 한 개념이라고 할 수 있다. 이런 입장에서 청소년정책은 학교교육정책과 청소년육성정책(청소년활동지원정책과 청소년여건조성정책)을 기본 축으로 하며, 기타 청소년의 의료, 노동, 법무, 병영 등에 관한 여러 가지 청소년정책이 있고, 각각 기능에 따라 그 근거법령과 수행기관을 달리하게 된다고 주장한다. 특히, 이 입장에서는 모든 청소년에 관한 공공정책으로서 청소년정책을 정부의 한 부처 또는 특정 공공기관에서 모두 다루는 것은 불가능하다는 사실을 부각시킨다. 청소년정책의 개념 정의에 있어 정책 기능과 수행 공간 등의 기준으로 구분하여 이해하지 않는 것은 청소년에 관한 학교교육정책, 청소년육성정책, 청소년노동정책, 청소년복지정책 등 수많은 청소년에 관한 정책들이 그 성질을 달리한다는 사실을 무시하는 것이라고 비판한다. 결국 청소년육성정책은 청소년정책이라는 포괄적 범주의 정책을 인정하지만, 현실적으로 청소년정책 내지는 청소년사업을 전담하는 정부부처의 이해와 역할 범주를 우선 고려하여 개념화한 것이라고 볼 수 있다. 즉, 청소년육성정책 개념은 1991년 '청소년육성정책에 관한 기본적인 사항을 규정'함을 목적으로 하는 「청소년기본법」이 제정되면서 한국사회에 본격적으로 등장했다. 당시 '청소년육성'이라는 법적 규정에 따라 청소년정책의 여러 과제 중에서 청소년활동지원과 기타 여건조성 등 일정 영역을 범주로 한정하고 '부문화(sectorization)'하여 개념적으로 의미를 부여한 것이다. 「청소년기본법」 제정 당시 청소년육성은 다음과 같이 정의되었다.

〈「청소년기본법」(1991. 12. 31.) 제정 시의 청소년육성 개념과 범주〉

"청소년육성"이라 함은 청소년의 복지를 증진하고, 청소년의 수련활동을 지원하며, 청소년교류를 진흥하고, 사회여건과 환경을 청소년에게 유익하도록 개선하여 청소년에 대한 교육과 상호 보완함으로써 청소년의 균형 있는 성장을 돕는 것을 말한다.

1991년 최초 청소년육성정책은 청소년복지 증진, 청소년수련활동 지원 및 청소년교류 진흥을 주요 범주로 하였다. 그 중에서도 청소년수련활동 지원이 가장 중요한 정책과제로 인식되었다. 당시에는 청소년을 유해한 각종 사회환경으로부터 보호·구제할 목적의 「청소년보호법」이 제정(1997년)되기 이전이었기 때문에 청소년육성의 범주에 청소년보호는 포함되지 않았다.

이후 2004년 「청소년기본법」 전부개정을 계기로 청소년육성의 정의는 다음과 같이 변경되었다.

〈「청소년기본법」(2004. 2. 9.) 전부개정 시의 청소년육성 개념과 범주〉

"청소년육성"이라 함은 청소년활동을 지원하고 청소년의 복지를 증진하며 사회여건과 환경을 청소년에게 유익하도록 개선하고 청소년을 보호하여 청소년에 대한 교육을 보완함으로써 청소년의 균형 있는 성장을 돕는 것을 말한다.

즉 청소년 관련 법령이 「청소년기본법」을 중심으로 「청소년활동진흥법」, 「청소년복지지원법」, 「청소년보호법」, 「청소년의 성보호에 관한 법률」(2000. 2. 3. 제정, 2009. 6. 9. 「아동·청소년의 성보호에 관한 법률」로 전부개정) 등으로 체계가 정비되면서, 청소년육성은 '청소년활동 지원', '청소년복지 증진', '청소년보호'를 기본 범주로 하고, '사회여건과 환경 개선'을 포괄하도록 정비되어 현재에 이르고 있다. 그 후 2011년에 「청소년기본법」을 일부개정(2011. 5. 19.)하면서 '"청소년육성"이라 함은 청소년활동을 지원하고 청소년의 복지를 증진하며 근로 청소년을 보호하는 한편, 사회여건과 환경을 청소년에게 유익하도록 개선하고 청소년을 보호하여 청소년에 대한 교육을 보완함으로써 청소년의 균형있는 성장을 돕는 것을 말한다.'로 변경되어 근로청소년 보호가 포함되었다. '근로청소년 보호'는 청소년육성의 새로운 범주라고 하기보다는, 근로청소년이라는 대상을 특별하게 청소년육성에 명기하고 강조한 것으로 볼 수 있다.

그런데 〈표 2-2〉에서 볼 수 있듯이, 2015년 「청소년기본법」을 개정하면서 이 법의 목적(제1조)과 정책의 총괄·조정 관련 조항을 청소년육성정책에서 청소년정책으로 개정함으로써 법령상으로는 청소년육성정책 개념이 사라지게 되었다. 이 연장선상에서 청소년육성과 관련된 관계행정기관과의 심의나 조정기구도 '청소년육성위원회'에서 '청소년정책위원회'로 개정하여 통합적인 청소년정책으로 전환하고자 하는 노력을 보여 주었다.

〈표 2-2〉「청소년기본법」의 목적, 청소년정책 총괄조정 등의 관련조항 개정 사항 비교

2004년 전부개정「청소년기본법」 관련 조항	2015년 개정 청소년기본법 관련 조항
제1조 (목적) 이 법은 청소년의 권리 및 책임과 가정・사회・국가 및 지방자치단체의 청소년에 대한 책임을 정하고 청소년육성정책에 관한 기본적인 사항을 규정함을 목적으로 한다.	제1조(목적) 이 법은 청소년의 권리 및 책임과 가정 · 사회 · 국가 · 지방자치단체의 청소년에 대한 책임을 정하고 청소년정책에 관한 기본적인 사항을 규정함을 목적으로 한다.
제2장 청소년육성정책의 총괄・조정 제9조(청소년육성정책의 총괄・조정) 청소년육성정책은 문화관광부장관이 관계행정기관의 장과 협의하여 이를 총괄・조정한다. 제10조(청소년육성위원회의 설치) ①청소년육성에 관한 주요시책을 심의하기 위하여 문화관광부장관 소속 하에 청소년육성위원회를 둔다.	제2장 청소년정책의 총괄 · 조정 제9조(청소년정책의 총괄 · 조정) 청소년정책은 여성가족부장관이 관계 행정기관의 장과 협의하여 총괄 · 조정한다. 제10조(청소년정책위원회) ①청소년정책에 관한 주요 사항을 심의 · 조정하기 위하여 여성가족부에 청소년정책위원회를 둔다.
제13조(청소년육성에 관한 기본계획의 수립) ① 국가는 청소년육성에 관한 기본계획을 5년마다 수립하여야 한다.	제13조(청소년육성에 관한 기본계획의 수립) ① 여성가족부장관은 관계 중앙행정기관의 장과 협의한 후 제10조에 따른 청소년정책위원회의 심의를 거쳐 청소년육성에 관한 기본계획을 5년마다 수립하여야 한다.

이와 같이 청소년육성정책에서 청소년정책으로의 전환 노력은 2005년 국무총리 산하 '청소년위원회'(2005년 국가청소년위원회로 명칭 변경)라는 청소년정책 전담조직이 신설되면서 본격화되어 현재까지 지속되고 있다. 청소년위원회는 2005년 출범 당시 기존의 '제3차 청소년육성5개년계획(2003~2007)'이 시행되고 있었지만, 위기청소년 안전망으로서 지역사회 위기청소년 통합지원체제(CYS-net) 구축, 1522 희망프로젝트로서 '방과후 아카데미' 설치 운영 등 4대 핵심과제를 담은 '새로운 통합적 청소년정책 과제'(청소년위원회, 2005)를 발표하여 청소년정책으로의 전환 의지를 표명하였다. 이후 2008년 아동과 청소년정책이 통합되어 보건복지가족부로 주무부처가 바뀌면서 '아동·청소년정책'으로 변화되었다. 또한 2010년 다시 아동과 청소년정책이 분리되고 여성가족부로 청소년정책의 주무부처가 바뀌면서, 이전과 달리 하나의 부처가 아니라 관계부처 합동으로 '제4차 청소년정책(수정·보완)기본계획(2008~2012)'이 발표됨으로써 통합적 청소년정책

으로의 전환 의지를 더욱 확고하게 보여 주었다.

그렇지만 〈표 2-2〉에서도 알 수 있듯이, 「청소년기본법」 제13조는 여전히 국가나 여성가족부장관은 '청소년육성에 관한 기본계획'을 5년마다 수립하도록 하는 규정을 유지하고 있다. 즉, 국가나 여성가족부장관은 '청소년육성'에 관한 사항을 '청소년정책기본계획'이라는 이름으로 발표하고 있는 셈이다. 이렇게 볼 때, 다른 부처의 업무와 중복되지 않는 정책 주무부처의 고유한 영역 중심으로 형성되는 '청소년육성정책'이 '청소년정책'이라는 이름으로 발표되어 사용되고 있는 것이라고 할 수 있다. 한국사회에서 청소년육성정책은 초기 청소년활동 지원, 청소년복지 증진 및 청소년보호 등의 고유한 특정 영역으로 한정하여 정의되었으며, 2010년 이후 청소년육성에 관한 사항을 위주로 하여 청소년정책이라는 개념으로 간주하고 있다.

이상과 같이 한국사회에서 청소년정책 개념적 이해는 일반 공공정책으로서의 청소년정책과 청소년 전담부처의 고유한 영역으로서 청소년육성 중심의 청소년정책으로 양극화되어 있다. 한쪽에서는 주로 일반 공공정책으로서의 청소년정책을 강조하면서 동시에 청소년이라는 정책 대상의 특수성에 입각하여 청소년정책 개념을 이해한다. 다른 한쪽에서는 청소년정책 변화과정에서 일정 기간에 특별하게 법적으로 규정하고 있는 청소년육성이라는 범주를 중심으로 청소년육성정책 내지는 청소년정책을 정의한다. 다시 말해 청소년정책을 주요하게 추진하고 전담하는 정부부처가 생겨나고, 그 해당 부처에서 관련 법령에 기초하여 주로 다루고 있거나 다룰 수 있는 정책영역을 중심으로 청소년정책 개념을 이해하는 것이다. 이렇게 볼 때 한국사회에서 청소년육성은 서구사회의 '청소년사업(youth work)'의 개념에 가깝고, 청소년육성정책은 서구사회에서 통용되는 '청소년사업정책(youth work policy)' 개념과 유사하다고 이해할 수 있다.

그런데 한국사회에서 청소년정책 개념 이해는 다음과 같은 몇 가지 문제점을 갖고 있다. 첫째, 지나치게 정책 일반이론 중심으로 청소년정책을 정의함으로써 청소년정책의 대상, 접근방식, 범주 등의 고유한 이해와 탐구를 위한 노력이 소홀히 될 우려가 있다.

둘째, 청소년에 관한 모든 일반 정책을 청소년정책으로 간주한다. 그리고 청소년정책의 역사적 변화과정상에서 일정한 시기에 제도적 영역으로 설정하여 한정된 정책이나 사업 부문을 청소년육성정책 내지는 청소년정책으로 차별화하고 개념화함으로써 지나치게 정책의 특정 영역을 부각하거나 제한하는 위험이 있다.

셋째, 청소년정책이 가지는 고유한 접근방식으로서 청소년의 일상생활과 관련한 전체성이나 일상성 및 통합성과 같은 특성을 무시한 채, 일부 부분적인 청소년 사업이나 정책을 청소년정책으로 과대 추정하거나 확장할 우려가 있다.

청소년정책을 일부 특정한 사업이나 과제 중심으로 제한하여 인식하는 경우, 단기간에 걸쳐 제한된 정책과제나 사업과 관련된 시설이나 인적자원 등 인프라를 확대할 수 있는 이점을 가지기도 한다. 반면 청소년의 일상과 관련된 여러 부문에 대해 등한시하고, 청소년의 일상적 요구를 수용하기 어려운 '부분적 주변 정책'으로 간주하는 위험성을 안게 된다. 그렇게 되면 청소년정책이 사회의 주요한 '주류 정책'으로 논의되기보다는, 특정 정부부처의 행정 범주에 국한하여 청소년의 일상 중에서 일부 관련된 과제나 사업 중심으로 청소년정책을 한정하는 특성을 가지게 된다.

3. 부문을 가로지르는 통합적 청소년정책의 이해

청소년에 대한 부문을 가로지르는 접근을 강조하는 통합적 청소년정책(integrated youth policy)은 청소년과 관련된 다양한 분야의 경계를 넘나들고 가로지르는 청소년정책(cross-sectoral youth policy), 횡적 청소년정책(transversal youth policy), 포괄적 청소년정책(comprehensive youth policy), 청소년업무의 수평적 조정(horizontal coordination of youth affairs) 등과 비슷한 개념으로 사용된다. 통합적 청소년정책 접근은 청소년에게 적절한 이슈에 대한 다른 분야와 협력하고, 청소년을 위해 서비스를 조정할 목적으로 청소년정책 부문의 수평적, 수직적 의사소통을 통한 의식적이고 구조화된 정책을 말한다.

1) 통합적 청소년정책의 강조와 의미

부문을 가로지르는 통합적 청소년정책은 1990년대 말부터 UN과 유럽연합 등을 중심으로 강조되고, 2000년대에 접어들어서는 본격적으로 청소년 분야의 기본 원칙 중의 하나로 간주되기 시작했다. 통합적 청소년정책이 강조되는 이유는 대개 앞에서 기술한 청소년이 성인으로 성장해 가는 이행 과정의 환경과 방식이 크게 변화하는 등 이행의 복잡화 및 상호 의존성이 크게 증대했고, 청소년을 비롯한 사람들의 삶 자체가 부문을 가로지르는 것이며 전체론적이라는 사실 (Nico, 2014: 8)에 주목한다. 즉, 청소년들의 삶은 그 자체가 부문을 가로지르는 것이라는 생각, 청소년들은 상대적으로 짧은 시간 내에 다양한 강도와 겹치는 다양한 사회제도와 상호작용하거나 그 안으로 들어가는 다차원적 사회행위자라는 생각 또는 가족, 학교, 노동시장, 주택, 건강, 여가, 문화 등과 같은 차원은 그 자체로 부문을 가로지르는 측면을 가진다는 것이다. 나아가 청소년들은 이질적이고 요구와 기대가 다르기 때문에 중앙 및 지방정부는 일관되고 조정된 포괄적 방식으로 광범위한 서비스와 이니셔티브를 제공(Dumollard and Loncle, 2017: 106-107)해야 하기 때문에 통합적 청소년정책이 강조된다고도 주장한다.

유럽의 부문을 가로지르는 청소년정책에 대한 기존 자료를 분석 연구한 포르투길 리스본 대학 ISCTE-연구소 사회학자이자 교수인 M. Nico(2014)는 통합적 청소년정책을 강조하는 이유를 연구와 정책 설계에서 모두 존재하는 원칙으로 다음과 같은 3가지로 요약한다.

㉠ "일이나 문제"는 동시에 일어나기 때문에, 청소년정책은 사회적 조건의 중첩과 축적의 다양한 조합을 고려해야 한다는 것이다. 이것은 앞서 기술한 청소년의 생애 과정의 레짐 즉, 성인으로 이행 과정의 '복잡화'나 '요요(yoyo)화'와 관련이 있다는 것이다.

㉡ "일이나 문제"는 공동의 이유로 발생하므로, 청소년정책은 다차원적이고 역동적이어야 한다는 것이다. 성인으로의 이행에 대한 중요한 측면은 이행 사건의 시기와 성격에 대한 상호 의존성이다. 과거, 지난 세기 중반에 성인으

로 이행해 가는 사건의 순서는 다양하지 않았고 명확하고 규범적인 순서를 가졌다. 사람들은 먼저 학교를 마치고 떠나고, 노동시장에 진입한 다음 가족 또는 합의된 결합을 시작했다. 그러나 현대적 맥락에서 다양한 이행의 순서 또는 순서의 복잡성은 훨씬 더 높다. 이는 일이나 사건의 순서가 더 불규칙해질 뿐만 아니라 일이나 사건들 사이의 관계도 더 상호 의존적이다. 즉, 한 이행을 수행하는 데 문제가 있으면 다음 이행을 수행하는 데 심각한 영향을 미친다. 궁극적으로 이것은 삶이 하나의 과정이고 문제가 연결되어 있다면 청소년정책과 해결책도 통합되어야 함을 의미하는 것이다.

㉢ "일이나 문제"는 정말 빠르게 일어나기 때문에 부문을 가로지르는 통합적 청소년정책이 시급하다는 것이다. 이는 성인으로의 이행기가 "인구학적으로 밀집된(demographically dense)" 삶의 기간이기 때문이다. 청소년기는 많은 자발적이고 비자발적인 삶을 변화시키는 일이나 사건이 발생하는 비교적 짧은 기간이다. 이 같은 매우 짧은 기간에 학교 입학, 졸업, 실험, 변화와 같은 많은 개인 경험을 한다. 이 때문에 이후 성인으로의 이행기에 노동시장, 결혼 또는 가정 구성, 자녀 출산 등이 발생하여 결정을 내리고 인생 계획을 설계하는 것이 훨씬 더 복잡하고 어려워진다. 따라서 현재 이용 가능한 청소년정책의 시기와 범위가 중요하다는 것이다.

이와 같은 이유로 부문을 가로지르는 통합적 청소년정책의 중요성이 대두되면서 1990년대 말부터 UN과 유럽연합 및 유럽평의회 등은 통합적 청소년정책을 강조해 왔다. 우선 UN은 1985년 '세계 청소년의 해'부터 국가 청소년 분야의 "부문을 가로지르는 통합적 정책" 추진을 권고해 왔으며, 적어도 1999년부터는 "21세기 청소년 분야의 우선 문제" 중 하나로 인정받았다. 즉, UN은 "청소년정책 및 부문을 가로지르는 성격의 프로그램"의 중요성을 인식하고, 국가 기반으로 그 발전을 확인하려고 노력했다. 그리고 국가 차원에서 부문을 가로지르는 통합 청소년정책의 우수 사례에 대한 더 많은 연구, 모니터링 및 확인을 요청했다. 지금까지 UN이 작성한 청소년 관련 문서에서 부문을 가로지르는 통합적 청소년정책에 대한 언급 내용은 매우 다양하지만, 주요 내용만 요약하면 다음 〈표 2-3〉과 같다.

UN에서 강조하는 부문을 가로지르는 통합적 청소년정책에 대한 담론을 분석한 Nico(2014)는 통합적 청소년정책에 대한 언급 내용을 매우 다양하게 보고, 그 특징을 다음과 같이 주장한다. 분명한 첫 번째 차이점은 결의안과 실행보고서 문서에 사용된 부문을 가로지르는 통합적 청소년정책에 대한 이해가 상당히 다르다는 것이다. 결의안 문서에서 통합적 청소년정책의 아이디어는 일정하지 않으며, 다음과 같은 2가지 유형의 이해에 의해 다소 영향을 받는다. 하나는 정책 입안 부문과 청소년기관 부문(및 청소년의 목소리) 간의 의사소통 및 협력이다. 그리고 다른 하나는 청소년 관련 부처 또는 부서 간 협력을 더 많이 언급한다.

이러한 의미에서 일부 결의 문서에서는 "통합적 청소년정책은 청소년의 권한 부여와 완전하고 효과적인 참여, 그리고 사회의 모든 부문에서 자원 및 독립적인 의사결정자로서의 역할을 고려해야 한다"고 강조한다. 이는 정부와 비정부 부문 사이에 의사소통이 있어야 함을 의미하며, 이것이 첫 번째 의미이다.

〈표 2-3〉 UN에서 강조한 부문을 가로지르는 청소년정책

(cross-sectoral youth policy, CSYP)의 의미(요약)

2000년과 그 이후 청소년을 위한 세계 행동 프로그램의 실행(Implementation of the World Programme of Action for Youth, to the Year 2000 and Beyond, 1997) "이러한 활동은 본질적으로 부문을 가로지르는 것이며, 접근방식에 있어 다(多)학문적이어야 하며 청소년 관련 부서 및 부처, 비정부 청소년기관 및 민간 부문의 참여를 포함해야 한다고 명시했다." "또한 통합된 국가 청소년정책 및 프로그램을 위해 국가적 조정 메커니즘을 적절하게 강화할 것을 촉구했다. 그러한 메커니즘이 존재하지 않는 경우, 정부는 다(多)단계 및 부문을 가로지르는 기반을 설립하도록 촉구한다."
2000년과 그 이후 청소년을 위한 세계 행동 프로그램의 실행(Implementation of the World Programme of Action for Youth, to the Year 2000 and Beyond, 2001) "통합적이고 부문을 가로지르는 정책 개입을 허용하는 다(多)학문적 관점에서 청소년들의 우려를 해결하는 중요한 방법이다."

청소년 관련 정책 및 프로그램에 대한 총회 결의(Resolutions of the General Assembly on policies and programmes involving youth, 2002) "전 세계의 부문을 가로지르는 청소년정책은 청소년의 권한 부여와 완전하고 효과적인 참여, 그리고 사회의 모든 부문에서 자원 및 독립 의사결정자로서의 역할을 고려해야 함을 인식하는 것이다." "… 회원국이 보다 전체적이고 부문을 넘나드는 청소년정책을 개발해야 할 필요성과 특히 UN 시스템과 청소년 및 청소년기관 간의 의사소통 채널을 강화해야 할 필요성을 염두에 두어야 한다."
2000년과 그 이후 청소년을 위한 세계 행동 프로그램의 실행(Implementation of the World Programme of Action for Youth, to the Year 2000 and Beyond, 2010) "청소년개발 및 참여(…)에 대한 전체적인 접근방식을 보장하고 청소년 이슈를 국가 계획, 정책 및 예산(…)으로 주류화하기 위해 부문을 가로지르는 협력을 장려한다(…)"
청소년 관련 정책 및 프로그램에 관한 총회 결의안 64/130(Resolution 64/130 of the General Assembly on policies and programmes involving youth, 2010) 청소년들이 직면한 도전은 다방면에 걸쳐 있기 때문에 전체적인 방식으로 청소년의 복지를 개선하기 위해서 부문별 접근방식은 충분하지 않다. UN 기구는 노력을 결합함으로써 청소년 이슈가 포괄적인 방식으로 해결되도록 특정 전문지식, 임무 및 자원을 활용할 수 있다(UN, 2010b: 13).

출처: Nico, 2017: 19.

한편 다른 문서에서는 "회원국, UN기구, 모든 계획과 결정에 청소년의 관점을 통합하여 부문을 가로지르는 통합적 청소년정책을 목표로 하는 세계행동프로그램을 구현하기 위해 가능한 한 모든 노력을 기울이는 관련 전문기관, 지역위원회, 정부 간 및 비정부 조직, 특히 청소년기관 – 청소년 관련 프로세스 만들기"를 강조한다. 이것이 두 번째 이해라고 할 수 있다.

이런 2가지 다른 이해는 UN의 1997년과 1999년 실행 보고서에서부터 부문을 가로지르는 통합적 청소년정책의 아이디어를 옹호하고 홍보하기 위한 노력의 일환으로 부문 간, 수직적 및 수평적 조정과 협력을 포함하는 야심찬 아이디어에서 출발했다. 기본적으로 그것은 청소년정책이 "다차원 및 부문을 가로지르는 기반"으로 "청소년 관련 부서 및 부처 참여, 비정부 청소년기관과 민간 부문"의 협력을 바탕으로 구축되어야 한다는 것을 촉구하는 것이다. 이런 야심적이고 포괄적인 아이디어는 청소년의 전체론적 복지향상을 위해 "부문(sector)"이 무엇을 의미하는지에 대한 3가지 – ㉠ 공공, 민간 및 제3부문 ㉡ 정부 대 비정부 부문 ㉢ 예를 들어 청소년 관련 부처나 부서와 같은 행정 구역 – 가능한 이해를 이론적으로 통합하려고 하는 것이기도 하다. 그런데 이분법적으로 구분하는 UN의 부문을 가로지르는 통합적 청소년정책 이해는 통합적 청소년정책이 무엇인지에 대한 개념적 혼란을 야기할 수 있고, 개념의 모호성으로 인하여 부문을 가로지르는 통합적 청소년정책의 설계 및 홍보에 역효과를 낼 수도 있다(Nico, 2014: 13–15)고 주장한다.

한편 유럽에서도 UN과 같이 2000년대 들어 통합적 청소년정책의 필요성을 강조해 왔다. 특히 유럽평의회는 시민권과 여가에 대한 접근을 기반으로 한 부문별 접근방식을 깨뜨린 통합적 청소년정책(Siurala, 2005)의 개념을 도입한 2005년부터 본격적으로 부문을 가로지르는 통합적 청소년정책을 옹호해 왔다(Dumollard and Loncle, 2017: 106–107). 유럽 수준의 지난 20년 동안 작성한 주요 문서의 담론에서 부문을 가로지르는 통합적 청소년정책의 존재, 중요성 및 내용에 대해 분석한 Nico(2017: 18–19)는 청소년정책의 설계가 광범위하고 다차원적이며 전체론적이고 통합적이어야 한다는 데 청소년 분야가 동의하고 있다고 진단한다. 지금까지 유럽연합이나 유럽위원회 및 유럽청소년포럼 등에서 제시한 부문을 가로지르는 통합 청소년정책에 대한 주요 내용을 요약하면 〈표 2–4〉와 같다.

〈표 2–4〉 유럽에서 강조한 부문을 가로지르는 청소년정책

(cross–sectoral youth policy, CSYP)의 의미(요약)

백서(White paper, 2001)
"청소년정책은 사회에서 다른 집단뿐 아니라 젊은이들에게 영향을 미치는 모든 범위의 사회적, 문화적, 정치적 문제를 포괄함으로써 청소년들의 생활조건과 참여를 개선하고 개발하는 것을 목표로 하는 '통합된 부문을 가로지르는 정책'으로 간주된다."

청소년정책을 위한 유럽 프레임워크(A European framework for youth policy, 2006)
"이러한 성명은 청소년정책이 단순히 젊은이들에 대한 여러 부문에서 취한 조치의 합계가 아니라, 다른 부문과 협력하고 조정하기 위한 청소년 분야의 의식적이고 구조화된 부문 간 정책임을 분명히 한다. 청소년을 위한 서비스 – 그 과정에서 젊은이들을 직접 참여시킨다."

유럽청소년포럼(European Youth Forum, 2008)
"청소년에게 영향을 미치는 다른 관련 정책영역과의 연계를 만들어 청소년정책의 영역 간 성격의 구현" 그리고 "이보다 구조화된 프레임워크는 유럽 수준에서 다양한 행위자가 젊은이들의 실제 상황과 필요에 대한 적절한 이해를 가질 수 있도록 허용함으로써 진정한 영역 간 청소년정책을 보장하여야 한다."

청소년을 위한 EU전략 - 투자 및 권한 부여(An EU Strategy for Youth - Investing and Empowering, 2009)
"청소년에게 영향을 미치는 다양한 문제는 EU 및 국가 차원에서 부문을 가로지르는 정책 접근을 요구한다. 청소년정책은 다른 부문과의 효과적인 조정 없이는 발전할 수 없다. 차례로, 청소년정책은 아동 및 가족정책, 교육, 성 평등, 고용, 주택 및 의료와 같은 영역에서 성과를 제공하는데 기여할 수 있다.
"회원국은 국가 차원에서 부문을 가로지르는 정책 결정을 이행하는 것을 고려해야 한다. 분야 간 협력은 또한 청소년 전략을 실행하는 데 중요한 지역 및 지방 주체와 함께 개발되어야 한다."

EU 청소년 보고서(EU Youth Report, 2012)
"키프로스 대통령의 서문 - EU는 젊은이들이 EU의 미래를 형성하는 데 참여하도록 장려하기 위해 최선을 다해야 한다. 이러한 맥락에서 새로운 부문 간 파트너십의 창출과 청소년 부문의 공동 프로젝트 및 이니셔티브 개발이 필수적이다."
"유럽평의회 서문 - 우리는 이 상황을 개선하기 위해 젊은이들과 함께 더 많은 일을 해야 한다. 다양한 수준의 거버넌스에서 젊은이들에게 영향을 미치는 모든 정책영역을 동원하고 부문 간 솔루션을 개발하는 것이 중요하다. 그러나 동시에 젊은이들은 그들에게 영향을 미치는 정책을 형성하는데 더 많이 참여해야 한다."

청소년 분야의 유럽 협력 프레임워크 갱신(Renewed framework for European cooperation in the youth field, 2010-18; 2012)
"프레임워크는 다음과 같은 도구에 뿌리를 두고 있다. 증거 기반 정책 결정; 상호 학습; 정기적인 진행보고, 결과 배포 및 모니터링; 청소년 및 청소년 조직과의 구조화된 대화 및 EU프로그램 및 기금의 동원. 이 프레임워크는 청소년사업을 모든 활동 분야에 대한 지원으로, 그리고 부문 간 협력을 기본 원칙으로 본다."

출처: Nico, 2017: 19.

이같이 유럽 수준의 담론에서 통합적 청소년정책은 그 중요성이 강조되어 왔다. 그리고 부문을 가로지르는 통합적 청소년정책은 그 자체로 청소년정책 그 이상이며, 다른 사람들과 협력하고, 의사소통, 포괄, 통합 또는 일련의 일관된 행동계획, 프로그램 및 정책으로 이어져야 한다는 것을 분명히 하고 있다. 그렇지만 그 동의와 관련된 부문을 가로지르는 통합적 청소년정책에 대한 실질적인 의미는 상당히 다양해서 협업, 의사소통, 조정 및 통합 등이 상호 동등한 프로세스로 취급되고 있다. 따라서 통합적 청소년정책의 개념 자체는 당연하게 여기면서, 의도나 야망 또는 목표 수준으로 제한하는 경향이 있다는 것이다. 즉 부문을 가로지르는 통합적 청소년정책을 구체적인 방법, 계획 또는 프로세스로 보는 명확성이 결여되어 있다(Nico, 2017: 19–20)고 주장한다.

요약하면, "부문을 가로지르는" 청소년정책이라는 용어는 UN 또는 유럽 기구(유럽평의회, 유럽연합, 유럽연합이사회 등) 및 조직(예를 들어, 유럽청소년포럼)의 관련 문서에는 최소한 다음과 같은 3가지 가능한 의미가 있다(Nico, 2017: 382).

㉠ "활동"의 여러 부문(예: 교육, 고용, 건강, 주택 등)과 관련된 공식/정부의 부처, 부서 또는 기관을 가로지르는 것으로, 흔히 범정부(cross–government)라고 불린다.
㉡ 청소년 조직 부문(및/또는 궁극적으로 청소년의 목소리)과 정책 결정 부문을 교차하거나 연결하는 것이다.
㉢ 청소년 분야에서 가장 적게 사용되는 정책은 공공, 민간 및 기타 부문(또는 일반적으로 정부 부문과 비정부 부문 사이)을 아우르는 정책이다.

또한 청소년정책에 대한 주류 이해는 "원칙적으로 책임이 관련 부문(other umbrella sectors)의 일련의 일관된 행동계획, 프로그램 및 정책과 협력하고, 소통하고, 포괄하며, 통합하거나, 이끌어야 한다는 것이다. 다시 말하지만 협력, 소통 및 통합 등이 상호 동등한 프로세스로 취급된다는 것이다. 따라서 "협력"은 유사한 과정을 가진 개념적 매듭이며, 청소년의 삶의 향상을 위해 여러 부문, 부처 및/또는 부서에서 수행하는 공동 작업을 지칭하는 데 사용되는 많은 표현 중 하나일 뿐이다(Nico 2017: 382–383).

2) 통합적 청소년정책의 본질과 미션 및 이슈

부문을 가로지르는 통합적 청소년정책은 그 중요성에 대해서는 쉽게 인정하고 합의하지만, 기능적 다양성으로 인해 혼동되고 서로 다른 맥락에서 여러 가지를 의미하고 있다. 다시 말해 통합적 청소년정책은 아직은 개념적으로나 이해의 수준에서 정확성과 명확성이 부족하다는 것이다. 통합적 청소년정책의 이해는 수직적 의사소통 수준(청소년 부처나 부서 또는 그에 상응하는 청소년, 즉 비정부 조직을 통한 청소년 간)과 수평적 의사소통(청소년 부처나 부서 또는 그와 동등한 부서 및 기타 부서 간) 간에 다를 수 있다.

그리고 청소년 분야의 주요 행위자들이 주요 문서에서 사용되는 부문을 가로지르는 통합적 청소년정책의 의미와 이해의 이질성을 해결하고 개념을 명확히 하기 위해 통합적 청소년정책의 개념 사용은 〈표 2-5〉에서 볼 수 있는 바와 같이 3가지로 구분(Nico, 2014: 20-22)할 수 있다. 첫째, "원칙으로서(as a principle)의 부문을 가로지르는 통합적 청소년정책(청소년과 관련된 모든 정책이 다른 모든 부문을 염두에 두고 작성되어야 한다고 주장하는 포괄적 표현으로 사용됨)"이다. 여기에는 청소년은 다른 모든 분야에 관심이 있다고 정의하고 다른 부문의 요소로서 청소년 부문이라는 횡단적 원칙과 청소년은 상호 의존적 시스템의 일부라고 정의하며 시스템의 한 부문으로서 청소년 부문이라는 통합적 원칙이 포함된다.

둘째, 고정된 역할이 있는 과정으로서 "협업 또는 조정으로서(as collaboration or coordination)의 부문을 가로지르는 통합적 청소년정책(청소년을 위한 책무를 가진 부처나 부서 또는 그에 상응하는 부서에 대한 매우 다른 책임과 권한을 의미함)"이다. 여기에는 청소년은 동료 행위자이자 동동한 파트너로 정의하고 한 번에 하나의 문제를 '협업이나 협력 과정' 및 청소년은 청소년정책을 선도하는 것으로 정의하고 문제와 무관하게 '조정하는 과정'이 포함된다.

셋째, 청소년정책에 직접 암시된 바와 같이 "부문을 가로지르는 이슈를 사용하는 접근방식으로서(as the approach using cross-cutting issues)의 부문을 가로지르는 통합적 청소년정책"이다. 여기에서는 하나의 크기가 모든 것에 맞지는 않다는 전제 하에 각 부문을 가로지르는 문제에는 서로 다른 접근방식과 전략(조정 및 협업이나 협력 등)이 필요할 수 있다는 사실을 강조한다.

〈표 2-5〉 여러 부문을 가로지르는 통합적 청소년정책의 정의, 문제, 본질 및 미션

본질 및 미션	부문 간 청소년 정책의 분야	좁은 정의 및 몇 가지 이슈	구조 - 사례
원리	횡단적	**청소년은 다른 모든 분야에 관심이 있다.** 따라서 "청소년정책을 담당하는 부처 장관은 또한 이러한 다른 정책에서 청소년 관련 우려 사항이 고려되도록 해야 한다." 이것은 청소년을 담당하는 부처의 일종의 "감독" 역할을 의미하는데, 이는 그들이 일반적으로 공식적인 위계 내에서 차지하는 지위와 일치하지 않으며, 그 이유 또한 매우 야심적이다. 이 "감독" 원칙은 특정 정책을 위해 어떤 부문을 선택해야 하는지, 어떤 경우에 어떤 긴급한 상황이 발생하는지에 대한 정보를 의미한다. 따라서 매우 추상적이다.	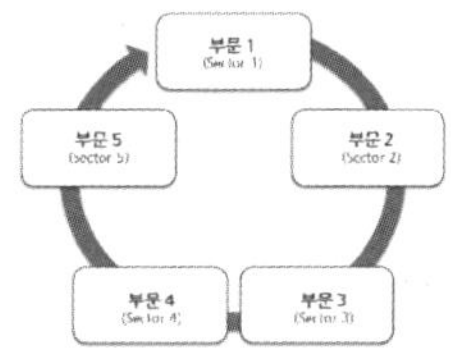 다른 부문의 요소로서 청소년 부문
	통합적	**청소년은 상호 의존적 시스템의 일부이다.** 따라서 청소년정책과 다른 정책은 모두 효과적이고 일관된 공존을 보장해야 한다. 이는 목표가 겹치거나 단절되지 않도록 상호 및 정기적인 공동 협의를 의미한다. 이러한 공동 협의는 모든 부문 또는 청소년 주무부처가 정기적으로 관련 정보를 수집하고 구성할 준비가 되어 있음을 의미한다. 이 원칙에 기반한 정책은 국가 조직 구조에 크게 의존한다.	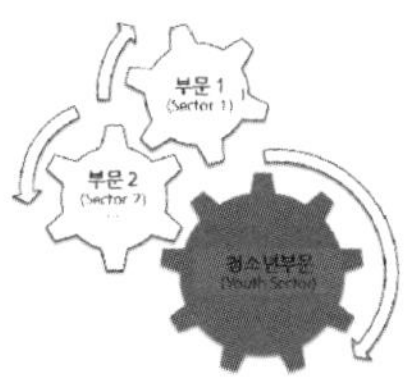 시스템의 한 부분으로 청소년 부문

본질 및 미션	부문 간 청소년 정책의 분야	좁은 정의 및 몇 가지 이슈	구조 – 사례
고정된 역할이 있는 과정	협업/협력	**동료 행위자이자 동등한 파트너로서 청소년** 이 버전의 부문을 가로지르는 청소년정책에서 관계는 양자 간이다. 청소년 부문은 다른 관련 부문과 "정보 및 능력, 목적 및 목표, 결과"를 공유한다. 이 "부문 간 협력"은 "한 부문에서만 효과적이고 효율적이거나 지속가능한 단기 또는 장기적 조치를 취하기 위해 형성된 인정된 관계"를 의미한다. 이는 공동 작업이 쌍으로 나누어지고 결합 솔루션에 대한 많은 잠재력이 낭비될 수 있음을 의미한다. 이를 피할 수 있는 가능한 해결책은 "국가 청소년 개발을 위한 구조의 일환으로 부처 간 실무 그룹"을 만드는 것이다.	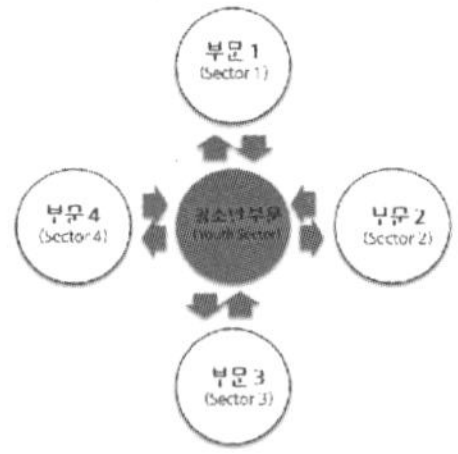 한 번에 하나의 문제
	조정	**청소년정책을 선도하는 청소년** 이러한 유형의 부문을 가로지르는 청소년정책과 이전 정책의 주요 차이점은 청소년 주무부처가 수행할 수 있고 기꺼이 수행해야 하는 역할과 관련이 있다. 적절한 양의 수단과 자원이 있다면 양자 관계는 다자 관계로 전환될 것이다.	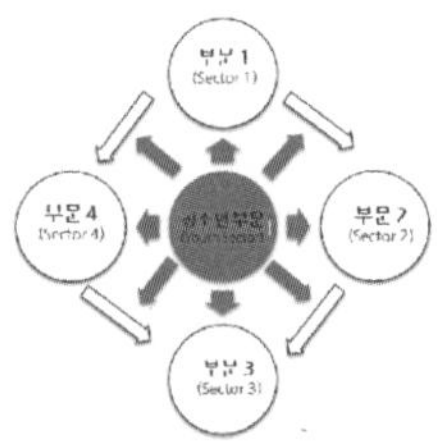 문제와 무관하게
유연한 역할을 가진 프로세스 "기본으로 돌아가기"	부문을 가로지르는 이슈	**하나의 크기가 모든 것에 맞지는 않는다.** 여러 가지 이유로 청소년과 관련된 각 문제의 부문별 자산은 확립하기 어렵다. 이러한 이유로 일부는 다른 부문과 분쟁을 일으키고 일부는 청소년 부문에만 부당하게 맡겨져 처리할 수 있다. 그리고 이것은 또한 국가마다 다르다. 이것이 모든 청소년 문제가 본질적으로 "교차적"이지만 각 문제가 서로 다르거나 암시하는 이유 중 하나이다. – 각 국가에서의 현재 모습 또는 적절성,	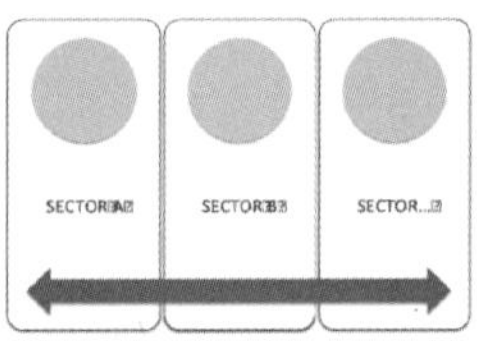 각 부문을 가로지르는 문제에 대해 곱함

본질 및 미션	부문 간 청소년 정책의 분야	좁은 정의 및 몇 가지 이슈	구조 – 사례
유연한 역할을 가진 프로세스 "기본으로 돌아가기"	부문을 가로지르는 이슈	– 각 국가 또는 지역에서의 긴급성 – 다른 정부 부문과의 권력 관계 – NGO와의 사업에 대한 의존성 – 예방, 개입 또는 지속가능성 요구와의 연관성 – 파트너십 가능성과 제약 이것은 국가 차원에서 청소년정책의 비표준화를 의미할 것이며, 이는 유럽 관점에서 부정적인 것으로 간주될 수 있다. 그렇다면 다음 사항이 고려되어야 한다. – 각 국가의 조직 구조 – 각 국가의 우선순위 – 각 교차 문제의 복잡성 – 개별적으로 실험된 사회적 통합 장벽의 다양한 조합 – 위에서 언급한 주요 원칙들이 존중되고, 청소년정책은 본질적으로 부문을 가로지르는 것이라는 사실 인정	각 부문을 가로지르는 문제에는 서로 다른 접근방식과 전략 (조정, 협업/협력 등)이 필요할 수 있음

출처: Nico, 2014: 20-22.

이러한 통합적 청소년정책에 대한 구체적인 개념 사용의 구분 노력에도 불구하고, 개념의 모호성을 비롯하여 개념적 합의의 결여 및 특정 청소년 문제에 대한 '부문을 가로지르는 이슈'라는 용어의 다양한 속성으로 말미암아 통합적 청소년정책의 개발 및 실현은 매우 어려운 과제이다. 즉, 부문을 가로지르는 통합적 청소년정책의 접근방식의 필요와 아이디어에 대해서는 대부분 동의하고 합의하지만, 다음과 같은 4가지 이유로 통합적 청소년정책을 실제로 실행하고 표준화하기는 매우 어렵다(Nico, 2014: 19)는 것이다.

㉠ 통합적 청소년정책에 대한 '지식, 증거 및 데이터의 부족' 때문이다. 지식의 부족은 청소년과 관련된 부문 간 내지는 부처 간 협력, 횡단적 접근, 통합적 조정, 전체론적 관점 등과 같은 표현의 차별화되지 않은 사용에서 잘 나타나

고 있다. 또한 어떤 종류의 부문을 가로지르는 통합적 청소년정책이 어떤 구조에서 어떤 목적으로 작용하는지에 대한 구체적인 지식과 증거가 부족하다는 사실이다.

㉡ 통합적 청소년정책과 관련된 '자원의 부족'이다. 자원의 부족은 뒤에 언급할 청소년정책과 관련된 권력관계로 인해, 청소년 관련 이슈에 대한 재원을 비롯한 전문 인력 등 각종 자원이 충분하게 배정되거나 할당되지 못하기 때문이다. 이는 청소년이 그 사회의 선거권을 충분하게 갖지 못하거나 주류 집단으로 등장하기 어려운 여건과도 관련된다.

㉢ 통합적 청소년정책과 관련된 부문 간의 관계를 특징짓는 경향이 있는 권력관계에서 청소년 관련 주무부처나 부서가 항상 후순위에 머물러 있기 때문이다. 게다가 일반적으로 청소년은 그 사회에서 더 종속된 위치에 놓여 있는 게 현실이다. 이런 연유로 정부의 여러 부처나 부문에 걸친 정책 이슈 및 통합적 청소년정책 추진을 위한 청소년정책 주무부처나 부서의 '의지 부족'을 지적한다.

㉣ 청소년과 관련된 여러 부문이나 이슈에 포함된 다양하고 복잡한 채널과 '수직적, 수평적 의사소통'의 부족 때문이다. 정부의 각 부처나 여러 부문들에서 청소년 관련 정책이나 이슈를 추진할 때 대개 청소년정책 주무부처나 부서 및 다른 관련 부문들과 충분한 의사소통이 이루어지지 못하고 있는 현실이다.

이와 같이 부문을 가로지르는 통합적 청소년정책은 실제 실행하기가 매우 어려운 과제이기 때문에 청소년정책의 행동 범위를 확장하는 중요한 방법이기는 하지만, 자칫 청소년정책에 대한 단순한 당위적 주장에 그칠 위험성도 높다. 핀란드 청소년정책 전문가인 Siurala & Kalala(2018) 및 Williamson(2017)도 영국의 경험 분석을 통해 청소년정책과 실행에 대한 지속가능한 부문을 가로지르는 접근방식의 구체적인 사례가 없으며, 솔루션이 필요하다고 주장한다. 첫째, 통합적 청소년정책의 개념에 대한 명확한 정의 둘째, 청소년정책에서 성공적인 부문 간 협력을 위한 기준으로서 실행지침이 필요하다고 강조한다.

실제 통합적 청소년정책이 올바른 조건에서 효과적으로 실행될 수만 있다면 청소년정책에 매우 긍정적이고 광범위한 영향을 미칠 수 있다. 프랑스의 지방 청소년정책과 부문을 가로지르는 통합적 성격을 실제로 분석한 Dumollard & Loncle(2017: 109-111)은 청소년 분야에서 통합적 청소년정책의 결정을 성공적으로 전개하기 위해 다음과 같은 4가지 조건을 제시한다.

㉠ 첫 번째 조건은 횡단적 접근방식을 추진하고 구현하는 사람들의 정당성이다. 정당성은 다양한 수준과 부문 간의 실제 협력을 촉진하는 데 절대적으로 필요하다. 이러한 정당성은 통합적 청소년정책 조치를 추진하기 위해 주요 정책 의사결정자와 담당자가 작업 환경 내에 배치되는 방식에서 비롯된다. 이상적으로 이 프로세스에서는 정치적 수준과 기술적 수준의 2가지 수준을 포함해야 한다. 첫째는 업무에 통합된 청소년정책을 채택하는 것이 무엇을 의미하는지에 대해 정부당국 구성원의 비전과 헌신을 공유하는 정치적 수준이다. 둘째는 프로세스의 구현 전문가이며 팀이 통합된 방식으로 서로 협력해야 하는 단위 디렉터와 함께하는 기술적 수준이다. 이 모든 것은 '리더십'에 관한 것임을 알 수 있다. 리더십은 건전한 관리와 인력 기술이 필요한 통합적 청소년정책을 성공적으로 구현하는 데 핵심 요소라고 할 수 있다.

㉡ 성공적인 통합적 청소년정책을 위한 두 번째 조건은 서로 다른 정책입안자를 하나로 모으는 가치에 대한 인식이다(예: 청소년 서비스 및 파트너, 정책 의사결정자, 전문가, 청소년). 공유된 가치를 인식함으로써 이러한 행위자들은 보다 쉽게 공통 의제를 함께 설정하고 의미에 동의하며 문제의 정책조치에 전념할 수 있을 것이다. 따라서 관련된 서로 다른 부문 간의 오해가 적고, 접근방식이 청소년들에게 미치는 영향을 측정할 수 있는 능력이 커지고 다른 이니셔티브의 범위가 넓어진다. 이 차원은 부문을 가로지르는 통합적 청소년정책을 성공으로 이끄는 데 중요한 역할을 하는 것이다.

㉢ 성공을 위한 세 번째 조건은 부문을 가로지르는 통합적 청소년정책 실행에

사용할 수 있는 자원이다. 이를 위해 예산이 할당되면 정책이 더 통합되고 전반적으로 더 성공적일 수 있다. 자원 문제는 또한 통합적 청소년정책에 따라 개발된 도구 및 시설을 다루기도 한다. 예를 들어, 지역 청소년위원회, 청소년 커뮤니티 센터 및 시민 청소년계약 등과 같은 청소년 시민권을 기본 주제로 하는 청소년정책의 일환으로 수행될 수 있으며, 확장된 지역 파트너 네트워크를 포함할 수 있다.

㉣ 네 번째 조건은 통합적 청소년정책의 장기 계획 및 실행이다. 통합적 청소년정책은 목표와 자원을 유지하는 것의 중요성을 강조한다. 때로는 통합적 청소년정책 계획이 정치적 의제나 선거 시기와 일치하여 청소년 문제에 대한 장기적인 계획을 용이하게 하는 경우도 있다.

3) 통합적 청소년정책의 접근방식 구분

Siurala(2005: 7-16)는 2000년대 이후 청소년이 아동 시기에서 성인으로 이행해 가는 과정에서 직면하고 있는 도전과 장애를 청소년정책이 반영해야 한다는 사실을 강조한다. Siurala는 청소년정책의 유럽적 틀과 접근방식의 변화를 제안하며 통합적 청소년정책의 접근방식 필요성을 강하게 제기하고 있다. 특히 통합적 청소년정책 접근방식은 크게 다음과 같은 3가지 측면으로 구분하여 제시한다.

㉠ 2000년대 들어 청소년의 이행이 과거와 달리 복잡하고 예측 불가능하며 취약한 궤적으로의 특성을 보이고 있는 데 따른 정책적 대응으로서의 통합적 접근이다.

㉡ 최근 청소년 이행 과정에서 발생하는 위기와 기회의 양극화와 증대에 따라 청소년과 관련된 다양하고 복합적인 이슈들에 대한 통합적 정책 대응이다.

㉢ 청소년 참여의 상태와 동향으로 미루어 이에 필요한 시민성 학습이 청소년정책의 핵심으로 등장하고 있는 데 따른 통합적 접근의 필요성이다.

(1) 청소년 연령 범주의 확장과 다양한 정책 대응으로의 통합적 접근

2000년대 들어 청소년의 성인으로서의 이행 과정이 복잡해지고, 탈표준화 되는 동시에 청소년기가 연장되고 있는 경향에 따라 청소년정책에서 청소년의 연령에 기반을 둔 정의는 매우 개방적 동향을 보이고 있다. 유럽의 네덜란드, 노르웨이, 스웨덴, 영국 등은 아동과 청소년 간의 정책적 차이를 분명히 하지 않으려고 한다. 스페인과 불가리아 등에서 청소년은 30세를 전후한 부모로부터 독립하는 시기로 보려는 경향도 나타나고 있다. 15~24세라는 청소년의 전통적인 연령 경계는 모호해지고 확장되고 있다. 이는 청소년의 이행이 아동기에서 후기 청소년기로 포괄적이고 이음새 없는(seamless) 과정으로의 변화에 근거를 두고 있다. 이러한 연령 범주의 확장에 의한 통합적 접근은 사회분야, 아동분야, 청소년분야, 교육과 고용분야와 같은 행정 분야를 가로지르는 시너지를 창출하기 위한 것이다.

〈표 2-6〉 청소년 이행 국면과 정책 대응

성장 단계	아동기 childhood	초기 청소년기 early adolescence	중기 청소년기 adolescence	후기 청소년기 postadolescence
	~11세	12~17세	18~24세	25세~
이행 관련 이슈	○안전 ○발달 지원	○시민성 교육과 훈련 ○위기 초기 개입	○제도적 참여와 시민적 행위 ○생활 관리 ○노동시장 편입 ○위기 개입, 위험 감소	○자립 ○능력 형성 ○노동시장 안정화
정책 대응	아동 돌봄(child care)			
	청소년사업(youth work)			
	통합적 청소년정책(integrated youth policy)			

〈표 2-6〉에서 보는 바와 같이, Siurala(2005: 10)는 아동·청소년의 성장 단계를 이음새 없는 다소 중복되는 과정이며, 문화에 따라 엄격하게 구분되지는 않으며 시대에 따라 변화된다고 전제한다. 그리고 전통적인 아동과 청소년의 연령 경계에도 불구하고, 11세까지를 아동, 12~17세를 초기 청소년기, 18~24세를 중기 청소년기, 25세 이상에서 부모로부터 자립하는 시점까지를 후기 청소년기로 하여 청소년정책에 포함하는 통합성을 강조한다. 아울러 각각의 하위 단계별로 주요한 이슈를 제기하고 이에 따른 중점적인 정책 대응을 주문하고 있다. 이렇게 볼 때, Siurala의 연령 확장과 통합적 접근은 세계은행이 제시하는 생애 주기적 접근과 같은 맥락에서 제기되는 것임을 알 수 있다.

(2) 청소년과 관련된 다양하고 복합적인 이슈에 대한 통합적 접근

청소년정책은 과거와 달리 위험사회의 심화에 따른 불확실성의 증대와 함께 2000년대 이후 청소년의 이행 국면에서 위기와 기회가 양극화되고 증가함에 따라 심각한 도전을 받고 있다고 전제한다.

㉠ 기존의 비형식적 교육에 대한 좁은 관점과 여가활동 중심의 청소년사업은 더 이상 타당하지 않다는 것이다. 청소년이 광범위한 위기에 직면함에 따라 고용, 형식적 교육, 보건, 주거, 문화 및 사회사업 등을 포괄하는 폭넓은 전략이 채택될 필요가 대두되고 있다. 이러한 전략이 바로 통합적 청소년정책의 접근이라고 할 수 있다. 청소년정책은 단순히 청소년과 관련된 다양한 분야에서 취하는 행동의 집합이 아니라 다른 분야들끼리 연계 협력하고 청소년을 위한 서비스들을 조정-이 과정에 청소년 스스로 관여하는-하는 청소년 분야의 의식적이고 체계화된 부문을 가로지르는 통합적 정책(cross-sectoral policy)임을 강조한다([그림 2-1] 참조).

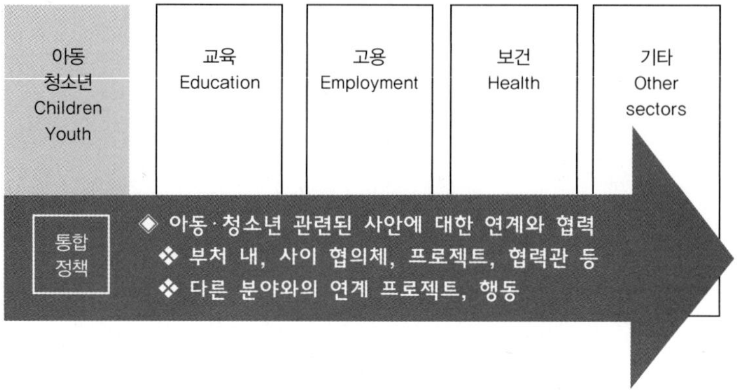

출처: Siurala, 2005: 12.

[그림 2-1] 부문을 가로지르는 통합적 청소년정책 접근

㉡ 청소년정책은 청소년문제, 위기 예방 및 문제 청소년의 관리에 관한 것만이 아니라 청소년을 위해 유용한 긍정적 전망을 고양시키는 것에 관한 것이라는 사실을 강조한다. 이는 청소년을 문제로 보기보다는 자원으로 인식하는 것을 의미한다. 또한 스웨덴의 청소년정책 목적에서 보듯이, 청소년정책은 청소년을 '젊음에 머물도록(stay young)' 돕는 것이기보다는 성인이 되는 과정에서 그들의 문제를 해결하는 데 집중해야 한다는 사실을 강조하는 것이다. 동시에 청소년정책은 청소년이 적극적 시민으로 성장하는 데 필요한 핵심 역량을 함양하는 데 집중해야 하는 것을 의미한다.

(3) 청소년정책의 핵심으로서 시민성 학습을 위한 통합적 접근

청소년정책의 근본적인 목적은 청소년을 사회에 성공적으로 통합하는 개연성을 높이는 것이다. 교육적 노력뿐만 아니라 청소년정책 수단은 청소년이 적극적 시민으로 성장하도록 하고, 사회적·문화적·정치적·경제적 분야에서 변화의 주체가 되도록 지원할 필요가 있다.

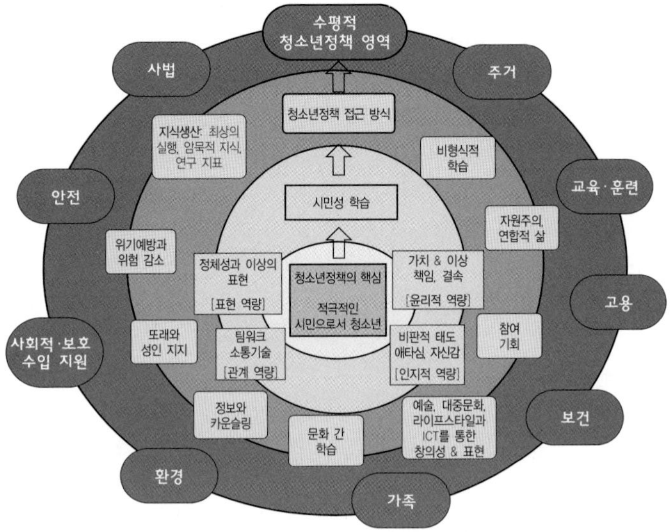

출처: Siurala, 2005: 15.

[그림 2-2] 통합적 청소년정책의 핵심 : 적극적 시민성의 교육적 · 정책적 도전

[그림 2-2]에서 볼 수 있듯이, 최근 유럽에서 강조하는 통합적 청소년정책의 핵심은 적극적 시민으로서의 청소년을 강조하고, 시민성 역량 학습이 주요한 과제가 된다. 청소년이 학습해야 할 시민적 역량은 다음과 같은 4가지 역량을 포함한다.

㉠ 윤리 역량 : 책임감을 갖고, 연대성을 이해하고, 스스로 사회적, 윤리적 가치를 수행하는 것

㉡ 표현 역량 : 정체성과 아이디어를 표현하고 개발하는 것

㉢ 관계 역량 : 의사소통 기량을 학습하고, 다른 사람이나 팀과 함께하는 것

㉣ 인지 역량 : 자신감, 공감 및 비판적 태도 등을 개발하는 것

또한 청소년정책의 핵심 임무와 관련하여 청소년의 시민성을 함양하기 위해 청소년분야는 다음과 같은 9가지 접근 수단을 활용하여야 한다.

㉠ 비형식적 학습

㉡ 자원주의(voluntarism)

㉢ 연합적 삶(associative life, 집합적 관여의 다른 형태)

㉣ 참여 기회

㉤ 창의성과 표현

㉥ 문화 간 학습

㉦ 정보와 카운슬링

㉧ 또래와 성인 지지

㉨ 위기 예방과 위험 감소

이상과 같이 통합적 청소년정책은 여러 학문 분야와 정부부처 간에 걸친 종합적이며, 횡단적인 것이다. 청소년정책의 목적은 교육, 고용, 가족, 보건, 주거, 환경, 사회보호, 사법 등 모든 생활 영역에서 청소년이 적극적 시민으로 성장하도록 하는 데 있다. 특히, 통합적 청소년정책은 청소년생활을 이해하기 위해 총체적 접근을 강조한다.

그럼에도 불구하고 UN(2014)의 2000년대 초 보고에 따르면 청소년정책을 갖고 있는 국가의 70% 정도는 청소년정책이 교육, 노동 혹은 건강과 같은 다른 청소년 서비스 부처와 연계가 거의 없는 다른 부처들과 중복되지 않으면서 청소년 전담부처에서 집행할 수 있는 좁은 범위의 관심사에 초점을 맞추고 있다고 지적한다. 또한 청소년정책의 주제나 범위가 통합적이고 광범위하더라도 매우 전략적이지 못하다는 것이다. 그것은 전략적인 행동 프로그램이기보다는 마치 빨래를 말리기 위해 널어 놓은 것처럼, 바람직한 정책을 나열해 놓은 것 같다고 비판한다.

3장 청소년정책 이해의 3가지 핵심 코드

▣ 개요

이 장에서는 세계 각국의 청소년정책이 왜 각각 정책의 대상, 범위 및 내용 등에서 차이가 있는지에 대한 이해를 돕고자 한다. 청소년정책 개념 이해를 바탕으로 하여 각국의 청소년정책을 비교 분석할 수 있는 준거로서 청소년정책 이해의 핵심 코드를 제시한다. 청소년정책 이해의 핵심 코드는 '청소년정책의 부문화', '청소년정책과 청소년사업(youth work)의 관계 인식' 및 '청소년의 정책적 개념과 범주 및 태도' 등 3가지로 구분하여 설명한다.

청소년정책의 첫 번째 단어는 '청소년'이며, 두 번째 단어는 '정책'이다. 우선 청소년이 의미하는 바를 이해하면 청소년정책에 포함될 수 있는 내용을 구성할 수 있다. 정책은 앞서 살펴본 바와 같이 정치적 목표를 달성하기 위해 공공 자원을 할당하는 과정이다. 청소년정책에 관해 이야기할 때, 청소년정책을 만드는 과정, 초점 또는 정책영역, 적용, 청소년을 위한 방법에 주의를 기울여야 한다(Council of Europe and European Commission, 2019: 2–3).

청소년은 사회적·역사적 산물인 동시에, 청소년에 대한 이해는 국가별로 역사적·문화적 전통에 따라 다르다. 청소년정책의 개념과 이해 역시 개별 국가에 따라 다양하게 나타난다. 어떤 국가에서 청소년정책은 개념이나 범위가 잘 정의되고 문서로 명시화되어 있는 반면 다른 어떤 국가에서는 청소년정책이 교육, 복지 등 기존의 다른 사회분야에 분산되어 있어 일정한 구심점이 없는 경우도 있다. 따라서 앞서 설명했듯이, 청소년정책이 무엇이라고 명확하게 정의하거나 세계 각국의 청소년정책을 비교하는 일은 쉽지 않은 과제이다. 2000년대 이후 청소년정책은 세계적으로 필요한 공공정책으로 폭넓게 인정되고 있지만, 아직 청소년정책의 개념은 그 범위와 깊이에 있어 여전히 불분명하고 논의의 여지가 많이 남아 있는 영역(Williamson, 2002; 2008: 15–35)이다.

이 장에서는 청소년정책의 개념 이해를 전제로, 개별 국가의 청소년정책의 특수성과 변화과정을 읽을 수 있는 기본원리가 있을 것으로 보고, 이를 청소년정책 이해의 핵심 코드로 제시하고자 한다. 일반적으로 코드(code)는 본질, 암호, 기초 등으로 표현된다. 코드를 파악하는 것은 어떤 대상의 핵심적 본질을 꿰뚫고 올바른 판단 기준을 가지는 것을 말한다.

따라서 국가 간의 비교를 통해 청소년정책을 분석하고 이해하며 본질을 꿰뚫어 볼 수 있는 다음과 같은 3가지 핵심 코드가 필요하다.

㉠ 청소년 부문(youth sector)으로서 청소년정책의 부문화(sectorization of youth policy)에 대한 이해이다. 어느 국가나 사회에서도 청소년이 살아가는 일상생활 영역의 모든 분야, 즉 교육, 노동, 복지, 문화, 보건, 비행과 범죄 등을 망라한 모든 분야를 청소년정책 부문에 포함할 수는 없다. 한 국가나 사회의 역사적·문화적 전통에 따라 일정한 부분이나 영역을 선정하여 청소년정책 부문으로 경계를 설정하게 된다. 각 국가나 사회가 경계로 설정하는 청소년정책 부문은 그 사회 내에서도 역사적으로 변화하면서 청소년정책 이해의 틀과 의미를 결정하게 된다.

㉡ 청소년정책과 청소년사업(youth work)의 관계에 대한 이해이다. 청소년정책과 청소년사업을 동일시하느냐, 아니면 구별하느냐에 따라 청소년정책에 대한 개념과 의미 및 이해는 달라진다(IARD, 2001: 57–61).

㉢ 청소년에 대한 정책적 개념, 범주 및 태도에 대한 이해이다. 개별 국가에서 청소년정책의 대상이나 주체로서 상정하고 있는 청소년에 대한 개념과 범주 및 태도에 따라 청소년정책은 적극적 의미를 갖기도 하고, 소극적 의미로 제한되기도 한다. 그러므로 청소년의 정책적 개념과 범주는 청소년정책의 의미를 결정하는 주요한 코드이다.

1. 청소년정책의 부문화

청소년이 한 인간으로서 세상을 살아가는 데에는 학교교육이나 학교 밖 교육과 같은 교육문제뿐만 아니라 문화·예술과 스포츠, 건강과 보건, 노동, 소비와 경제 등 다양한 문제나 과제들과 관련된다. 심지어 비행, 범죄 등 사법적 문제와도 연관되어 있다. 그런데 청소년의 일상생활과 관련된 모든 업무와 과제를 청소년정책의 범주로 포함하거나 단순화하여 다루기는 어렵다. 청소년과 관련되는 사회, 정치, 경제, 문화 등의 모든 사안을 청소년정책이나 청소년사업으로 인식하고 다룰 수는 없는 것이다.

따라서 청소년정책의 주요 영역으로 설정하고 있는 부문은 사회와 국가에 따라 다양하다. 한 국가나 사회가 청소년과 관련된 교육, 사회, 경제, 보건, 노동, 복지 등의 과제나 업무 중에서 어느 정도의 범위를 선정하여 정책 현안으로 삼고자 하는 범주, 즉 청소년정책 부문(sector)으로 설정하는 과정을 청소년정책의 '부문화(sectorization)'라고 할 수 있다. 다시 말해 청소년정책의 부문화는 한 사회에서 청소년과 관련된 교육, 복지, 노동, 보건, 주거, 여가, 비행, 보호, 문화 등 여러 가지 정책영역 중에서 어느 정도의 범주를 경계로 설정하는 과정이다.

한국사회와 같이 「청소년기본법」 등과 같은 법령에 경계를 규정함으로써 청소년정책을 부문화하는 경우도 있지만, 대부분의 국가에서는 청소년정책을 담은 정부의 계획이나 문서를 통해 주요 정책영역을 표현하는 방식으로 유연하게 대응하고 있다. 즉, 사회경제적 환경 변화에 따라 역사적으로 청소년정책의 범주는 새롭게 재설정되고 있다. 실제로 모든 청소년 관련 과제나 문제를 하나의 '청소년정책 부문'에 포함하여 취급하고 있는 국가는 없다. 대부분 국가에서는 역사와 문화적 전통에 따라 그 사회의 많은 청소년 관련 과제 중에서 어느 정도의 범위 혹은 일부를 선택하여 청소년정책 부문으로 독립하여 설정한다. 일부 국가들은 청소년정책 부문을 독립하여 경계를 설정하지 않고, 기존의 교육 부문, 사회 부문, 경제 부문, 문화 부문 등 전통적인 부문으로 나누어 다루고 있기도 하다.

그런데 많은 국가에서 청소년정책 부문을 독립적으로 구성하여 본격적인 공공정책으로 수행하게 된 것은 그렇게 오래되지 않았다. 1980년대 이후 UN 등 국제기구의 권고와 청소년 인구의 증가 등에 따라 국가적, 지역적, 국제적 차원에서 청소년 발달과 성장 지원의 중요성에 대한 인식이 높아지면서 본격화된 것이라 할 수 있다. 따라서 청소년정책 부문이 독립되어 있는 국가와 그렇지 않은 국가로 엄격하게 구분하기는 어려우며, 청소년정책 부문이 잘 정의되고 발달된 국가에서부터 단지 일부 영역을 청소년정책 부문으로 설정하고 있는 국가에 이르기까지 다양하다(IARD, 2001). 일부 국가에서는 청소년정책, 청소년사업, 청소년 관련 법령이 잘 정비되고 체계화되어 청소년정책 부문이 독립적으로 운용되고 있다. 이 경우는 청소년정책 부문이 어느 정도의 수준과 규모를 이루고 있는 경우이다. 이와 같이 청소년정책 부문이 잘 발달된 국가는 청소년정책을 관할하는 독립된 정부부처나 청소년 업무를 특별하게 책임지는 부처를 두고 있고, 경우에 따라서는 청소년정책 부문에 관한 특별한 법령이나 규정을 갖추고 있기도 하다. 반면, 청소년정책 부문이 잘 발달되지 않았거나 존재하지 않는 국가에서 청소년정책은 기존의 전통적인 교육 부문, 사회 부문 혹은 문화나 체육 부문, 복지 부문 등으로 흩어져 있다. 따라서 청소년 관련 규정은 여러 부처, 정부기관 혹은 공공기관 등에 분산되어 있거나, 보다 일반적인 법령들에 의해 규율되는 경우가 많다.

또한 청소년정책 부문이 발달된 수준이나 정도에 따라서 청소년정책의 개념이나 범주에 대한 이해도 서로 차이가 있다(IARD, 2001). 청소년정책 부문이 잘 발달된 국가에서는 청소년정책의 개념이 한국사회에서와 같이, 기존의 청소년정책 부문에 의해 변형되거나 한정되는 경향이 많다. 청소년정책 부문의 일부로 정의되는 정치적, 행정적 영역, 즉 청소년정책 부문에 포함된 특정 업무나 과제 영역만이 청소년정책으로 간주되고, 청소년 일상과 관련된 다른 청소년 과제(예를 들어 교육, 훈련, 노동, 주거 및 보건 등 포함)는 청소년정책 개념이나 범주에서 제외하려는 경향이 많다.

한편, 청소년정책 부문이 잘 발달되어 있지 않은 국가에서는 보다 폭넓고 유연한 청소년정책 개념을 지향하는 경향이 있다. 이런 국가에서 청소년정책은 청소년의 생활조건을 개선하려 할 뿐만 아니라, 오래되고 잘 알려진 사회문제를 청소년정책의 맥락에서 파악하려는 즉, '부문을 가로질러 특정 경계를 넘나드는' 전략을 채택하려는 움직임이 강하다. 또한 이러한 국가들의 청소년정책은 사회의 전통적 부문들에서 다루는 과제나 이슈에서 벗어나 장기적으로 국가나 사회발전에 일정한 적극적인 역할을 수행하게 된다. 오늘날 세계 각국을 청소년정책 주요 행위자인 정부가 청소년정책과 청소년업무를 어떻게 연계하고 조정하는지에 따라 구분한 범주는 크게 3가지 유형으로 나누어 볼 수 있다(IARD, 2001). 이 분류는 청소년정책의 조직과 조정이 독립된 사회 부문에 어느 정도 통합되어 있는가를 기준으로 한 것이다. 따라서 이 기준은 청소년정책의 수준이나 규모 혹은 청소년 관련 법령에 있는 과제의 우선순위 정도를 엄격하게 나타내는 준거로 보기는 어렵다(〈표 3-1〉 참조).

㉠ 상당한 규모의 청소년정책 부문을 갖춘 국가이다. 청소년정책이 일차적으로 광범위하게 잘 정의되고 지배적인 청소년정책 부문의 범주 내에 집중되어 있는 국가이다. 이 분류에 속하는 국가는 독일, 스페인, 그리스, 포르투갈, 일본 등을 들 수 있다.

㉡ 소규모의 청소년정책 부문을 가진 국가이다. 청소년정책의 일부는 구체적인 청소년정책 부문과 연결되어 있고, 일부는 교육, 고용, 도시계획 등 몇 가지 전통적 부문에 분산되어 있는 국가이다. 이 부류에 속하는 국가는 네덜란드, 프랑스, 아일랜드, 핀란드, 스웨덴, 노르웨이 등이다.

㉢ 독립적인 청소년정책 부문이 특별히 없는 국가이다. 이들 국가의 경우 청소년정책이 기존의 전통적 부문에 흩어져 있고, 청소년에 대한 정책적 구심점이나 전담조직이 없는 것이 특징이다. 이 부류에 해당하는 국가로는 영국, 이탈리아, 덴마크, 미국 등을 꼽을 수 있다.

〈표 3-1〉 청소년정책 부문 수준과 규모에 따른 국가 분류

청소년정책 부문 수준과 규모	주요 해당 국가	
	유럽국가	그 외 국가
상당한 규모의 청소년정책 부문	독일, 스페인, 그리스, 포르투갈	일본
소규모의 청소년정책 부문	네덜란드, 프랑스, 아일랜드, 핀란드, 스웨덴, 노르웨이	한국, 필리핀, 남아프리카공화국
특별한 청소년정책 부문 없음	영국, 이탈리아, 덴마크	미국

비고: 유럽국가의 경우 자료에 수록된 내용을 인용하였으며, 그 외 국가는 필자의 판단으로 부기한 것임.
출처: IARD, 2001.

이러한 분류에서 한국사회는 2번째 유형에 속하는 국가로 볼 수 있다. 즉, 청소년정책 부문이 청소년의 활동, 보호, 복지 분야로 한정하여 '청소년육성정책'이라는 독립 영역으로 설정되어 있고, 청소년의 일상과 밀접한 관련을 가진 교육이나 노동 등의 과제는 기존의 전통적인 교육이나 노동 관련 부서에 분산하여 다루고 있기 때문이다.

〈표 3-2〉 청소년의 이행 과정에 따라 강조되는 소프트 부문과 하드 부문

	소프트 부문 ⟶		하드 부문
논리 logic	개인적 발달 주관적 영역 지방 수준		배분과 정상화 체계적 영역 국가 수준
영역 sector	청소년사업 청소년 정보 청소년 참여	교육 + 훈련 복지	노동시장
목적 aims	자기실현, 여가시간 정치교육 시민적 사회화 지역개발	선택과 인적자원 시민 교육 예방과 사회문제에 대한 보상	노동 배분 분절 고용 가능성

다른 한편으로 최근 청소년정책 부문은 〈표 3-2〉와 같이 크게 '소프트(soft)' 부문과 '하드(hard)' 부문으로 구분되기도 한다(Walther et al., 2002: 6-8). 소프트 부문과 하드 부문은 다음과 같은 3가지 기준에 의해 구분한다. 첫째, 청소년정책 부문이 얼마나 엄격하게 조직되어 있는지 둘째, 사회통합에서 체계적 영역에 해당되는지, 아니면 주관적 영역에 해당하는지 셋째, 투입되는 재원이 얼마나 되는지, 얼마나 정상적이고 합법적인 것인지 하는 힘(power)의 정도에 따라 구분된다.

청소년정책 부문의 구분에서 청소년사업, 참여, 청소년 정보 등은 소프트 부문에 속하는 영역이다. 소프트 부문은 주로 통제 수준이 낮고, 재원(비용)에 의해 크게 제한되는 특성을 가지고 있다. 특히 청소년 참여와 같은 소프트 부문은 부수적 영역으로 간주되거나 절차적 요소로 우선순위가 밀리거나 축소되는 경향이 많다. 반면 하드 부문은 교육, 복지 혹은 노동시장 등과 같은 영역이며, 전문적 정당성을 가지고 관료적 원리에 따라 보다 대규모 재원에 의해 집행되는 특성을 가진다. 소프트 부문은 흔히 지방 수준(local level)에서 조직되어 있고, 하드 부문은 국가 수준(national level)에 더욱 크게 의존한다. 하드 부문은 소프트 부문 이상으로 청소년의 생활에 크게 관계하고 있으며, 특히 일생에서 직업이나 일(work)과 관련되어서는 더욱 그렇다. 그런데 최근 UN 등 국제기구와 노르딕 국가를 비롯한 북유럽 국가에서는 청소년 분야가 '소프트' 부문과 '하드' 부문을 넘나들면서, 청소년의 일상과 관련된 사안들에 대해 연계·협력하고 공공행정의 모든 차원에서 선도적 역할을 해야 한다는 데에 강력하게 합의하고 있는 추세이다. 즉 청소년정책은 소프트 부문에 머물지 않고 점차 하드 부문으로 확대되고 있는 것이다.

청소년정책이 하드 부문을 포괄하는 방향으로 확장되는 것과 함께 청소년사업도 같이 확장되는가, 아니면 확장되지 않는가에 따라 청소년정책과 청소년사업의 영역이 동일해지거나 달라진다. 청소년정책이 확장되는 것에 따라 청소년사업도 교육이나 복지 및 노동 영역으로 확장되면, 청소년정책과 청소년사업의 영역이 동일해지지만, 청소년정책만 확장되고 청소년사업이 여전히 소프트 부문에 머물러 있다면 청소년정책과 청소년사업은 일치하지 않게 된다. 청소년사업이 하드 부문으로 확장될 경우 기존의 사회, 아동, 청소년, 교육 및 고용 부문과 같은 행정 부문이 시너지 효과를 창출할 수 있다.

다른 한편으로 청소년정책은 기존의 거대한 사회, 교육 혹은 고용 부문과 중복 내지는 갈등을 야기할 수도 있다. 일각에서는, 이러한 거대 사회부문의 위협이 청소년정책 부문을 '압박하거나(squeezed out)', '사라지게(swallowed up)'할 수도 있다고 경고하기도 한다. 특히 청소년정책에 대한 유럽위원회의 전문가집단은 이러한 위협에 대해 다음과 같이 우려하고 있다(Siurala, 2005: 9).

> 학업중단, 실업, 약물 오·남용이나 범죄 등과 같은 특수한 문제와 관련되지 않는 한 차별적인 개념과 범주로서 '청소년'은 다른 사회 부문의 어젠다에 종속되어 버릴 수 있다. 이러한 위협에서 청소년정책 부문은 강한 전문적 정체성을 가져야 하고, 자신만의 핵심 역량을 개발해야 한다. 따라서 청소년사업과 청소년지도자는 전(前)청소년기, 청소년기, 후기 청소년기를 아우르는 모든 청소년과 사업하면서 다양한 방법과 전문적 지식을 가져야 하는 도전적 과제를 안게 된다.

2. 청소년정책과 청소년사업의 관계 인식

청소년정책을 이해하는 두 번째 핵심 코드는 '청소년정책(youth policy)'과 '청소년사업(youth work)'의 관계를 어떻게 인식하는가에 대한 것이다. 청소년정책과 청소년사업의 관계 인식은 크게 2가지로 구분된다. 청소년정책과 청소년사업을 구분없이 동일시하려는 입장과, 청소년정책과 청소년사업을 구분하여 차별화하려는 입장이다. 이 2가지 입장은 청소년정책을 정적 혹은 동적인 개념으로 이해하는가에 대한 인식의 차이에서 비롯된다. 먼저 정적인 개념으로 청소년정책을 이해하는 입장에서 청소년정책은 청소년사업의 체계와 거의 동일시된다. 즉, 청소년정책과 청소년사업을 전혀 구분하지 않고, 청소년정책은 국가적인 청소년사업에 가장 큰 의미를 두게 된다. 주요한 청소년사업 제공자나 기관·단체들이 청소년정책 행위자로 인식되어, 청소년정책에 영향을 주는 핵심 요소가 된다. 이 입장에서는 청소년사업이 어떻게 조직되는지, 청소년사업의 주요 행위자는 누가인지, 국가의 청소년사업의 목표는 무엇인지, 이 목표는 어떻게 달성되는지 등을 중요시한다. 반대로 청소년정책을 동적인 개념으로 인식하는 입장에서는 현재 청소년사업을 과거 시행된 청소년정책의 결과로 인식하면서 청소년정책과 청소년사업을 구별한다. 따라서 청소년지도자 등 주요 청소년사업 제공자나 기관·단체가 반드시 주요 청소년정책 행위자나 주체는 아니다. 청소년정책은 청소년사업의 행위 주체들 이외에도 청소년과 관련된 사안에 관심을 가지는 많은 이해당사자들을 포함한다. 특히 청소년과 부모 등과 같은 청소년정책의 수요자 입장을 더욱 우선시한다. 이 입장에서는 청소년정책의 변화과정이나 동향에 주목하고, 청소년사업의 발전과정이나 청소년정책 행위자들이 상호작용하는 방식 등에 관심을 기울인다.

청소년정책의 개념적 이해에서 이런 구분은 국가별로 청소년정책의 오랜 전통과 변화 정도의 차이와 관련된다. 국가 차원에서 오랫동안 청소년정책이 수립되고 집행되는 등의 전통을 갖고 있고, 비교적 광범위한 청소년정책 부문을 가진 국가 예를 들어, 북유럽 국가 등과 우리나라에서는 주로 정적인 청소년정책 개념 인식이 지배적이다. 그렇지만 청소년정책의 오랜 역사를 가지고 있으면서도, 청소년사업 부문이 그렇게 폭넓지 않고 규모가 작은 국가의 경우에도 동적인 개념으로 청소년정책을 인식하고 있는 사례도 적지 않다. 반면 포괄적이고 통합적인 청소년정책이 비교적 늦게 도입되고, 청소년정책에서 대규모 변화가 진행 중인 국가 예를 들어, 지중해 연안 국가, 영국, 덴마크 등에서 청소년정책은 보다 동적 개념으로 인식되고 있다. 그리고 청소년정책과 청소년사업에서 나타나는 최근의 변화과정에 주목하고, 정책 행위자 간의 상호작용을 강조하고 있다.

〈표 3-3〉 청소년정책의 정적 개념과 동적 개념의 구분

	정적인 개념	동적인 개념
특징	청소년사업에 큰 의미를 두며, 청소년사업과 청소년정책을 구분하지 않으며, 청소년사업 단체를 청소년정책에 영향을 주는 주요 요소로 본다. 즉, 청소년정책은 청소년사업과 동일시된다.	현재의 청소년사업 과거 청소년정책의 결과로 보며, 청소년사업을 실행하는 청소년지도자가 반드시 청소년정책의 핵심 이해 당사자나 주역으로 간주되지는 않는다.
주요 요소	청소년사업이 어떻게 조직되는가, 청소년사업에 영향을 주는 요소는 무엇인가, 청소년사업의 목표는 무엇인가, 이러한 목표는 어떻게 달성되는가 등에 주목한다.	청소년정책의 변화과정, 추세, 청소년사업의 발전 과정, 청소년정책 담당자들이 서로 영향을 주는 방식 등에 주목한다.
해당 국가	국가적인 청소년정책의 역사와 전통이 길고 청소년 인구 층이 넓은 국가들인 주로 북유럽 대륙의 국가	독립된 청소년정책이 비교적 늦게 도입·형성된 국가들과 청소년정책의 대규모 개정이 진행 중인 지중해 국가

이와 같이 청소년정책을 청소년사업과 동일시하여 정적 개념으로 간주하는가, 아니면 청소년정책과 청소년사업을 구별하여 동적 개념으로 간주하는가에 따라 그 국가의 청소년정책의 내용과 범주 및 이해 속성은 크게 달라진다. 동적인 개념으로 이해하는 국가에서 청소년정책은 사회변화에 대해 매우 선제적이고 역동적으로 청소년의 일상과 관련된 다른 분야의 정책을 선도하려는 속성을 강하게 띠게 된다. 반면 정적 개념으로 인식하는 국가에서는 청소년정책을 청소년사업과 동일시하여, 사회변화에 민감하게 대응하기보다는 청소년지도자나 주요 정책행위자 등 전문적 집단의 이해관계에 더 크게 의존하는 경향이 있다.

그런데 앞에서 기술한 바와 같이, 2010년 이후 청소년정책에서 부문을 가로지르는 통합적 접근이 강조되면서, 청소년정책과 청소년사업의 관계는 더욱 혼란스럽고 복잡해지고 있다. 최근 청소년정책의 새로운 통합적 접근을 강조하는 Nico(2017)는 청소년사업, 부문을 가로지르는 청소년정책 및 협력에 대한 수수께끼 같은 관계에 대한 비판적 성찰을 제시하고 있다. 그녀는 부분을 가로지르는 청소년정책 및 청소년사업의 의미와 실천이 복합적이며 시간과 공간에 따라 다양하

다고 전제하고, 이 양자 간의 관계에 대한 명확한 이해의 필요성을 제기하고 있다. 청소년정책과 청소년사업의 관계는 다음과 같은 2가지 이유로 더욱 혼란스럽다. 첫째, 양자가 서로 상호 의존적이기 때문이다. 청소년정책은 필연적으로 청소년사업의 전문적 실천을 위한 의제와 가능성의 폭을 구성하며, 이에 따라 청소년지도자의 실천도 청소년정책을 기본으로 하는 것이다. 둘째, 청소년 분야의 공식 및 비공식 이분법 내에서 이러한 "협력" 경험에 대한 분류가 부족하다는 것이다. 이는 협력이 이미 존재하는 구조 및 정책(공식적이고 법적 근거에 의한 협력)을 준수해야 하는지 또는 청소년지도자 또는 청소년 부문의 지도자가 스스로 "정책 변경 결정자"가 될 것으로 예상되는지를 명확히 하는 데 도움이 된다. 공동의 목표와 예산을 공유하고 법적 근거에 따른 절차를 공식화하는 것은 협력적 규범을 확립하는 데 기여한다. 그러나 부문 간 협력 및 정책에서 가장 자주 발생하는 문제 중 하나는 개인 또는 집단 파트너의 역할에 대한 명확성이 부족하다는 것이므로 명확화 메커니즘 개발이 시급하다. 위에서 언급한 공식 및 비공식 구조의 분류는 청소년지도자와 함께 이러한 프로세스에 참여하는 가장 권한이 적은 파트너를 포함하여 각 참여자의 역할 유형을 명확히 하는데 기여한다(Nico, 2017: 380–381).

Nico(2017: 383–386)는 부문을 가로지르는 통합적 청소년정책과 청소년사업의 관계에서 청소년사업의 위치는 다음과 같은 3가지 가능성 중 하나일 수 있다고 분석한다. 물론 이것은 시간, 국가 또는 주제에 따라 달라질 수 있다.

㉠ "청소년 부문"에서 행위자(agent)로서 청소년사업(청소년지도자)

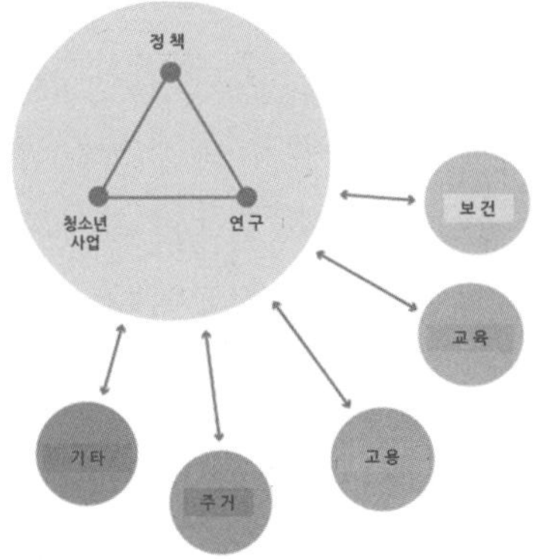

[그림 3-1] 계층화된 부문을 가로지르는 협력 및 청소년사업의 역할

이 역할은 계층화된 협력과 청소년사업이 정책 입안자, 정책 집행자(공무원) 및 청소년 연구자들과 함께 청소년 부문의 한 유형의 행위자를 대표한다는 것을 의미한다. 연계 협력은 청소년지도자 간 또는 조직 간(첫 번째), 청소년 부문의 서로 다른 행위자 간(두 번째), 마지막으로 청소년 부문(또는 부처)과 기타 행정 부서(또는 부처, 즉 보건, 교육, 고용 등) 간에 이루어질 것이다.

연계 협력은 [그림 3-1]에서 보는 바와 같이, 서로 다른 부문 수준 내에서 이루어지며, 청소년사업은 청소년 부문 수준의 일부가 된다. 그런데 이러한 다소 계층적 시스템에서 청소년사업의 역할은 불충분한 것으로 보이며, "청소년사업은 때때로 그러한 조치 내에서 약한 파트너가 될 수 있으며, 청소년의 삶에 대해 크고 뚜렷한 기여를 하지 못한다는 우려를 낳을 수 있다."

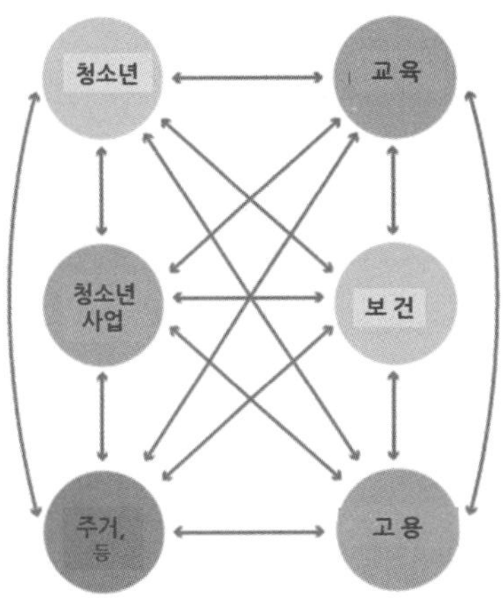

[그림 3-2] 다채널 부문을 가로지르는 협력 및 청소년사업의 역할

㉡ 청소년정책 관련 정부부처, 부서 또는 기관과 함께 사업하는 동등한 파트너로서 청소년사업(지도자)

이 역할은 더 복잡한 다채널(multi-channel) 및 양자 협력을 의미한다. 그리고 이것은 청소년사업의 보다 높은 독립성을 의미하지만, 동시에 모든 "동등한 파트너"들이 청소년사업(청소년지도자)을 포함하지 않은 연계 협력 활동에 있어서도 안정적인 법적, 재정적

배경을 가지게 되는, 즉, 청소년사업의 “보다 취약한” 위치를 의미하기도 한다. 또한 청소년 부문 전체의 공동 기여에서 청소년사업의 기여 부분과 정체성을 배제하게 되고, 나아가 청소년사업, 청소년정책 및 청소년 연구의 “마법의 삼각형”을 해체하게 되거나 또는 다른 정책영역과 동등한 역할을 부여하게 되는 의도하지 않은 형태를 보일 수 있다.

ⓒ 청소년 관련 모든 부문 간의 중재자로서 청소년사업(지도자)

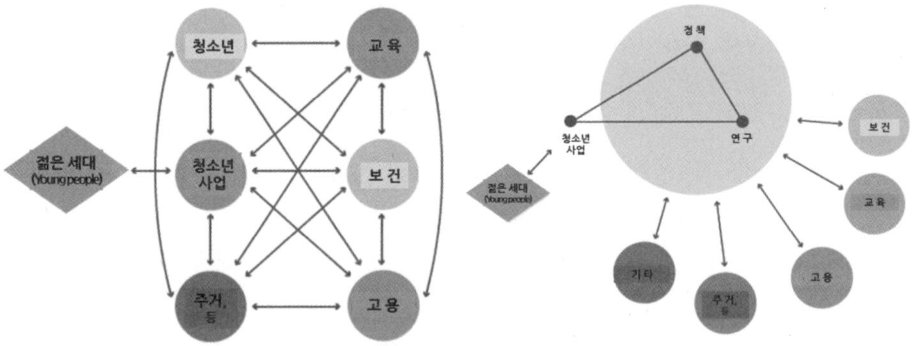

[그림 3-3] 부문을 가로지르는 협력에서 청소년사업의 2가지 중재 역할

청소년사업의 역할에 대한 세 번째 유형은 청소년 당사자와 청소년 관련 정책 설계 및 실행에 관련된 모든 부문 간의 중재자 역할을 하는 것이다. 이 중재자 역할은 청소년지도자들이 반드시 필요하다고 생각하지 않을 뿐만 아니라 청소년들이 의도하거나 또는 의도하지 않은 필터로 작용할 수 있다. 이것은 청소년 사업에 참여하거나 혜택을 받은 사람들만이 그들의 메시지, 맥락 및 견해를 전달할 기회를 가질 것이라는 의미에서 그렇다.

이와 같은 3가지 시스템에서 청소년지도자가 실제로 취할 수 있는 입장은 여러 요인에 따라 달라진다. 국가 수준에서는 각국의 다양한 복지 시스템, 정부 시스템에서 청소년 부문이 차지하는 특정 위치 및 청소년 부문이 가지는 자체적 구조의 특수성들을 고려할 수 있다. 그리고 청소년 부문 수준에서는 부문 간 청소년정책의 유형(연계, 협력, 조정 등), 부문 간 실천의 공식성과 법적 근거, 관련 행위자 유형 등이 요인이 될 수 있다. 마지막으로 개인 수준에서는 전문적 동기부여와 정체성 및 인정을 고려할 수 있다.

〈표 3-4〉 한국사회 청소년정책과 청소년사업의 주요 내용 비교

제5차 청소년정책 기본계획 (2013-2017, 관계부처합동)	제6차 청소년정책 기본계획 (2018-2022, 여성가족부)	2021년 청소년사업 안내 (여성가족부)
ㅇ 청소년의 다양한 역량 강화 ㅇ 청소년 참여 및 권리 증진 ㅇ 청소년 복지 및 자립 지원 ㅇ 청소년 친화적 환경 조성 ㅇ 청소년정책 추진체계 강화	ㅇ 청소년 참여 및 권리 증진 ㅇ 청소년 주도의 활동 활성화 ㅇ 청소년 자립 및 보호지원 강화 ㅇ 청소년정책 추진체계 혁신	ㅇ 청소년 참여 증진 및 우대 사업 ㅇ 청소년 활동 및 안전사업 ㅇ 청소년 복지사업 ㅇ 청소년 보호사업

출처: 관계부처합동, 2012; 여성가족부, 2018; 여성가족부, 2021.

앞에서 기술한 바와 같이, 청소년정책과 청소년사업 간의 관계 인식은 시기와 국가 및 다루어지는 청소년 관련 이슈에 따라 달라진다. 특히 우리나라와 같이 청소년정책이라는 커다란 포괄적 범주와 청소년육성정책이라는 특정 영역 중심의 고유한 정책 범주를 설정한 전통을 가진 국가에서 청소년정책과 청소년사업의 관계는 더욱 엄격하게 검토될 필요가 있다. 즉 청소년정책과 사업의 특수성 인정을 전제로 논의해서 해결해야 할 과제이다. 〈표 3-4〉에서 볼 수 있는 바와 같이, 근래 한국사회의 청소년정책과 청소년사업은 청소년 참여와 권리, 청소년활동, 청소년복지와 보호 등으로 동일한 영역을 부문으로 삼고 있다.

3. 청소년에 대한 정책적 개념, 범주 및 태도

청소년에 대한 정책적 개념과 범주 및 태도는 '청소년정책'이라는 표현 속에 들어 있는 '청소년'은 누구이며, 그들을 어떻게 이해하는가에 대한 것이다. 청소년이 누구인지에 대한 보편적인 합의는 없다. 청소년은 사회적으로 구성되며 어린

시절부터 성인에 이르기까지 자율성으로의 복잡한 이행 기간을 말한다. 청소년의 정의는 국가마다 다르다. 예를 들어 EU 수준에서는 통계적 목적으로 15~29세 연령대를 선택하고 있으며, 유럽평의회 청소년 부문의 활동은 18~30세 사이의 젊은 이들에게 제공된다. 또한, Erasmus+ 프로그램은 13~30세 사이의 젊은이들에게 다양한 기회를 제공하고 있다(Council of Europe and European Commission, 2019: 3−4).

또한 최근 청소년에 대한 정책적 중요성이 부각되고 청소년의 권리적·참여적 시각에 의한 청소년정책의 필요성이 강조되면서, 청소년을 정책 대상 내지 객체로 표현하는 것에 대한 반론도 적지 않다. 청소년은 정책의 대상이나 객체가 아니라 주체이며, 청소년에 대한 정책도 필요하지만 청소년을 위한, 청소년에 의한 정책도 포함되어야 한다는 주장도 제기된다.

1) 청소년에 대한 학문적·이론적 이해

청소년에 대한 일반적 이해는 크게 발달심리학이나 청소년의 사회학 등에 의한 학문적·이론적 접근과 교육제도나 청소년정책에 의한 제도적·정책적 접근으로 구분해 볼 수 있다. 우선 청소년에 대한 학문적·이론적 연구들(落合良行·伊藤裕子·齊藤誠一, 2001: 11−24)은 청소년기 이해의 중심 문제로서, '청소년기가 보편적으로 독자적인 발달 단계인지, 아니면 근대사회에서 문화적 소산(所産)인지', '청소년기는 위험한 것인지 혹은 평온한 것인지'에 대해 여러 가지 주장을 제기한다. 대표적으로 G. S. Hall은 청소년기는 질풍노도의 위기적 상황을 동반하는 발달상의 필연적인 한 시기라고 말한다. 반면 M. Mead에 의하면 청소년기 연령의 발달 시기는 필연적으로 위험한 시기가 아니며 문화적 소산에 불과하다고 주장한다. 이 가운데에서 인간발달 단계에 따라 청소년기를 설정하고 있는 대표적인 학자들의 주장을 살펴보고자 한다. Hall(1904)은 『청소년기−심리학·생리학·인류학·사회학·성·범죄·종교·교육과의 관계(*Adolescence: Its psychology and its relations to physiology, anthropology, sociology, sex, crime, religion, and education*)』 저서에서 청소년기를 인생의 중요한 단계로 간주하고, 처음으로 청소년을 심리학적으로 연구하였다. 그는 Darwin의 진화론에서 심리학적 반복설을 도입하여, 개인은 동물적인 원시시대에서 순차적으로 발달하고, 당시의 생활양식에 이르고 있다고 주장한다. 이러한 각 발달 단계를 유아기(~4세), 아동기(~8세), 전(前)청소년기(~12세), 청소년기(~22/25세) 등으로 구분한다. 청소년기는 전청소년기의 안정이 무너지고, 신체의 급속한 변화와 고차원적인 발달이 시작되며, 불안과 동요를 특징으로 하는 질풍노도(疾風怒濤, sturm und drang)의 시기라는 것이다.

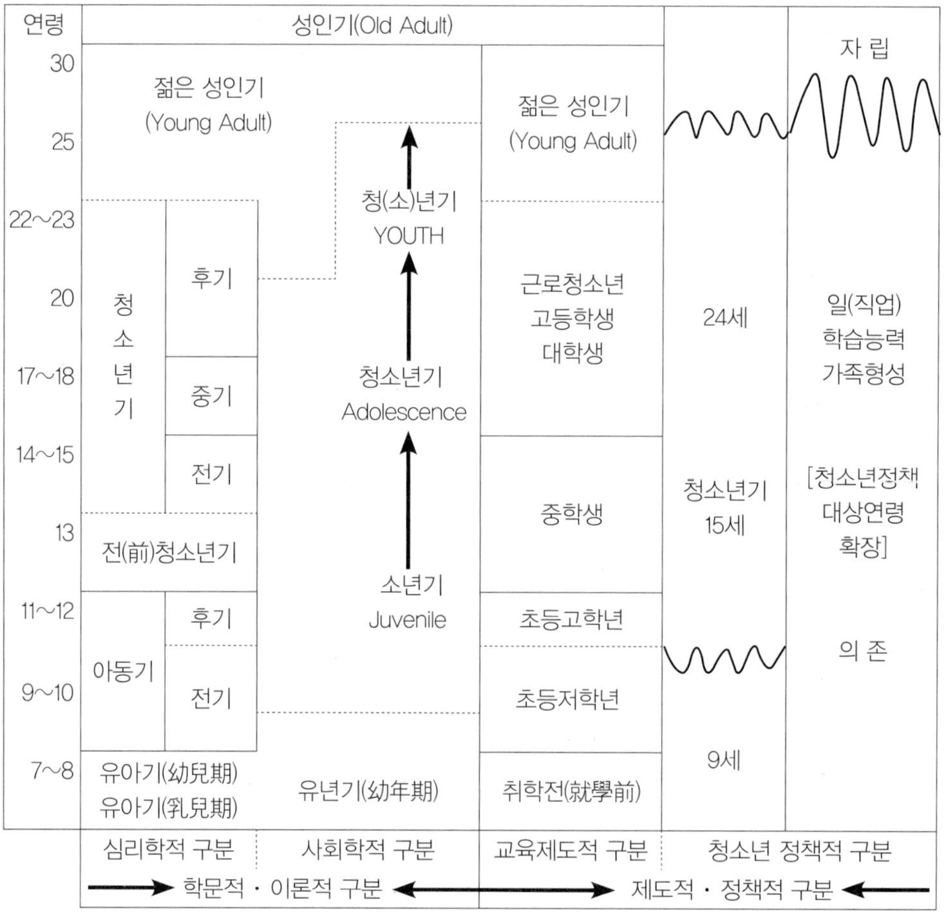

[그림 3-4] 청소년기의 학문적 · 이론적 구분과 제도적 · 정책적 구분

또한 Erikson(1950)은 저서 『아동기와 사회(*Childhood and society*)』에서 발달을 심리사회적 관점으로 바라보고, 자아정체성 이론에 기초하여 일생에 걸친 자아의 형성과정을 '점성적(漸成的) 발달 도식' 혹은 '개체발달 분화 도식(epigenetic chart)'으로 설명한다. 각각의 발달 단계에는 심리사회적 위기가 있고, 건전한 발달을 위해서는 각각의 위기에 대응하여 해결할 필요가 있다는 것이다. 그는 개체발달 분화 도식에서 인생발달 단계를 유아기(乳兒期), 유아기(幼兒期), 아동기, 청소년기 혹은 청년기, 성인기, 장년기, 노년기로 구분한다. 특히, 청소년기는 '자아정체감 대 역할혼미'가 충돌하고 있고, 아동기는 '근면성 대 열등감'과 '자발성 대 죄책감'이 갈등하는 시기라고 주장한다.

한편 청소년의 사회학적 연구들은 청소년이 근대사회 형성과 산업사회의 역사적 산물이라는 사실을 부각시킨다. 특정 연령의 사회집단이 청소년으로 불리면서 하나의 사회적 범주로 등장하게 된 이유는 다음과 같은 4가지(IARD, 2001: 29)로 정리한다.

㉠ 산업사회는 경제생활과 가족관계 측면을 분명하게 분리하고, 그 결과로 노동시장을 생성하게 된다.

㉡ 산업사회, 특히 근대 국민국가를 형성하면서 일정 기간의 의무교육을 도입하였다.

㉢ 산업사회는 노동력의 일반적이고 특수한 훈련 수단으로 의무교육과 계속교육을 활용한다. 더욱이 산업사회의 직업윤리에서 직업 획득을 통한 경제적 자립을 성취하지 못한 개인은 새로운 가족을 형성할 수 없다고 보기 때문에 그 개인은 사회 구성원으로서의 충분한 지위를 누릴 수 없게 된다.

㉣ 산업사회는 합리적 관료제에 기초한 근대국가의 진화에 기여한다. 시민을 구분하고 통제하기 위해 근대국가의 관료제가 활용하는 중요한 준거 중의 하나는 연령이다. 근대국가와 산업사회는 성인 연령에 충분히 도달하지 않았다는 이유로 바로 청소년의 자율성을 제한하고 있는 것이다.

또한 청소년의 사회학적 연구들은 주로 미성숙에 따른 '의존성'과, 나름의 성숙 내지는 반(半)성숙과 자신의 삶을 꾸려가는 존재로서 '자율성' 등 2가지 축으로 청소년을 바라본다. 미성숙을 전제로 의존성을 강조하는 부류는 성인의 지도와 보호를 받아야 한다는 사회통념을 바탕으로 전환기적 시기, 자제력의 결여, 신중함의 부족 등 주로 '부족모델' 혹은 '결핍모델'로서 청소년의 존재를 부각시킨다. 이들은 청소년과 성인의 차이점을 찾거나 청소년의 정상성(normality)이 무엇인지에 집중하는 청소년주의(youthism)를 특징(원용진 · 이동연 · 노명우, 2006)으로 한다. 아울러 혼탁한 사회의 희생자, 혹은 '몬스터 괴물'과 같은 무서운 10대 등 문제로서의 청소년을 강조한다. '심리주의적 신화'와 '부정적 청소년관'에 입각(최상진 · 김양하 · 황인숙, 2004: 15-17)한 사회적 처방이나 정책적 대응은 생활보수주의 입장에서 청소년이 잘 억제 · 관리되지 않으면 언제나 넘치거나 지나칠 수 있다는 '억제 접근' 혹은 '공중 위생적 접근'을 중시한다.

반면 청소년 나름의 정체성을 형성해 가는 개체로서 독립성을 전제로 자율성을 강조하는 부류는 사회변화의 주체 혹은 사회발전을 위한 자원으로 인식하는 일종의 청소년 중심적 관점을 드러낸다. 청소년이 자기 삶의 주체로서, 그리고 사회구성의 일원으로서 자율성을 가진 독립적 존재라는 인식에 근거하여 사회에 참여할 권리를 가지는 동시에 사회발전에 참여해야 할 책임이 있다는 사실을 강조한다.

〈표 3-5〉 청소년에 대한 사회학적 접근: 이행 및 사회 세대론적 관점

지표	이행론적 관점	사회 세대론적 관점
개념적 틀	범주형 : 삶의 단계는 발달, 사회 생물학 과정에 의해 결정됨	관계 및 구성된 것 : 일반적 환경에서 삶을 구축하는 것은 세대 성향, 도전 및 결과를 만듦
나이	선형 발달 궤적의 단계	구성, 그리고 생물학적, 심리적 발달이 이 구성의 요소일지라도, 그것은 재구성됨
청소년기	라이프 코스의 정의된 단계	인생 단계 구성에서 한 단계에 부여된 이름으로, 시간이 지남에 따라 의미가 변경됨
현재 성인기	도착지점/ 명확한 지표가 있는 상태	청소년과의 경계가 흐려짐/ 불안정한 상태/ 각 사회 세대마다 성인기 변화

지표	이행론적 관점	사회 세대론적 관점
이행	개별적, 표준화, 규범적 이행 및 위험 이행	사회적 이행과 변화는 새로운 사회 세대를 위한 조건을 만듦
장소	문제가 되는 이행의 위험 요소	어린 시절, 청소년 및 성인의 의미에 대한 맥락을 설정함
시간	규범, 표준 시간 라인에 따른 사회생물학적 이정표 달성	각 사회 세대는 자신의 삶에 영향을 미치는 자신의 현세적 패턴을 만듦
주체성	활동에 따라 위험 상태 또는 기업가적 자체 관리 능력을 나타낼 수 있음	청소년들은 자신의 삶의 조건에 따라 세대 패턴을 만듦

출처: Woodman and Wyn, 2013: 7-8.

한편 청소년기를 아동에서 성인으로 이행해 가는 과정으로 인식하고 강조하는 이행론(transition theory)적 입장에서는 기존의 청소년기 개념과 범주를 질적으로 보완하려고 한다. Curtain(2001)은 UN에서 2003년 발간한 세계청소년보고서(World Youth Report, 2003)에서 청소년은 '의존(dependence, childhood)'에서 '자립(independence, adulthood)'으로 이행해 가는 국면으로 정의한다.

아동에서 자립, 즉 성인으로의 이행 국면은 4가지로 정의할 수 있다고 주장한다.

㉠ 부모의 가정을 떠나 새로운 생활거처를 마련하는 것
㉡ 전일제 학교교육을 완료하는 것
㉢ 가족 이외에 다른 사람과 가깝고 안정적인 개인적 관계를 형성하고, 종종 결혼을 통해 새로운 자신의 가정을 꾸리고 자녀를 갖는 것
㉣ 노동시장에 진입하여 일과 진로를 찾고, 지속적인 생계수단을 마련하는 것

아동에서 성인으로 이행하는 과정으로서 청소년은 불확실한 고용 전망과 재정적 여건의 불안정성 등에 직면하여 안정적 인간관계 형성을 회피하거나, 결혼이나 자녀에 대한 책임 수용을 연기하게 될 수도 있다. 지속적인 생계유지가 어려워지면 더욱 극단적인 사회적 행동, 즉 약물 오용, 폭력적 범죄, 집단행동 등에 참가

할 소지도 높아진다. 이런 맥락에서 청소년정책의 역할은 청소년이 성인으로의 역할과 책임을 준비함으로써 성공을 위한 바람직한 조건을 창출하는 것이다. 이는 아동과 청소년이 인생의 가치 있는 단계라는 사고를 포함한다. 그러므로 청소년정책은 성인기를 향한 지원의 지침인 동시에 아동과 청소년을 위한 안전하고 생산적인 생활에 필요한 것을 제공하고 보증하는 수단이다. 이것은 아동과 청소년을 모든 면에서 객체가 아닌 주체로 보는 것을 의미한다.

이와 같이 청소년에 대한 이행론적 관점은 1970년대 이후 성인으로의 이행이 더욱 복잡하고 다양해졌다는 것을 보여 준다. 사회학 용어로 개념화되어 있지만, 혼란스럽고 중단되고 위험한 이행론적 모델은 19세기 후반과 20세기 초에 나타난 청소년기의 심리학 이론의 윤곽을 따른다. 이 이론들은 청소년기가 안정된 성인 정체성이 나타나거나 나타나야 할 '폭풍과 스트레스'의 시기인 단계 기반의 발달 모델에 기초한 것이다. 또한 청소년 이행 접근방식은 성인이 이행의 최종 지점으로 간주되는 경향이 있다(Woodman and Wyn, 2013: 5-6).

그런데 2000년대 이후 대립적인 2가지 관점에 대해 현대사회에서 나타나는 청소년의 역설적 상황을 간과하고 있다고 비판하면서, 청소년이 삶을 꾸려 가는 상황이 성인의 강제나 요구와 자신들의 자율적인 욕구나 열망이 중첩되는 '역설적인 시공간'으로 파악하는 입장(Wyn & White, 2000; 전상진 · 정주훈, 2006)도 나타나고 있다. 즉, 청소년기는 독립적이며 현재적인 요구의 실현을 꾀하면서도, 종속적이며 미래를 준비할 필요성으로 구성되는 역설적인 시공간이라고 파악한다. 이른바 청소년에 대한 사회 세대론적 관점이다. 이 입장에서 청소년은 역설적 시공간에서 자신의 삶의 방향을 완전히 자율적으로 선택하지도 않으며, 성인세계가 제시하는 선택 안에 매몰되지도 않는다는 사실을 강조한다. 청소년은 자신의 선택과 성인의 강제 사이에서 자신의 성장경로를 '절충(negotiate)'해 낸다고 주장한다. 이들은 이러한 청소년 인식을 청소년 역설(youth paradox)이라고 말한다. 또한 대립적 2가지 관점이 청소년에 대한 '전체론적(holistic) 조망' 능력을 상실했거나, '있는 그대로의 청소년'을 보는 데 성공적이지 못하다고 비판한다.

나아가 청소년에 대한 사회 세대론적 접근방식은 구조적 변화뿐만 아니라 문화적인 문제, 즉 청소년과 성인기에 대한 제도화된 가능성과 시간이 지남에 따라 어떻게 재구성되는지에 대한 가치에 중점을 둔다. 새로운 세대는 단순히 광범위한 경제적, 사회적 변화에 의해서가 아니라 정책 결정과 때때로 성인이나 젊은이가 된다는 것이 무엇을 의미하는지에 대한 불가피한 노력으로 만들어진다.

앞의 〈표 3-5〉는 사회발전 프레임워크 내에서 청소년의 개념이 발달 이행 기간으로서의 청소년의 개념에 기초한 개념과 어떻게 다른지 비교하기 위한 간단한 지침을 제공한다. 나이, 젊음 및 이행이 개념화되는 방법, 장소, 시간 및 주체성과 같은 개념의 의미를 포함하여 모든 차원에서 사회 세대론적 접근방식은 이행론적 접근방식보다 훨씬 더 많은 정도로 사람과 사회적 맥락 사이의 상호 관계를 인정한다(Woodman and Wyn, 2013: 8).

2) 청소년에 대한 제도적·정책적 범주

청소년의 심리학적 · 사회학적 연구를 중심으로 한 학문적 · 이론적 논의 성과는 제도적 · 정책적 접근에서의 청소년 개념과 범주 설정에 반영되기도 한다. 그렇지만 디지털 사회로의 전환, 세계화의 심화, 노동시장의 유연화 등 거시적인 사회경제적 변화에 따라 학문적 · 이론적인 청소년기의 구분과 제도적 · 정책적인 청소년기의 구분이 일치하지 않고 청소년에 대한 개념과 범주에서 차이를 보이기도 한다.

청소년에 대한 제도적 · 정책적 접근은 분야별로 그 목적에 따라 청소년기의 연령 범주를 다양하게 설정하고 제한한다. 연령 제한 측면에서만 보면 '청소년'에 대한 일반적, 심지어는 조잡하게나마 합의된 정의가 아직 없다는 사실이 놀랍게 보일 수도 있다. 지금도 유럽과 같이 청소년 연령대를 넓히려는 시도와 함께 다른 지역에서는 연령대를 좁히려는 시도도 계속되고 있다. 분명한 것은 청소년은 관련 법률을 만들고 책임 있는 기관을 명확히 하여 예산을 사용할 수 있도록 정의(Williamson, 2017: 48)하는 게 좋다는 사실이다.

〈표 3-6〉 한국과 일본의 각종 법령에 의한 청소년 연령 구분 비교

<table>
<tr><th colspan="3">한국</th><th colspan="3">일본</th></tr>
<tr><th>법률 명칭</th><th>호칭 등</th><th>연령구분</th><th>법률 명칭</th><th>호칭 등</th><th>연령 구분</th></tr>
<tr><td>소년법</td><td>소년</td><td>19세 미만</td><td>소년법</td><td>소년</td><td>20세 미만</td></tr>
<tr><td>형법</td><td>형사
미성년자</td><td>14세 되지 아니한 자</td><td>형법</td><td>형사
책임연령</td><td>만 14세</td></tr>
<tr><td>민법</td><td>미성년자
혼인적령</td><td>19세 미만
만18세</td><td>민법</td><td>미성년자
혼인적령</td><td>20세 미만
남: 만 18세
여: 만 16세</td></tr>
<tr><td>근로기준법</td><td>연소자</td><td>18세 미만</td><td>근로기준법</td><td>연소자</td><td>18세 미만</td></tr>
<tr><td>아동복지법</td><td>아동</td><td>18세 미만</td><td>아동복지법</td><td>아동</td><td>18세 미만</td></tr>
<tr><td>청소년기본법
청소년활동진흥법
청소년복지지원법</td><td>청소년</td><td>9세 이상
24세 미만</td><td>풍속영업 등의 규제 및 업무 적정화 등에 관한 법률</td><td>연소자</td><td>18세 미만</td></tr>
<tr><td>청소년보호법</td><td>청소년</td><td rowspan="3">만 19세 미만 (만 19세 도달 해의 1월 1일 맞이한 자 제외)</td><td>청소년이 안전하게 안심하고 인터넷을 이용할 수 있는 환경 정비 등에 관한 법률</td><td>청소년</td><td>18세 미만</td></tr>
<tr><td rowspan="2">아동·청소년 성보호에 관한 법률</td><td rowspan="2">아동·
청소년</td><td>미성년자끽연금지법</td><td>미성년자</td><td>20세 미만</td></tr>
<tr><td>미성년자음주금지법</td><td>미성년자</td><td>20세 미만</td></tr>
</table>

출처: 內閣府, 2021: 282.

청소년에 대한 정책적 범주는 국가마다 차이가 있고, 한 국가 내에서도 사회 부문별로 다르게 정의(World bank, 2007: 27)하고 있다. 예를 들어 보건과 건강 부문에서 청소년은 초경에서부터 신체적 성숙의 연령으로 10~16세 사이를 주로 고려한다. 사회제도적으로나 법적으로 청소년은 종종 성인으로 취급될 수 있고, 더 이상 아동으로서 보호되지 않아도 되는 연령으로 인식된다. 학교교육이 더 이상 강제되지 않고, 고용이 법적으로 허용되는 전형적인 11~16세 사이로 청소년을 정의하는 경우도 있다. 전 세계 절반 이상의 국가에서 법적 성년 연령은 18세이고 전

세계의 거의 4분의 1의 국가에서 여성의 결혼 가능 연령은 남성보다 어리지만 종종 18세 이전의 여성은 독립적인 선택을 할 수 있는 능력이 부족하다고 여겨지기도 한다. 전 세계 평균 투표 연령은 거의 보편적으로 18세이며, 피선거권은 22.2세이다.

범죄에 대한 법적 책임은 더 빨라 전 세계 평균 형사책임 연령은 12.1세이지만, 개인은 일반적으로 16세까지는 성인으로 책임을 묻지 않는 경우가 많다. 담배 구입은 국가마다 다르지만, 주로 15~20세에 허용된다. 알코올 소비는 18~21세에 허용되지만, 종종 25세까지 금지되는 경우도 있다. 요컨대 법적 최소연령 법률은 논쟁의 여지가 있고, 상황에 따라 맞춘 것이며 상호 모순적인 경우가 많다(Ehmke and Farrow, 2016).

특히 청소년정책에서 중요하게 고려하는 청소년의 연령도 국가마다 다양하다. 국가마다 청소년정책에서 청소년의 개념과 범주가 다른 것은 여러 가지 복잡한 이유에 기인한다. 하지만 분명한 사실은 청소년정책의 역사적 의미가 다르기 때문(IARD, 2001; 윤철경 · 정회욱, 2001)이다. 원래 독일어 'Jugendlichen'의 개념은 아동과 청소년을 포함한 것으로, 독일어를 사용하는 대부분의 국가에서는 독일의 영향을 받았을 수 있다. 반면 영국과 스칸디나비아 국가는 미국에서 통용되는 사춘기 청소년(adolescence)과 10대(teenager)에 더 많은 영향을 받았을지도 모른다.

이와 같이 국가마다 청소년정책의 청소년의 개념이 아동을 제외한 좁은 의미로 청소년의 범주를 설정하거나, 아동을 포함한 넓은 의미로 사용된다. 근본적으로 청소년의 정책적 개념은 청년(青年)도 아닌 소년(少年)도 아닌 좁은 의미와 청년과 소년을 포괄하는 넓은 의미로 국가마다 다양하게 정의되고 있다. 그리고 일부 국가는 구체적인 청소년 관련 법령에 청소년을 규정해 놓기도 하고, 다른 일부 국가는 청소년의 다양한 개념으로 인해 청소년 관련 법령에 규정하지 못하는 경우도 있다. 좁은 의미로 청소년 개념을 채택하는 국가에서는 구체적인 청소년 법령과 비교할 만한 규정이 아동 관련 법령에 있는 경우도 있다. 따라서 세계 각국의 청소년정책을 비교하는 것은 매우 어려운 일이다.

〈표 3-7〉 청소년정책의 주요 표적 집단으로서 청소년의 정책적 범주

청소년정책 대상	해당 국가	
	유럽국가	그 외 국가
0세(출생) ~ 25/30세 이상	네덜란드(0~24세), 핀란드(29세 미만), 벨기에(플랑드르, 왈로니 지역 0~30세)	미국(25세 미만), 일본(30세 미만, 때로는 40세 미만)
초등학교 저학년 ~ 25세	프랑스(6~25세), 에스토니아(7~26세)	한국(9~24세)
11/13세 ~ 25/30세	독일(12~26세), 노르웨이(12~29세), 영국(13~19세), 룩셈부르크(12~30세), 스웨덴(13~25세), 오스트리아(14~24세), 루마니아(14~35세), 포르투갈(12~30세)	멕시코(12~29세), 뉴질랜드(12~24세), 터키(14~29세), 우크라이나(14~35세), 우간다(12~30세)
초기 중등교육 말 ~ 25/30세	폴란드(15~24세), 덴마크(15~29세), 스페인(15~29세), 오스트리아와 이탈리아(15~35세), 그리스(15~35세, 때로는 40세)	러시아(15~29세), 호주(15~25세), 북한(15~26세), 필리핀(15~30세), 말레이시아(15~40세), 인도와 싱가포르(15~35세), 이집트(18~30세), 나이지리아(18~35세)

일반적으로 유럽 국가를 비롯한 세계 각국의 청소년정책이 주요 표적 집단으로 고려하는 청소년의 범주는 〈표 3-7〉과 같이 크게 4가지 형태로 구분해 볼 수 있다(IARD, 2001; 윤철경 · 정회욱, 2001; Youth Policy Labs, 2020).

㉠ 청소년정책이 출생에서부터 25세 내지 30세 정도까지의 연령층을 포함하는 국가이다. 여기에는 네덜란드, 핀란드 및 벨기에의 플랑드르와 프랑스어 사용지역 등 유럽국가와 미국, 일본의 사례가 해당된다. 특히 미국은 청소년을 25세 미만으로 간주하고, 3단계로 나누어 초기 사춘기(14세 미만), 중기 사춘기(15~17세), 후기 사춘기 및 초기 성인기(18~24세)로 구분한다. 일본의 경우 2010년 기존의 청소년정책을 유아기부터 후기 청년기까지를 포함하는 정책으로 전환하면서, 청소년 대신에 '아동 · 청소년(子ども · 若者)'이라는 용

어[1]를 선택하고, 그 연령 범위를 30세, 때로는 40세 미만으로 확장시켜 놓고 있다(子ども・若者育成支援推進本部, 2010).

㉡ 청소년정책이 초등학교 저학년에서부터 25세 정도까지를 포함하는 국가들이다. 이 사례에는 프랑스, 에스토니아와 한국 등이 대표적 국가이다.

㉢ 청소년정책이 11세 내지 13세부터 25세 내지 30세까지 주로 청소년기의 좁은 의미를 가진 국가들이다. 독일, 노르웨이, 영국, 룩셈부르크, 스웨덴, 오스트리아, 루마니아, 포르투갈 등 유럽국가와 멕시코, 뉴질랜드, 터키, 우크라이나, 우간다 등이 포함된다. 특히 우크라이나는 청소년의 연령 범주를 과거 15~28세에서 14~35세로 확장하여 법령으로 정의하고 있다.

㉣ 청소년정책이 초기 중등교육 말에서부터 25세 내지 30세까지를 포함하는 국가들로 폴란드, 덴마크, 스페인, 오스트리아, 이탈리아, 그리스 등 유럽 국가와 러시아, 호주, 북한, 필리핀, 말레이시아, 인도, 싱가포르, 이집트, 나이지리아 등의 국가가 해당된다.

그 밖에 UN과 관련 국제기구에서 청소년은 15~24세 사이의 연령을 포함하지만, 개별 국가 청소년정책의 경우에는 그렇지 않다는 사실을 알 수 있다. UN은 '사춘기 청소년(adolescents)'을 10~19세, '청소년 혹은 청년(youth)'을 15~24세로 정의한다. '젊은 사람들(young people)'은 2가지를 모두 포함하여 사용되는 용어로서 일반적으로 10~24세를 말한다(UNESCAP, 2012: 4; USAID, 2020). 많은 국가들은 0세, 6세 혹은 7세부터 40세 사이의 연령대로 청소년을 정의함으로써 UN의 정의에서 벗어나 있다.

---

1) '子ども・若者'는 원래 '아동・청년으로 번역해야 하나, 여기서는 청소년정책의 변화 동향을 분석하는 본래의 목적과 취지를 살리기 위해 '아동・청소년'으로 번역 사용한다.

청소년정책이나 청소년사업이 역사적으로 오랜 전통을 가진 유럽국가의 경우 청소년정책을 '젊은 사람들(young people)'을 지향하는 정책으로 정의하려는 경향이 강하다. 이때 젊은이는 일부 혹은 모든 아동을 포함하며, 몇몇 국가에서는 24세를 넘은 연령 집단으로 확대되기도 한다. 다른 일부 유럽국가에서는 젊은이라는 일반적 용어를 정책과 관련한 모든 상황에서 채택하지는 않는다. 이런 국가는 일반적으로 아동정책(child policy)과 청소년정책(youth policy)을 구분한다. 아동정책과 청소년정책을 구분할 경우 아동은 법적으로 규정되고, 정치적으로 미성년자(minor)로 인식된다. 반면 청소년은 10대와 젊은 성인(young adults)으로 정의된다. 따라서 이런 국가의 경우 아동과 청소년정책은 중복되기도 하지만, 동일한 정책으로 인식되지는 않는다.

그런데 한국사회에서는 2020년 「청년기본법」이 제정(2020년 2월 4일) 및 시행(2020년 8월 5일)됨으로써, 아동, 청소년 및 청년의 정책적 범주와 의미를 둘러싸고 많은 혼란이 예상된다. 더욱이 아동, 청소년 및 청년에 대해 각각 법령으로 정책 목표 그룹을 연령으로 중복 규정하고 있다. 아동은 「아동복지법」 상 18세 미만, 청소년은 「청소년기본법」으로 9세 이상 24세 이하, 청년은 「청년기본법」 상 19세 이상 34세 이하의 사람으로 한다. 아동, 청소년 및 청년에 대한 정책적 범주의 혼란은 우리 사회의 아동, 청소년, 청년에 대한 일반적 인식에 더해져 더욱 확대될 소지도 있다. 즉 우리 사회의 통상적 인식을 반영하여 아동은 12세 이하, 청소년은 13~18세, 청년은 19세 이상 등으로 정하자는 논의에서부터 백가쟁명식(百家爭鳴式)의 토론으로 이어질 수 있기 때문이다. 이런 우리 사회 청소년에 대한 정책적 범주에 의한 혼란은 다음의 청소년에 대한 정책적 태도로 이어질 수 있다.

3) 청소년에 대한 정책적 태도 및 특성화

청소년을 넓은 의미의 젊은이(young people) 내지는 젊은 세대로 간주하는 경우와 좁은 의미의 사춘기(adolescence) 시기로 제한하여 정의하는 차이는 청소년을 정책적으로 어떻게 특성화하는지를 보여 주는 정책적 태도와 연결된다. 왜냐하면 청소년은 정치적으로 구성된 범주이기도 하기 때문이다(Williamson, 2017: 48; Xuan Li, 2019: 7). 청소년에 대한 정책적 태도는 곧 한 사회에서 청소년의 역할과 개발에 대한 신념을 반영한 것이며, 청소년정책의 목표에도 나타나게 된다.

우선 청소년에 대한 정책적 태도는 전통적으로 정책의 목표 그룹인 청소년을 '인적 자원(human resource)' 혹은 '문제(problem)' 등 어떤 특성으로 간주하는가에 따라 크게 구별할 수 있다. 청소년이 주로 미성년자(법적 미성년이 아니라 사회적 미성년)로 인식하고 그 결과 성인보다는 아동에 가까운 존재로 보는 국가에서 청소년을 잠재적 문제로 간주하고 위험에 처한 존재, 발달을 위협하는 요소로부터 보호되어야 하는 존재로 보려는 경향이 많다. 반면 청소년정책이 넓은 의미의 젊은이에 기초하여 청소년을 성인으로 더 가깝게 인식하는 국가에서는 청소년을 문제로 보기보다는 자원으로 보려는 경향이 많다.

그런데 이러한 일반적 관계에서 벗어나는 경우도 있다. 영국은 사춘기와 젊은 성인을 포함하는 청소년정책을 가진 국가이지만, 문제로서의 청소년 이미지가 가장 분명한 국가이기도 하다. 반면 핀란드는 청소년정책에서 아동과 청소년을 포함하지만, 자원으로서의 청소년 이미지가 지배적이다.

이같이 청소년정책 분석에서는 '청소년정책에서 다루는 사회집단이 누구인지', '모든 청소년에게 적용되는지' 하는 정책적 태도와 범위의 문제가 중요하다. 청소년 인구 내에서 다양한 하위그룹의 요구를 해결하기 위한 차별화된 청소년정책 대응 필요성이 강조되고 있기 때문이다(Krzaklewska and Williamson 2013: 33−35).

〈표 3-8〉 청소년정책 목표 그룹의 스펙트럼

문제로서의 청소년 Youth as a trouble	정상 혹은 보통의 청소년 Youth as a normal	자원으로서의 청소년 Youth as a resource
"문제가 있는" 청소년 혹은 위기청소년(미혼모, 청소년 범죄자, 거리 청소년 등)	중간 그룹 내지는 보통 청소년(일반 학생, 실업 청소년, 농어촌 청소년 등)	"재능 있는" 청소년(청소년 대표, 각 분야의 선도 청소년, 학생회 대표, 스포츠 챔피언 등)
개입 및 처치(사회적 보호)	정보 제공, 돌봄과 예방	경쟁, 보조금 혹은 장학금
통제 및 처벌	약간의 관심	칭찬하고 포상하기

출처: Krzaklewska and Williamson 2013: 34.

대개 실제 청소년정책의 목표 그룹은 〈표 3-8〉에서 보는 바와 같이 광범위한 청소년에 걸쳐 있다. 약간의 문제가 있고 위기를 겪고 있는 청소년은 한쪽 끝에 있고, 자원으로 간주되는 청소년은 다른 쪽 끝에 있다. 첫 번째 그룹은 대부분 "문제가 있는" 청소년, 즉 미혼모, 거리 청소년, 청소년 범죄자 등과 관련이 있다. 이들은 매우 구체적인 지원이 필요하고 특정 프로그램이 요청되는 청소년 그룹이다. 두 번째 그룹은 재능 있는 청소년들로 구성된다. 다양한 종류의 경쟁에서 입증된 특별한 기술이나 능력을 가진 청소년, 특정 측면에서 자신이 다른 사람들보다 낫다는 것을 보여 준 청소년, 국가의 미래 엘리트 등이다. 두 집단 모두 일정한 수준의 지원을 받고 있다. 특히 어려움에 직면하거나 불우한 배경을 가진 청소년의 경우 강력한 국가 지원과 사회 보호가 매우 중요할 수 있다. 청소년은 극단적인 사회적 배제를 피해야 하기 때문이다.

그런데 청소년 목표 그룹 스펙트럼의 중간에 있는 수많은 청소년들은 제한적이지만 실제로 거의 관심과 지원을 받기 어렵다. 이들은 성장의 일반적인 문제에 직면하고 있고, 어려운 사회적 여건이나 취업 등 노동시장의 도전으로 어려움을 겪지만, 더 이상의 병리나 특별한 재능을 보이지 않는 소위 '정상' 혹은 '보통'의 청소년들이다. 이들 중간 혹은 보통 그룹 청소년 상당수는 일자리 부족, 지역사회에서 여러 가지 인프라 및 기회 부족, 양질의 보건 지원 부족 등 정책적 관심의 부족을 경험한다. 특히 다양한 여가활동 제공 등 여러 가지 청소년활동 기회가 제한된 농어촌 청소년이 이 그룹에 포함된다(Krzaklewska and Williamson 2013: 33-34).

한편 '인적 자원으로서의 청소년'과 '문제로서의 청소년'이라는 상반되는 청소년에 대한 정책적 태도는 '개방적 성장 모델'과 '가부장적 성장 모델'이라는 대조되는 2가지 청소년 성장 모델과 연결될 수 있다. 개방적 성장 모델은 청소년의 잠재력을 자극하고 청소년이 주도권과 의사결정을 할 수 있는 기회와 공간을 제공하는, 성인이 지원하는 개방적 과정이다. 이 모델은 청소년이 자신의 개인적 삶에서 적극적으로 행동하는 법을 배우고 자신이 야망과 가치에 관한 질문을 하며 비판적이고 사회에 참여하는 것을 학습할 수 있도록 안내하고 지원하는 것을 목표로 한다.

〈표 3-9〉 청소년 성장의 2가지 이론적 모델

	개방적 성장 모델 Open development model (능동적 학습 및 권한 부여)	가부장적 성장 모델 Paternalistic development model (수동적 교육)
특성	허용 가치모델(Allowing value model) 잠재력으로서의 청소년 청소년이 답을 검색하고 가치를 비판적으로 분석 이니셔티브 및 중요한 참여 지원 토론의 주제로 사회의 좋은/ 좋은 삶 청소년의 관여 및 참여 사회의 다른 그룹, 다른 젊은이들과의 관계	희망 가치모델(Desired value model) 희망으로서의 청소년 청소년에게 답과 가치가 주어지고 전달됨 개발을 위해 지정된 트랙을 따르도록 지원 및 칭찬 원하는 가치의 명확한 모델 청소년의 수동성(또는 기대에 따라 행동하는 선택된 사람에 의한 참여) 성인 집단에 대한 벤치마킹 및 성인에 의한 평가
수단	소규모 지역 청소년 프로젝트를 위한 보조금 창의력과 토론을 지원하는 경쟁(예: 내가 이 도시의 시장이라면 무엇을 할 것인가, 지역사회에서 실현된 최고의 프로젝트) 변화를 공동 창조하고 의사결정 구조에 내장된 청소년 참여기구 토론 촉진 활동 및 청소년이 그리고 청소년과 함께 실현하는 활동	청소년 프로젝트를 위한 보조금이지만 규정된 모델에 맞는 청소년에게만 지원 공개 토론을 대상으로 하지 않는 대회 장식으로서의 청소년 참여기구(구조에 있지만 실제 영향은 없음) 촉진 활동의 수동적 성격

출처: Krzaklewska and Williamson, 2013: 29-30의 자료를 수정 보완한 것임.

반면 가부장적 성장 모델은 청소년이 누구여야 하는지, 무엇을 해야 하는지, 어떤 야망을 가져야 하며, 어떤 가치에 전념해야 하는지에 대해 분명한 비전을 가진 성인이 결정하여 조정하고 지도한다. 이 모델에서 청소년은 어떤 형태로든지 성인(혹은 선택한 성인 그룹)과 관련되어 있어야 한다. 가부장적 성장 모델에서는 청소년에 대한 희망과 신념을 표현하면서 때때로 '우리가 원하는 청소년(우리가 결정한 방식으로 발달할 청소년)'만으로 충분하다는 인식을 전제로, '청소년은 이것을 해야 한다'거나 '청소년은 그렇게 되어야 한다'고 강조한다. 그리고 가부장적 모델에서는 답변과 가치가 청소년들에게 주어지고 전달되는 반면, 개방적 모델에서는 청소년이 스스로 답을 검색하고 가치를 비판적으로 분석한다(Krzaklewska and Williamson 2013: 29-32). 가부장적 성장 모델에서 청소년정책은 청소년 자신의 주관적이고 적극적인 관심사를 충분히 고려하지 않는 '치료적'이며 '문제 지향적' 해결에 초점을 두고 있다.

청소년 성장의 대조되는 2가지 성장 모델은 각 국가마다 정도의 차이는 있지만 이분법적으로 존재하며 서로 충돌하고 있다. 이런 이분법은 모든 국가의 청소년 정책 개념화에는 거의 확실하게 존재한다. 청소년정책 개발은 점차 가부장적 모델에서 개방적 모델로 이동하고 있는 추세이지만, 중요한 과제는 둘 사이의 균형이라고 할 수 있다(Williamson, 2002: 35-36; 2008: 15-16).

이와 같이 청소년을 보는 시각과 이미지에 따라 정책적 대응도 달라질 수밖에 없다. 청소년을 미성년 중심으로 인식하고 의존성을 강조하는 가부장적 시각은 청소년의 고유성과 자립성을 간과한 채 성인 중심의 시각에서 청소년을 대상으로 관찰하고 구성한다. 이들은 청소년의 관리와 규제의 강화를 정책적 대응으로 강조한다. 반면, 청소년을 넓은 의미의 젊은이로 인식하고 자율성을 부각시키는 입장은 청소년의 자율적 행위자로서의 측면을 과대하게 강조하는 청소년 중심적 문제를 지닌다(전상진·정주훈, 2006: 262-263). 이들의 정책적 대응 노력은 청소년 중심적인 시민적 권리와 참여 증진으로 모아지기도 한다.

이상에서 보는 바와 같이, 청소년의 정책적 개념과 인식은 국가마다 매우 다양할 뿐만 아니라 청소년에 대한 정책적 이미지도 다르다. 정책적으로 정제되지 않고 연령적으로도 일정하지 않은 청소년에 대한 양적인 연령 개념을 질적으로 보완하고자 하는 이행론적 접근은 아동에서 성인으로 이행해 가는 과정을 중시한다. 2000년대 이후 이행론적으로 청소년의 개념을 정의하려는 시각이 대두되면서 청소년의 정책적 개념과 태도는 학문적·이론적 구분과는 차별화하고 분리하여 정의하려는 경향이 많다. 따라서 많은 국가들은 구체적인 청소년 관련 법령에 반드시 필요한 경우가 아니면 청소년의 연령을 법적으로 규정하지 않거나, 출생에서부터 자립에 이르는 연령까지 포괄적으로 인식하려는 추세이다.

새로운 청소년정책 총론

2부

청소년정책의 이론적 이해

4장 청소년정책의 프레임워크 및 거버넌스

■ 개요

이 장에서는 청소년정책의 이론적, 실천적 틀로서 프레임워크를 비롯하여 국가 청소년정책의 원칙 및 가치를 살펴본다. 그리고 청소년정책의 지배구조로서 거버넌스에 대한 일반적 이해를 바탕으로 OECD 국가를 비롯한 몇몇 국가의 청소년정책 거버넌스를 중심으로 청소년정책 거버넌스의 실제를 고찰한다.

청소년정책에 대한 공식적인 '국제적' 표준('international' standard)은 없다. 현재 청소년정책의 이론적, 실천적 틀을 주도하고 있다고 볼 수 있는 유럽의 경우에도 뚜렷한 청소년정책의 '유럽' 표준을 찾기는 어렵다. 청소년정책의 표준이라 함은 국가 청소년정책의 일정한 질을 담보하기 위해 필요하거나 부합하는 요구사항을 말한다. 앞에서도 강조했듯이, 국가 청소년정책은 각 국가의 상황과 현실에 달려 있다. 그런데 UN과 유럽 정부 간 기구인 유럽평의회와 유럽연합 등은 지난 20여 년 동안 국가 청소년정책의 개발을 강력하게 옹호 내지 권고해 왔으며, 여러 가지 결의안과 문서 등으로 결정을 내려왔다. 이런 결정들은 바로 국가 청소년정책의 청사진으로 이어지지는 않지만, 궁극적으로 청소년정책 내에서 다루어야 할 특정 기준, 지표 및 영역의 목록을 제안하는 것이라 할 수 있다. 결국 국제 수준에서 청소년정책과 관련된 많은 결의안이나 문서 등에서 제안하는 목록은 국가 청소년정책으로 간주되어야 하는 것에 대한 국제 표준이나 일정한 프레임워크가 있음을 시사하는 것(Denstad, 2009: 119)이다.

이와 관련하여 Williamson(2018: 25-37)은 청소년정책의 "유럽" 또는 "국제" 표준을 말하는 것이 의미가 있는지 여부를 비롯하여 정책을 평가하는 것이 얼마나 적절한 지에 대해 반성하며, 청소년정책을 구성하기 위해 고려해야 할 일련의 조치가 없으며 성과를 생각하는 데 보편적인 기준이 있을 수 없다고 주장한다. 단지 그는 추가적인 심의와 판단을 위한 하나의 청소년정책의 모델 또는 프레임워크를 언급한다. 그리고 UN, 유럽연합이나 유럽평의회 등 세계 기구들은 청소년정책을 설계, 실행 및 평가하는 데 효과적인 거버넌스 개념을 장려하고 있다.

1. 청소년정책의 프레임워크

정책 프레임워크는 주어진 대상 집단을 위한 정책 및 프로그램 개발을 안내하는 이론적 근거와 철학을 제공하는 문서이다. 청소년정책 프레임워크의 경우처럼 광범위한 부문에 대해 작성된 비전 문서일 수도 있고, 합리화 또는 통합하기 위해 여러 유사한 프로그램을 비교 검토한 결과일 수도 있다. 정책 프레임워크는 정책 부처의 우선순위, 목표 및 목적과 일치해야 하며 법규를 준수해야 한다. 그것은 비전과 원칙을 포함하며 일반적으로 광범위한 대상 청중을 위해 작성된다. 그리고 정책 프레임워크는 특정 대상 집단의 요구와 접근방식에 대한 일반적인 이해를 개발하고 전달하는 데 사용되며, 그것은 방향, 일관성 및 책임을 제공한다(Ministry for Children and Families, Government of British Columbia, 2000).

1) 국가 청소년정책의 일반적 프레임워크

청소년정책 프레임워크는 청소년을 위한 양질의 프로모션, 예방, 조기 지원 및 개입 시스템 개발의 필요성을 지적하면서 청소년의 긴급 문제를 해결하고자 한다. 즉 청소년서비스에 대한 정부 당국의 접근방식을 설명하고 서비스하는 대상을 정의하며 정책 및 프로그램 개발을 안내한다. 청소년서비스를 검토하고 재조정하고 청소년서비스와 관련된 정부 당국의 우선순위 계획을 개발 및 구현하도록 지원한다. 지역적 차이의 타당성을 인식하면서 정책 및 프로그램 개발의 일관성에 대한 필요성이 강조되기도 한다. 특히 각국의 청소년정책 프레임워크는 정부의 정책과 프로그램이 청소년의 삶을 개선하는데 어떻게 도움이 되는지를 설명한다(Department of Health, Australian Government, 2020).

우선 2009년 UN 서아시아 경제사회위원회(United Nations Economic and Social Commission for Western Asia, 2009)는 국가 청소년정책의 우선순위와 패러다임에 대해 설명하면서, 국가 청소년정책을 채택하는 것이 무엇보다도 청소년과 시민에 대한 사회의 노력을 나타내는 것이라고 말한다. 또한 젊은 세대에 대한 공통 국가 비전의 진술이기도 하다는 것이다. 청소년정책은 청소년의 필요와 우선순위를 충족하는 데 필요한 자원을 공정하게 분배할 수 있는 기반을 제공하는 것이라고 정리하면서, 청소년정책이 무엇인지, 청소년정책의 기초, 다루는 주요 주제, 기능, 정책 수립에 유리한 도구와 조건, 정책의 목적과 목표, 청소년정책의 근거, 정책 수립과 채택의 담당자, 일반적 프레임워크, 정책 채택과 집행 단계, 정책 수립과 옹호기법, 청소년정책의 장(chapter), 청소년정책 채택, 실행 및 평가의 일반적 단계 등 다음과 같은 15가지의 청소년정책의 기본적 프레임워크를 제시한다.

〈표 4-1〉 청소년정책의 우선순위와 패러다임; 기본적 프레임워크

① 국가 청소년정책은 무엇인가?
국가 청소년정책은 청소년 문제에 대한 국가 입장을 반영하는 일련의 정부 규정이다. 이는 2000년 이후 청소년을 위한 세계 행동프로그램에서 정한 질적 및 양적 목표 달성을 목표로 하는 일련의 직접 또는 간접 개입 및 조치를 결정한다. 이 정책은 국가의 경제, 사회 및 정치 활동에 청소년을 통합하고 참여시키는 데 도움이 된다.
② 국가 청소년정책의 기초(foundations)는 무엇인가?
국가 청소년정책의 개념, 구조 및 내용에 대한 공통 패러다임은 없다. 각 국가는 자체의 사회적, 문화적 유산을 바탕으로 관련 당사자의 의견을 반영하여 이러한 세부 사항을 정교화해야 한다. 그러나 3가지 주요 원칙에 따라 국가 청소년정책은 다음을 수행해야 한다. ㉠ 젊은이들의 소외를 제거하고 참여 개발의 개념을 강화하기 위해 긍정적인 태도를 채택한다. ㉡ 젊은이들의 필요, 문제, 열망 및 혁신을 인식한다. ㉢ 경제, 사회 및 정치발전의 주요 자산으로 청소년 역량을 활용한다.

③ 국가 청소년정책에서 다루는 주요 문제(main issues)는 무엇인가?
㉠ 교차하는 문제, 즉 청소년 및 참여, 청소년 및 개발, 청소년 및 평화, 청소년 및 개혁, 민주적 거버넌스 ㉡ 부문별 우선순위 문제, 즉 교육, 고용, 건강, 빈곤, 기아, 세계화, 정보 통신 기술, HIV / AIDS, 환경, 약물 남용, 청소년 비행, 스포츠 및 엔터테인먼트 활동 ㉢ 청소년문제 및 서비스, 즉 군복무, 자발적 사회구호 서비스, 국제 청소년서비스 및 전문 지식 교환 ㉣ 청소년 하위그룹, 즉 도시 청소년, 농어촌 청소년, 남녀 청소년, 청소년 근로자, 장애 청소년, 청소년 난민 및 이민자 등
④ 국가 청소년정책의 기능(functions)은 무엇인가?
㉠ 국가 청소년정책은 사회에서 청소년의 위치와 역할을 명확하게 결정한다. 젊은이들이 현재와 미래의 사회에 대해 가지고 있는 비전을 바탕으로 젊은이에 대한 사회의 의무를 확인한다. ㉡ 국가 청소년정책은 통합되고 균형 잡힌 접근방식을 통해 청소년의 요구, 문제 및 야망을 다루고 성 평등을 촉진한다. ㉢ 국가 청소년정책은 청소년의 관점에서 젊은이들의 요구와 열망을 충족시키기 위해 적절한 서비스와 구조의 설립을 장려한다. 이러한 서비스는 청소년이 자신의 상황을 개선하는 데 도움을 주기 위해 함께 사업하도록 설계된다. ㉣ 국가 청소년정책은 국가 개발 및 국제협력에 대한 영향력을 높이기 위해 젊은이들이 지역사회 생활과 의사결정에 적극적으로 참여하도록 장려한다.
⑤ 국가 청소년정책 수립에 유리한 도구와 조건(tools and conditions favourable)은 무엇인가?
국가 청소년정책의 공식화에는 다음과 같은 도구가 필요하다. ㉠ 국가 헌법 ㉡ 청소년, 교육, 고용, 건강, 환경, 자원봉사 등에 관한 법률 ㉢ 국가 개발 전략 및 우선순위 ㉣ 국가 개발 계획 및 정책 ㉤ 국회에서 비준한 청소년 관련 국제 및 지역 법률 문서
⑥ 국가 청소년정책의 목적과 목표(goals and targets)는 무엇인가?
국가 청소년정책의 목적과 목표는 다음과 같다. ㉠ 문화유산의 좋은 시민, 지도자, 수호자로 성장할 젊은이들의 영적, 도덕적, 지적, 직업적 및 신체적 잠재력을 개발한다. ㉡ 모든 수준의 경제 및 사회개발 및 의사결정에 청소년 참여를 장려한다. ㉢ 청소년의 권리를 보호하고 책임감을 키워 사회의 적극적인 구성원이 될 수 있도록, 즉 조직을 설립하고 의견을 표명하고 여행하며 집결하고 적절한 교육, 의료 서비스 및 고용을 할 수 있는 권리를 개발한다.

㉣ 청소년동아리와 같은 과외 활동을 지원하고, 국제 협력과 문화에 청소년의 참여를 보장하기 위해 지역사회 자원봉사 및 교류 프로그램을 촉진한다.
㉤ 청소년들, 특히 어려운 상황에 살고 경제적으로 불우한 가정의 청소년 및 인종차별 피해자에게 보호와 지도를 제공한다.

⑦ 국가 청소년정책의 근거(rationale)는 무엇인가?

국가 청소년정책은 다음과 같은 일반적인 혜택을 제공한다.
㉠ 청소년정책과 프로그램을 개발하기 위한 국가적 틀과 일련의 우선순위를 고안한다.
㉡ 모든 영역에서 평가될 청소년의 요구와 열망에 대한 포괄적인 관점을 개발한다.
㉢ 국가 발전과 국제 협력을 위한 시민 의식과 공공 서비스에 대한 기여를 청소년에게 강화한다.
㉣ 청소년, 정부, NGO 및 민간 부문을 위한 청소년정책 관련 국가 목표를 설정한다.

⑧ 국가 청소년정책의 수립 및 채택을 담당하는 사람은 누구인가?

청소년 문제를 맡은 전국 청소년협의회, 부처, 기관 및 위원회는 비정부 청소년단체 및 UN기구의 지원과 협력하여 국가 청소년정책을 수립할 책임이 있다. 이 정책은 실행을 위해 정부와 장관협의회에 의해 채택된다.

⑨ 국가 청소년정책의 일반적 프레임워크(general framework)는 무엇인가?

- 사회에서 청소년의 역할에 대한 국가적 비전
- 국가 청소년정책 주류화

⑩ 정부가 국가 청소년정책을 채택하고 실행하기 위한 단계는 무엇인가?

㉠ 관련된 모든 당사자를 초대하여 청소년 상태를 고려, 분석 및 평가하고 이를 개선하기 위한 적절한 조치의 비전을 개발한다. 이러한 조치는 전국의 정부 행정부, 입법 및 사법 당국과 비정부 청소년단체 간의 공동 프로젝트 내에서 취해져야 한다.
㉡ 모든 청소년 부문을 포함하는 통합된 국가 정책을 고안한다. 이 정책은 청소년 및 기타 이해관계자가 개발한 비전을 기반으로 한다. 또한 청소년이 인식하는 청소년 상태의 핵심 지표, '청소년' 및 청소년 하위그룹의 정의를 기반으로 하며 실제 비용 추정치를 기반으로 한다.
㉢ 모든 부문을 포함하고 청소년 문제와 주요 이해관계자를 맡은 비정부 청소년 조직, 부처 및 정부 부서 간의 파트너십을 포함하는 국가 청소년정책을 조정한다. 조정되고 협력적이며 통합된 프레임워크 내에서 관련 기관의 성과를 업그레이드한다.
㉣ 지역 및 지역 수준에서 국가 청소년정책의 실행을 위한 각종 청소년위원회, 청소년서비스 및 프로그램의 개발을 장려한다. 모니터링 및 평가 프로세스를 향상시키기 위해 단계, 목표 및 대상 그룹, 시간표, 인적 및 재정 자원관리 계획을 결정한다.

⑪ 국가 청소년정책을 수립하고 옹호하는 기법(techniques)은 무엇인가?

㉠ 최근 채택된 국가 청소년정책에 대한 대중의 인식을 높이기 위해 국가 정보 캠페인을 시작한다.
㉡ 국가, 지역 및 지구 수준에서 모든 청소년 부문, 청소년 및 대중을 위한 서비스를 제공하는 조직에 연락한다.

ⓒ 이 캠페인 내에서 다음과 같은 여러 활동을 수행한다.
　ⓐ 국가 청소년정책의 의의 등에 관하여 국가수반 또는 청소년정책 담당부처 장관이 발행하는 보도 자료
　ⓑ 텔레비전, 라디오 및 비디오 방송 및 언론 기사 준비
　ⓒ 국가 청소년정책의 단순화된 버전을 학교에 배포

⑫ 국가 청소년정책의 장(chapters)은 무엇인가?

㉠ 서두: 비전 선언문; ㉡ 목표와 근거; ㉢ "청소년"이라는 용어의 정의; ㉣ 청소년 통계 정보; ㉤ 청소년에게 영향을 미치는 과거 및 현재 문제; ㉥ 다른 정책 및 프로그램에 대한 참조; ㉦ 청소년정책을 지원하는 원칙과 가치; ㉧ 정책 목표 및 시간제한 목표; ㉨ 청소년의 권리와 의무; ㉩ 주요 전략; ㉪ 우선 목표 그룹; ㉫ 국가, 지역 및 지구 수준에서의 실행 및 실행 계획; ㉬ 조치의 평가, 업데이트 및 가능한 조정; ㉭ 참고문헌

⑬ 국가 청소년정책 채택을 위한 일반적 단계는 무엇인가?

㉠ 국가 청소년정책 초안 협상 및 채택. 협상 과정은 관련된 모든 정부 및 비정부 당사자를 포함해야 한다. 국가 정책으로서의 채택은 다른 단계, 즉 먼저 모든 관련 당사자에 의해 그리고 정부가 최종 단계로 이루어진다.
㉡ 정부 차원에서 국가 청소년정책을 채택(국가의 지원, 정당의 승인, 국가 합의, 장관의 결정, 비정부 청소년단체 등의 승인을 통해)한다.
㉢ 국가가 고안하고 채택한 장기 국가 개발전략의 일환으로 입법 수준에서 비준될 세부 개발계획에 정책을 통합한다.

⑭ 국가 청소년정책을 실행하기 위한 일반적인 단계는 무엇인가?

㉠ 국가 청소년정책의 이행을 위해 모든 정부 당사자(집행, 입법 및 사법)가 채택할 조정된 이니셔티브 시작
㉡ 국가 청소년정책의 이행을 옹호하고 모니터링하기 위해 정부와 각종 청소년 기구와 같은 비정부 청소년단체 간의 조정
㉢ 국가 청소년정책의 실행에 관여하는 모든 당사자는 모든 우선 영역을 포괄하는 국가 청소년정책을 위한 포괄적인 행동 프로그램 개발과 같은 조치에 참여
㉣ 행동 프로그램의 효과적인 이행을 보장하기 위한 적절한 자금 할당
㉤ 청소년의 높은 자발적 참여를 보장하기 위해 지역 및 지구 수준에서 비정부 청소년단체가 이끄는 국가 청소년서비스 프로그램 또는 자발적 국가 청소년 프로그램 홍보
㉥ 다음과 같은 노력이 이루어져야 한다.
　ⓐ 젊은이들이 공동 시민과 국가 전체를 대상으로 하는 공무원에 참여할 기회를 늘리고 이 분야에서의 활동에 대한 보상 제공
　ⓑ 젊은이들이 자신의 사회에서 생산적인 구성원이 되는 기술을 습득할 수 있도록 지원
　ⓒ 젊은 사람들이 자기계발을 향한 투쟁을 하도록 안내

⑮ 국가 청소년정책의 평가 및 가능한 적응을 위한 단계는 무엇인가?
㉠ 정부와 비정부 청소년단체의 공동 공약을 반영하기 위한 성과 지표를 개발하고 필요한 경우 국가 청소년정책을 조정한다. ㉡ 지역 및 국제 수준의 청소년 부처 및 부서의 공동 노력으로 국가 청소년정책 문제와 관련된 진행 상황을 모니터링하고 장애를 확인한다. ㉢ 관련된 모든 당사자를 위한 정기적인 회의를 조직하여 단기, 중기 및 장기적으로 국가 청소년정책의 이행을 검토한다. ㉣ 각 국가 청소년정책 산출물에 대한 성과 지표를 개발하고 매년 성과 및 장애를 평가한다. ㉤ 국가 차원에서 정책 이행을 추적하기 위해 청소년 상황에 대한 핵심 데이터를 수집하는 전자 정보 시스템을 구축한다. ㉥ 국가 개발계획의 평가와 함께 위의 모든 단계를 계획, 조정, 평가하는 과정에서 얻은 교훈에 따라 국가 청소년정책을 조정한다.

출처: United Nations Economic and Social Commission for Western Asia, 2009: 2–7.

이와 같이 UN 서아시아 경제사회위원회는 15가지의 청소년정책 기본 프레임워크를 제시하면서, 그중 하나로 청소년정책의 일반적 프레임워크(general framework)로서 사회에서 청소년의 역할에 대한 국가적 비전과 청소년정책의 주류화(mainstreaming)를 강조한다(United Nations Economic and Social Commission for Western Asia, 2009: 5). 첫째, 사회에서 청소년 역할에 대한 국가적 비전은 청소년을 개발의 목표이자 수단으로, 경제적, 사회적, 정치적 변화와 발전의 엔진으로 간주한다. 국가 청소년정책은 우선순위를 명시하고 그 실행에 전념한다. 그것은 주어진 국가에서 젊은이들의 발전에 대한 국가의 실질적인 접근의 토대를 마련하는 것이다. 또한 그것은 젊은이들과 그들이 사는 조건에 대한 개요와 이해를 구체화하는 것이다. 국가적 비전으로서 그것은 지역사회와 국가 활동에 젊은이들의 참여를 위한 틀을 구성한다.

둘째, 국가 청소년정책 주류화는 다음과 같은 3가지 조건을 필요로 한다.

ⓐ 국가 청소년정책은 다른 정부 부문 정책과 연결되어야 하며 국가 개발 정책에 통합되어야 한다.

ⓑ 청소년의 욕구와 열망은 국가 계획 및 정책 결정의 필수적인 부분이어야 한다.

ⓒ 국가 청소년정책은 청소년의 필요에 맞게 조정되어야 하지만 국가 개발 계획에 통합되어야 한다.

UN 서아시아 경제사회위원회가 제시한 15가지의 청소년정책 기본 프레임워크는 이후 약간의 수정 보완을 거쳐 가면서 최근까지 세계 각국의 청소년정책의 프레임워크로 이어지고 있다. 특히 아프리카 각국과 그레나다 등 신흥국가에서 국가 청소년정책을 수립하고 채택할 때 주요한 지침으로 간주되고 있다.

〈표 4-2〉 나이지리아, 케냐 및 그레나다의 청소년정책 프레임워크

나이지리아(Nigeria) 국가 청소년정책(2019)	케냐(Kenya) 국가 청소년개발정책(2019)	그레나다(Grenada) 국가 청소년정책(2015-2018)
1. 배경, 근거 및 정책 맥락 1.1 국가 청소년정책 배경 1.2 나이지리아 국가 청소년정책 개정의 근거 1.3 국가 청소년정책의 맥락에서 청소년 1.4 청소년 인구 1.5 정책 개발 과정 2. 정책 맥락과 가이드 원칙 2.1 정책 맥락(국가 정책과 개발 어젠다, 지역 청소년 관련 개발 어젠다, 글로벌 개발 어젠다) 2.2 가이드 원칙 및 가치 3. 비전, 목적 및 대상 집단 3.1 정책 비전 3.2 정책 미션 3.3 정책 목적 3.4 대상 집단 4. 전략적 추진력, 주제별 초점 및 목표 5. 정책 벤치마크	1. 배경 1.1 케냐 청소년개발정책의 근거 1.2 정책의 범위 1.3 케냐에서 청소년 프로파일 1.4 정책 리뷰 과정 2. 상황 분석 및 제도적 프레임워크 2.1 청소년 잠재력과 성취의 검토 2.2 청소년에 미치는 도전 2.3 법, 정책, 계획 및 제도적 프레임워크 2.4 최근 정책 개입의 SWOT 분석 3. 케냐 청소년개발정책(2019) 프레임워크 3.1 목적 3.2 목표 3.3 비전 3.4 미션 3.5 가치 3.6 원칙 3.7 이해관계자의 권리, 책임 및 의무 3.8 대상 청소년 범주 4. 청소년정책 목표, 우선순위 및 조치 4.1 케냐 청소년개발정책 목표 4.2 정책 우선 영역	1. 개요 1.1 세계 청소년개발 환경 개요 1.2 지역적 관점 1.3 그레나다 청소년개발 발전 개요 2. 청소년정책 근거 3. 청소년 정의 3.1 그레나다 청소년 프로파일 4. 상황 분석 4.1 정책 환경 평가 스코어 카드 4.2 청소년 설문 조사 결과 4.3 설명 데이터 5. 정책 원칙 및 가치 5.1 생태 시스템 이론 5.2 권리 기반 접근 5.3 공동 책임 5.4 긍정적 청소년개발 5.5 청소년 주류화 5.6 청소년 권한 부여 5.7 혁신적 패러다임 5.8 형평성과 접근성 5.9 비전 5.10 미션 선언문

나이지리아(Nigeria) 국가 청소년정책(2019)	케냐(Kenya) 국가 청소년개발정책(2019)	그레나다(Grenada) 국가 청소년정책(2015-2018)
6. 실행 프레임워크 6.1 청소년관련 위원회 및 의회 6.2 청소년개발 기술 워킹 그룹: 역할 및 책임 6.3 정부 기관: 역할 및 책임 6.4 조직된 민간 부문: 역할과 책임 6.5 시민사회: 역할과 책임 6.6 국제 개발 파트너: 역할과 책임 6.7 미디어: 역할과 책임	4.3 건강하고 생산적인 청소년 인구 실현 4.4 기술과 역량을 갖추고 훈련된 청소년 인력 양성 4.5 청소년이 적절하고 지속가능한 생계유지 기회 창출 4.6 부 창출을 위한 청소년 재능, 창의성 및 혁신 개발 4.7 혁신적 리더십을 위한 가치 중심의 도덕적, 윤리적 세대의 애국적 청소년 양성 4.8 청소년의 효과적 시민 참여와 대표성 4.9 젊은 케냐인이 뒤처지지 않는 범죄 없고, 안전하며 평화롭고 통일된 케냐 장려 4.10 지속가능한 개발을 위한 환경 관리에 청소년 참여 4.11 청소년의 기업가 정신 함양 4.12 청소년 집단 관련 ICT 기반 프로그램 개발 지원 5. 정책 협력 및 실행 5.1 정책 실행을 위한 접근 5.2 정책 실행의 협력 5.3 이해관계자의 역할	5.11 목적 6. 전략적 우선순위(1) 경제발전에서 청소년 주류화 7. 전략적 우선순위(2) 국가건설에 적극적 청소년 참여 8. 전략적 우선순위(3) 청소년 회복탄력성 강한 인적 자본 구축 9. 전략적 우선순위(4) 청소년사업 분야 전문화: 제도적 강화 10. 국가 청소년정책 실행 11. 예산 및 기술적 지원
7. 모니터링 및 평가 체제 7.1 모니터링 7.2 평가 7.3 연구	6. 모니터링, 평가 및 영향 평가 7. 자원 동원 및 청소년정책 재원 8. 의사소통, 홍보 및 정보 9. 정책 리뷰	12. 모니터링 및 평가 13. 결론

출처: Federal Republic of Nigeria, Federal Ministry of Youth and Sports Development, 2019; Republic of Kenya, Ministry of ICT, Innovation anc Youth Affairs, 2019; GRENADA, 2014.

〈표 4-2〉의 아프리카 나이지리아, 케냐 및 그레나다의 국가 청소년정책에서 볼 수 있듯이, UN이 제시한 청소년정책 기본 프레임워크는 세계 각국의 상황에 따라 약간의 차이는 있을지 모르지만, 대개 청소년정책의 공통 프레임워크로 수용되고 있다. 즉 청소년정책 기본 프레임워크는 넓게는 정책의 정의에서부터 기초, 정책 주제 영역, 기능, 근거 및 목적, 정책 수립과 실행 및 평가에 이르는 15가지에 이르지만, 위의 3개국 청소년정책의 장(chapter)에서 볼 수 있듯이 좁게는 국가 청소년정책의 목적과 목표, 비전, 미션, 가치와 원칙 및 청소년을 비롯한 이해관계자의 권리, 책임 및 의무, 정책 대상으로서 청소년 범주, 그리고 청소년정책에서 우선적으로 추진하고자 하는 주요 정책영역과 주제와 조치를 청소년정책 프레임워크라고 할 수 있다.

한편 영국의 영향력 아래에서 청소년정책과 사업의 선진국이라고 할 수 있는 아일랜드의 청소년정책 프레임워크는 주목할 필요가 있다. 아일랜드는 2011년 아동·청소년부(Minister and Department of Children and Youth Affairs) 신설과 최초의 장관급 임명으로 큰 발전을 이루었으며, 이를 통해 젊은이들의 요구, 우려 및 목소리가 공공정책에서 더 큰 정치적 우선순위와 두드러짐을 보장받는 기반을 조성했다. 이 부처는 또한 정책 개발 및 조정에서 더 큰 역할을 수행하고 있으며 청소년정책을 정부 전체에 통합하는 것을 주요 목적으로 삼고 있다.

아동·청소년부는 먼저 아동 및 청소년을 위한 국가 정책 프레임워크로서 '더 나은 성과, 더 밝은 미래(Better Outcomes, Brighter Futures: National Policy Framework for Children and Young People 2014–2020)' 문서를 통해 아동·청소년정책 청사진을 만들었다. 그리고 뒤이어 2015년 10월에는 '더 나은 성과, 더 밝은 미래'라는 아동·청소년을 위한 국가 정책 프레임워크에 기반하여 청소년의 요구를 해결하는 아일랜드 최초의 '국가 청소년전략 2015(National Youth Strategy 2015–2020)를 별도로 발표(National Youth Council of Ireland(NYCI), 2020)했다. 즉 아동·청소년정책 프레임워크를 먼저 설정하고, 이와 연계하여 구체적인 청소년정책에 대한 국가 청소년전략을 설계한 것이다.

특히 아일랜드 아동·청소년을 위한 국가 정책 프레임워크는 앞에서 소개한 나이지리아 등 신흥국가의 일반적 정책 프레임워크와 달리 아동과 청소년을 위한 5가지 국가적 성과에 기반한 '성과 접근방식(outcomes approach)'을 채택(Department of Children, Equality, Disability, Integration and Youth(Ireland), 2014: 2−14)하고 있다. 그리고 채택된 성과 접근방식은 모든 후속 상호 관련된 전략을 뒷받침한다. 즉 아일랜드는 거의 모든 정책 분야는 어린이와 청소년의 삶에 직간접적인 영향을 미친다고 전제하고, 이 프레임워크의 목적은 5가지 국가적 성과를 통해 정부 전체의 정책을 조정하고 집중된 주의를 기울여 아동 및 청소년(0~24세)의 성과를 개선하고 기존의 효과를 전환할 수 있는 잠재력을 가진 영역을 확인하는 것이다. 정책, 서비스 및 자원, 문서의 약속은 모든 정부부처로부터 도출되었다. 프레임워크는 효과적이고 조정된 전달을 보장하는 수단을 제공한다. 프레임워크는 우리가 어린이와 청소년에 대한 우리의 비전을 지원하는데 우리가 가진 자원 내에서 사용할 수 있는 모든 자원을 효과적으로 사용하려면 국가 및 지역적으로 '연결'해야 한다는 정부의 인식과 더 많은 일을 해야 한다는 인식이기도 하다.

아동·청소년을 위한 국가 정책 프레임워크의 목표는 정책 개발 및 서비스 제공을 현재의 시나리오(주로 좁은 조직책임 내에서 아동과 청소년을 바라보는)를 넘어 개선된 성과를 달성하는 데 필요한 진행 상황 등 전체 정부 대응 및 전반적인 요구와 명확한 그림으로 전환하는 것이다. 이러한 사고의 변화는 다양한 아동, 청소년 및 성인 서비스 간에 보다 원활한 접근방식을 유도하기 위한 것이며 아동 및 청소년에 대한 통합적 정책 초점을 제공한다. 이 프레임워크는 2014년에 특정 영역의 작업 프로그램을 보다 자세히 설명하는 몇 가지 주요 전략 문서가 뒤따르도록 계획했다. 여기에 아일랜드 최초의 국가 초기 전략과 국가 청소년전략이 포함된다.

〈표 4-3〉 아일랜드 아동 · 청소년정책 및 국가 청소년전략 프레임워크

더 나은 성과, 더 밝은 미래 (Better Outcomes, Brighter Futures 2014-2020)	국가 청소년전략 (National Youth Strategy 2015-2020)
1. 맥락 개요 아동청소년을 위한 지원 사례 발전 만들기(Making process) 2. 더 나은 성과 성취 비전 인도하는 원칙 5가지 국가적 성과 6가지 혁신 목적 1 부문: 혁신 목적 목적 1: 부모 지원 목적 2: 조기 개입 및 예방 목적 3: 아동청소년에 대한 경청과 참여 목적 4: 양질의 서비스 보장 목적 5: 효과적 이행 지원 목적 6: 정부부처 간, 기관 간 협력 및 연계 2 부분: 국가적 성과 성과 1: 활동적이고 건강한 신체적, 정신적 웰빙 성과 2: 모든 학습 및 개발 영역에서 완전한 잠재력 달성 성과 3: 안전하고 위험으로부터 보호 성과 4: 경제적 보장과 기회 성과 5: 연결되고 존중되며 세계에 공헌 3. 실행 진행 상황 측정 실행 추진, 책임 보장 책무성 실행 구조	* 원칙 1. 개요: 배경 및 맥락 국가 청소년전략의 기초 및 목적 2. 아일랜드 청소년의 상황 이해 사회경제적 맥락 개발 기간으로서 청소년 청소년정책 환경 3. 국가 청소년전략 협의 4. 국가 청소년전략 2015-2020 목적, 목표 및 우선 행동 성과 1: 활동적이고 건강한 신체적, 정신적 웰빙 성과 2: 모든 학습 및 개발 영역에서 완전한 잠재력 달성 성과 3: 안전하고 위험으로부터 보호 성과 4: 경제적 보장과 기회 성과 5: 연결되고 존중되며 세계에 공헌 5. 실행 프레임워크 가능자(Enabler)

〈표 4-3〉에서 볼 수 있듯이, 아일랜드 아동·청소년을 위한 국가 정책 프레임워크는 '더 나은 성과 성취'를 위해 비전, 원칙 이외에 아동과 청소년을 위한 비전을 발전시키는데 필요한 5가지 국가적 성과(National Outcomes)를 설정하고 이에 기반을 둔 성과 접근방식을 채택하고 있다. 5가지 국가적 성과는 2015년에 발표된 '국가 청소년전략'에 반영되어 각 성과별로 2개의 목표를 구성하고, 5가지 국가적

성과에 10가지 하위목표로 설정되었다. 그리고 각 성과에는 각각 4가지 목표가 있다(〈표 4-6〉 참조). 성과와 관련된 목표는 서로 연결되어 있으며 많은 경우 강화된다. 예를 들어, 빈곤과 사회적 배제로부터 보호받는 것은 성과 1('활동적이고 건강함')과 성과 2('학습 및 개발')를 크게 지원한다. 마찬가지로 안정적으로 돌보는 가정환경을 갖는 것은 모든 '성과 1'에서 '성과 5'까지의 핵심 기반이다.

또한 정책 프레임워크는 보편적인 접근방식과 표적화된 선별적 접근방식 모두를 채택한다. 모든 아동과 청소년의 상황에 초점을 맞추면서 소외 계층을 확인하고 우선순위를 부여한다. 모두를 위한 성과의 평등을 높이기 위해 일부 아동과 청소년은 추가 지원이 필요하며, 특정 불평등이나 구조적 문제를 해결해야 한다는 점을 인식한다.

아울러 아동과 청소년에게 더 나은 결과를 제공하고 5가지 국가적 성과를 통해 달성한 아동과 청소년의 수를 늘리기 위해 강화가 필요한 여러 교차 주제를 확인하고 우선순위를 정했다. 이러한 목표는 정책과 서비스가 더 나은 결과를 달성하는 데 더 효과적이도록 보장하는 핵심이기 때문에 '혁신 목표(transformational goals)'라고 한다. 6가지 혁신 목표는 이 정책 프레임워크의 수명 동안 집단적인 관심과 개선을 위한 핵심 초점이 된다. 각 혁신 목표에 주의를 기울이면 아동과 청소년에 대한 지원의 질과 적시성, 정책 및 서비스 제공의 효과와 대응성이 크게 향상될 것으로 기대한다. 혁신 목표 중 일부는 문화적 변화가 필요하고, 일부는 자원 재조정이 필요하고, 다른 목표는 계획과 더 나은 의사소통에 주의를 기울여야 한다. 현재와 미래에 더 나은 성과를 달성하기 위해 아동과 청소년에 대한 지원 시스템을 강화하는 데 있어, 이 모든 것이 중요하다(Department of Children, Equality, Disability, Integration and Youth(Ireland), 2014: 22-27).

2) 국가 청소년정책의 비전, 목적 및 미션

일반적으로 국가 청소년정책의 프레임워크는 비전, 목적, 목표를 비롯하여 성과 등을 우선 고려한다. 국가 청소년정책이나 전략에서 이들 요소들은 일반적으로 다음과 같이 엄격하게 구분(Denstad, 2009: 67–68)하여 사용된다.

㉠ 비전(vision): 성취하고자 하는 것의 가장 추상적인 인식이다. 정책과제는 비전이라는 퍼즐의 작지만 중요한 하나의 조각에 불과하다. 목적과 상반되게 비전은 구체적이지도 않고, 측정되지도 않는 정치적 선언일 수 있다. 비전은 최종적인 상태 혹은 조건으로 표현되어야 한다.

㉡ 목적(goal): 목적은 비전을 확실하게 표현한 것으로, 구체적인 정책을 통해 성취하고자 하는 윤곽을 의미한다. 목적은 전반적으로 청소년정책이 성취하고자 하는 장기간의 목표인 셈이다. 그러나 목적이 충분히 성취되는가의 여부는 정책 그 자체보다는 다른 요소에 달려 있다. 전체적인 정책과제와 하나의 목적이 종합적인 선언을 구성하기 때문에 구체적이고 성취 가능해야 한다는 사실이 중요하다.

㉢ 목표(objectives): 목표는 정책이 왜 필요한지를 위한 구체적인 지향점이다. 목표는 구체적으로 우선순위가 매겨진 정책영역을 나타내는 지점인 동시에 청소년정책이 설정한 목적을 성취하기 위해 실천하는 지점이다. 청소년정책에 포함된 정책영역별로 1가지(혹은 최대한 2가지) 목표로 제한해야 한다. 그렇게 할 때, 청소년정책이 보다 현실적이고 성취 가능해지기 때문이다. 목표는 다음과 같은 5가지 사항을 포함한 진술이어야 한다.

ⓐ 표적 집단
ⓑ 목적과 직접 관련된 사항
ⓒ 정책에서 성취 가능한 사항
ⓓ 정책성과가 이루어진 후 일어나는 현실적 의미
ⓔ 과정이 아니라 바림직한 결과로 진술

㉣ 성과 혹은 기대 효과(outcomes or expected results): 성과는 정책을 통해 성취하기를 원하는 무엇이다. 성과는 하나의 목표와 관련한 구체적인 결과이다. 성과는 목표를 위한 근본 원인이며, 언제나 각 목표마다 몇 가지의 성과가 있다. 다시 말해 하나의 목표와 관련된 성과를 이룬다는 것은 목표 성취에서 성공 가능성을 점차 높이는 것이다. 성과는 다음과 같은 4가지 사항을 보장할 수 있어야 한다.

ⓐ 정책에서 충분히 성취 가능하다.
ⓑ 하나의 목표와 직접 연관되어 있다.
ⓒ 성취된 것과 같이 과거형으로 진술된다.
ⓓ 목표 성취를 위한 필요한 수단으로 볼 수 있다.

그런데 국가에 따라서는 특히, 새로이 국가 청소년정책을 수립하는 신흥국가에서는 미션(mission)을 기술하는 경우도 있다. 미션은 사명, 존재이유, 존재가치, 이념 등으로 표현되며, 청소년정책이 존재하는 이유와 가치 또는 정체성을 정의하는 것이다. 미션의 역할은 존재이유, 추구하는 가치와 이상을 명시화하고, 활동범위를 결정해 주는 경계 역할, 지속적으로 참여하도록 동기부여 하는 역할, 의사결정에 대한 판단기준을 제공하면서 평가 척도의 역할을 한다. 미션은 일반적으로 다음과 같은 3가지로 구성된다(꿈꾸는 코끼리, 2012).

ⓐ 우리는 왜 존재하는가 - 주요 목적에 대한 질문
ⓑ 우리는 누구를 위해 존재하는가 - 우리의 주요 고객에 대한 질문
ⓒ 우리는 무엇을 제공하기 위해 존재하는가 - 제공되는 핵심 서비스에 대한 질문

이와 같이 청소년정책의 비전과 목적 등은 국가적 차원의 협의과정을 거쳐 결정되어야 하지만, 전반적인 전략적 목적은 사전에 그려져야 한다. 목적에 대한 기술은 그리고자 하는 공공정책을 통해 청소년이 성취하기를 바라는 바람직한 미래와 성과를 담은 다소 일반적이고 정성적인 표현이 좋다. 이런 포괄적인 전략적 목

적은 사실상 규범적인 것이다. 전략적 목적은 정책을 지원하는 원리와 가치로부터 도출되고, 정책을 뒷받침하는 합리적 기초 역할을 하게 된다(UNESCO, 2004: 13).

그런데 실제로 국가에 따라서는 미션, 비전, 목적(goal), 목표(objective 혹은 aim) 및 성과 등의 위계 관계를 엄격하게 구분하지 않고, 대개 혼란스럽게 제각각 기술하거나 사용하기도 한다. 〈표 4-4〉에서 볼 수 있듯이, 아프리카의 나이지리아와 케냐의 국가청소년정책이나 청소년개발정책 프레임워크에서는 각각 '비전-미션-목적', '목적-목표-비전-미션' 순으로 기술하고 있다.

〈표 4-4〉 나이지리아와 케냐의 청소년정책 목적, 비전 및 미션

나이지리아(Nigeria) 국가 청소년정책(2019)	케냐(Kenya) 국가 청소년개발정책(2019)
〈정책 비전〉 나이지리아 청소년의 배경에 관계없이 꿈과 열망을 실현할 수 있는 동등한 기회를 갖고, 국가 개발에 대한 기여를 최적화할 수 있는 안전한 환경에서 생활하도록 개발한다. 〈정책 미션〉 청소년개발의 이해관계자들에게 민족, 종교 및 사회 경제적 배경에 관계없이 모든 나이지리아 청소년 남녀의 잠재력을 최대한 실현할 수 있는 포괄적인 프레임워크를 제공한다. 〈정책 목적(policy goal)〉 모든 청소년의 기본 인권을 보호하고, 최적의 개발과 복지를 증진하며, 국가 개발 과정의 모든 영역에 대한 참여를 강화하는 적절한 프레임워크를 제공한다.	〈목적(goal)〉 청소년이 자신, 국가 및 미래를 위해 사회 경제적, 정치적 발전에 전체적인 권한을 부여하고 참여를 촉진한다. 〈목표(aim)〉 지역, 카운티, 국가 및 국제 수준에서 생산적인 참여를 위한 잠재력을 활용하면서 적절한 청소년개발 및 권한 부여를 보장한다. 〈비전〉 정책은 청소년들이 정직하고 열심히 일함으로써 사회경제적, 정치적 영역에서 그들의 잠재력과 열망을 충분히 실현할 평등하고 책임감 있는 기회를 갖는 사회를 구상한다. 〈미션〉 국가 및 카운티 정부와 해당 국가의 청소년을 대상으로 하는 개입 및 프로그램의 계획과 실행에 관련된 모든 이해관계자를 안내한다.

캐나다(캐나다 청소년정책)와 우리나라(제6차 청소년정책기본계획)에서는 간략히 '비전-목표' 순으로만 기술하고 있다.

〈표 4-5〉 캐나다와 한국의 청소년정책의 비전과 목표

캐나다 캐나다 청소년정책(Canada's Youth Policy, 2018)	한국 제6차 청소년정책기본계획(2018-2022)
〈비전〉 젊은이들은 건강하고 만족스러운 삶을 살 수 있는 준비를 하고 자신과 지역사회 및 세계를 위해 긍정적인 변화를 일으킬 수 있는 권한을 느낀다. 〈목표(objective)〉 캐나다 젊은이들을 위한 비전을 발전시키기 위해 캐나다 정부는 다음을 약속한다. ㉠ 청소년의 목소리를 듣고 존중할 수 있는 의미 있는 기회 창출 젊은이들은 자신의 목소리가 소중하고 변화에 기여하고 있다고 느낄 때 참여할 가능성이 더 높다. 정부는 연방 우선순위, 정책 및 프로그램을 형성할 때 젊은이들의 관점을 적극적으로 모색하고 청소년들이 안전하고 존중받을 수 있도록 그들의 목소리에 귀를 기울여 의미 있는 참여 접근방식을 채택할 것이다. 연방 부서는 청소년을 위한 자체 참여 기회를 개발할 것이며 여기에는 워킹 그룹, 자문 역할 또는 공식 협의에 젊은이들의 참여가 포함된다. ㉡ 변화하는 청소년의 필요를 충족하는 접근 가능한 지원 제공 젊은이들은 삶의 여러 단계에서 다양한 도전과 기회에 직면한다. 빠르게 변화하는 세상에서 성공할 수 있도록 준비하기 위해서는 요구를 충족하는 적절하고 문화적으로 민감한 지원에 접근해야 한다. 정부는 젊은이들과 협력하여 지원이 그들의 필요와 관련성을 유지하고 모든 다양성에서 그들이 접근할 수 있는 방식으로 설계되고 전달되도록 할 것이다.	〈정책 비전〉 현재를 즐기는 청소년, 미래를 여는 청소년, 청소년을 존중하는 사회 〈정책 목표〉 ㉠ 청소년 참여 및 권리 증진 ㉡ 청소년 주도의 활동 활성화 ㉢ 청소년 자립 및 보호지원 강화 ㉣ 청소년정책 추진체계 혁신

출처: Government of Canada, 2018: 2-3 ; 여성가족부, 2018.

반면 성과 중심 프레임워크를 채택한 아일랜드의 경우 보다 상위의 아동·청소년정책 프레임워크에서는 '비전-성과'로 기술하고, 국가 청소년전략에서는 '목적-성과-성과별 목표' 순으로 구체적으로 기술하고 있다.

〈표 4-6〉 아일랜드의 청소년정책 목적, 성과 및 목표

더 나은 성과, 더 밝은 미래: 2014-2020 (Better Outcomes, Brighter Futures 2014-2020)	국가 청소년전략 2015 (National Youth Strategy 2015-2020)
〈비전〉 우리의 비전은 아일랜드를 가족이 성장하며 부양하고 모든 어린이와 청소년의 권리가 존중되며 보호되고 성취되고, 그들의 목소리가 들리고, 현재와 미래의 최대 잠재력을 실현하기 위해 지원되는 세계 최고의 작은 나라로 만드는 것이다. 〈국가적 성과〉 1 활동적이고 건강한 신체적, 정신적 웰빙 1.1 신체적으로 건강하고 긍정적인 건강 선택 1.2 좋은 정신 건강 1.3 관계와 성 건강에 대한 긍정적이고 정중한 접근 1.4 놀이, 레크리에이션, 스포츠, 예술, 문화 및 자연 즐기기 2 모든 학습 및 개발 영역에서 완전한 잠재력 달성 2.1 출생부터 배우고 발전하기 2.2 사회적, 정서적 웰빙 2.3 학습 참여 2.4 교육 달성 3 안전 및 위험으로부터 보호 3.1 안전하고 안정적이며 돌보는 가정환경 3.2 남용, 방치 및 착취로부터 안전 3.3 괴롭힘과 차별로부터 보호 3.4 범죄 및 반사회적 행동으로부터 안전 4 경제적 안보 및 기회 4.1 빈곤과 사회적 배제로부터 보호 4.2 아동·청소년 친화적인 지속가능한 지역사회에서 생활 4.3 지속적인 교육 및 훈련 기회 4.4 경제적 참여와 자립생활로 가는 길 5 연결되고, 존경받고, 세상에 공헌 5.1 차별 없는 자신의 정체성 5.2 친구, 가족 및 지역사회의 긍정적 네트워크의 일부 5.3 시민 참여, 사회적, 환경적 의식 5.4 권리 인식, 책임감 및 법률 존중	〈목적(aim)〉 모든 청소년이 자신의 권리를 존중하고 목소리를 들을 수 있는 동시에 어린 시절에서 성인이 될 때까지 보호하고 지원함으로써 자신의 최대 잠재력을 실현할 수 있도록 한다. 이 목표를 달성하기 위해 5가지의 국가적 성과 영역 각각과 관련하여 여러 가지 목표가 확인되었다. ㉠ 성과 1: 활동적이고 건강한 신체적 정신적 웰빙 – 목표 1: 청소년들은 특히 신체적, 정신적, 성적인 건강과 웰빙과 관련하여 건강한 생활방식을 즐긴다. – 목표 2: 젊은이들은 청소년사업, 예술 및 스포츠를 포함한 레크리에이션 및 문화적 기회에 참여함으로써 이익을 얻는다. ㉡ 성과 2 : 모든 학습 및 개발 영역에서 완전한 잠재력 달성 – 목표 3: 청소년의 핵심 기술, 역량 및 속성은 접근성, 대응력, 형식 및 비형식 교육 및 학습 기회를 통해 향상되고 촉진된다. – 목표 4: 젊은이들은 교육시스템을 통해 이동할 때 모든 수준에서 강화된 이행 지원의 혜택을 받는다. ㉢ 성과 3: 안전 및 위험으로부터 보호 – 목표 5: 청소년, 특히 취약하고 소외된 청소년은 가정, 학교, 지역사회 및 온라인에서 안전하다고 느끼도록 지원되며, 안전하지 않거나 취약하다고 느낄 때 말할 수 있는 권한을 부여받는다. – 목표 6: 젊은이들은 사회화하고 발전할 수 있는 안전한 장소와 공간을 가지고 있다. ㉣ 성과 4: 경제적 보장과 기회 – 목표 7: 청소년들은 공식적인 학습 및 훈련 자격과 기업가 정신 기회를 보완하는 향상된 고용 능력을 통해 노동시장에 더 잘 참여할 수 있다. – 목표 8: 젊은이들은 사회적 통합과 빈곤을 다루는 정책에 특히 초점을 맞추고 있다. ㉤ 성과 5: 연결되고 존중되며 세계에 공헌 – 목표 9: 젊은이들은 사회에 포용되고, 환경을 인식하고, 평등과 권리를 옹호하고, 다양성을 존중하며, 적극적인 글로벌 시민이 될 수 있는 권한을 부여받는다. – 목표 10: 청소년의 자율성이 지원되고, 적극적인 시민권이 강화되며, 정치적, 사회적, 시민적 참여를 통해 목소리가 강화된다.

우선 국가 청소년(개발)정책에 나이지리아와 케냐는 독특하게 정책의 '미션'을 기술하고 있다. 국가 청소년정책의 미션은 주로 청소년(개발)에 대한 이해관계자에게 청소년의 잠재력을 실현할 수 있는 프레임워크를 제공하거나 안내하는 역할을 명시하고 있는 사실을 알 수 있다. 또한 국가 청소년정책의 비전과 목적은 주로 동등하고 책임감 있는 기회, 국가 개발에 대한 기여나 잠재력 실현 및 성취, 사회경제적, 정치적 발전 혹은 사회변화, 긍정적 변화에 대한 권한 부여, 권리 존중과 인권 보호 및 참여, 건강하고 만족스러운 삶이나 미래 준비, 현재의 즐거움 추구 및 안전한 환경에서 생활이나 보호 등을 주요한 키워드로 하고 있다. 그리고 국가 청소년정책의 목표 기술은 '목적' 진술을 구체적으로 달성하기 위해 정책영역이나 지침을 현실적이고 구체적으로 표현하고 있다.

국가 청소년정책의 목적과 관련하여 덴마크 코펜하겐대학교에서 박사학위를 취득한 중국의 청소년학자인 Xuan Li(2019)는 여러 국가의 청소년정책을 차별화하기 위한 학문적 접근방식 중 하나는 정책이 청소년을 어떻게 특성화하는지 알아내는 것이라고 주장하며, 청소년정책을 문제 지향과 투자 기반의 2그룹으로 분류했다. 전자는 청소년을 잠재적인 문제 유발자 또는 피해자로 취급하는 반면 후자는 청소년을 훌륭한 자원으로 취급하므로 청소년개발 및 복지에 중점을 둔다는 것이다. 실제로 문제 지향적 관점과 투자 기반 관점은 거의 모든 국가의 청소년정책에서 대표되며, 가장 큰 차이점은 어느 관점이 가장 지배적인지이다.

앞에서 언급한 국가들의 국가 청소년정책 비전이나 목적들은 대부분 기회 창출, 잠재력 실현, 기여, 권한 부여, 참여, 준비 등 주로 투자 기반 관점을 지배적으로 취하고 있음을 알 수 있다. 안전한 환경에서 생활이나 보호 등은 문제 지향적 관점의 연장에서 이해할 수 있을 것이다.

또한 Xuan Li(2019)는 투자 기반의 청소년정책을 다시 '시민 권한 부여' 청소년정책과 '경제적 기회주의' 청소년정책으로 나눈다. 둘 다 청소년 복지와 개발에 초점을 맞추고 있지만, 강조점에는 미묘한 차이가 있다. 시민 권한 부여 청소년정책은 정치적인 경향이 있는 반면 경제적 기회주의 정책은 자명하게 더 경제적이다. 청소년정책의 목적이 시민 권한 부여 또는 경제적 기회주의에 더 비중을 두느냐는 청소년정책이 설계되고 형성되는 사회경제적 및 사회정치적 매개 변수에 따라 크게 결정된다. 대개 서구 국가는 '시민 권한 부여' 청소년정책을 수용하는 반면, 비서구 국가는 '경제적 기회주의' 청소년정책을 수용하는 경향이 많다.

3) 국가 청소년정책의 원칙과 가치

청소년정책의 원칙(principles)과 가치(value)는 청소년정책에서 갖추고 지켜야 하는 기본적인 지침이나 규칙을 말한다. 민주사회에서 청소년정책의 원칙에는 일반적으로 사회 진보, 연대, 사회 정의, 적극적인 시민권, 사회 및 경제 통합이 포함될 수 있다. 그리고 청소년의 해방(emancipation), 예방에서 개입(from prevention to intervention), 사전 예방에서 대응(from proactive to reactive), 문제 지향에서 기회 중심(from problem oriented to opportunity focused), 가부장주의에서 개방(from paternalistic to open)으로의 전환을 주요한 원칙으로 삼기도 한다.

그렇지만 개별 국가별로 청소년정책의 원칙을 정할 때 정책의 어떤 측면을 강조하는가에 따라 약간의 차이를 보인다. 먼저 개별 국가의 청소년정책의 원칙을 살펴보면, 2018년 발표된 캐나다 청소년정책은 청소년정책 목표의 실행을 안내하는 '안내 원칙(Guiding Principles)'을 〈표 4-7〉과 같이 3가지로 제시하고 있다(Government of Canada, 2018: 7).

한편 청소년정책 성과 프레임워크를 채택하고 있는 아일랜드의 경우에도 아동청소년정책에서 정책개발의 핵심 원칙으로서 아동의 권리, 가족 중심, 평등, 증거정보 및 성과 중심, 책임 및 자원 효율성 등 5가지의 '안내 원칙(Guiding principles)'을 제시하고 있다. 안내 원칙은 차례로 정책 프레임워크의 구현 및 모니터링을 안내한다. 주목할 만한 것은 각 안내 원칙에 각각 별도의 원칙과 관련된 특징적인 성과를 포함하고 있다(Department of Children, Equality, Disability, Integration and Youth(Ireland), 2014: 20-21).

〈표 4-7〉 캐나다 청소년정책의 3가지 안내 원칙

㉠ 청소년은 의견을 듣고 존중받을 권리가 있다.	㉡ 청소년은 기회와 지원에 동등하게 접근할 권리가 있다.	㉢ 청소년이 잠재력을 최대한 발휘하면 모든 캐나다인에게 이익이 된다.
청소년은 현재 자신에게 영향을 미치고 미래에 영향을 미칠 결정에 영향을 미칠 권리가 있다. 캐나다는 18세 이하 청소년을 위한 일련의 권리인 UN 아동권리협약(UNCRC)에 서명했다. UNCRC는 젊은이들이 "의견에 대한 권리가 있으며 성인은 이를 경청하고 진지하게 받아들일 책임이 있음"을 재확인한다. 캐나다는 모든 청소년의 목소리를 존중하겠다는 협약과 서약을 지지한다.	캐나다는 점점 더 다양한 젊은이들의 인구를 보유하고 있다. 정부는 청소년 참여 기회와 지원을 만들 때 Gender-based Analysis Plus (GBA+)를 포함한 평등 원칙을 적용할 것이다. GBA+는 다양한 그룹의 사람들이 정부 이니셔티브를 경험하는 방법을 평가하고 성적 지향, 성 정체성, 인종, 민족, 종교, 장애, 교육, 소득, 문화, 지리 및 연령과 같은 많은 정체성 요소를 고려한다. GBA+는 청소년 전용 프로그램을 포함하여 정부 이니셔티브를 설계하고 제공할 때 청소년을 고려한다. 이는 불평등을 완화하고 정부가 모든 청소년의 특정 요구와 상황에 대응할 수 있도록 하는 것을 목표로 한다.	청소년을 지원하고 그들의 목소리를 높이는 것은 더욱 강력하고 포용적인 캐나다를 건설하는 데 도움이 될 것이다. 다양한 관점은 혁신과 지속가능성을 촉진한다. 정부 정책과 캐나다 경제는 젊은이들의 다양성과 혁신에 대한 열정의 혜택을 받을 것이다. 포용성은 또한 더 나은 결정으로 이어지고 더 빠른 변화를 가져올 수 있다. 젊은이들을 평등한 사회구성원으로 대하면 사회적 결속력이 강화되고 더 강력한 커뮤니티를 구축하는 데 도움이 된다. 더 강력한 시민 참여는 또한 캐나다의 민주주의를 보호하는 민주적 기관에 대한 신뢰를 구축하는 데 도움이 될 것이다.

㉠ 아동의 권리(Children's rights)

ⓐ 원칙: UN 아동권리협약(UN, 1989)에 명시된 바와 같이 아동의 권리가 인정되고 아동 중심 접근방식이 채택된다. 아동은 시간이 지남에 따라 변화하는 발달 및 연령에 적합한 욕구를 가지고 있으며, 아동은 때때로 취약하고 자신의 보살핌과 욕구를 성인에게 크게 의존한다는 사실을 인정한다.

ⓑ 성과: 법률, 정책 및 서비스의 개발은 아동과 청소년의 필요, 권리 및 최선의 이익을 고려한다. 정책 및 의사결정 과정에 어린이와 청소년을 참여시키기 위해 노력한다.

㉡ 가족 중심(Family-orientated)

ⓐ 원칙: 가족은 아동의 성장과 복지를 위한 사회의 기본 집단이자 자연 환경으로 인식된다. 부모는 자녀의 양육 및 발달에 대한 일차적인 책임이 있으며 주정부는 자녀 양육 책임을 수행하는 데 부모를 지원할 의무가 있음을 인정한다.

ⓑ 성과: 외부 개입은 커뮤니티 내의 가족을 지원하고 권한을 부여한다. 아동은 안전과 복지를 확보하기 위한 최후의 수단으로만 보살핌을 받는다.

㉢ 평등(Equality)

ⓐ 원칙: 아동의 경험, 능력, 정체성 및 문화의 다양성이 인정되고 불평등 감소는 성과를 개선하고 더 큰 사회적 포용을 달성하는 수단으로서의 '더 나은 성과, 더 나은 미래(Better Outcomes, Brighter Futures)'를 통해 촉진된다.

ⓑ 성과: 불평등은 보건, 교육 및 정의를 포함한 모든 분야에서 해결된다. 아동과 부모는 여행자 커뮤니티의 구성원, 인종, 피부색, 성별, 성적 지향, 성 정체성, 시민적 지위, 언어, 종교, 정치적 또는 기타 의견, 국가, 민족 또는 사회적 출신에 관계없이 어떠한 종류의 차별도 받지 않는다. 재산, 장애, 출생 또는 기타 상태. 도움이 필요한 모든 아동은 다양한 양질의 공공 서비스에 평등하게 접근하고 참여할 수 있다.

㉣ 증거 정보 및 성과 중심(Evidence-informed and outcomes-focused)

ⓐ 원칙: 효과적이려면, 정책과 서비스는 증거 정보와 성과 중심이어야 한다.

ⓑ 성과: 아동과 청소년의 필요가 정부 의사결정의 중심에 있다. 아동, 청소년 및 그 가족을 위한 정책 및 서비스는 확인된 필요를 기반으로 한다. 지식, 실무 및 연구의 증거로 정보를 제공한다. 그리고 목표하고 비용 효율적인 방식으로 합의된 표준 및 기간에 대한 성과를 달성하는 데 중점을 둔다. 의사결정 과정과 의사결정의 객관적인 근거는 분명하다.

㉤ 책임 및 자원 효율성(Accountability and resource efficiency)

ⓐ 원칙: 시기적절하고 효과적인 정책 실행을 추진하기 위해 명확한 구현, 모니터링 및 책임 메커니즘과 전달 책임 라인이 마련되어 있다.

ⓑ 성과: 모든 정부 부서와 공적 자금을 지원받는 기관은 아동과 청소년에게 영향을 미치는 정책 및 실천과 관련된 결정에 대해 책임을 진다. 모든 정부 부서 및 기관은 더 나은 성과를 확보하고 개선을 위한 증거 기반 전략에 대한 약속을 입증하기 위해 가장 비용 효율적인 리소스 사용을 보장할 책임이 있다.

다른 한편 아프리카 케냐공화국(Republic of Kenya)은 2019년 케냐 청소년개발정책을 통해 9가지 원칙과 8가지 가치를 구체적으로 명시해 놓고 있다(Ministry of ICT, Innovation and Youth Affairs, 2019: 25−28). 케냐 청소년개발정책은 사회를 가능하게 하는 환경을 조성하기 위한 중요한 조치의 우선순위를 정하는 수단으로서, 국가 건설에 대한 열망을 충분히 달성하기 위해 필요한 주요 전략을 다루고 있다. 국가적 가치와 거버넌스 원칙을 실현하는 데, 적극적인 참여와 전체적인 참여를 보장하는 데 청소년을 참여시킨다. 이런 가장 중요한 가치는 9가지 원칙을 기반으로 하고 정보가 제공된다. 특히 8가지 가치는 정책 프로그램에 방향을 알리고 그 실행을 추진하는 지침이 되는 것이다.

〈표 4-8〉 케냐 청소년개발정책의 9가지 원칙과 8가지 가치

9가지 원칙(Principles)	8가지 가치(Values)
ⓐ 대응성(Responsiveness) ⓑ 접근성(Access) ⓒ 참여(Participation) ⓓ 포용성(Inclusive) ⓔ 통합성(Integration) ⓕ 다양성(Diversity) ⓖ 권한 부여(Empowerment) ⓗ 평등성(Equality) ⓘ 투명성(Transparency)	ⓐ 애국심(Patriotism) ⓑ 다양성 및 윤리적 가치 존중(Respect of diversity and ethical values) ⓒ 형평성과 접근성(Equity and accessibility) ⓓ 포용성(Inclusiveness) ⓔ 좋은 거버넌스(Good governance) ⓕ 책무성(Accountability) ⓖ 자립성(Self−reliance) ⓗ 정직과 성실(Honesty and integrity)

이와 같이 개별 국가들은 국가 청소년정책을 수립하면서 정책 추진의 원칙과 가치들을 제시하고 있다. 이 밖에 UN, 유럽평의회 등 국제기구 및 유럽청소년포럼 등도 나름대로의 청소년정책의 주요 원칙을 표명하고 있다.

우선 2014년 아제르바이잔에서 개최된 제1차 청소년정책 글로벌 포럼의 '청소년정책에 대한 바쿠의 약속(Baku Commitment to Youth Policies)'은 좋은 청소년정책의 주요 기준을 제안했다. 제1차 청소년정책 글로벌 포럼은 포괄적인 글로벌 청소년정책 프레임워크로서의 중요성을 재확인하는 동시에 청소년정책 개발을 진전시키고 모든 수준에서 완전하고 효과적인 이행을 목적으로 youthpolicy.org의 지원을 받아 UN 사무총장 청소년 특사실(Office of the UN Secretary-General's Envoy on Youth), UN개발프로그램(UNDP, United Nations Development Programme), 유네스코(UNESCO) 및 유럽평의회가 공동 주최한 것이다. 포럼은 165개국에서 청소년 전문가, 시민사회 대표, UN기관 대표, 국제 및 지역 기관은 물론 각국 청소년정책 담당 장관 등 700명 이상의 참가자들이 모였다. 이들은 전체적이고 다중 이해관계자 관점에서 청소년정책의 중요성을 공유하면서 의미 있고 포용적인 청소년정책 개발 및 실행에 없어서는 안 되는 다음과 같은 8가지 청소년정책이 갖추어야 할 주요 원칙(First Global Forum on Youth Policies, 2014)을 제안한다.

㉠ 권리 기반(Rights-based) - 국가의 글로벌 및 지역 공약에 따라 인권 기반 프레임워크 내에서 설계 및 구현된다.

㉡ 포용적(Inclusive) - 특히 취약 계층의 포용 장벽을 제거하고 청소년의 시민사회 참여를 가능하게 하는 등 모든 청소년이 삶에서 완전한 잠재력을 달성할 수 있는 동등한 기회를 보장한다.

㉢ 참여적(Participatory) - 농촌 및 도시 환경을 포함한 모든 개발 상황에서 청소년의 의미 있는 참여와 모든 관련 이해관계자의 참여를 통해 설계, 개발, 구현, 모니터링 및 평가되어야 한다.

㉣ 젠더 대응(Gender-responsive) - 성 평등을 촉진하고, 여성 청소년이 남자 청소년과 동등한 파트너가 되도록 보장하고, 정치에서 사회경제적, 문화에

이르기까지 모든 환경에서 성별에 따른 불균형을 해결하기 위한 특정 조치를 가능하게 한다.

ⓜ 포괄적(Comprehensive) – 정책 부문, 부처 및 기타 관련 기관 간의 협력을 강화하고 청소년에 영향을 미치는 입법 및 조치를 안내하는 통합 전략 프레임워크를 제공함으로써 청소년 개발에 대한 전체적인 접근방식을 채택한다.

ⓑ 지식 기반 및 증거 정보(Knowledge-based and evidence-informed) – 주어진 맥락에서 젊은 여성과 남성의 상황, 요구사항, 도전 및 기회에 대한 양적 및 질적 정보의 수집, 분석 및 보급을 기반으로 개발되고 정기적으로 업데이트된다.

ⓢ 완전한 자원(Fully resourced) – 구현, 모니터링 및 평가를 위한 적절하고 투명하며 전담 자원을 보유하고 조정을 통해 사용 가능한 자원을 최대화하고 다중 이해관계자의 파트너십 및 공유 소유권을 활성화한다.

ⓞ 책무성(Accountable) – 청소년의 적극적인 참여와 함께 특정 청소년 개발 목표 및 지표에 대해 국가 및 지역이 주도하고 정기적으로 모니터링 및 평가한다.

그런데 2014년 10월 아제르바이젠 바쿠(Baku, Azerbaijan)에서 열린 제1차 청소년정책 글로벌 포럼은 지금까지 청소년정책의 프레임워크와 여러 가지 주요 원칙을 재확인하고 국가 청소년정책에 대한 국제적 합의가 증가하는 계기를 만들었다. 본래 제1차 청소년정책 글로벌 포럼에 앞서 작성된 '바쿠 청소년정책에 대한 약속(Baku Commitment to Youth Policies)'은 청소년정책 개발을 위한 보다 포괄적인 지침 원칙을 제시했다(Ehmke & Farrow, 2016).

이후 유럽평의회 등 국제기구를 비롯하여 세계 각국은 국가 청소년정책에서 주요 원칙들을 더욱 강조하고 있다. 지난 수년 동안 유럽평의회와 유럽위원회(Council of Europe and European Commission, 2019)는 청소년정책을 뒷받침할 다양한 원칙, 목표 및 가치를 발전시켜왔다. 특히 공공 청소년정책은 다음과 같은 5가지 원칙을 장려해야 한다고 주장한다.

㉠ 필요에 따라 청소년정책의 기준과 도구를 정교화하여 문제 지향적 접근보다는 기회 중심적 접근방식을 통해 가능하면 일관성 있고 상호 강화되는 방법으로 청소년에게 의도적으로 투자한다.

㉡ 청소년정책의 전략적 수립과 정책 실행의 운영 효과에 대한 그들의 견해를 이끌어 내는 데 청소년을 참여시킨다.

㉢ 젊은이들이 노동시장과 시민사회에서 모두 역할을 할 수 있는 지식, 기술 및 역량을 개발할 수 있도록 학습, 기회 및 경험을 위한 조건을 조성한다.

㉣ 청소년정책의 효과성을 입증하고 특정 사회단체, 특정 지역 또는 특정 상황에서 청소년들에게 효과적인 서비스를 제공하는 것과 관련하여 '정책 격차'가 존재하는 정도를 밝히기 위한 강력한 데이터 수집 시스템을 구축한다.

㉤ 이러한 '정책 격차'가 명백히 존재하는 곳을 줄이는 데 헌신한다.

또한 유럽청소년포럼(European Youth Forum, 2016: 6)도 청소년정책의 품질 기준에 대한 도구를 개발하면서 청소년정책의 원칙을 다음과 같이 분명하게 표명하고 있다.

> 유럽청소년포럼은 청소년의 잠재력을 최대한 발휘할 수 있도록 지원하기 위한 일련의 정책 조치로서 청소년정책을 이해한다. 우리는 모든 젊은이가 자신의 능력과 재능을 가지고 있고 문제 집단이 아닌 권리 보유자로서 젊은이들에게 접근한다는 전제에 기반한 긍정적인 청소년정책을 믿는다. 따라서 유럽청소년포럼은 청소년이 사회 문제로 간주되고 청소년정책이 이 문제를 해결하는 도구로 간주되는 접근방식을 피한다. 청소년포럼은 청소년정책이 모든 청소년을 대상으로 해야 한다고 강조하지만, 사회적 위험에 처해 있어 선별적 조치가 필요한 젊은이들이 있다는 사실을 부인하지 않는다.
>
> 따라서 청소년포럼은 위험에 처한 청소년만을 다루는 소위 청소년정책을 인정하지 않는다. 모든 청소년은 배경에 관계없이 동일한 권리를 가지며, 청소년정책은 이들 모두의 요구를 충족할 수 있도록 개발되어야 한다.

이와 같이 최근 국가 청소년정책은 권리 기반, 포용성, 포괄성과 통합성, 청소년 참여 및 성 인지성 요소 등의 원칙을 강조한다. 특히 국가 청소년정책은 위기청소년에 대한 선별적 정책도 중요하지만, 그보다는 모든 청소년의 요구에 부응하는 긍정적이고 적극적인 청소년정책의 원칙을 우선하고 있다.

청소년정책 프레임워크의 다른 요소 즉, 주요 정책영역과 주제 등에 대해서는 별도로 구분하여 다음 장에서 구체적으로 다루고자 한다.

4) 청소년정책의 표준이 되는 국제 프레임워크

앞에서 기술한 바와 같이, 청소년정책에 대한 공식적인 국제적 표준은 없다. 하지만 청소년정책의 목적을 향상시키기 위한 국제 프레임워크는 존재한다(OECD, 2018a: 18). 다음과 같은 5가지 대표적인 국제 프레임워크는 세계 각국 내지는 유럽 등 지역별 국가 청소년정책의 기본적인 지침 역할을 하고 있으며, 청소년에 대한 긍정적인 역할을 국제적으로 인정받고 있다.

㉠ UN 아동권리협약(CRC: Convention on the Rights of the Child, 1989년 11월)

㉡ UN 세계청소년보고서: 청소년과 2030 지속가능발전 의제(World Youth Report: Youth and the 2030 Agenda for Sustainable Development, 2015년 9월)

㉢ 청소년, 평화, 안보에 관한 UN 안전보장이사회 결의안 2250(UN SECURITY COUNCIL RESOLUTION 2250, 2015년 12월)

㉣ 청소년 2030: UN 청소년전략(Youth 2030: The UN Youth Strategy, 2018년 9월)

㉤ EU 청소년전략(Resolution on the European Union Youth Strategy 2019–2027, 2018년 11월)

이 밖에 유네스코 청소년 운영전략 2014–2021(UNESCO Operational Strategy on Youth 2014–2021, 2014년; 참조 UN Department of Economic and Social Affairs, 2019a)도 청소년정책의 국제 표준으로 중요시되고 있다.

① UN 아동권리협약(CRC: Convention on the Rights of the Child, 1989년 11월)

국가 청소년정책에서 정부의 역량을 동원하고 책임을 높이려면, 청소년의 권한을 부여하고 보호하며 청소년의 개발을 촉진하기 위한 강력한 법적 기반이 필수적이다. 현재까지 국제적 차원에서 "청소년"을 위한 구속력 있는 법적 프레임워크는 없다. 이 분야에서 가장 관련 있는 법률은 18세까지 아동과 청소년의 권리를 보호하고 증진하기 위한 조치를 규정한 'UN 아동권리협약'이다. 'UN 아동권리협약'은 18세 미만 아동의 모든 권리를 담은 국제적인 약속으로 1989년 11월 UN에서 만장일치로 채택된 국제인권협약이다. 미국을 제외하고 우리나라를 포함한 전 세계 196개국(2021년 현재)이 비준하여 가장 많은 협약 비준 국가를 둔 인권협약이며, 아동이라면 누구나 마땅히 누려야 할 생존·보호·발달·참여의 권리가 담겨 있다. 우리나라는 1991년 11월에 비준하였다.

아동권리협약이 아동권리에 관한 최초의 국제적인 법으로 채택되기 이전부터 아동권리를 보호하고 실천하기 위한 많은 국제적인 노력이 있어 왔고, 그런 노력들이 아동권리협약의 바탕이 되었다. 아동의 권리에 대한 국제적인 관심이 시작된 것은 제1차 세계대전 이후 전쟁으로 인해 부모를 잃은 고아와 같이 특별한 보호가 필요한 아동이 많이 생기면서이다. UN의 이전 기구인 국제연맹에서 1924년에 아동의 권리에 관한 제네바 선언을 선포했는데, 이 선언은 인류는 가장 좋은 것을 아동에게 주어야 할 의무가 있다고 명시했다. 아동의 신체적·정신적 발달을 보장하고, 보호가 필요한 아동을 보호하고, 아동을 우선적으로 구조하고 보호하며, 모든 형태의 착취로부터 아동을 보호할 것과 아동의 재능을 개발하고 사회적 기여를 위해 양육할 것 등 5개 조항을 주요 내용으로 하고 있다. 1948년에 UN은 '세계인권선언'을 선포했으며, 세계인권선언 제25조는 '어머니와 아동은 특별한 보살핌과 도움을 받아야 한다'라고 명시했다. 이 조항은 아동은 성장하는 발달단계에 있으므로 특별한 보살핌과 도움을 받아야 하며, 국제사회는 이를 위해 지원하고 노력해야 함을 인정한 것이다. 이 조항을 기초로 제2차 세계대전을 거치면서 더 열악한 환경에 처한 아동에 대한 국제사회의 공동관심이 확대되었으며, 국제적인 구호 및 지원활동도 늘어났다. 1959년 UN에서 '아동권리선언'을 선포했는데, 아동권리선언은 1924년에 선포한 '아동에 관한 제네바 선언'보다 5개 조항이 많은 10개 조항으로 구성되어 있다. 아동이 성별, 국적, 종교, 출생배경 등 어떠한 유형의 차별에서도 벗어나 선언에서 언급한 모든 권리를 누릴 자격을 보장해야 한다는 원칙, 건강한 아동발달을 위해 모든 기회가 아동에게 균등하게 주어야 한다는 원칙, 이름과 국적을 취득할 권리 보장, 장애아동에 대해 특별한 보호를 할 것, 모든 형태의 차별로부터 보호할 것 등을 강조한다. 1989년은 '아동권리선언' 30주년 해이자, 1979년 '세계 아동의 해' 10주년의 해이다. 이를 기념하여 11월 20일 UN에서 만장일치로 아동권리협약을 채택했고, 1990년 9월 2일부터 국제인권법으로 효력이 발생했다(국가인권위원회, 2018: 5-6).

아동권리협약은 4대 기본 원칙과 4대 아동 기본권리를 담고 있다. 우선 4대 기본 원칙은 비차별, 아동 이익 최우선, 생존 발달권 및 아동 의견 존중 등을 규정하고 있다(유니세프 한국위원회, 2021).

㉠ 비차별 원칙(Non-Discrimination, 제2조): 모든 아동은 본인과 부모, 후견인의 인종, 피부색, 성별, 언어, 종교, 정치적 의견, 출신, 재산, 장애 여부, 태생, 신분 등과 관계없이 동등한 권리를 누려야 한다.

㉡ 아동 최선의 이익의 원칙(Best Interests of the Child, 제3조 1항): 아동에게 영향을 미치는 모든 것을 결정할 때는 아동의 이익을 최우선으로 고려해야 한다.

㉢ 생존과 발달의 원칙(The Right to Life Survival and Development, 제6조): 아동은 특별히 생존과 발달을 위해 다양한 보호와 지원을 받아야 한다.

㉣ 아동 의견 존중의 원칙(Respect for the Views of the Child, 제12조): 아동은 자신의 잠재능력을 최대한 발휘할 수 있도록 적절한 사회활동에 참여할 기회를 갖고, 자신의 생활에 영향을 주는 일에 대해 의견을 말할 수 있어야 하며 그 의견을 존중받아야 한다.

또한 UN 아동권리협약이 담고 있는 4대 기본권은 생존권, 보호권, 발달권 및 참여권 등이다(아동권리보장원, 2021a).

〈표 4-9〉 UN 아동권리협약 4대 아동 기본권

생존권	적절한 생활수준을 누릴 권리, 안전한 주거지에서 살아갈 권리, 충분한 영양을 섭취하고 기본적인 보건서비스를 받을 권리 등, 기본적인 삶을 누리는 데 필요한 권리
보호권	모든 형태의 학대와 방임, 차별, 폭력, 고문, 징집, 부당한 형사처벌, 과도한 노동, 약물과 성폭력 등 어린이에게 유해한 것으로부터 보호받을 권리
발달권	잠재능력을 최대한 발휘하는 데 필요한 권리. 교육받을 권리, 여가를 즐길 권리, 문화생활을 하고 정보를 얻을 권리, 생각과 양심과 종교의 자유를 누릴 수 있는 권리 등
참여권	자신의 생활에 영향을 주는 일에 대해 의견을 말하고 존중받을 권리. 표현의 자유, 양심과 종교의 자유, 평화로운 방법으로 모임을 자유롭게 열 수 있는 권리, 사생활을 보호받을 권리, 유익한 정보를 얻을 권리 등

그리고 아동이 누려야 할 모든 권리를 담은 UN 아동권리협약은 각 나라에서 아동 상황을 개선하는 기반이 된다. 아동권리협약은 전문과 54개 조항으로 구성되며, 제1조부터 42조까지 실제적인 아동권리 내용을, 제43조부터 54조까지는 협약의 이행에 대한 내용을 담고 있다. 모든 권리들은 서로 연관되어 있으며 모두 똑같이 중요하다. 아동권리협약을 보완하는 3개의 '선택의정서'도 있다(유니세프 한국위원회, 2021).

전문은 아동권리협약의 권리 조항들의 전제가 되는 인권, 아동권리, 그 외 중요한 가치 등에 대해 언급한다. 협약 전문에서는 아동권리협약의 당사국들은 이러한 인권과 아동의 특별한 보호에 대해 동의한다는 전제 하에 협약에 지키기로 약속한다는 점을 언급한다. 전문에서는 가정은 아동의 발달과 행복을 위한 가장 기본적인 사회집단으로 가정이 그 역할을 다할 수 있도록 보호와 도움을 받아야 한다고 하면서, 가정의 중요성을 인정한다. 또한, 전문에서는 전 세계에, 특히 개발도상국에 매우 어려운 생활을 하는 아동이 있다는 것을 국제사회가 인식하고, 이 아동들의 생활여건을 향상시키기 위해 국제사회가 협력해야 할 중요성을 강조한다.

다음 54개 조항은 다음과 같이 구성되어 있다. 제1조에서 제40조는 실제적인 아동의 권리를 소개하고 있다. 여기에는 생명권, 국적권, 신분보존권, 의사표시권, 사상·양심·종교·집회 결사의 자유, 사생활의 권리 등의 시민적 권리, 가족동거권, 양육받을 권리, 건강 의료에 대한 권리, 사회보장, 교육권, 장애아동의 보호, 문화활동권 등의 사회적·경제적·문화적 권리를 담고 있으며, 마약, 인신매매, 무력분쟁으로부터의 보호도 규정하고 있다. 제41조는 협약의 법적인 효력을 설명하고 있다. 제42~제45조는 협약의 홍보와 이행, 제46~제54조는 협약의 비준에 관한 조항들이다(국가인권위원회, 2018: 9-10).

〈표 4-10〉 UN아동권리협약의 주요 아동권리 내용

제1조(아동)	아동이란 18세 미만의 모든 사람을 말한다.
제2조(차별금지)	아동은 모든 형태의 차별과 처벌로부터 보호되어야 하며, 협약에 규정된 권리를 존중받아야 한다.
제3조(아동 최선의 이익)	아동에 관한 모든 활동에 있어 아동의 최선의 이익을 가장 먼저 고려해야 한다.
제4조(국가의 역할)	국가는 아동의 권리를 지키기 위해 할 수 있는 모든 노력을 해야 한다.
제5조(보호자의 역할)	아동의 보호자들은 아동의 발달 수준에 맞게 적절한 감독과 지도를 할 책임과 의무가 있다.
제6조(생명)	모든 아동의 생명은 존중받아야 한다.
제7조(등록)	아동은 출생 후 즉시 등록되어야 하며, 부모를 알고 부모에게 길러질 권리가 있다.
제8조(신분 보호)	국적, 이름, 가족과의 관계 등의 신분을 보호받을 권리가 있다.
제9조(부모와의 분리금지)	아동을 지키기 위해 필요한 경우가 아니라면, 아동이 원하지 않는데 부모와 떼어 둘 수 없다.
제10조(가족과의 만남)	국가는 서로 다른 나라에 있는 부모와 아동이 만나기 위해 입국하거나 출국하는 것이 쉽도록 도와야 한다.
제11조(아동의 불법 이송금지)	법을 어기면서 아동을 다른 나라로 보내거나 아동이 우리나라로 돌아오지 못하게 되는 상황이 일어나지 않도록 해야 한다.

제12조(생각의 표현)	아동은 자신과 관련된 모든 일에 자신의 생각을 자유롭게 표현할 수 있으며, 국가는 아동에게 표현할 기회를 제공해야 한다.
제13조(표현의 자유)	아동은 글, 그림, 말 등 원하는 방법으로 표현할 권리가 있다.
제14조(종교의 자유)	아동은 자유롭게 생각하고 옳고 그름을 판단하며, 원하는 종교를 가질 수 있다.
제15조(단체행동의 자유)	어떠한 목적을 위해 여러 명이 함께 목소리를 낼 권리가 있다.
제16조(사생활 존중)	아동은 개인의 일상생활, 가족, 통신 등에 대하여 간섭받지 않을 권리가 있다.
제17조(정보의 획득)	국가는 아동이 다양한 정보와 자료를 얻을 수 있도록 지원하여야 하며, 좋지 않은 정보와 치료로부터 아동을 보호해야 한다.
제18조(부모 모두의 양육)	아동 양육에 대한 책임은 양쪽 부모에게 있으며, 국가는 부모, 후견인 등이 아동을 잘 돌볼 수 있도록 적절한 지원을 제공해야 한다.
제19조(폭력으로부터의 보호)	아동은 모든 폭력으로부터 보호받아야 한다.
제20조(보호 아동)	가정에서 자라기 어려운 아동은 국가로부터 특별한 보호와 도움을 받을 권리가 있다.
제21조(입양)	입양이 이루어질 때는 아동의 이익을 가장 먼저 생각하여야 하며, 올바른 순서와 방법으로 해야 한다.
제22조(난민아동)	국가는 난민아동이 적절한 보호와 인도적 지원을 받을 수 있도록 노력해야 한다.
제23조(장애아동)	장애아동은 특별한 보호를 받을 권리가 있으며 존중받아야 한다.
제24조(건강)	아동의 건강과 질병의 회복을 도와야 하며, 깨끗한 환경에서 자랄 수 있도록 노력해야 한다.
제25조(보호시설의 점검)	국가는 시설에서 보호받고 있는 아동이 받는 치료와 서비스에 대해 정기적으로 점검해야 한다.
제26조(사회보장)	모든 아동은 사회보험(국가의 보험제도)을 포함하여 최소한의 인간다운 생활을 보장하는 제도를 통해 보호받을 권리가 있다.
제27조(생활수준)	모든 아동은 발달 시기에 맞는 적절한 생활수준을 누릴 권리가 있다.
제28조(교육)	모든 아동은 교육받을 권리가 있다.
제29조(교육의 목표)	아동교육은 아동의 재능이 최대한으로 발휘될 수 있는 방향으로 이루어져야 한다.
제30조(소수자)	소수자에 속하거나 원주민인 아동은 고유의 문화, 종교, 언어를 보존할 권리가 있다.

제31조(여가와 놀이)	아동은 휴식과 여가를 즐기고, 놀이와 오락 활동에 참여하며, 문화생활과 예술을 누릴 권리가 있다.
제32조(노동으로부터의 보호)	아동은 자신에게 해로운 노동이나 경제적으로 불리하게 이용당할 위험으로부터 보호받아야 한다.
제33조(약물로부터의 보호)	아동은 마약 등의 해로운 약물로부터 보호받아야 하며, 이러한 약물을 만들거나 판매하는 데 이용되지 않아야 한다.
제34조(성 학대로부터의 보호)	국가는 모든 형태의 성적 학대로부터 아동을 보호해야 한다.
제35조(아동 거래 금지)	국가는 아동을 사고팔거나 아동의 자유가 침해되지 않도록 보호해야 한다.
제36조(착취로부터의 보호)	국가는 아동에게 해로운 모든 것들로부터 아동을 보호해야 한다.
제37조(아동 범죄자 보호)	어떤 아동도 고문을 당하거나 비인간적인 처벌을 받지 않아야 하며, 사형이나 종신형을 선고받을 수 없다. 체포는 최후의 수단으로 사용되어야 하고, 법률적 지원을 받을 권리가 있다.
제38조(전쟁으로부터의 보호)	아동은 전쟁으로부터 보호받아야 하며, 국가는 15세 이전의 아동이 군대에 가는 일이 없도록 노력해야 한다.
제39조(몸과 마음의 회복)	국가는 버림받거나 학대당하거나 비인간적인 처벌을 받은 아동의 몸과 마음의 치료를 위해 노력해야 한다.
제40조(공정한 재판)	아동에 대한 재판은 아동을 존중하면서 신속하고 공정하게 이루어져야 한다. 적절한 지원을 받을 수 있어야 하며, 형벌보다는 상담, 보호, 교육 등의 처분을 통해 회복될 수 있도록 노력해야 한다.

출처: 아동권리보장원, 2021b.

한편 아동권리협약의 3개 선택의정서는 '아동매매, 아동성매매, 아동포르노그라피에 관한 선택의정서', '아동의 무력분쟁 관여에 관한 선택의정서', '아동의 개인청원권에 관한 선택의정서'이다(국가인권위원회, 2018: 9-10). 아동매매, 아동성매매, 아동포르노그라피에 관한 선택의정서는 2002년 1월 18일부터 국제법으로 효력이 발생했다. 이 선택의정서는 아동을 대상으로 한 인신매매와 성매매, 아동음란물이 증가하고 있음을 우려하여, 이로부터 아동을 보호하기 위해서 협약 당사국의 조처를 확대해야 한다는 인식에서 만든 것이다. 선택의정서에서는 협약 당사국은 아동 인신매매, 성매매, 아동음란물을 금지해야 하며, 이러한 행위를 하는 사람을 처벌하고 피해 아동을 보호하기 위해 적절하게 조처해야 한다고 명시하고 있다. 또한 아동 인신매매, 성매매, 아동음란물을 예방하기 위해 법률을 제정하거나 개정하고, 필요한 행정적 조처를 할 것, 사회정책과 제도를 마련할 것 등을 명시하고 있다.

아동의 무력분쟁 관여에 관한 선택의정서는 2002년 2월 12일부터 국제법으로서 효력이 발생했으며, 전쟁이나 군사 무력분쟁에 아동이 참여하지 못하도록 보호해야 한다고 명시하고 있다. 협약 당사국은 18세 미만의 아동이 군대에 의무적으로 징집되지 않도록 해야 하며, 18세 미만의 군인은 어떤 경우에도 적군과의 전투에 직접 참여하지 않도록 해야 한다고 명시하고 있다.

개인청원권은 2014년 4월 14일부터 효력이 발생했으며, 아동이 심각한 권리를 침해받았을 때 당사국의 국내법에 따라 권리를 보호받지 못하는 경우, 아동이 직접 UN 아동권리위원회에 자신의 권리 보호를 요청할 수 있는 제도이다.

② UN 세계청소년보고서: 청소년과 2030 지속가능발전 의제(World Youth Report: Youth and the 2030 Agenda for Sustainable Development, 2015년 9월)

2015년에 모든 UN 회원국이 채택한 지속가능한 개발을 위한 2030 의제는 현재와 미래의 사람과 지구를 위한 평화와 번영을 위한 공유 청사진을 제공한다. 그 중심에는 17개의 '지속가능한 개발 목표(SDGs: Sustainable Development Goals)'가 있다. 이는 글로벌 파트너십에서 개발 및 개발 중인 모든 국가의 긴급한 행동 촉구이다. 그들은 빈곤퇴치 및 기타 박탈감 해소가 건강과 교육을 개선하고, 불평등을 줄이며, 경제성장을 촉진하는 전략과 함께 진행되어야 한다는 것을 인식하고 있으며, 이 모든 것은 기후변화에 대처하고 바다와 숲을 보존하기 위해 노력해야 한다.

SDGs는 UN 경제사회국(Department of Economic and Social Affairs)을 포함한 국가와 UN의 수십 년간의 작업을 기반으로 한다. 1992년 6월 브라질 리우데자네이루 지구정상회의에서 178개 이상의 국가가 인류의 삶을 개선하고 환경을 보호하기 위한 지속가능한 개발을 위한 글로벌 파트너십을 구축하기 위한 포괄적인 행동계획인 '의제 21(Agenda 21)'을 채택했다. 이후 회원국들은 2000년 9월 뉴

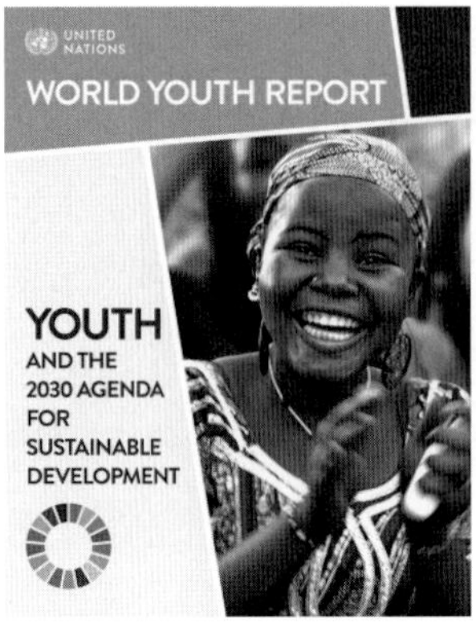

욕 UN 본부에서 열린 밀레니엄 서밋에서 만장일치로 밀레니엄 선언을 채택했다. 정상 회의는 2015년까지 극심한 빈곤을 줄이기 위해 8개의 '새천년선언(MDG: Millennium Development Goals)를 정교화했다. 그리고 2002년 남아프리카에서 개최된 지속가능한 개발에 관한 세계정상회의에서 채택된 지속가능한 개발에 관한 요하네스버그 선언 및 실행 계획은 빈곤퇴치 및 환경에 대한 세계 공동체의 약속을 재확인하고, 의제 21 및 새천년 선언에 더 많은 것을 포함함으로써 구축되었다. 특히 2012년 6월 브라질 리우데자네이루에서 개최된 UN 지속가능발전회의(Rio+ 20)에서 회원국은 개발 프로세스를 시작하기로 결정한 결과 문서 "우리가 원하는 미래"를 채택했다. MDGs를 기반으로 하고 지속가능한 개발에 관한 UN 고위급 정치포럼을 설립하기 위한 일련의 SDGs, Rio+ 20 결과에는 개발 자금 조달, 소규모 섬 개발도상국 등의 향후 작업 프로그램에 대한 의무를 포함하여 지속가능한 개발을 구현하기 위한 다른 조치도 포함되었다. 또한 2015년 1월 총회는 2015년 이후 개발 의제에 대한 협상 과정을 시작했다. 이 과정은 2015년 9월 UN 지속가능개발 정상회의에서 17개의 SDGs를 핵심으로 하는 지속가능발전을 위한 2030 의제의 후속 채택으로 정점을 찍었다. 2015년은 다자주의와 국제 정책 형성의 획기적인 해였다(UN Department of Economic and Social Affairs, 2021).

그리고 UN 경제사회국이 작성한 '세계청소년보고서 청소년과 2030 지속가능발전 의제'는 청소년개발에 대한 현재의 노력과 새로운 의제 간의 상호 보완적인 역할을 다루고 있다. 이 보고서는 2030 지속가능발전 의제 및 관련 프레임워크 이행의 맥락, 특히 제3차 개발재원 총회 아디스 아바바 행동의제(Addis Ababa

Action Agenda of the Third International Conference on Financing for Development) 및 세계청소년행동계획(World Programme of Action for Youth)의 이행과 관련하여 지속가능발전을 위한 청소년의 역할에 대한 통찰을 제시한다. 2030 의제는 청소년개발 노력을 증진하고 증거 기반(evidence-based) 청소년정책이 청소년 목표 증진에 이바지하는 바를 검토하는 데 있어 중요한 역할을 할 수 있다. 이 보고서는 이를 통해 모든 수준에서의 지속가능발전 이행에 있어 결정적으로 중요한 청소년의 역할을 살펴본다.

또한 세계청소년보고서는 2030 의제의 목표 및 세부목표 달성과 정책개발 및 이행을 위한 데이터와 증거의 역할을 고찰한다. 국내 및 (가능한 경우) 지역 맥락에 맞게 조정되고 적용되는 증거 기반 청소년정책은 청소년개발 문제해결에 도움이 된다. 이 보고서는 정치적 리더십과 전략적 비전을 제공하는 것을 포함하여 효과적인 청소년정책을 위한 핵심 요소인 적절한 예산 및 자원 배분, 청소년 현황에 대한 시의적절하고 정확한 데이터의 활용, 청소년정책의 설계·실행·평가에 있어 청소년의 지식·경험·전문성 활용, 청소년정책 주류화 및 부문 간 통합, 정책목표의 연계성 및 파급력 고려, 투명한 모니터링 및 책무성 프레임워크 개발 등을 제시한다. 이 보고서는 또한 청소년 관련 목표 달성을 위해 공적 재정 자원이 얼마나 많이 그리고 얼마나 잘 활용되었는지에 관한 적절하고 시의적절한 데이터가 정책과 현실의 격차를 좁히고 기존 지출의 효과 상승에 있어 매우 중요함을 강조한다. 최근 젠더, 아동 및 기후와 같은 범분야의 지출을 모니터링하기 위한 노력에서 참고할 사항들이 있다.

아울러 이 보고서는 지속가능발전 노력을 강화하는 정책과 활동에 청소년들이 참여할 수 있도록 청소년 참여 메커니즘 강화의 필요성을 강조한다. 국가 지속가능발전협의회의 청소년참여 확대, 국가청소년위원회(national youth councils)와의 협조, UN 청소년대표프로그램(United Nations Youth Delegate Programme) 및 기타 대표 기회 확대, 지속가능발전목표(SDGs) 진전에 대한 자발적 국가 검토에의 참여에 대한 특별한 관심이 필요하다. 세계청소년보고서는 2030 지속가능발전 의제에 포함된 목표, 세부목표 및 수단들은 사회, 경제, 환경적 지속가능발전의 맥락에서 청소년개발 목표를 증진할 기회를 제공하고 있음을 강조한다. 맞춤형 청소년정책 및 청소년문제 주류화를 통해 청소년정책 개발 및 실행을 진전시키기 위한 기존의 노력과 연결된다면, 새로운 개발 환경은 청소년에게 무수히 많은 번영의 기회를 제공할 수 있다. 그러나 이러한 노력이 성공적으로 이루어지기 위해서는 정치적 공약, 재정, 측정, 데이터 수집 및 맞춤형 개입과 관련하여 훨씬 더 많은 노력이 필요하다(UN Department of Economic and Social Affairs, 2019b).

한편 2015년 제70차 UN 총회에서 2030년까지 달성하기로 결의한 의제인 지속가능한 개발을 위한 2030 의제의 중심에 있는 '지속가능발전목표(SDGs: Sustainable Development Goals, 2015년 9월)'는 지속가능발전의 이념을 실현하기 위한 인류 공동의 17개 목표이다. '2030 지속가능발전 의제'라고도 하는 SDGs는 '단 한 사람도 소외되지 않는 것(Leave no one behind)'이라는 슬로건과 함께 인간, 지구, 번영, 평화, 파트너십이라는 5개 영역에서 인류가 나아가야 할 방향성을 17개 목표와 169개 세부목표로 제시하고 있다.

SDGs의 배경을 보면, 2015년, 기존의 MDGs 이행 목표 기한이 만료됨에 따라 각국 정부들은 목표 달성을 위한 노력을 계속하고 새로운 문제들을 해결할 필요가 있었다. 지난 기간 동안 UN은 향후 15년(2016~2030년) 동안 세계적인 우선순위가 무엇이어야 할지에 대해 논의해 왔다. 그리고 2012년 6월에 열린 Rio+ 20 회의에서 2015년 이후 글로벌 개발체제에 대해 합의하고, 17개의 새로운 목표 또는 글로벌 우선순위인 지속가능발전목표(SDGs)를 도출하게 된 것이다. MDGs는 원칙적으로 모든 국가에 적용되었지만, 실제로 그 목표는 개발도상국에 초점이 맞춰져 있었다. SDGs는 그보다 훨씬 더 포괄적이라는 점에서 중요하다. SDGs는 선진국과 개발도상국, 저개발국을 포함한 모든 국가들이 인류의 번영을 위해 힘씀과 동시에 환경을 보호할 것을 촉구한다. MDGs는 유용한 개발 의제였지만 목표 범위가 너무 좁던 반면, SDGs는 더욱 포괄적이라는 점에서 MDGs보다 한층 더 발전된 의제이다. 아울러 지속가능발전목표(SDGs)는 다양한 국가적 상황에 따라 유연성을 발휘하므로, 각 국가들은 가장 적절하고 관련 있는 목표 내 세부목표와 지표를 골라 척도로 삼을 수 있게 되었다.

지금도 세계 각국은 지속가능발전목표(SDGs)를 이행하기 위해 많은 노력을 하고 있다. UNDP, UNEP, World Bank 등 모든 국제기구들도 SDGs 달성을 기관의 미션으로 설정하고 있고, 세계 모든 나라도 각국의 상황에 맞게 SDGs를 달성하기 위해 노력을 기울이는 중이며, 기업들도 SDGs 달성에 기여하기 위해 노력하고 있다. 우리나라도 국제사회의 책임 있는 일원으로서 국제사회의 공동의 목표 달성에 기여하고, 한국사회에 처한 여러 문제들을 해결하기 위해 한국형 지속가능발전목표 즉 K-SDGs를 수립하였다. 모두가 사람답게 살 수 있는 포용사회 구현, 모든 세대가 누리는 깨끗한 환경 보전, 삶의 질을 향상시키는 경제성장, 인권보호와 남북평화구축, 지구촌협력과 같은 5대 전략을 세웠다. 그리고 이를 실천하기 위한 17개 목표와 122개 세부목표, 214개의 지표들을 설정하여 정부기관은 물론 지자체와 시민단체, 전문가, 이해관계자 그룹 등 다양한 집단에서 노력하고 있다.

〈표 4-11〉 지속가능발전목표(UN-SDGs)

목표 1: 빈곤퇴치	빈곤층 감소와 사회안전망 강화 – 모든 곳에서 모든 형태의 빈곤 종식
목표 2: 기아종식	식량안보와 지속가능한 농업 – 기아 종식, 식량 안보와 개선된 영양상태의 달성, 지속가능한 농업 강화
목표 3: 건강과 웰빙	건강하고 행복한 삶 – 모든 연령층을 위한 건강한 삶 보장과 복지 증진
목표 4: 양질의 교육	모두를 위한 양질의 교육 – 모두를 위한 포용적이고 공평한 양질의 교육 보장 및 평생학습 기회 증진
목표 5: 성 평등	성 평등 보장 – 성 평등 달성과 모든 여성 및 여아의 권익 신장
목표 6: 물과 위생	건강하고 안전한 물 관리 – 모두를 위한 물과 위생의 이용 가능성과 지속가능한 관리 보장
목표 7: 깨끗한 에너지	에너지의 친환경적 생산과 소비 – 적정한 가격에 신뢰할 수 있고 지속가능한 현대적인 에너지에 대한 접근 보장
목표 8: 양질의 일자리와 경제성장	좋은 일자리 확대와 경제성장 – 포용적이고 지속가능한 경제성장, 완전하고 생산적인 고용과 모두를 위한 양질의 일자리 증진
목표 9: 산업, 혁신과 사회기반 시설	산업혁신과 사회기반 시설 확충 – 회복력 있는 사회기반 시설 구축, 포용적이고 지속가능한 산업화 증진과 혁신 도모

목표 10: 불평등 완화	모든 종류의 불평등 해소 – 국내 및 국가 간 불평등 감소
목표 11: 지속가능한 도시와 공동체	지속가능한 도시와 주거지 – 포용적이고 안전하며 회복력 있고 지속가능한 도시와 주거지 조성
목표 12: 책임감 있는 소비와 생산	지속가능한 생산과 소비 – 지속가능한 소비와 생산 양식의 보장
목표 13: 기후변화 대응	기후변화 대응 – 기후변화와 그로 인한 영향에 맞서기 위한 긴급 대응
목표 14: 해양 생태계	해양 생태계 보전 – 지속가능발전을 위한 대양, 바다, 해양자원의 보전과 지속가능한 이용
목표 15: 육상 생태계	육상 생태계 보전 – 육상 생태계의 지속가능한 보호・복원・증진, 숲의 지속가능한 관리, 사막화 방지, 토지 황폐화의 중지와 회복, 생물 다양성 손실 중단
목표 16: 평화, 정의와 강력한 제도	인권・정의・평화 – 지속가능발전을 위한 평화롭고 포용적인 사회 증진, 모두에게 정의를 보장, 모든 수준에서 효과적이며 책임감 있고 포용적인 제도 구축
목표 17: SDGs를 위한 파트너십	지구촌 협력 확대 – 이행 수단 강화와 지속가능발전을 위한 글로벌 파트너십의 활성화

출처: 환경부, 2021.

지속가능발전목표(SDGs: Sustainable Development Goals)는 지속가능한 발전을 날성하기 위해 빈곤, 기아, 퇴지, 불평능 감소, 기후변화 대응, 육상, 해상오염 저감, 혁신적 기술개발과 경제성장 등을 포함한 17개로 구성되었다.

앞서 언급한 '세계청소년보고서 청소년과 2030 지속가능발전 의제'는 2030 지속가능발전 의제를 위한 청소년정책과 청소년의 역할을 명시하고 있다(UN Department of Economic and Social Affairs, 2019a: 6-7). 청소년은 2030 의제의 "횃불전달자(torchbearers)"로 불리며, 2030 의제의 행동과 정책의 수혜자로서 그리고 그 이행에 있어 파트너와 참가자로서 중요한 역할을 한다. 실제로 명시적으로나 암묵적으로, 2030 의제의 완전한 실현 보장을 위해 탄탄한 증거 기반 청소년정책 및 행동 개발 및 활성화가 필요하다. 1995년 세계청소년행동계획의 채택으로 전 세계 청소년의 상황을 개선하기 위한 국가 행동 및 국제적 지원에 대한 정책 틀과 실질적인 지침이 회원국과 청소년에게 제공되었다. 이에 따라 다수의 회국은 세계청소년행동계획의 15개 우선순위 분야에서 강력한 청소년정책과 청소년들에게 영향을 미치는 정책을 개발하고 이행하기 위한 노력을 강화했다.

이러한 노력은 전 세계 수준에서 채택된 양질의 청소년 일자리를 위한 글로벌 이니셔티브(Global Initiative on Decent Jobs for Youth 2016−2030), 여성, 아동 및 청소년 보건을 위한 글로벌 전략(Global Strategy for Women's, Children's and Adolescents' Health 2016−2030), 교육 2030 실행계획(Education 2030 Framework for Action) 등과 같은 다수의 맞춤형 청소년개발 전략 및 프레임워크로 이어졌다. 이러한 노력을 강화하기 위해 상당수의 국가 및 지역 프레임워크가 개발되었다. 기존 및 새로 개발된 청소년개발 방안들이 다양한 프레임워크, 전략 및 지침을 토대로 2030 의제를 촉진하는 청소년정책을 추진하기 위해서는 새로운 자극과 혁신적인 사고가 필요하다. 전략적 계획 및 조정은 노력과 자원의 더 나은 연계를 보장하고 성공 가능성을 높일 수 있다.

또한 2030 의제에 구현된 목표를 달성하기 위해서는 지역 및 국가 차원의 제도적, 구조적 시너지 및 통합이 매우 중요하다. 지속가능발전목표 달성을 위해서는 정책 부문과 프레임워크를 수평적으로 가로지를 뿐 아니라 청소년을 포함한 시민사회 이해관계자와 함께 커뮤니티, 지역, 국가 및 세계 주체들과 수직적으로 일해야 한다. 2030 의제의 성공을 결정짓는 것은 지방 및 국가 정부와 협력하고 현장에 정책과 프로그램을 제공하는, 데이터 수집 및 활용을 위한 재정 및 기술 활용을 포함하여 2030 의제 이행을 추진하는 민관협력의 공정하고 다양한 정책 설계, 구현, 모니터링 및 평가를 위한 청소년 참여와 같은 청소년의 역할이다.

③ 청소년, 평화, 안보에 관한 UN 안전보장이사회 결의안 2250(UN SECURITY COUNCIL RESOLUTION 2250, 2015년 12월)

2015년 12월 9일, UN 안전보장이사회(UNSC, United Nations Security Council)는 결의안 제2250호를 채택했다. 이는 평화와 안보 이슈에 있어 청소년들의 역할을 명확하게 언급한 첫 번째 결의이다. 안보리 결의 2250호는 국제평화 및 안보의 관점에서 청소년(문서에선 18~29세로 정의)을 주제로 다루고 있는 결의이다. 이 결의는 회원국과 UN, 그리고 시민사회가 어떤 정책과 프로그램을 개발해야 하는지에 대한 일련의 가이드라인을 제공하고 있다. 이 국제 정책 프레임워크는 무력분쟁이 청소년들의 삶에 어떤 영향을 미치고, 그 영향을 완화하기 위해서는 무엇을 해야 하며, 평화로운 공동체를 만드는 과정에서 청소년들이 어떻게 의미 있게 포함될 수 있는지를 탐색하는 데 도움을 준다. 이러한 까닭에 해당 결의는 무력분쟁이 청소년들에게 미치는 파괴적인 영향뿐만 아니라, 갈등을 조정하고 평화 프로세스를 구축하기 위한 청소년들의 중요한 역할에 초점을 맞추고 있어 획기적인 국제법적 프레임워크로 평가된다(UNOY, 2020: 3-4).

이 결의가 안보리에 채택된 이유는 청소년들의 생명과 존엄이 보호되고 평화와 안보 이슈에 청소년들이 의미 있게 참여하지 않는 한 지속적인 평화를 유지할 수 없기 때문이다. 또한 청소년들이 평화세우기(peace-building)에 중추적 역할을 해야 하는 이유는 오늘날 청소년 세대(10~24세)의 인구가 18억 명으로 역사상 가장 많으며, 무력분쟁의 영향을 받고 있는 국가들의 인구 대다수를 차지하고 있기 때문이다. 평화와 안보 문제에 대해 청소년들의 적극적이고 체계적이며 의미 있는 참여를 보장하는 것은 인구학적·민주주의적 관점에서 매우 중요한 일이다. 이는 또한 청소년들의 주변화와 무력분쟁 동원을 막는 방법이기도 하다. 즉 청소년들의 적극적인 기여와 그들의 잠재력은 지속적 평화를 만들고 정의와 화해, 경제적 번영에 기여하는 열쇠로서 평가되고 인식되고 지원되어야 한다.

안보리 결의 2250호는 ㉠ 참여 ㉡ 보호 ㉢ 예방 ㉣ 파트너십 ㉤ 무장해제 및 사회 재통합 등 5가지 분야에 중점을 두고 있다(UNOY, 2020: 7–8).

㉠ 참여(Participation): 안보리 결의 2250호는 각 정부에게 갈등의 예방과 해결을 위한 지방 (local), 중앙정부(national), 지역/권역(regional), 국제(international) 기구의 모든 의사결정 단계와 메커니즘에 있어서 청소년 참여도를 늘릴 것을 요청한다. 또한 안보리가 미션을 수행하는 데에 있어 청소년의 요구를 고려해야 할 필요가 있다는 점을 강조하고 있다.

㉡ 보호(Protection): 안보리 결의 2250호는 각 정부에게 무력분쟁 및 분쟁 이후 시기에 특히 청소년을 포함한 민간인 보호를 보장할 것을 요구한다. 민간인 보호에는 모든 형태의 성폭력 및 젠더 기반 폭력으로부터의 보호가 포함된다. 또한 안보리 결의 2250호는 대량 학살, 반인륜적 범죄, 어린 민간인 대상 전쟁 범죄 등을 저지른 이에 대한 면책특권 폐지를 통해 정의를 구현할 것을 각 국가에 촉구한다.

㉢ 예방(Prevention): 안보리 결의 2250호는 청소년들이 폭력 예방 활동을 적극 실행할 수 있도록 각 정부에서 적절한 지원 방안을 마련할 것을 요구한다. 또한 사회적/경제적 발전을 포함한 평화세우기 노력에 긍정적으로 기여할 청소년을 위한 정책이 마련되어야 한다는 점을 강조한다. 안보리는 또한 이와 관련된 모든 행위자에게 평화의 문화를 증진하고, 청소년을 각종 폭력 행위로부터 막아내는 메커니즘을 세울 것을 요구한다.

㉣ 파트너십(Partnerships): 결의안 2250호는 각 정부에게 다음의 방법을 통해 관련 행위자와 파트너십을 구축하고 강화할 것을 촉구한다.

- 평화, 개발, 평등 증진 사업에 참여하고 있는 UN기구에 정치적, 재정적, 기술적, 물류 지원 확대
- 평화세우기 계획 수립 과정에서 분쟁과 그 이후 청소년 참여 증진에 대한 UN 평화구축위원회의 제언과 권고사항 고려

- 폭력적 극단주의에 맞서고 사회통합과 사회적 포용을 증진할 수 있는 공동체 행위자와 지역 구성원(청소년, 가정, 여성, 종교, 문화, 교육지도자 포함)의 역량 강화

ⓜ 무장해제 및 사회 재통합(Disengagement & reintegration): 무장해제, 동원해제 및 사회 재통합(DDR)은 무력분쟁의 여파 속에서 지속가능한 평화를 도모해가기 위한 전략이다. 사회 재통합이란 준군사조직이 소지하고 있는 무장을 해제하고(무장해제), 그 조직에 가담하고 있던 인력을 해체하며(동원해제), 그들을 다시 사회로 재통합하는(사회 재통합) 과정을 일컫는다. 안보리 결의 2250호는 사회 재통합에 참여하고 있는 모든 행위자로 하여금, 해당 과정이 청소년에게 미치는 영향과 더불어 무력분쟁으로부터 영향받은 교육 분야에서의 기회와 정책, 청소년 주변화 방지를 위한 고용과 훈련, 평화의 문화 촉진 등 청소년들의 요구도 고려할 것을 권고한다.

이러한 안보리 결의 2250호를 국가적인 차원에서 시행할 책임은 회원국에 있지만, 청소년들과 시민사회단체들이 이 과정에 함께할 방법들은 많이 있다. 과정을 이끌어 가는 일부터, 지방(local), 국가, 지역(regional), 국제 수준의 다른 이해당사자들과 협력하는 일까지, 다양한 방법으로 참여할 수 있다(UNOY, 2020: 9).

④ 청소년 2030: UN 청소년전략(Youth 2030: The UN Youth Strategy, 2018년 9월)

'청소년 2030: UN 청소년전략'은 2018년 9월 24일 제73차 UN 총회의 고위급 행사에서 안토니오 구테헤스(Antonio Guterres) UN 사무총장에 의해 발표되었다. UN은 청소년 문제에 대해 회원국과 오랫동안 협력해 왔다. 1995년 총회에서 '세계 청소년을 위한 행동프로그램'을 채택함으로써 전 세계 젊은이들의 상황을 개선하기 위한 국가적 행동과 국제적 지원을 위한 이정표적인 정책 프레임워크가 제공되었다. 이러한 역사를 바탕으로 최초의 UN 청소년전략인 청소년 2030 전략은 UN 시스템이 청소년과 함께 협력하기 위한 공통 프레임워크 역할을 한다.

비고: UN Photo/Mark Garten, 2021.
출처: Office of the Secretary-General's Envoy on Youth

UN 청소년전략은 배경, UN의 역할, 비전, UN 청소년전략의 목적, 청소년과 함께 청소년을 위한 UN을 향한 4가지 기반 강화, UN 청소년전략의 5대 우선순위 분야, 조정, 거버넌스 및 운영 등으로 구성되었다. 먼저 UN 청소년전략의 배경과 UN의 역할을 보면, 무엇보다도 앞에서 소개한 2030년까지 지속가능발전목표(SDGs)를 달성할 수 있도록 젊은이들을 전적으로 지원하고, 권한을 부여하고, 참여시킬 수 있는 UN의 역할이 그 어느 때보다 필요했기 때문이다. 저출산으로 인해 청소년 세대 인구가 급감하고 있는 우리나라 상황과는 달리, 오늘날 세계에는 18억 명이 넘는 젊은이가 있다. 역사상 가장 큰 청소년 세대이며, 이 젊은이의 약 90%가 개발도상국에 거주하며 인구 대부분을 차지한다.

UN 청소년전략의 배경과 역할은 2020년 9월 청소년전략 발표 2주년을 기념하여 UN 사무총장 청소년 특사(UN Secretary-General's Envoy on Youth)와 부사무총장(Deputy Secretary-General)이 발표한 다음과 같은 성명(UN Office of the Secretary-General's Envoy on Youth, 2021)에 잘 나타나 있다.

> COVID-19 감염병은 의심할 여지없이 우리를 심각한 건강 및 경제위기로 몰아넣었다. 그 영향은 앞으로 수년 동안 젊은이들에게 심각하고 불균형적인 영향을 미칠 것이다. 그리고 역경에 직면한 젊은이들은 자원봉사자, 필수 근로자, 혁신가 및 의사소통자로서 도전에 직면해 왔다. 올해는 2030년까지 지속가능발전목표(SDGs)를 달성할 수 있도록 젊은이들을 전적으로 지원하고, 권한을 부여하고, 참여시킬 수 있는 UN이 그 어느 때보다 필요하다는 것을 보여 주었다. (중략)... 올해 초 유행병이 우리의 삶과 열망을 뒤집어 놓기 전에도 청소년 5명 중 1명 이상이 취업, 교육 또는

> 훈련을 받지 않았다. 수백만 명의 소녀들이 매년 어머니가 되며, 그 소녀들은 종종 아직 어린 아동이기도 하다. 젊은이들의 정신건강 문제는 전례 없는 증가를 보이고 있다. 그리고 오늘날 4억 8천만 명의 젊은이들이 무력 분쟁의 영향을 받는 상황에서 살고 있는 것으로 추정된다. ...(중략) 인적 자본에 투자하고 이들이 만드는 혁신적인 솔루션에 투자하여 청소년에게 권한을 부여하는 것은 진정으로 더 지속가능하고 정의롭고 평화로운 세상을 만들기 위한 유일한 희망이다. 간단히 말해서, 우리가 모든 다양성에서 모든 젊은이들에게 권한을 부여하지 않으면 2030년까지 빈곤의 종식, 양성평등 보장, 기후 변화 역전, 그리고 SDGs를 달성할 수 없다.

UN 청소년전략은 UN이 평화와 안전, 인권, 지속가능발전이라는 3가지 핵심에 걸쳐 모든 맥락에서 청소년과 함께 그리고 청소년을 위해 활동함에 있어 UN 전체를 인도하는 포괄적인 틀로서 작용한다. UN 청소년전략은 UN의 청소년참여, 청소년의 견해, 통찰력, 아이디어를 바탕으로 한 지원을 크게 강화하고자 한다. 또한, UN의 청소년 문제에 대한 사업이 조정되고, 일관되고, 총체적으로 추진되는 것을 보장하고자 한다. 이를 위해 UN 사무총장 청소년 특사는 사무총장 차관보 수준의 UN 기구 대표들과 청소년 네트워크 및 단체 대표들과 젊은 UN 직원들로 구성된 청소년 2030 사무국을 통해 고위급 운영위원회를 지원하고 청소년 2030 전략의 전반적인 실행을 조정한다.

UN 청소년전략의 비전은 '모든 청소년의 인권이 실현되고, 모든 청소년의 잠재력이 충분히 발휘될 수 있도록 보장하고, 변화 주체(agents of change)로서 청소년의 행위주체성(agency), 회복탄력성(resilience), 긍정적인 기여(positive contributions)를 인식하는 세상'으로 설정하고 있다. 그리고 UN 청소년전략은 전 세계의 다양한 청소년의 요구에 부응하고, 주체성을 만들며, 권리를 증진하기 위한 영향력과 전 세계, 지역, 국가 수준의 행동을 확대하고, 2030 지속가능발전 의제의 이행, 검토 및 후속 조치를 포함한 관련 글로벌 의제 및 프레임워크들에 대한 청소년 참여를 보장하는 것을 목적으로 한다(UN Department of Economic and Social

Affairs, 2019c: 5).

또한 UN은 기반 강화 차원에서 청소년전략을 통해 리더십 표본(Leadership Example), 지식 및 혁신 선구자(Knowledge and Innovation Pioneer), 투자 및 솔루션 촉매자(Investment and Solution Catalyst), 책무성 리더(Accountability Leader)가 되고자 하며, 이를 위해 헌신하며 신중한 실행계획들을 통해 이 모든 역할에 생기를 불어넣고자 한다. 〈표 4-12〉에 열거된 범분야 시스템 간 실천 계획과 개입은 UN 청소년전략의 5대 주요 우선순위 분야를 촉진하고 이행하기 위한 UN의 전반적인 역량 강화에 도움을 주고자 하는 것이다.

〈표 4-12〉 UN 청소년전략의 범 분야 시스템 간 실천 계획과 개입

<table>
<tr><td rowspan="7">리더십 표본
(Leadership Example)</td><td rowspan="7">UN은 기관 전체에 걸쳐 청소년 리더십을 지원하고 청소년 관련 문제에 대한 직원 인식 및 역량을 강화한다.</td><td>주류화 방안(mainstreaming structures)</td></tr>
<tr><td>청소년 참여 플랫폼(Youth engagement platforms)</td></tr>
<tr><td>대화의 기회(Dialogue opportunities)</td></tr>
<tr><td>역량 강화(Capacity building)</td></tr>
<tr><td>전문가 활용(Roster of experts)</td></tr>
<tr><td>인턴십 프로그램 강화
(Strengthening internship programmes)</td></tr>
<tr><td>인재 관리(Talent management)</td></tr>
<tr><td rowspan="8">지식 및 혁신 선구자
(Knowledge and Innovation Pioneer),</td><td rowspan="8">UN은 지식 생산 및 관리 시스템을 강화하고, 청소년개발 및 참여 관련 신뢰할 수 있는 전문성을 지니고, 세계 청소년의 현실과 필요에 대한 증거 기반 글로벌 인식을 촉진한다.</td><td>데이터 도구(Data tool)</td></tr>
<tr><td>온라인 지식 플랫폼(Online knowledge platform)</td></tr>
<tr><td>UN 청소년 아카데미(UN Youth Academy)</td></tr>
<tr><td>분석(Analysis)</td></tr>
<tr><td>공통 연구 과제(Common research agenda)</td></tr>
<tr><td>청소년 혁신 랩(Youth Innovation Labs)</td></tr>
<tr><td>청소년 주도 혁신(Youth-led innovation)</td></tr>
<tr><td>여론 조사(Polling)</td></tr>
</table>

투자 및 솔루션 촉매자 (Investment and Solution Catalyst)	UN은 UN 청소년전략의 이행 증진을 위해 자원 동원 노력을 가속화하고 파트너십을 촉진한다. 또한 청소년 중심 프로그램 및 모든 수준에서 청소년 주도 행동을 위한 재정 기반 및 메커니즘을 강화한다.	세계 청소년 투자 및 파트너십 플랫폼 (A Global Youth Investment and Partnership Platform) :
		공통 자원 동원 전략 (A common resource mobilization strategy)
		결과 기반 커뮤니케이션 (Results-based communications)
		해결책 기반 파트너십(Solution-based partnerships)
		청소년참여 기금(Youth participation funding)
		공동 프로그램(Joint Programmes)
책무성 리더 (Accountability Leader)	UN은 UN 기구가 프로그램을 통해, UN 활동에 청소년을 효과적이고 의미 있게 참여시키고, 예산 할당 및 지출을 추적하여 청소년 문제를 성공적으로 해결할 수 있도록 노력한다.	지침(Guidelines)
		마커(Markers)
		공약(Commitments)
		평가(Evaluation)
		검토(Review)
		투명성(Transparency) :

자료: UN Department of Economic and Social Affairs, 2019c: 6-9.

그리고 UN은 청소년전략의 우선순위 분야를 제시하면서 다음과 같이 그 근거를 제시한다. 즉 현재 진행 중인 UN 개혁에 따라 새로운 요구에 부응하고 보다 효과적으로 청소년과 함께, 청소년을 위한 활동 수행에 필요한 역량 강화를 위해 노력하고 있다. 이를 위해 UN은 청소년을 우선순위로 하고, 청소년에 투자하고, 청소년 참여 및 권리 증진을 위한 전 세계, 지역 및 국가 수준의 공약을 강화하기 위한 증거 기반 옹호, 정책 참여, 파트너십 및 프로그램에 대한 노력을 강화해야 한다. 이와 관련하여 UN은 기존 및 향후 시스템 차원의 이니셔티브를 활용하고 아래에 제시된 상호 연결된 우선순위 분야에 대한 노력을 강화할 것이며, 이는 본 전략 실행계획을 통해 운영되고 추후 구체화될 것이다(UN Depart-

ment of Economic and Social Affairs, 2019c: 10).

〈표 4-13〉 UN 청소년전략의 우선순위 분야

1대 우선순위: 관계, 참여 및 옹호 – 평화롭고 지속가능한 세계를 위한 청소년의 목소리 확대	주류화(Mainstream)
	확대(Expand)
	지원(Assist)
	참여(Engage)
	표준 수립(Set standards)
	연결(Connect)
	강화(Strengthen)
	증폭(Amplify)
2대 우선순위: 교육 및 보건 기반 – 양질의 교육과 보건에 대한 청소년의 접근 확대 지원.	양질의 교육 옹호(Advocate for quality education)
	비형식 교육 증진(Promote non-formal education)
	접근 가능한 청소년 대응 보건 서비스 및 환경 보장(Ensure accessible and youth-responsive health services and healthy environments)
	청소년 친화적 정신 보건 서비스 지원(Support youth friendly mental health services):
	성 · 생식 보건(sexual and reproductive health) 및 권리 지원
3대 우선순위: 양질의 일자리를 통한 경제적 권한 강화 – 양질의 일자리 및 생산적인 고용에 대한 청소년의 접근 확대 지원	글로벌 공약 이행(Uphold global commitment)
	균형 잡힌 접근법 옹호(Advocate for a balanced approach)
	안내 및 지원(Guide and support)
	서비스 및 생산 자산에 대한 접근 증진(Promote access to services and productive assets)
	저탄소 녹색 경제로의 전환 촉진(Foster a just transition to a low-carbon and green economy)

<table>
<tr><td rowspan="5">4대 우선순위:
청소년과 인권 - 청소년 인권을 보호 및 증진하며 청소년의 시민 및 정치적 참여를 지원</td><td>청소년의 인권 보호 및 증진(Protect and promote young people's human rights)</td></tr>
<tr><td>구체적인 청소년 인권 상황에 대한 인식 증진(Raise awareness about the specific situation of young people's rights)</td></tr>
<tr><td>인권 주류화(Mainstream human rights)</td></tr>
<tr><td>정치 및 사회 문제에 대한 참여 촉진(Promote participation in political and public affairs)</td></tr>
<tr><td>인권교육 및 역량 강화(Develop capacity and human rights education)</td></tr>
<tr><td rowspan="8">5대 우선순위:
평화 및 탄력성 구축 - 평화와 안보 및 인도주의적 행동을 위한 촉매제로써 청소년을 지원</td><td>가능한 환경 조성(Promote an enabling environment)</td></tr>
<tr><td>공식적인 평화 프로세스를 통한 청소년 참여 추진(Promote youth participation in formal peace processes)</td></tr>
<tr><td>안전한 공적 장소 제공(Promote safe public spaces)</td></tr>
<tr><td>파트너십 및 힘 실어주기(Convene and buttress partnerships)</td></tr>
<tr><td>지속적인 대화 촉진(Foster continuous dialogue)</td></tr>
<tr><td>역량 강화(Reinforce capacity)</td></tr>
<tr><td>기회 확대(Expand opportunities)</td></tr>
<tr><td>인도주의 환경의 청소년 보호 및 지원(Protect and support youth in humanitarian settings)</td></tr>
</table>

출처: UN Department of Economic and Social Affairs, 2019c: 10–13.

UN 청소년전략은 2030년까지 12년 동안 진행된다. 초기 실천계획은 처음 4년 동안 적용되며, 이후의 4년 동안 검토, 조정 및 갱신된다.

아울러 UN 청소년전략 사무국은 전략 실행에 대한 엄격하고 투명한 추적을 보장하기 위해 2개의 '청소년 2030 스코어카드(Youth 2030 scorecards)' 세트를 개발하고 있다. 하나는 UN 국가 팀(UN Country Team Scorecard)용이고 다른 하나는 UN 전체를 위한 것이다. 스코어카드에는 COVID–19 마커도 포함되어 있으며, COVID–19 대응 및 회복에 있어 UN 국가 팀의 풍부한 사업을 캡처하고 대응 노력에 대한 젊은이들의 참여에 중점을 두고 있다. 시스템 접근방식을 확장하여 UN

국가 팀 스코어카드는 UN 지속가능한 개발 그룹 정보관리 시스템과 일상적인 UN 국가 팀 보고에 완전히 통합되고 있다. 20개의 지표로 구성된 UN 국가 팀 스코어카드는 코스타리카, 에티오피아, 우즈베키스탄의 3개 패스트 트랙 국가에서 성공적인 파일럿 테스트를 기반으로 마무리되고 있다. UN 국가 팀 스코어카드의 지표는 다음과 같다.

㉠ UN 지속가능한 개발 협력 프레임워크의 청소년 초점
㉡ 청소년 참여를 위한 UN의 문화, 시스템 및 역량
㉢ UN 국가 팀은 SDGs에 대한 정책 조정, 정책 일관성 및 청소년 관련 부문의 공공 자금 조달 분야에서 정부 지원
㉣ 청소년 주도 혁신 및 솔루션, 옹호 및 의사소통에 관한 청소년 네트워크와의 UN 파트너십

⑤ EU 청소년전략(Resolution on the European Union Youth Strategy 2019–2027, 2018년 11월)

EU 회원국은 EU Erasmus+ 프로그램에 참여하는 다른 유럽 국가와 함께 유럽 위원회의 지원을 받아 청소년정책 개발에 협력한다. EU는 2002년부터 적극적인 참여와 기회에 대한 평등한 접근을 원칙으로 하는 EU 청소년정책 협력을 전담하고 있으며, 청소년을 대상으로 하는 교육, 훈련 및 고용 등과 같은 다른 정책과 시너지 효과를 내고 있다. 이 협력은 회원국의 정책 및 입법 변화를 촉발시켰고 청소년 조직의 역량 구축에 기여해 왔다. 유럽연합 회원국 청소년정책의 표준이 되는 'EU 청소년전략'은 EU 회원국과 Erasmus+ 프로그램에 참여하는 유럽 국가 간의 이러한 협력을 위한 중요한 프레임워크를 제공한다. EU 청소년전략은 2019~2027년 EU 청소년정책 협력의 틀이다. 전략은 우선순위를 확인하고 합의된 목표에 도달하기 위한 도구를 설정한다. 2018년 11월 청소년 관련 장관들에 의해 합의된 현재 EU 청소년전략은 2027년까지 진행된다(European Commission, 2021).

'EU 청소년전략 2019–2027'의 수립에 기여하기 위해 2017/2018에 개최된 6주기 EU 청소년대화 – 유럽의 청소년: 다음은 무엇인가?(EU Youth Dialogue – Youth in Europe: What's next?)는 젊은이들의 목소리를 모아 다음과 같은 11개의 '유럽 청소년 목표(European Youth Goals)'가 개발되었다. 이 목표는 유럽 청소년의 견해를 반영하고 EU 청소년대화에서 활동하는 사람들의 비전을 나타내는 것이다.

㉠ EU와 청소년 연결
㉡ 모든 성별의 평등
㉢ 포용적 사회
㉣ 정보 및 건설적인 대화
㉤ 정신건강 및 웰빙
㉥ 농촌 청소년의 발전
㉦ 모두를 위한 양질의 고용
㉧ 양질의 학습
㉨ 모두를 위한 공간과 참여
㉩ 지속가능한 녹색 유럽
㉪ 청소년 조직 및 유럽 프로그램

11개 청소년 목표를 반영한 'EU 청소년전략' 결의안의 목적은 유럽 전역에서 청소년들이 직면하고 있는 문제를 해결할 수 있는 EU 청소년전략을 수립하고, 그들에 대해 공통적이고 일관된 EU 대응을 제공하며, 회원국의 노력과 이니셔티브를 보완하는 것이다. 청소년정책의 잠재력을 최대한 활용하기 위해 EU 청소년 분야의 협력을 강조한다. 'EU 청소년전략'은 EU 기능에 관한 조약 165조에 따라 민주적 생활에 청소년 참여를 장려하며 사회 및 시민 참여를 지원하고, 모든 청소년이 사회에 참여하는 데 필요한 자원을 확보하는 것을 목표로 한다. 특히 청소년전략은 향후 몇 년 동안 다음과 같은 4가지 목표를 달성하기 위해 노력한다.

㉠ 젊은이들이 자기 삶의 건축가가 되고, 개인 개발과 자율성 성장을 지원하고, 회복탄력성을 구축하고 변화하는 세상에 대처할 수 있는 생활 기술을 갖추도록 지원한다.

㉡ 젊은이들에게 적극적인 시민, 연대의 행위주체자, EU 가치와 유럽 정체성에서 영감을 받은 긍정적인 변화에 필요한 자원을 제공하고 장려한다.

㉢ 모든 부문, 특히 고용, 교육, 건강 및 사회통합에 걸쳐 젊은이들에게 미치는 영향과 관련된 정책 결정을 개선한다.

㉣ 청소년 빈곤 및 모든 형태의 차별 근절에 기여하고, 청소년의 사회적 포용을 촉진한다(European Commission, 2018).

이를 위해 청소년정책 협력은 다음과 같은 3가지 활동 영역을 중심으로 그룹화된 활동을 수행한다.

㉠ 참여(Engage) – 젊은이들의 의미 있는 시민적, 경제적, 사회적, 문화적, 정치적 참여를 촉진한다.

이를 위해 회원국과 유럽위원회를 각 역량 분야 내에서 다음과 같이 초대한다.

- 사회와 민주적 과정에서 모든 젊은이들의 포괄적인 민주적 참여를 장려하고 촉진한다.
- 지방, 지역, 국가 및 유럽 수준에서 청소년의 삶에 영향을 미치는 정책의 개발, 실행 및 평가에 청소년, 청소년 조직 및 기타 청소년사업 조직을 적극적으로 참여시킨다.
- 지방, 지역 및 국가 수준에서 청소년 대표의 설립 및 개발을 지원하고, 청소년의 참여 및 자기 조직권, 대표 청소년 구조의 인정 및 지방, 지역, 국가 및 유럽당국의 업무에 포함시킨다.
- 시민권 교육 및 학습 전략을 통해 모든 수준의 의사결정 과정에 청소년의 다양한 목소리를 포함하고 시민권 역량 개발을 촉진하기 위해 EU 청소년 대화를 지원하고 전달한다.

- '참여하는 법 배우기' 기회를 지원 및 개발하고, 참여 행동에 대한 관심을 높이고, 청소년들이 참여를 준비하도록 돕는다.
- 혁신적이고 대안적인 민주적 참여 형태의 사용을 탐색하고 장려한다.

ⓛ 연결(Connect) – 이동성을 통해 청소년 간의 연결, 관계 및 경험 교환을 지원한다.

이를 위해 회원국과 유럽위원회를 각 역량 분야 내에서 다음과 같이 초대한다.

- 장애를 제거하고 기회가 적은 젊은이들에게 특별한 관심을 기울인 지원 조치를 실행하여 시민사회 부문의 자원봉사를 포함하여 모든 청소년과 청소년지도자가 국경을 넘는 이동성 기회에 접근할 수 있도록 한다.
- 청소년의 연대 참여를 장려하고 지원 계획을 장려하며 EU 자금조달 수단과 국가, 지역 및 지방 계획 간의 보완 및 시너지 효과를 추구한다.
- 관련 EU기금 프로그램의 설계, 구현 및 평가에 청소년 및 청소년단체를 적극적으로 참여시킨다.
- 연대 및 자원봉사활동을 포함하여 비형식 및 무형식 학습을 통해 얻은 기술 및 역량의 검증 및 인정을 위한 효과적인 시스템에 대한 모범사례 공유 및 추가 사업, 비형식 및 무형식 학습을 공유한다.

ⓒ 권한 부여(Empower) – 양질의 청소년사업(youth work)에 참여함으로써 청소년들이 자신의 삶을 책임지도록 장려한다.

이를 위해 회원국과 유럽위원회를 각 역량 분야 내에서 다음과 같이 초대한다.

- 청소년사업의 질, 혁신 및 인정을 위해 유럽 청소년사업 의제를 개발하고 실행한다.
- 현장에서의 정책 개발, 청소년지도자 교육, 법적 프레임워크 구축 및 충분한 자원 할당을 포함하여 지방, 지역, 국가 및 유럽 수준에서 양질의 청소년사업 개발을 지원한다.

- 풀뿌리를 포함한 모든 수준의 청소년사업 활동을 지원하고, 이 분야의 국가, 지역 및 지방 활동을 존중하면서 청소년사업 및 비형식 교육 활동을 통해 역량 개발 및 사회적 통합의 제공자로 청소년 조직을 인정한다.
- 경력, 건강 및 관계, 교육, 문화 및 고용 기회에 대한 재정적 가이던스, 안내 및 지원을 포함하여 다양한 서비스를 제공하고 정보 제공에 쉽게 접근할 수 있는 청소년 연락처를 가능한 경우에 만들고 추가로 개발한다(European Commission, 2018).

그리고 EU와 회원국에서 EU 청소년전략을 효과적으로 실행하려면 구체적인 도구가 필요하다. EU 청소년전략은 국가 및 EU 당국이 정책 협력 및 발전의 목표를 추구하는 데 도움이 되는 다음 3가지 도구를 설정하여 Youth Wiki를 통해 직접 지원한다(European Commission, 2018).

㉠ 회원국, 유럽연합집행위원회 및 관련 이해관계자 간의 상호 학습: Youth Wiki는 정책 관행과 국가 경험을 공유할 수 있는 공간을 만들어 국가에 다른 사람의 이니셔티브와 행동에 대한 귀중한 지식을 제공하고 국가 정책 입안자, 청소년정책 분야의 전문가, 국가 및 유럽 이해관계자 간의 상호 학습을 촉진한다.

㉡ 증거 기반 정책 결정: Youth Wiki는 청소년 분야의 유럽 국가에서 시행된 정책 및 이니셔티브에 관련성이 있고 신뢰할 수 있으며 구체적인 정보를 수집하고 전파함으로써 청소년이 직면한 주요 문제를 해결하는 데 유용한 증거를 제공한다.

㉢ 정책 조정의 진행 상황 모니터링: 국가 청소년정책 개발에 대한 정보를 제공함으로써 Youth Wiki는 EU 청소년전략의 실행에 대한 위원회의 정기 보고를 지원한다.

2. 청소년정책의 거버넌스

세계화와 정보화가 급속히 진행되는 21세기로의 전환기에 대두된 거버넌스(governance) 이론은 특히 새로운 사회과학 분야의 이론으로 각광을 받았다. 최근 들어서는 국정운영의 새로운 방법으로 정부와 민간부문의 지속적 관계 속에서 형성된 정책네트워크를 통한 협력적 거버넌스에 대한 연구가 활발하게 이루어지고 있는 추세이다. 특히 21세기 들어 세계화와 신자유주의의 확산으로 국민국가의 역할이 축소되고 정부를 비롯한 공공부문을 감축시키며 국가, 시장, 시민사회 및 세계체제와의 관계를 재구축해야 할 필요성이 제기되었다. 또한 급속한 정보화로 말미암아 사회적 교환의 속도가 빨라지고 사회관계의 복잡성, 다양성, 역동성이 유발되면서 산업사회적 생산양식에 기초한 대의민주주의가 본래의 기능인 조정과 통합기능을 제대로 수행할 수 없게 되거나 최소한 그 기능이 약화 혹은 왜곡되었다. 이러한 상황에서 정부 역시 공공문제의 해결자 내지는 공공재의 생산자 기능을 효과적으로 수행할 수 없게 됨에 따라 정부의 역할과 기능의 변화가 불가피하다고 인식된 것이다. 국가와 사회관계를 수직적이고 위계적인 형태로 유지하기보다는 양자를 수평적인 파트너 혹은 네트워크 관계로 운영하는 것이 보다 효율적이라는 것이다(강경화, 2017).

국가 운영체제로서 거버넌스는 강력한 개입 국가적인 과거 통치방식에서 시장과 사회의 참여를 허용하는 새로운 협력적 통치방식으로의 변화로, 자율적 조직 간 네트워크와 게임의 규칙에 따른 조직 간 자원교환 상호작용을 관리하는 것을 의미한다. 첫째, 거버넌스 이론은 정치와 사회에서 일정 수준의 자발성과 연속성을 지닌 조직 간 관계로서 네트워크 현상에 주목하고 있다. 즉 국가의 정책 과정이 어느 단일의 정책행위자에 의해서 결정되지 않고, 정부 내·외부 이해관계자들인 행정관료, NGO, 이익집단, 기업, 일반시민 등이 만들어 낸 공식적·비공식적 네트워크의 긴밀한 타협과 협상의 결과로 이루어진다는 것이다. 둘째, 거버넌스 이론은 국가 의사결정과정에서 다양한 이해관계자들의 수직적·수평적 권위, 교환과 설득의 다양한 상호작용, 유연한 결합에 의한 의사소통을 강조한다. 정리하면 거버넌스는 특정 사회현상에서 나타나는 조정(steering)을 통한 통치방식(mode of governing)으로 이해관계자들로 이루어진 네트워크와 그 상호작용을 통한 업무처리방식을 강조하는 개념이다(송용찬 외, 2018: 111).

정책 거버넌스에 대한 합의된 학문적 개념은 수립되어 있지 않다. 대신 관련 연구들은 정책을 수립하고 실행하는 기구들에 대한 분석을 중심으로 하여 특정 정책영역에서의 거버넌스를 논하고 있다. 정책 거버넌스는 "정책형성과정에서 발견되는 다원적 주체들의 통치방식"이라는 의미로 활용되고, 이는 다음과 같은 함의를 지닌다. 첫째, 정책 거버넌스는 정책 결과물의 형성에 관여하는 두 차원 – 거시적, 미시적 차원 – 에 존재하는 각각의 요인들에 대한 이해를 가능케 한다. 구체적으로 "정책형성 과정"이라는 내포에 의거하여, 정책 결과물이 산출 혹은 변화되기까지 관여한 거시적 맥락에 대한 논의가 가능하다. 또한 "다원적 주체들의 통치방식"이라는 내포에 의거하여, 이상의 과정에 관여한 행위자들 및 이들이 맺은 관계의 양상에 대한 논의가 가능하다. 둘째, 정책 거버넌스는 정책 결과물 변화의 독립변수로 기능한다. 정책 거버넌스의 양 차원에서의 변화는 정책 결과물의 형성에 관여하는 구조와 행위자 모두의 변화를 통한 정책결과물의 변화를 야기하기 때문이다. 아울러 정책 거버넌스의 구성요소는 정책패러다임과 정책네트워크 2가지로 요약된다. 첫째는 정책결과물이 등장하게 된 거시적 차원에 대한 논의로서 '정책패러다임(policy paradigm)'에 대한 분석이다. 정책패러다임은 정책목표, 정책범주, 그리고 정책위상을 통하여 이해될 수 있음을 의미한다. 둘째는 정책결과물의 산출 및 변화에 관여하는 미시적 차원에 대한 논의로서 '정책네트워크(policy network)'에 대한 분석이다. 정책네트워크는 "각자의 이해관계를 지니고 있으며, 정책의 성공 혹은 실패에 영향을 미치는 능력을 지닌 행위자들의 집합"이다. 그 결과 정책네트워크에 대한 분석은 정책형성에 참여하는 다양한 행위자들 간에 발생하는 역동적이며 상호의존적인 관계구조를 파악하게 해

준다(허인혜, 2012: 265–288).

여기서 청소년정책 거버넌스는 '청소년정책에 대한 책임 있는 의사결정과 이를 지원하고 합법화하는 시스템에 관한 것'으로 이해한다. 정책 거버넌스의 한 행태로 청소년정책 거버넌스에 대한 기본적 이해와 주요 각국의 거버넌스 개요를 소개한다. 그리고 OECD의 청소년정책 거버넌스 프로그램에 의해 수행된 결과를 통해 청소년정책 거버넌스의 문제와 보완점을 성찰해 보고자 한다.

1) 청소년정책 거버넌스의 일반적 이해

일반적으로 세계 각국은 국가 청소년정책에 대해 책임 있는 의사결정을 하고 설계하고 실행 및 평가하는 데 있어 효과적인 거버넌스를 강조한다. 특히 청소년정책은 끊임없이 변화하는 시스템과 구조를 가진 역동적인 과정이기 때문에 청소년정책과 관련된 주요 이해관계자의 역할과 기능에 중점을 둔 효과적인 관리를 위한 거버넌스 구조 요소에 대한 검토는 중요하다.

이런 연유로 유럽연합과 유럽평의회는 청소년정책을 설계, 실행 및 평가하는데 효과적인 거버넌스 개념을 장려한다. 역사적으로, 우수한 거버넌스를 향한 추진은 역동적인 사회적, 정치적, 경제적 요구에 부응하는 데 훨씬 더 책임있고 효율적이라는 결과를 가져왔다. 희소한 자원에 대한 경쟁이 치열한 세상에서 공공부문은 모든 수준과 조직 및 프로젝트에서 역량의 증거로 올바른 거버넌스 프로세스를 개발해야 하기 때문이다(Şerban & Barber, 2018: 10).

이런 차원에서 유럽연합–유럽평의회 청소년파트너십(European Union–Council of Europe youth partnership)에서 운영하는 유럽청소년정책센터(EKCYP, European Knowledge Centre for Youth Policy)는 2018년 11월에 '청소년정책 거버넌스에 대한 통찰(Insights into Youth Policy Governance)'을 발간했다. EKCYP는 거의 15년 전에 젊은이들의 상황에 관한 정보를 수집하고 청소년정책 및 청소년사업 실천을 지원하기 위해 온라인 라이브러리로 설립되었다. 2016년부터 EKCYP는 'EU Youth Wiki' 플랫폼에 기여하고 있다. 이 플랫폼은 EU청소년 전략과 관련된 주제에 대한 포괄적인 데이터베이스이다. '청소년정책 거버넌스에 대한 통찰'은 청소년정책 개발 및 유럽 전역의 정책 설계, 전달 및 평가를 관리하는 형태에 대한 통찰력을 제공하고, 청소년정책 수립 방법(법적 프레임워크)과 시행을 관리하는 공공 구조 및 청소년의 참여 방식에 대한 그림을 공유하기 위한 것이었다(Şerban & Barber, 2018: 7).

'청소년정책 거버넌스에 대한 통찰'은 청소년정책 거버넌스와 관련하여 다음 3가지 질문(Şerban & Barber, 2018: 10)을 반영하고 있다.

㉠ 청소년정책 거버넌스는 해당 국가의 맥락에서 어떻게 구성되어 있는가?
㉡ 해당 국가에서 청소년정책 거버넌스를 관리하는 데 가장 적합한 정부 구조(government structure)는 무엇인가?
㉢ 해당 국가(특정 국가 청소년정책 또는 조정된 부문별 정책)에서 청소년에게 보다 유익하다고 생각하는 청소년정책은 어떤 정책인가?

이같은 청소년정책 거버넌스에 대한 3가지 질문은 효과적인 거버넌스 구축을 위한 기본적인 길잡이라고 할 수 있다. '청소년정책 거버넌스에 대한 통찰'에서는 청소년정책 거버넌스를 ㉠ 청소년정책 개발을 위한 법적 프레임워크 ㉡ 정부 구조와 책임 분담 방법 ㉢ 선출 기관/입법 구조의 역할 ㉣ 청소년정책이 다루는 주제 ㉤ 부문을 가로지르는 청소년정책 조정: 수평적 및 수직적 모델 등 5가지 구성요소로 설정하고 있다. 나아가 〈표 4-14〉와 같이 구성요소별 각각의 요소를 이해하기 위해 필요한 기본적 질문을 제시하고 있다. 이 책을 읽는 독자들은 관심이 있는 국가 청소년정책 거버넌스를 이해하기 위해 이 질문들을 활용하여 토의하면 도움이 된다.

〈표 4-14〉 유럽연합-유럽평의회의 청소년정책 거버넌스 개념화와 프레임워크

<table>
<tr><td colspan="2">㉠ 청소년정책 개발을 위한 법적 틀</td><td>- 해당 국가에서 청소년정책의 법적 근거는 무엇인가?
- 청소년정책(법, 전략, 행동계획)에 관한 법률 및 정부 텍스트가 두 개 이상 있는가?
- 모두 시행되었는가?</td></tr>
<tr><td rowspan="2">㉡ 정부 구조와 책임 분담 방법: 청소년정책을 담당하는 공공기관의 수준</td><td>중앙 부처의 청소년정책</td><td>- 해당 국가의 청소년정책을 담당하는 주요 정부구조는 무엇인가?
- 청소년이 다른 분야와 결합된 경우, 그 구조에서 청소년정책의 가시성은 무엇이며 청소년정책에 미치는 영향은 무엇인가?
- 다른 분야에 비해 청소년에 대한 자원 할당 비율은 어떻게 되며 어떻게 향상시킬 수 있는가?</td></tr>
<tr><td>연방 국가의 청소년정책 거버넌스 모델</td><td>- 해당 국가의 청소년정책 모델은 무엇이며 가장 활동적인 구조는 무엇인가?
- 다양한 구조와 수준 간에 어떤 종류의 협력과 조정이 존재하는가?
- 정책결정 주기(계획, 시행, 자원 할당, 모니터링, 평가)의 어느 부분과 관련이 있는가?</td></tr>
<tr><td colspan="2">㉢ 선출 기관/입법 구조의 역할</td><td>- 해당 국가의 청소년정책에서 의회나 선출된 기관은 얼마나 활발한가?
- 청소년과 청소년정책과 관련하여 최근 어떤 결정을 내렸는가?
- 젊은이들은 그 과정에 어떤 역할을 했는가?</td></tr>
<tr><td colspan="2">㉣ 청소년정책이 다루는 주제</td><td>- 해당 국가의 청소년정책 외에 청소년을 다루는 정책영역은 무엇인가?
- 청소년의 관점에서 어떤 주제와 영역이 가장 중요한 것으로 보이는가?
- 정부의 관점에서 어떤 주제와 영역이 가장 중요한 것으로 보이는가?
- 이러한 관점들 사이에는 어떤 차이점이 있으며 어떻게 다루어지고 있는가?</td></tr>
<tr><td rowspan="3">㉤ 부문을 가로지르는 청소년정책 조정: 수평적 및 수직적 모델</td><td>수평적 부문을 가로지르는 조정</td><td>- 해당 국가의 청소년정책이 다루는 주요 영역은 무엇인가?
- 정부 내 청소년 이슈에 대한 부문 간 조정이 얼마나 효과적인가?
- 모든 청소년 이슈/문제가 하나의 정책 또는 여러 정책 및 당국에 의해 담당될 때 접근방식의 강점과 약점은 무엇인가?</td></tr>
<tr><td>정부의 다른 수준 사이의 수직적 조정</td><td>- 중앙 집중식 구조와 분산형 구조 사이의 최상의 균형은 무엇인가?
- 청소년정책 시행의 책임에 대해 정부가 얼마나 명확한가?
- 청소년정책 시행에서 국가 당국과 지방 당국의 강점은 무엇이라고 생각하는가?</td></tr>
<tr><td>청소년정책에서 지역 또는 지방 당국에 대한 중요한 책임</td><td>- 해당 국가에서 지방자치단체 및 지방당국의 역할은 무엇인가?
- 이 청소년 당국은 어떤 청소년 관련 이슈를 다루고 있는가?
- 청소년정책을 강화하기 위해 지방자치단체나 지역 당국이 해야 할 일은 무엇이라고 생각하는가?
- 해당 국가에서 가장 효과적인 청소년정책 추진 요인은 어느 정부 수준인가?</td></tr>
</table>

출처: Şerban & Barber, 2018: 11-22.

한편 앞에서 소개한 EU청소년 전략과 관련된 주제에 대한 포괄적인 데이터베이스 'EU Youth Wiki' 플랫폼에서는 청소년정책 거버넌스를 다음 〈표 4-15〉와 같이 9가지 구성요소로 유럽 각국의 청소년정책을 분석한다(European Commission, 2021).

〈표 4-15〉 유럽위원회 Youth Wiki의 청소년정책 거버넌스 구성요소

㉠ 청소년정책 대상 인구	각 국가에서 청소년을 정의하는 방법
㉡ 국가 청소년법	청소년정책에 대한 주요 접근방식을 정의하는 특정 법률이 있는지 여부
㉢ 국가 청소년 전략	청소년의 문제를 해결하기 위한 주요 우선순위와 도구를 설정하는 특정 전략이 존재하는지 여부
㉣ 청소년정책 결정	젊은이들을 위한 정책이 어떻게 만들어지고 누구에 의해 만들어지는지 여부
㉤ 다른 부처와의 교차 부문 접근	청소년정책이 다양한 부처의 기여를 인식하는지 여부, 접근방식이 포괄적인지 여부
㉥ 증거 기반 청소년정책	사실 정보가 청소년의 상황에 대한 분석을 개발하고 새로운 정책을 지원하는 데 사용되는지 여부 및 방법
㉦ 청소년 자금 정책	EU 기금 사용을 통해 청소년정책에 자금을 지원하는 방법
㉧ 청소년 분야의 국경 간 협력	젊은이들에게 영향을 미치는 일반적인 문제를 해결하기 위해 유럽과 외부에서 각국이 협력하는지 여부
㉨ 현재 논쟁과 개혁	새로운 정책 개발에 대한 간략한 정보

EU 청소년전략은 국가 당국이 청소년을 위한 정책 결정에 대한 일반적인 접근방식을 따르도록 권장한다. 예를 들어, 청소년정책은 영역을 넘나들어야 한다. 청소년의 삶을 위한 모든 중요한 영역을 담당하는 당국의 참여로 수립되고 실행되어야 한다. 또한 청소년 문제를 해결하고 해결책을 고안하는 데 있어 국가, 유럽 및 글로벌 당국 간의 협력이 지원된다. EU 청소년전략이 강조하는 또 다른 중요한 측면은 정책이 젊은이들이 살고 있는 실제 상황에 대한 분석을 기반으로 해야

한다는 것이다. 즉, 정책은 증거에 기반해야 한다는 것이다.

Youth Wiki의 청소년정책 거버넌스 구성요소를 참고하여 다시 앞의 '청소년정책 거버넌스에 대한 통찰'에서 제시한 청소년정책 거버넌스의 5가지 요소를 중심으로 살펴보면 다음과 같다. 여기서는 각 요소별 주요한 사항과 일부 유럽 국가를 중심으로 사례를 제시하고, 보다 구체적인 요소별 내용은 청소년정책의 이론적, 실천적 이해에서 각 장별로 별도로 다룬다.

① 청소년정책 개발을 위한 법적 프레임워크

국가, 지역 및 지방 차원에서 청소년 분야의 의사결정 과정에 관련된 주요 행위자를 제시한다. 여기에는 공공기관 및 비정부 파트너인 청소년 참여를 담당하는 이해관계자가 포함된다.

- 국가의 헌법 상태에 따른 거버넌스 시스템 확인
- 지역 및 지방 차원에서 국가 청소년정책의 전달 메커니즘 분석
- 청소년정책의 최종 수혜자들(청소년)이 개발 및 이행 과정에서 어떤 역할을 하는지 확인

유럽을 중심으로 한 청소년정책 법적 프레임워크의 사례는 〈표 4-16〉과 같다. 청소년 관련 법체게의 구체직인 내용은 다음 7장 3의 '청소년 관련 법제계(pp. 316-325 참조)'에서 보다 자세히 다루고자 한다.

〈표 4-16〉 청소년정책 법적 프레임워크 사례

헌법 내 규정	〈포르투갈〉 헌법 70조: 청소년의 모든 권리와 의무를 다룬다. 〈스페인〉 헌법 48조: 공공 당국은 정치, 사회, 경제 및 문화 발전에 청소년의 자유롭고 효과적인 참여를 위한 조건을 장려한다. 〈이탈리아〉 헌법 31조: 공화국은 이를 수행하는 데 필요한 기관을 장려함으로써 모성, 유아 및 청소년을 보호한다.	〈대한민국〉 헌법 제34조 4항: 국가는 노인과 청소년의 복지향상을 위한 정책을 실시할 의무를 진다.
청소년 단일 법령	〈루마니아〉 청소년 국가 법(The National Law on Youth) 〈리투아니아〉 청소년정책 프레임워크에 관한 법률(The Law on Youth Policy Framework) 〈우크라이나〉 청소년 사회발달 보호에 관한 법률(The Law on Protection of Social Development of Youth) 〈아이슬란드〉 청소년법(The Youth Act) 〈라트비아〉 청소년법((The Youth Law) 〈룩셈부르크〉 2016 청소년법(2016 Youth Law) 〈핀란드〉 청소년법(The Youth Act) 〈세르비아〉 청소년에 관한 법률(Law on Youth)	〈대한민국〉 청소년 기본법, 청소년활동 진흥법, 청소년복지 지원법, 청소년 보호법, 학교 밖 청소년 지원에 관한 법률 〈슬로베니아〉 청소년위원회법(Zakon o mladinskih svetih) 〈아일랜드〉 청소년사업법(Youth Work Act) 〈에스토니아〉 청소년사업법(Youth Work Act)
청소년 분야의 다른 법령들	〈슬로베니아〉 청소년 부문의 공익에 관한 법률(The Law on Public Interest in the Youth Sector) 〈독일〉 아동·청소년서비스법[Kinder und Jugendhilfegesetz (KJHG), 사회규범 제8권] 〈네덜란드〉 아동 · 청소년법(The Child and Youth Act)	〈일본〉 아동 · 청소년육성지원추진법(子ども・若者育成支援推進法)

출처: Şerban & Barber, 2018: 5; European Commission, 2021.

그런데 청소년정책 법적 프레임워크 사례에서 한 가지 주목할 만한 사실은 OECD 국가를 중심으로 검토된 청소년 관련 법령의 대부분이 2000년과 2010년 사이에 발효되어 지난 20여 년 동안 청소년에 대한 입법적 붐을 시사하고 있다는 것이다. 국가 차원에서 구속력 있는 문서의 이러한 증가는 밀레니엄이 시작될 때 청소년을 대상으로 하는 국제적 공약의 가속화와 병행하여 발생했다. 한편, 이러한 국제적 공약은 국가 차원에서 권리 기반 옹호를 합법화하기 위한 표준을 비정부 부문에 제공했다. 다른 한편, 그들의 조항은 법적 약속(부문 간)과 청소년정책에 대한 청사진을 형성하는 데 도움이 되었다.

특히 1995년에 채택된 UN의 '2000년 이후 청소년을 위한 세계 행동프로그램(WPAY)'은 모든 정부가 청소년 관련 문제를 해결하기 위한 수단으로 통합 국가 청소년정책을 수립하고 채택할 것을 촉구했다. 이후 많은 국가에서 청소년을 위한 세계 행동프로그램을 지침으로 사용하여 장관급 포트폴리오와 청소년정책을 수립했다. 또한 WPAY를 기반으로 1998년 제1차 세계 청소년 관련 장관회의에서 청소년정책 및 프로그램에 관한 리스본 선언을 채택하여 청소년 문제를 정부 관심의 중심에 두었다. 이 기간 동안 청소년 목표를 국가 정책 의제에 반영하는 시민사회의 역할은 각료 회의에 앞서 1998년 세계청소년포럼과 같이 언급할 가치가 있다(OECD, 2018b: 59−60).

한편 청소년에 관한 일반 법령이 없다고 해서 정부의 청소년 문제에 대한 관심이 덜한 것이라고 해석할 수는 없다. 국가는 청소년 문제를 뚜렷한 방식으로 규제하기 위한 정치적 근거를 가지고 있으며, 일반 청소년법이 없는 몇몇 OECD 국가에서는 청소년정책이 풍부한 부문별 청소년 법률과 청소년 문제를 해결하기 위한 구체적인 약속을 통해 근거를 마련했다. 이러한 약속은 특히 사회서비스, 의료, 고용 및 교육, 형사사법(예: 청소년 범죄자에 관한 법률)과 관련된 법률에 통합될 수 있다. 예를 들어 네덜란드에는 청소년 관련 법이 없다. 그러나 청소년 권한 부여의 특정 측면을 다루는 수많은 행위가 있다. 2005년에 도입된 청소년보호법은 위험에 처한 청소년과 그 가족을 위한 청소년보호 서비스의 법적 프레임워크이다. 보육원은 다른 법률로 구성된다. 또한 교육, 청소년사법제도, 청소년을 위한 근로조건 및 기타 많은 문제의 경우에도 해당된다. 프랑스의 경우, 2017년 1월 27일 법령 평등시민권에는 지역 청소년협의회 설립과 같은 청소년 참여 관련 조항이 포함되어 있다. 노르웨이에도 특정 청소년법이 없다. 청소년에 대한 법적 분류가 없는 것처럼 보인다. 그러나 청소년의 권리는 주로 아동 및 사회복지 관련 법률을 통해 유지된다(OECD, 2018b: 59).

② 정부 구조와 책임 분담 방법

국가 청소년정책은 젊은이들의 좋은 생활환경과 참여 기회를 보장하려는 정부의 노력과 실천이다. 정부 당국은 청소년 관련 이슈를 조정하고 국가 청소년정책의 개발, 시행 및 평가에 대한 책임을 부여받아야 한다. 대부분의 경우 이 권한은 담당 부처에서 가진다.

청소년정책의 정부 구조와 책임분담은 곧 청소년정책을 담당하는 공공기관의 수준으로서 크게 청소년정책을 담당하는 중앙 부처 수준과 연방 국가의 청소년정책 거버넌스로 구분할 수 있다.

㉠ 중앙 정부의 중심 혹은 행정부처의 청소년정책: 중앙 정부 차원에서 청소년정책 또는 청소년사업 관련 책임을 담당하고 있는 국가의 경우이다. 이 경우 다시 3가지 사례로 나누어 볼 수 있다. ⓐ 수상이나 총리실 등 정부의 중심에서 청소년업무를 담당하는 국가 ⓑ 중앙 행정부처인 청소년(개발)부(Ministry of Youth(Development))나 행정부처 명칭에 청소년이 포함된 국가 ⓒ 명칭에 청소년이 포함되어 있지 않은 행정부처에서 청소년업무를 담당하는 국가 등으로 나누어 볼 수 있다. 두 번째와 세 번째의 경우 대개 그 부처에는 청소년정책 개발과 실행을 관리하는 특정 부서나 사무소가 있다.

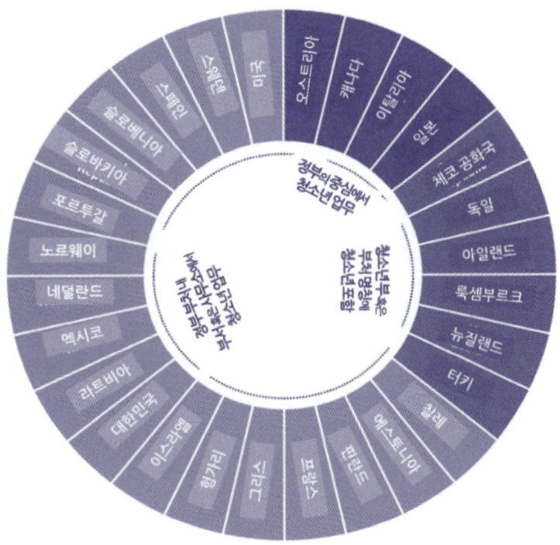

[그림 4-1] OECD 국가의 청소년정책 담당 정부부서

OECD 국가에서 청소년정책의 담당 정부당국을 위의 3가지 유형으로 나누어 보면 다음과 같다(OECD, 2018a: 17-18).

ⓐ 수상이나 총리실 등 정부의 중심에서 청소년업무를 담당하는 국가

오스트리아	연방 수준: 연방 첸슬러리(Chancellery) 내의 연방 여성, 가족 및 청소년부 주 수준(주) : 각 연방정부의 청소년업무 및 청소년복지국
캐나다	연방 수준: 총리는 정부부처 간 및 청소년 장관 겸임 주/지역 수준: 특히 청소년과 관련된 부서 및 부처는 주 및 지방자치 수준에 존재 (예: 온타리오의 아동청소년부, 뉴브런즈윅의 가족 및 아동부 내 아동청소년부, 청소년 담당 장관). 노바스코샤에서 퀘벡에서 수상은 청소년업무 담당 장관 겸임)
이태리	국무총리실, 청소년 및 시민서비스국
일본	내각부(Cabinet Offie): 정책조정(政策調整, 旧 共生社会)부서 내 아동청소년육성지원(子供・若者育成支援)에서 청소년정책 다룸

ⓑ 중앙 행정부처인 청소년(개발)부(Ministry of Youth(Development))나 행정부처 명칭에 청소년이 포함된 국가

독일	연방 수준: 연방 가정, 노인, 여성 및 청소년부 주(Länder): 청소년담당 부처 및 청소년사무소
체코공화국	교육, 청소년 및 체육부
아일랜드	아동청소년부
룩셈부르크	교육, 아동 및 청소년부
뉴질랜드	청소년개발부
터키	청소년체육부

ⓒ 명칭에 청소년이 포함 안 된 행정부처에서 청소년업무를 담당하는 국가

칠레	국가청소년연구소(INJUV) - 사회개발부 내의 정부기관
에스토니아	청소년국 - 교육연구부
핀란드	청소년 및 스포츠 정책과 - 교육문화부
프랑스	청소년, 비형식 교육 및 자원봉사국 - 교육부

그리스	평생학습 청소년사무국 - 그리스 문화교육종교부
헝가리	주정부 가족 청소년 사무국 청년종합부 - 인적능력부
이스라엘	사회청소년행정 – 교육부
한국	청소년정책관 - 청소년가족정책실 – 여성가족부
라트비아	청소년국 - 교육과학부
멕시코	멕시코청소년연구소(IMJUVE) - 연방정부기관
네덜란드	청소년국 – 보건복지체육부
노르웨이	노르웨이 아동, 청소년 및 가족 업무국 - 아동평등부
포르투갈	청소년 및 스포츠 국무장관 - 교육부
슬로바크 공화국	청소년국 - 교육과학연구체육부
슬로베니아	청소년사무소 - 교육과학체육부
스페인	스페인청소년연구소(INJUVE) - 보건사회서비스 및 평등부
스웨덴	청소년정책과 - 교육연구부
스위스	연방 사회보험사무소 내 아동청소년과
미국	아동가족사무소 내 아동, 청소년 및 가족행정 - 미국 보건복지부

㉡ 연방 국가의 청소년정책 거버넌스 모델: 오스트리아, 독일, 캐나다 등과 같은 연방 국가는 일반적인 책임 분담이 있거나, 경우에 따라 청소년정책에 대한 모든 책임을 연방 지역에 할당하고 있다(Şerban & Barber, 2018: 14).

우선 오스트리아의 연방 정부는 주로 국가 차원의 청소년정책을 책임지고 있다. 국가의 연방 구조에 따라, 중앙 정부와 청소년을 담당하는 하나의 부처를 보유한 연방 국가 간에 역량이 나뉜다. 그러나 다른 부처와 조직도 청소년정책의 일부를 시행한다.

독일은 사회규범 제8권에서 아동 및 청소년 서비스는 3가지 수준의 책임 있는 당국을 정의한다.

- 국가 차원(Bund): 궁극적인 책임은 연방 가족, 노인, 여성 및 청소년부(Federal Ministry for Family Affairs, Senior Citizens, Women and Youth)에 국가 청소년정책 활동을 장려하고 지원할 책임이 있다.
- 연방 주 청소년 담당 부서는 주 차원 청소년 당국의 역할을 하며, 이 능력을 통해 공공 부문과 독립 아동 및 청소년복지단체의 활동을 장려하고 지원하며 지속적인 지원 청소년(아동 및 청소년복지)정책을 개발한다. 청소년 이슈를 담당하는 부처들은 이 능력을 통해 공공부문과 독립 아동 및 청소년복지단체의 활동을 장려하고 지원하며, 지속적인 지원 청소년(아동 및 청소년복지)정책 개발. 청소년 이슈를 담당하는 부처들은 청소년 및 가족 업무를 위한 회의를 통해 그들의 업무를 협력하고 조정한다.
- 지역 차원: 지역 차원에서 위원회와 행정부로 구성된 청소년사무소(Jugendamt)는 지역 청소년서비스의 계획과 자금을 담당한다. 그것은 사회규범 제8권에 규정된 업무를 수행하고 서비스를 보장할 권한이 있다. 청소년사무실은 지역 청소년 계획 수립을 담당한다. 그것은 도시와 지방의 지역과 마을에서 어린이, 청소년 및 가족을 대상으로 활동에 재정 지원을 제공한다.

3개의 지역사회로 구성된 연방 국가인 벨기에는 커뮤니티 및 지역 수준 간에 계층이 없다는 특성이 있다. 연방 수준은 정의, 사회보장, 고용 및 세금 법률과 같은 중요한 정책 분야에 대한 역량을 갖추고 있다. 지역의 책임은 영토와 관련이 있으며 환경, 농업, 도시계획 및 주택을 포함한다. 지역사회는 교육, 건강관리, 문화 및 청소년과 관련된 이슈를 담당한다. 지역사회는 청소년 및 청소년정책에 능통하며, 청소년, 의회위원회, 직책에 "청소년"을 포함한 다수의 행정 부서 및 다수의 특정 청소년 관련 예산 항목을 담당하는 장관이 있다.

이러한 모델에서 알 수 있듯이, 책임 분담은 방향과 감독을 설정하는 것부터 정책과 프로그램을 운영하는 것에 이르기까지 다양하며, 그러한 상황에서 대부분의 비중이 어디에 있는지, 긴장이 어디에 있는지, 그리고 정책 거버넌스가 어떻게 더 강하고 약한 젊은이들에게 기여하는지 고려해야 한다.

청소년정책을 담당하는 정부당국의 수준은 다음 7장 1의 '청소년행정 체계 분류기준과 유형(pp. 299-305 참조)'에서 자세히 다루고자 한다.

③ 선출 기관/입법 구조의 역할

대부분의 국가에서 선출된 기관이나 입법부는 청소년정책 의제를 설정하고, 자원을 할당하고, 국가 청소년정책의 개발과 시행을 감독하는 데 필수적인 역할을 한다. 거의 모든 의회나 국회에는 청소년위원회, 소위원회 혹은 소관 위원회가 있으며, 이 위원회는 연구에서 특정 청문회 조직, 청소년회의, 보고서 작성, 입법 이니셔티브, 입법 분야의 청소년에 대한 집중 유지에 이르기까지 광범위한 활동을 할 수 있다.

입법 기관의 역할은 정부가 선출된 대표자들의 행동에 대해 책임을 지도록 하기 위해 과소평가되어서는 안 된다. 이런 의미에서 투표 연령을 낮추거나 선출직을 위해 출마하는 정당과 개인이 젊은이들을 어떻게 보는지, 그리고 선거 프로그램에서 어떤 청소년 관련 정책을 제안하는지와 같은 사항에 주목하는 것이 중요하다(Şerban & Barber, 2018: 15-16).

④ 청소년정책이 다루는 주제

청소년정책의 핵심을 구성해야 하는 주제에 대한 논쟁이 오래전부터 있었다. 일부 국가에서는 청소년정책이 적용되는 매우 구체적인 영역을 정의한다. 정책 주제는 또한 시대의 젊은이들의 요구에 부응하기 위해 진화하고 변화한다.

거의 모든 정부 구조는 정책, 전략 또는 특정 프로그램에서 청소년을 완전히 또는 부분적인 대상으로 삼는다. 예를 들어, 교통 담당 부서는 젊은이들의 대중교통 이용을 촉진하기 위해 특정 이니셔티브를 관리하는 경우가 일반적이다. 소득, 재정적 포용, 고용, 기업가 정신, 사회 보호, 건강관리, 디지털 세계, 정보, 교육,

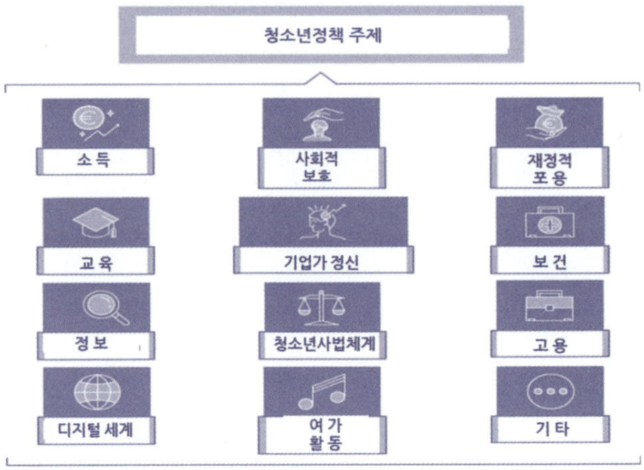

출처: Şerban & Barber, 2018: 17.

[그림 4–2] 유럽에서 강조되는 청소년정책 주제

정의 또는 기타 분야에 대해서도 마찬가지이다. 이는 청소년정책이 종종 다른 구조와 관련이 있는 다른 정책과 교차한다는 것을 의미한다. 이러한 겹치는 부분이 어떻게 상호작용하고 청소년에 대한 강한 참여를 보이는 청소년 정책이 전체 공공정책 맥락에서 다른 분야에 어떻게 배치되는지 아는 것은 매우 흥미로울 것이다.

국가 차원의 다른 정책이 청소년을 대상 그룹으로 다루는 방법을 확인하면 그러한 다른 예를 쉽게 찾을 수 있다. 효과적인 부문 간 협력을 개발하기 위해서는 서로 다른 횡단 정책 간의 행동을 조정하는 것이 필수적이다. 이 협력은 장기적으로 통합되고 효과적으로 의사소통하는 청소년정책을 결정한다(Şerban & Barber, 2018: 16).

EKCYP 청소년정책 국가 시트 및 EU Youth Wiki 1장에 나타난 청소년정책 거버넌스 기여에서 청소년정책의 가장 자주 언급되는 핵심 주제는 다음과 같은 5가지이다.

- 보건
- 교육
- 고용
- 사회적 포용
- 여가활동

청소년정책 주제에 대한 구체적인 내용은 다음 5장의 청소년정책의 주요 영역과 지표 및 유형에서 청소년의 영역과 이슈에서 보완하여 다루고자 한다.

⑤ 부문을 가로지르는 통합적 청소년정책 조정 : 수평적 및 수직적 모델

청소년정책 조정은 수평적(동일한 수준의 서비스에서) 또는 수직적(상향/하향 소통)으로 볼 수 있다. 두 요소를 결합한 모델도 존재한다. 수평적 협력 측면에서 대부분의 경우, 청소년정책 조정에 대한 책임은 특정 청소년정책 문제에 관한 중간 실무그룹/구조 내에 있다. 조정은 정기적인 회의 및 모니터링 시스템, 특히 청소년 전략 개발, 개발된 정책 모니터링 또는 청소년 행동계획 수정과 관련하여 발생할 수 있다.

중앙 기관과 지역 및 지방 당국의 조정은 매우 중요하다. 지방 당국은 지역사회의 젊은이들과 가까이 있으며 그들이 살고있는 상황에 맞는 조치를 시행할 수 있다. 청소년정책에 대한 국가적 이해를 전달하고 현지 상황에서 청소년의 삶의 현실에 대응할 수 있도록 구체적인 지침을 마련하는 것은 효과적인 시행을 보장하는 데 중요하다.

지역 및 지방자치단체는 종종 청소년정책 개발 및 이행 과정에서 중요한 역할을 담당한다. 젊은이들이 거주하는 곳과 가장 가까운 공공기관이기 때문에 지방 당국은 대부분 중앙정부가 수립한 정책을 시행하는 역할을 한다. 그러나 많은 국가에서 지방 당국은 훨씬 더 큰 역할을 수행하고 있으며, 매우 정교한 상담 또는 참여 구조를 가진 젊은이들을 위한 자체 전략, 프로젝트 및 프로그램을 개발한다(Şerban & Barber, 2018: 18−22).

청소년정책 조정에 대한 구체적인 내용은 다음 7장 2의 '청소년행정의 수직적·수평적 체계(pp. 305−315)'에서 다시 자세히 다루어질 것이다.

2) 청소년정책 거버넌스 실제의 성찰

청소년정책 거버넌스의 일반적 이해에서 강조한 바와 같이, 세계 각국은 국가 청소년정책에서 책임 있는 의사결정, 정책 설계와 실행 및 평가를 위해 효과적인 거버넌스를 장려하고 중요시하고 있지만, 실제 청소년의 상황은 그렇게 여의치 않은 것이 현실이다. 2018년 봄 OECD는 우리나라를 비롯한 전 세계 36개 회원국의 정부가 청소년 문제를 다루는 방법을 살펴보고 'OECD 청소년 상황점검 보고서(Youth Stocktaking Report)'를 발표했다. 청소년 참여 및 권한 부여를 위한 "거버넌스 격차" 해소(Engaging and empowering youth in OECD countries – How to bridge the "governance gap")라는 부제가 붙은 보고서는 열린 정부, 양성 평등, 공공부문 혁신, 공공 예산, 규제 정책 및 기타 분야에 대한 OECD 증거를 기반으로 청소년 참여 및 권한 부여를 위한 기존 공공 거버넌스 조치를 조사한 최초의 문서이다. OECD 청소년 상황점검 보고서는 OECD 회원국이 청소년 문제에 어떻게 접근하는지에 대한 자세한 그림을 제공한다. 우수 사례를 강조하지만 개선을 위한 핵심 영역도 확인한다. 가장 중요한 것은 보고서가 청소년 문제를 전체적으로 살펴보는 것이 얼마나 중요한지 명확하게 밝히고, 연방 차원의 모든 정부뿐만 아니라 지역 및 지방 차원의 당국과 협력 및 조정을 통해 문제를 해결하고자 한다(OECD, 2018a: 6–7)는 것이다.

OECD는 회원국의 청소년 상황점검 결과, 다음과 같은 5가지의 주요 결과와 증거 격차를 보고하고 있다(OECD, 2018b).

㉠ 청소년정책(Youth policy): OECD 국가 중 절반 미만이 국가 청소년전략을 시행하고 있다. 일부는 국제 표준을 제공하지 않는 것 같다.

㉡ 기관 및 조정(Institutions and co–ordination): 정부부처 및 수준에서 청소년 문제를 조종(steer)하고 조정(co–ordinate)하기 위한 다양한 실천이 존재한다. 청소년정책 및 서비스를 제공하기 위해 할당된 인력 및 예산에 대한 사용 가능한 증거에 차이가 있다.

ⓒ 주류화 도구(Mainstreaming tools): 소수의 국가만이 정책 결정 및 서비스 제공에서 주류 청소년 문제에 도구를 적용하고 있으며 그 영향에 대한 확실한 증거가 누락되었다.

ⓔ 청소년 참여 및 대표(Youth engagement and representation): 젊은 사람들은 국가 기관에서 과소 대표되고 있으며 공식 채널을 통한 공공 및 정치생활 참여는 감소하는 것으로 보인다. 정부와 청소년들은 정책 결과를 형성하기 위해 대안적 수단의 잠재력을 아직 충분히 활용하지 못하고 있다.

ⓜ 법적 프레임워크 및 최소 연령(Legal frameworks and minimum ages): "청소년"에 초점을 맞춘 법적 구속력이 있는 국제 프레임워크는 존재하지 않지만 일부 국가에서는 청소년 법률/법이 등장했다. 그러나 어떤 경우에는 경쟁하는 최소 연령이 청소년의 공공 서비스 및 자율성에 대한 접근을 계속해서 약화시킨다.

이 결과에 근거하여 OECD 청소년 상황점검 보고서는 각 정부가 청소년 문제를 해결하는 '거버넌스 격차(governance gap)'를 해소하기 위해 [그림 4-3]과 같이 5가지 방법을 제안한다(OECD, 2018a: 10-17). 특히 OECD는 청소년 문제를 관리하는 데 있어 가장 어려운 부분이 그러한 정책이나 전략을 개발하는 것이 아니라 다른 부처 간의 실행과 조정

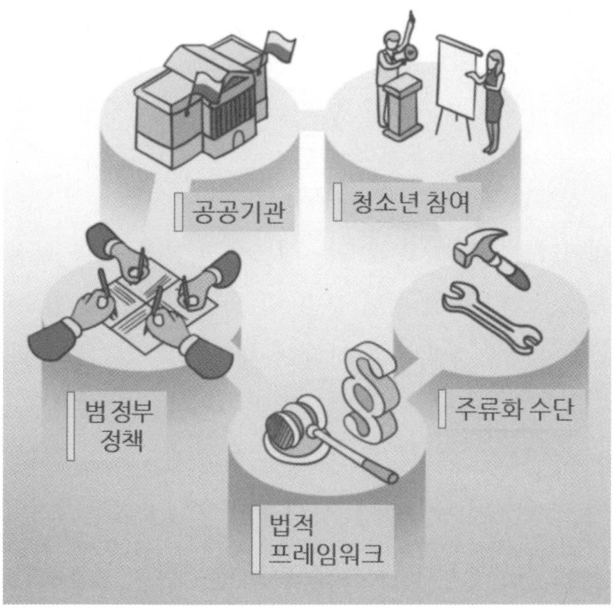

출처: OECD, 2018a

[그림 4-3] 청소년 참여 및 권한 부여를 위한 '거버넌스 격차' 해소

이라는 것이다. 청소년정책은 다양한 주제를 가로지르며 이러한 주제를 담당하는 다양한 부처를 포함하고 조정해야 한다고 강조한다.

① 청소년정책에 대한 범정부적 접근(A whole-of-government approach)

대부분의 정부는 국가 청소년정책과 전략을 주요 프레임워크로 사용한다. 모든 OECD 국가의 거의 80%가 어느 시점에서는 다(多)년간의 전략을 가지고 있었고, 40%는 2018년 기준으로 그러한 정책이나 전략을 가지고 있다. 청소년정책과 전략은 종종 사회, 경제 및 정치생활에서 젊은이들의 역할과 지위에 대한 국가의 전반적인 비전을 표현한다.

그렇지만 전체적인 비전을 넘어서, 일부 전략과 정책은 청소년 자율성, 일부 높은 정치 참여를 강조하고 다른 일부는 청소년 권리에 중점을 둔다. 그들 모두는 정부의 여러 부분을 가로지르는 청소년들을 위한 주요 문제를 다루고 있다. 이것이 바로 청소년정책을 횡단면 또는 횡단적 정책영역이라고 부르는 이유이다. 청소년이든 다른 문제든 정부의 모든 전략은 모니터링할 투명한 방법이 필요하다. 전략이 구현되었는지 여부를 확인하기 위해 OECD 회원국의 청소년정책 및 전략의 거의 70%가 지표를 통해 실행을 모니터링하는 구체적인 방법을 제공한다.

청소년정책의 성별 대응과 관련해서, 국가 청소년선략의 52%는 성별로 분리된 데이터를 제공하고 89%는 성별에 따른 목표를 설정했다. 대다수의 OECD 국가가 청소년전략에 성별 분리 및 성별 목표를 특징으로 하는 반면, OECD 국가의 1/3 미만이 성별 목표와 함께 지표와 측정 가능한 목표를 설정했다. 우수 사례로 슬로베니아의 국가 청소년 프로그램(2013-2022)은 성별, 모성 및 부모 역할에 대한 차별금지 원칙을 몇 번이나 위반했는지 측정하는 지표를 정의한다. 육아휴가의 일부를 사용하여 일, 사생활 및 가정생활을 조정하는 어머니와 아버지의 비율, 노동 시장에서 여성을 위한 동등한 기회를 장려한다. 스페인의 청소년전략(2017-2020)은 기술 및 연구 분야에서 여성 기업가 정신을 촉진하고 있다.

그리고 OECD는 청소년정책의 책무성 프레임워크를 강조한다. 정부가 장관급 포트폴리오를 가로지르는 목표와 마찬가지로 청소년정책을 구현하는 데 있어 주요 과제 중 하나는 다양한 이해관계자들에게 명확한 책임을 할당하는 것이다. 청소년 이니셔티브의 효과적인 구현 및 조정을 보장하려면 정부 및 비정부 이해관계자 전반에 걸쳐 명확한 역할과 책임을 확인해야 하며, 지속가능성을 지원하기 위해 현실적인 목표와 중장기 전략 지평을 모두 지원해야 한다.

실제 OECD 국가의 대다수 국가 청소년전략(67%)은 설정된 목표 대비 진행 상황을 측정하기 위한 구체적인 모니터링 및 평가 메커니즘에 대한 정보를 제공한다. 그러나 OECD 국가의 청소년전략 중 19%는 모니터링 및 평가에 대한 언급이 없고 15%는 실제 수행 방법에 대한 구체적인 정보를 포함하지 않는다.

② 청소년정책에서 공공기관의 역할

청소년 문제를 담당하는 공공기관은 OECD 전역에서 상당히 다양하다. 일부 국가는 정부의 중심에서 청소년을 조직하고 다른 국가에는 청소년 부처가 있다. 일부는 다른 부처 내에 청소년 담당 부서가 있다. 대부분의 국가에서 청소년 문제에 대한 책임은 매우 자주 바뀌고 있으며, 현재 OECD 7개국에는 청소년 문제에 대한 제도가 전혀 없다. 전반적으로 청소년 문제는 아직 당연하고 요구하는 우선순위를 누리지 못하고 있다. 청소년 문제를 관리하는 데 있어 가장 어려운 부분은 서로 다른 부처 간의 조정이다. 건강, 교육, 경제, 고용은 모두 청소년정책의 주요 측면이지만 일반적으로 별도의 부처로 구성된다. 청소년정책은 횡단적이며, 이러한 모든 주제 부처를 포함하고 조정해야 한다. 부처 간 조정위원회, 부서 간 원탁회의, 주제별 실무그룹 및 청소년 관련 핵심 초점을 포함하여 이 까다로운 조정 작업을 관리하기 위한 다양한 접근방식이 있다. 이러한 메커니즘은 매우 자주 변경되며 얼마나 효과적인지에 대한 증거는 거의 없다.

㉠ 공공정책 과정에서 청소년 관점의 통합 : 정책 입안에서 청소년 관점 주류화

법률, 정책 및 프로그램을 포함한 공공정책 프로세스에 청소년의 관점을 통합하는 것을 종종 '청소년 주류화'라고 부른다. 청소년 주류화는 새로운 법률이 건강에

미치는 영향, 새로운 정책이 주택에 미치는 영향, 새로운 프로그램이 교육에 미치는 영향 등 계획된 정책 조치가 젊은이들에게 미치는 영향을 평가하는 과정이다.

OECD 국가는 최근에야 청소년 주류화를 조사하기 시작했다. 현재 많은 도구가 존재하지 않으며 아직 일관되게 사용되지 않지만, 첫 경험은 고무적이다. 예를 들어 '청소년 체크(Youth checks)'는 이러한 법률이 채택되기 전에 제안된 새 법률이 청소년에게 미치는 영향을 평가한다. 이러한 체크는 이러한 법률을 개선하는 데 도움이 되며, 더 나은 법률은 청소년의 복지를 개선할 수 있다.

- 청소년 체크(Youth checks): 오스트리아, 벨기에, 프랑스, 독일 및 아일랜드의 플랑드르는 실제로 청소년 체크를 적용한다. 뉴질랜드는 부처가 새로운 법안이 어린이와 청소년에게 미치는 영향을 평가하는 데 도움이 되는 모범사례 지침을 발표했다.
- 청소년 참여 예산(Youth participatory budgeting): 보스턴시는 "Youth lead the Change" 이니셔티브를 통해 공공 지출을 어떻게 배분해야 하는지 젊은이들에게 최초로 발언권을 제공했다. 몇몇 도시, 지역 및 학교는 꽤 오랫동안 청소년 참여 예산을 사용했으며, 2017년 포르투갈은 국가 차원에서 접근방식을 시도한 최초의 OECD 국가가 되었다.

참여 예산 책정은 정부가 사용할 수 있는 자금을 어떻게 사용해야 하는지 젊은이들에게 발언권을 제공함으로써 청소년 문제를 주류화하는 또 다른 도구이다.

㉡ 공공 생활에 대한 청소년 참여 및 대표

정책 과정에 대한 젊은이들의 참여는 OECD 전체에서 매우 다양하다. 선거에서 투표하고 기관에서 자원봉사하는 것은 잘 알려져 있지만 항상 잘 사용되는 것은 아닌 젊은이들의 참여 형태이다. 공식적인 제도적 정치에 대한 청소년 참여가 감소하고 있기는 하나, 동시에 새로운 형태의 청소년 참여가 등장한다. OECD 전체 15~29세 청소년의 25% 이상이 "정치에 전혀 관심이 없다"고 답했고, 이는 전체 인구보다 높은 수치이며 20%는 동일하다고 말한다. 그러나 공식적인 제도적 정치에 대한 청소년 참여가 줄어들고 있는 동안, 많은 OECD 국가에서 새로운 사회운동, 온라인 및 오프라인에서 다양한 형태의 청소년 참여가 빠르게 증가했다. 낮은 수준의 투표에 대한 이유는 항상 관심이 부족하기 때문은 아니다. 젊은 사람들은 일반적으로 경험 부족과 관련된 나이로 인해 정책 프로세스에서 정기적으로 제외되며 종종 이러한 고정관념에 도전하는 데 어려움을 겪는다.

젊은이들은 또한 정부 기관에서 공정하게 대표되어야 하지만, 대부분은 그렇지 않다. 예를 들어 18~34세의 젊은이들이 중앙정부에서 가장 낮은 직원 비율을 차지한다.

- 투표 연령: 대부분의 OECD 국가에서 투표할 수 있는 최소 연령은 18세이다. 그러나 일부 국가에서는 지방 선거의 투표 연령을 낮추었으며, 오스트리아(16세)와 그리스(17세)의 경우 최소 연령을 낮추기로 결정했다. 일부 연구에 따르면 어린 나이에 투표를 시작하는 청소년이 미래에 투표할 가능성이 더 높다.

ⓒ 법적 프레임워크 및 연령에 따른 법적 차별 해결

청소년법 또는 청소년 관련 법률은 청소년과 협력하는 정부 기관 및 NGO 모두를 위한 주요 이해관계자와 행동 분야를 확인하는 가장 일반적이고 포괄적인 입법 프레임워크이다. 청소년 관련 법률은 일반적으로 청소년 및 청소년기관, 청소년 연령 제한, 특히 행정부가 취해야 할 조치, 대상, 재정 및 예산 고려사항 등을 규정한다. 많은 법률이 청소년과 그들의 권리에 영향을 미치지만, 청소년 전용법 또는 청소년 법안은 소수의 OECD 국가에만 존재한다. 이러한 법률은 일반적으로 청소년 문제를 담당하는 사람, 청소년이 정책결정에 참여할 수 있는 방법 및 청소년대표를 결정하는 방법을 다루며, 이는 대부분 전국 청소년위원회 등을 통해 이루어진다.

청소년정책은 여러 측면이 있는 정책영역이므로 청소년 관련 법률은 여러 영역을 다룬다. 다른 법률과의 중복 가능성은 거의 다루지 않지만 일반적으로 모든 종류의 연령 제한이 있다. 연령 제한은 연령 기반 차별의 원천이 될 수 있다. 최소 연령은 청소년이 선거에서 투표하고 후보자로 설 수 있는 시기, 혼자서 자신 있게 말할 수 있는 시기 또는 사법 절차에서 말할 수 있는 시기를 정의한다. 최소 연령을 설정하는 것은 청소년의 삶에 직접적인 영향을 미치며 그들이 권리를 적용하고 결정을 내리고 서비스를 이용할 수 있는 방법을 제한한다. 현재 연령 제한은 OECD 전체에 걸쳐 일관성 없이 적용되고 있다.

다른 한편 OECD는 앞에서 기술한 'OECD 청소년 상황점검 보고서(Youth Stocktaking Report)'에서 제안한 5가지 제안에 기초하여 중동(Middle East)과 북아프리카(North Africa) 지역의 메나(MENA)[1] 국가의 청소년정책 거버넌스 검토를 위한 설문 조사 결과를 발표했다. 이 청소년정책 거버넌스 조사는 MENA 지역의 지속적인 개혁 과정을 지원하는 좋은 거버넌스의 표준과 원칙을 전파하는 관점에서 지식과 전문성을 공유하기 위한 MENA와 OECD 국가 간의 전략적 파트너십인 'MENA-OECD 거버넌스 프로그램'의 일환으로 추진되었다. 이 "공공생활의 청소년: 개방적이고 포용적인 청소년 참여를 향하여("Youth in Public Life: Towards open and inclusive youth engagement")" 프로젝트는 MENA 지역 9개국의 청소년 남녀가 공적 생활에 참여할 수 있도록 공공 거버넌스 마련을 강화하는 것이었나. 특히 이 보고서는 MENA 국가 간의 비교 접근방식을 통해 지역 전체의 청소년정책 및 청소년 참여 거버넌스의 일반적인 추세를 확인하는 것이지만, 각 결과에 대해 OECD 청소년 상황점검 보고서 "OECD 국가에서 청소년 참여 및 권한 부여 – '거버넌스 격차'를 해소하는 방법"을 기반으로 OECD 국가에서 얻은 모범 사례와 교훈을 제시하고 여러 전략적 정책 권장 사항을 제안하고 있다(OECD, 2018c: 2).

1) 중동(Middle East)과 북아프리카(North Africa)의 합성어로, 사우디아라비아, 이집트, 아랍에미리트, 요르단, 모로코, 튀니지 등이 속해 있다. MENA 지역은 아랍어를 사용하고 유동자금이 풍부하며 국가 위험이 낮다는 공통점이 있다(한경 경제용어사전).

이 보고서가 비록 MENA 지역 국가의 청소년정책 거버넌스를 분석하고 격차 해소를 위한 청소년 거버넌스 조사의 7가지 결과이지만, 일반적 청소년정책 거버넌스 구축을 위해 시사하는 바가 적지 않다. 이 보고서에서 MENA 국가들은 경제발전의 공정한 몫과 공공 서비스에 대한 접근에서 젊은이들을 배제하는 기존의 단점을 해결할 필요성을 인정한다. 그리고 청소년정책 담당 행정부처를 위해 첫째, 공동 비전 채택 및 실행(National Youth Strategy) 둘째, 청소년을 위한 프로그램 및 서비스의 분산화 제공 셋째, 청소년과의 의사소통 및 투명성 향상 등 3대 전략 우선 과제(OECD, 2018c: 4)를 제시한다.

아울러 'MENA-OECD 거버넌스 프로그램'의 청소년 거버넌스 조사 7가지 결과[Seven key findings from the Youth Governance Survey(OECD, 2018c: 5-21)]를 구체적으로 살펴보면 다음과 같다. 여기서는 MENA 국가에 국한된 자료는 제외하고 청소년정책의 일반적 사항을 중심으로 소개한다.

① 국가 청소년전략이 추세이지만 예산 내지 자금 부족으로 어려움을 겪고 있다.

정책 분야로서의 청소년은 고용, 교육, 건강, 주택, 이동성, 정의 및 스포츠 등 다양한 분야를 아우른다. 국가 청소년전략(NYS)은 청소년을 위한 여러 전략적 우선순위 뒤에 정부 및 시민사회의 청소년 이해관계자를 통합하고 행정 경계를 넘어 일관된 방식으로 공공 서비스를 제공하는 지침 프레임워크를 제공할 수 있다. 젊은이들이 공식화 및 실행에 참여하고 공약을 뒷받침하는 확실한 지표가 있는 경우 NYS는 젊은이들의 소유권, 투명성 및 책임을 높일 수 있다.

• 예산 : 전용 리소스의 제한 또는 부족이 주요 우려 사항

전용 자금의 부족 또는 제한은 NYS의 효과적인 시행에 큰 단점을 제공한다.

• 모니터링 및 평가 : 국가 청소년전략은 아직 그 영향을 입증하지 못했다.

건전한 모니터링 및 평가(M&E) 준비는 NYS의 성공적인 이행 여부를 평가하고 잠재적인 병목 현상을 드러내며 정책 입안자가 적절하게 대응하도록 장려하는 데 중요하다. 예를 들어, NYS가 있는 OECD 국가의 67%는 M&E가 수행되는 방식에 대한 명확한 정보를 제공한다.

• OECD 국가의 증거

슬로바키아의 국가 청소년전략(2014−2020)은 부문 간 접근방식을 제공하며 교육, 고용, 참여, 건강, 기업가 정신, 사회통합 및 자원봉사를 포함한 9가지 정책 분야에 중점을 둔다. 이 전략은 국가 및 지역 차원의 협의를 통해 국가 행정부, 지방 정부 및 비정부 기관 대표와 함께 젊은이들의 참여를 통해 모니터링되고 평가된다. 영국의 청소년전략은 설정된 목표 달성의 진전 상황을 보고 하는 방법에 대한 자세한 정보와 함께 구체적인 모니터링 메커니즘을 설정한다. 진전을 측정하기 위한 데이터는 성별, 민족성, 장애 및 사회경제적 배경에 따라 분류되어야 한다는 점을 강조하고, 전략을 모니터링하고 평가하는 데 청소년을 참여시키는 메커니즘을 제공한다.

② 청소년의 높은 이직률과 제도적 메커니즘의 부재는 청소년 문제에 대한 부처 간 조정에 주요 과제를 제안한다.

청소년정책에 대한 '사일로(silos)' 기반 접근방식은 단편화된 청소년정책 및 프로그램을 제공할 가능성을 높인다. 결국 단편화는 젊은이들이 중요한 서비스에 접근하는 것을 방해할 수 있다. 역할과 책임의 명확한 구분을 보장하고 국가 청소년전략 및 부문별 전략에 설정된 목표를 일치시키기 위해서는 서로 다른 부처와 중앙 및 지방 정부 수준 간의 기관 간 조정이 필수적이다. OECD와 MENA 국가의 정부는 이 과제를 해결하기 위해 특정 문제에 대한 임시 회의에서 다양한 정부 및 비정부 이해관계자와의 청소년 문제에 대한 보다 제도화된 형태의 협력에 이르기까지 다양한 방법을 선택했다. 예를 들어 프랑스, 포르투갈 등 일부 국가에서 총리(수상)가 위원장을 맡은 부처 간 또는 부서 간 위원회를 구성했다. 오스트리아는 해당 포트폴리오와 함께 부처를 포함하는 특정 주제(예: 국가 청소년전략, 사회통합)에 대한 실무 그룹을 구성했고, 슬로베니아에서는 각 부처가 정보 가속기 역할을 할 각 부처의 청소년 문제에 대해 하나의 초점을 할당했다. 캐나다에서는 총리 겸 정부 수장이 청소년부 장관이기도 하다. 정부 수반은 캐나다 청소년과 관련된 문제에 대한 자문기관 역할을 하는 총리 청소년위원회(PMYC)의 지원을 받는다.

③ 지방 정부에서 젊은이들에게 서비스하려면 추가적인 역량과 조정이 필요하다.

지방 정부는 청소년정책을 시행하고 영토 전체에 관련 서비스를 제공하는 데 있어 중앙정부의 필수 파트너이다. 일반적으로 청소년이 처음으로 가장 빈번하게 공공 행정과 상호작용하는 것은 지자체 또는 지방 수준이다. 지방 당국과 청소년의 상호작용은 정부 성과에 대한 인식에 영향을 미친다. 청소년 문제에 대해 중앙 및 지방 수준 사이에서 조정하기 위해 국가가 선택한 접근방식은 크게 다르며 여러 수준에 걸친 업무와 책임의 일반적인 분배에 의해 형성된다.

• OECD 국가의 증거

OECD 국가는 여러 정부 수준에서 청소년 문제를 조정하기 위해 다양한 형식을 선택했다. 예를 들어, 많은 정부는 지방 정부 기관과 공동 의사결정을 위한 제도적 채널을 만들었다. 핀란드에서 청소년법은 교육부가 주정부 사무소와 함께 성과 목표를 채택해야 한다고 명시하고 있다. 한편, 다른 국가에서는 수직적 조정을 시행할 권한을 지정했다. 스위스의 연방 사회보험사무소(OFAS)는 모든 스위스 주에 걸쳐 수평적 및 수직적 조정을 강화하여 일관된 방식으로 청소년정책과 서비스를 제공할 수 있는 권한을 가지고 있다. 오스트리아에서는 지방 청소년 부서장과 연방 장관이 매년 지방 청소년부서 회의에서 만나 청소년 관련 개입을 조정한다. 에스토니아의 청소년법은 카운티 주지사가 청소년사업을 위한 국가 프로그램의 실행을 분석, 조정 및 모니터링해야 한다고 규정하고 있다. 농촌 지방자치단체와 시의회는 행정 구역에서 청소년사업의 우선순위를 결정하는 권한을 가지고 있다.

• 하위 정부 기관과 협력하여 청소년에게 더 나은 결과를 제공하려면 첫째, 청소년정책 실행 및 공공 서비스 제공에 있어 중앙 및 지방 정부 기관에 명확한 책임을 할당한다. 둘째, 정기적인 상향(지역에서 중앙으로) 및 하향(중앙

에서 지방으로) 교환을 위한 기회와 메커니즘을 제공하여 지역 우선순위를 확인하는 데 하위 기관 이해관계자를 체계적으로 참여시키고, 청소년을 위한 국가 공동 목표를 향해 일하는데 통합한다. 셋째, 정기적인 성과 및 요구사항 평가를 기반으로 청소년을 위한 프로그램 및 이니셔티브를 제공하기 위해 지방 정부 기관에 충분한 인적, 재정 및 기술 리소스를 제공해야 한다.

④ 정책 입안자들이 "청소년을 생각"하기 위해서는 점점 더 나은 도구가 필요하다.

구체적인 생활조건에 따라 젊은이들은 매우 다른 도전에 직면하고 있다. 청소년과 청년의 상당 부분이 빈곤의 위험에 처해 있으며 기본 서비스를 받기 위해 번창하고 있지만, 다른 사람들은 중등교육에서 고등교육으로 이동하고 적절한 직업 기회를 찾는 방법에 대해 우려할 수 있다.

또한 젊은이들이 살고 있는 구체적인 상황은 매우 다양하기 때문에 그들의 관심사는 "청소년 관심사"라는 좁은 정의로 축소될 수 없고 축소되어서도 안 된다. "청소년 주류화"는 새로운 법이 건강에 미치는 영향, 새로운 정책이 주택에 미치는 영향, 새로운 프로그램이 교육에 미치는 영향 등 계획된 정책 조치가 젊은이들에게 미치는 영향을 평가하려는 개념이다. 특히 예산은 보다 광범위한 경제 및 사회적 목표를 젊은이들의 우려와 기대에 맞추고 청소년이 성인생활로의 이행에 정부를 책임질 기회를 가질 수 있게 하는 강력한 도구이다.

• OECD 국가의 증거

일부 OECD 국가는 최근 참여 예산 계획 및 규제 영향 평가(RIA)를 사용하여 정책 입안 및 서비스 제공에서 주류 청소년 문제에 도구를 적용하기 시작했다. 예를 들어 5개 OECD 국가는 새로운 규제가 청소년에 미치는 영향을 평가하기 위해 "청소년 점검"을 실시하여 규제 정책 입안에서 기본 "성인" 관점을 확대했다. 일부 OECD 국가는 덜 기술적인 방식으로 예산 우선순위와 지표를 전달하기 위해 시민 예산을 발행하기 시작했다. 아일랜드의 "Budget 2018"은 시민들이 예산의 변화를 따를 수 있는 웹사이트이다. 아일랜드의 청소년위원회(National Youth Council)는 이 데이터를 사용하여 관련 정보를 추출하고 소셜 미디어를 통해 전파하여 청소년의 인식을 높였다. 포르투갈은 국가 차원에서 최초의 청소년 참여 예산 이니셔티브를 개발했다. 14세에서 30세 사이의 청소년들은 온라인 또는 '전국에서 조직된 대면 회의'에서 제안을 제시하고 투표할 수 있었다. 이 이니셔티브를 통해 젊은이들은 포괄적인 스포츠, 사회혁신, 과학교육 및 환경 지속가능성과 같은 분야에 30만 유로를 할당할 수 있었다.

- 정책 결정 및 서비스 제공에 있어 청소년의 관심을 심화하려면 첫째, 장관급 부서의 정책 입안자들이 예상되는 영향을 고려하도록 장려하고 둘째, 공공정책 및 서비스의 설계, 구현, 모니터링 및 평가 전반에 걸쳐 청소년에게 기회를 제공하여 삶에 영향을 미치는 모든 영역에서 제안을 하고 의견과 피드백을 제공하며 셋째, 자신이 설계한 프로젝트 제출, 투표 기반 선택, 결과 및 영향의 구현 및 모니터링을 포함한 참여 예산에 젊은 사람들을 초대하는 것이다.

⑤ 관심 부족 vs 제도적 기회 부족 – 청소년이 공적 생활에 참여해야 하는 주요 과제에 대한 인식은 다양하다.

MENA 지역의 젊은이들은 정책 입안자들이 그들의 우려에 귀를 기울이고 진지하게 받아들여야 한다는 시급함을 반복해서 표명했다. 젊은이들은 사회 또는 문화 프로젝트의 자원봉사자, 공개협의 참여자, 중앙 또는 지방 선거에서 유권자 또는 후보자 등 공적 생활에서 매우 다른 방식으로 참여할 수 있다. 대학은 학교 협의회와 같은 의사결정에 참여할 수 있는 젊은 사람들에게 중요한 공간을 제공한다. 그리고 청소년협의회와 조직은 공공기관과 청소년 간의 중요한 중개자를 대표하며 청소년이 기술을 습득할 수 있는 안전한 공간을 제공할 수 있다.

청소년들이 공적 생활에 참여하는 데 있어 주요 장애 요인을 물었을 때 청소년 부처는 주로 청소년 이해관계자의 관심 부족, 부처 내 재정 및 인적 자원 부족 및 조정 부족을 나타낸다. 비정부 청소년 이해관계자들 사이에서도 마찬가지이다.

이러한 인식은 또한 형식적인 참여 방법이 종종 부족하다는 젊은이들의 빈번한 주장과 다소 모순되는 것이다.

- OECD 국가의 증거

2018년 3월 기준으로 OECD 36개국 중 27개국이 NYC를 운영하고 있다. 일부 국가에서는 지역 청소년협의회가 청소년협회 및 청소년 주도 조직이 그들의 필요를 옹호할 수 있는 추가 플랫폼을 제공한다. 청소년 자원봉사가 소외의 근본 원인을 해결하고 사회적 결속을 촉진할 수 있다는 점을 인정하면서 OECD 국가는 자원봉사에 대한 권리 기반 접근방식을 보장하고 자원봉사자의 지위를 규제하며 청소년 조직이 이를 받을 수 있도록 자발적인 프로그램과 활동을 지원하기 위해 정부로부터의 보조금 등을 "자원봉사 행위" 또는 "협회 행위"를 채택했다. 에스토니아와 호주는 사회에서 자원봉사를 지원하고 장려하며 공식적으로 인정하기 위해 청소년 자원봉사에 대한 국가 전략을 개발했다.

- 공공 생활에 참여하는 청소년을 위한 지속가능한 지원 구조를 제공하려면 첫째, 지역사회 기반 조직 및 청소년협의회와 협력하여 공적 생활에 매혹된 청소년, 특히 취약한 하위그룹(예: 학교 밖 청소년, 장애 청소년, 소수자)을 대상으로 하는 프로그램 및 이니셔티브를 지원하며 둘째, 활동 실행에 있어 재정적, 조직적, 기술적 지원을 추구하고 청소년 자원봉사를 위한 지속가능한 지원 구조를 제공하는 청소년협의회에 명확한 정보를 제공하고 셋째, 포용적이고 참여적인 접근방식, 명확한 임무 및 적절한 자원을 기반으로 국가 및 지역 수준 또는 동등한 기관에서 청소년위원회의 창설을 장려한다.

⑥ 남녀 청소년: 공공정책 및 서비스를 형성하는 아직 미개발된 정부 파트너이다.

젊은이들은 자신의 필요에 대해 가장 잘 알고 있다. 따라서 그들은 성인 생활로의 이행에 중요한 공공정책 및 서비스를 형성함으로써 직면하고 있는 문제에 대한 해결책을 찾기 위해 정부 및 공공 행정과 협력할 수 있다. 디지털 기술은 중요하지만 이러한 과정에 젊은이들을 참여시키는 유일한 수단은 아니다. 그러나 정책 및 서비스 주기에 대한 젊은이들의 참여는 진공 상태에서 발생하지 않는다. 정보에 대한 접근, 언론 및 표현의 자유, 결사 및 집회의 자유와 같은 시민권과 자유에 대한 강력한 보장은 청소년이 안전한 공간에 참여하기 위한 전제조건으로 반드시 필요하다.

- OECD 국가의 증거

OECD 국가의 증거에 따르면 청소년은 때때로 정책주기에 참여하지만 전문가 및 NGO와 같은 다른 그룹보다 덜 체계적으로 참여한다. 프랑스와 같은 일부 국가에서는 정책주기에 청소년을 보다 체계적으로 참여시키기 위해 전담기구를 만들었다. 중앙 및 지방 정부의 이해당사자, 청소년협의회, 전문가 및 사회적 파트너로 구성된 '청소년정책 오리엔테이션협의회(Conseil d'Orientation des Politiques de la Jeunesse)'는 입법 제안에 대해 상담할 수 있으며 청소년정책 분야에 대한 일반적인 관심 사항을 검토할 수 있다. 또한 정부에 제안서를 제출할 수도 있다. 독일에서는 독일 연방 청소년위원회가 운영하는 온라인 포털 "나는 정치를 한다[Ich mache Politik(I do politics)]"는 젊은이들이 연방 차원에서 청소년정책과 정치적 의사결정 과정을 형성하는 데 참여하도록 초대한다. 그들의 기여가 어떻게 고려되었는지 보여 주는 명확한 프로세스가 있다.

- 청소년이 정책/서비스 주기를 형성할 수 있는 진정한 기회를 제공하려면 첫째, 온라인과 오프라인의 다양한 채널과 청소년 친화적인 스타일을 활용하여 청소년들에게 공공 상담에 참여할 기회를 알리고 관리와 청소년 간의 대화 공간을 만들며 둘째, 청소년들이 공공 협의에 참여하는 것의 부가가치에 대해 각 부처의 공무원들 사이에서 인식을 높이고, 역량을 구축하고, 공공 행정의 문화적 변화를 촉진하기 위한 인센티브를 제공하고 셋째, 국가 전체의 기존(서비스) 격차를 매핑하고 투명성과 책임성을 높이기 위해 결과를 게시하는 것을 고려하기 위해 공공 서비스에 대한 액세스 및 품질에 대한 피드백을 제공하도록 청소년 및 청소년 주도 스타트업을 지원한다.

⑦ 법적 장벽은 젊은이들을 참여하지 못하게 할 수 있다.

OECD 국가의 대부분은 청소년을 "15~29세"로 정의한다. 청소년을 정의하는 것은 청소년 참여 및 대표성을 분석하기 위한 전제조건으로 보인다. 그러나 청소년 그 자체를 특정 연령대 형태의 범주로 정의하는 것은 젊은이들이 정책결정 주기에 포함되는 방식에 영향을 미치며 궁극적으로 젊은이들이 사회에서 할 수 있는 역할에 영향을 미친다. “청소년”을 정의하는 개념의 불확실성은 OECD와 MENA 국가들이 공유하는 우려사항이다. 일부 영역에서 정부 조치의 수혜자를 확인하는 데 유용하지만 고정 연령 범위만으로는 아동에서 성인으로 이행하는 청소년의 다양한 생활 상황을 반영하지 못한다.

또한 규정의 연령 제한 또는 최소 연령 요건의 정의는 청소년의 삶에 직접적인 영향을 미칠 수 있다. 임의로 선택한 경우 최소 연령 요건은 성인 생활로의 전환에 필요한 공공 서비스에 액세스할 기회를 제한하고 궁극적으로 삶에 영향을 미치는 결정을 내릴 수 있다. 연령 제한은 청소년이 투표하고 선거에 후보로 서고, 금융 신용에 접근하고 정보를 받을 수 있는 기회를 결정할 수 있으며, 따라서 공공, 사회 및 경제생활에 참여할 기회에 영향을 미친다.

법적 최소 연령은 모든 정책 분야에서 항상 일관되지는 않는다. 또한 결정을 내리는 사람의 능력은 연령 기준뿐만 아니라 경험, 능력 및 정보 가용성과 같은 맥락을 포함한 다양한 요인에 따라 달라져야 한다는 인식이 높아지고 있다. 전 세계 대부분의 국가와 설문 조사에 참여한 모든 MENA 국가에서 성년은 18세이다. 이는 상당한 비율의 젊은 남성과 여성이 정치 생활에서 활발하게 활동하고 국가 기관에서 의사결정을 내리는 데 방해가 된다. 그러나 단순히 선거에 출마할 수 있는 최소 연령을 낮추는 것만으로도 자동으로 더 많은 젊은 후보자가 나오지 않을 수 있다. 시민 및 시민의식 교육은 학교 커리큘럼에 확고하게 고정되어 젊은이들이 정치를 포함한 공적 생활에 참여하는 데 필요한 기술, 지식 및 정보를 갖출 수 있도록 해야 한다.

• OECD 국가의 증거

OECD 회원국 36개국 중 8개국이 일반 청소년 관련 법을 가지고 있다. 이러한 법률에는 청소년의 대리 및 정책 결정 참여에 대한 규정이 포함되어 있으며, 청소년이 정치적 권력에 접근할 수 있어야 함을 적시하고 청소년위원회와의 정치적 협의의 필요성을 설명한다. 룩셈부르크 청소년법은 룩셈부르크 청소년 상황의 다양한 측면에 대한 설문 조사, 권장 사항, 분석, 연구 및 보고서를 준비, 조정 및 시작하는 임무와 함께 청소년 문제 모니터링을 담당하는 기관을 설립한다. 또한 청소년과 청소년기관이 국가 및 유럽 차원에서 청소년정책과 관련된 모든 문제에 대한 검토에 참여할 수 있는 기회를 제공한다는 사명으로 청소년의회를 설립한다. 스웨덴은 정당 목록에 있는 젊은 후보자에 대한 최소 몫을 보장하기 위해 할당량을 적용하는 유일한 OECD 국가이다(후보자의 25%는 35세 이하이어야 함).

- 청소년 참여 및 권한 부여를 위한 건전한 법적 환경조성을 위한 방안은 첫째, 청소년의 이질성 인식이다. "청소년"의 법적 정의는 엄격한 연령대에 의해서만 정의되지 않는 다양한 정체성 요인(예: 성별, 사회경제적 배경, 민족성, 종교)을 가진 매우 이질적인 그룹으로 인식해야 한다. 둘째, 청소년 친화적인 법적 프레임워크 채택이다. 기존 규정의 재고를 검토하여 청소년 관련 목표가 앞당겨지고 이 목적을 위한 충분한 역량과 자원이 동원되는지 확인한다. 셋째, 임의의 연령 제한 제거이다. 최소연령이 청소년 참여 및 대표성을 높이는 데 장애가 되는 경우 해당 연령을 제거해야 한다. 예를 들어 투표할 수 있는 최소 연령과 후보로 출마할 수 있는 최소 연령을 맞추면 청소년이 선거에 출마하도록 장려할 수 있다. 이 분야의 개혁은 커리큘럼에서 시민교육을 강화하려는 노력을 동반해야 한다.

5장 청소년정책의 주요 영역과 지표 및 유형

▣ 개요

이 장에서는 일반적으로 청소년정책에서 주요하게 다루고 있는 영역, 2000년대 들어 강조되고 있는 청소년정책 영역 및 그 경계를 가로지르는 새로운 이슈를 중심으로 기술하고, 더불어 각각의 주요 영역의 핵심 내용을 설명한다. 또한 청소년정책의 구성요소로서 정책 지표에 대해서도 기술한다. 청소년정책 지표는 청소년정책이 실제 의미하는 바가 무엇인가, 청소년정책의 주요 요소는 무엇이어야 하는가, 청소년정책의 공통 요소는 있는가, 청소년정책에는 무엇이 포함되어야 하는지 등과 관련되어 있다. 청소년정책의 기본요소로서 정책 지표는 청소년정책을 평가하는 데 유용한 준거가 될 수 있다. 그리고 청소년정책의 유형은 주로 정책대상이 누구인지, 어떤 접근방식을 채택하고 있는지 등에 따라 구분한다.

1. 청소년정책의 주요 영역과 이슈

청소년정책의 영역을 정확하게 범주화하여 설명하기는 어렵다. 앞에서도 언급한 바와 같이, 세계 각국은 그 국가의 사회문화적 배경에 따라 청소년정책의 영역을 별도로 설정하고 있는 국가에서부터 정책영역을 따로 설정하지 않은 국가에 이르기까지 매우 다양하다. 이 장에서는 일반적으로 청소년정책에서 주요하게 다루고 있는 영역, 특히 2000년대 들어 강조되고 있는 청소년정책 영역 및 그 경계를 가로지르는 이슈를 중심으로 기술하고 내용을 설명한다.

1) 청소년정책 주요 영역 구분

청소년정책의 주요 영역은 크게 UN, 유럽평의회(Council of Europe) 등 국제기구에서 제안하고 있는 분야와 개인 연구자들이 제시하고 있는 영역을 중심으로 나누어서 살펴볼 수 있다. 그중에서도 UN에서 1995년 제안한 청소년정책의 우선영역(priority areas)에 대한 제안이 가장 대표적인 청소년정책의 주요 영역 구분이라고 할 수 있다. UN은 청소년의 상황을 개선하기 위한 국가적 행동 및 국제적 지원을 위한 정책 틀과 실천적 지침으로서 15가지의 우선영역을 제시하고 있다.

UN은 오래전부터 청소년의 상상, 이상 및 에너지가 사회의 지속적인 발전의 핵심이라는 사실을 강조해 왔다. 특히 '세계청소년의 해(International Youth Year)' 10주년을 맞이한 1995년에는 21세기를 맞이하여 청소년에게 다가올 도전에 대한 국제사회의 대응에 대한 지침을 제시함으로써 청소년에 대한 관여를 강화하였다. 이런 차원에서 국제적 전략으로 채택된 것이 '2000년과 그 후 청소년을 위한 세계행동프로그램(World Programme of Action for Youth to the Year 2000 and Beyond, 이하 WPAY로 약칭함)'이다. WPAY는 청소년의 복지와 생활을 개선하기 위한 조건과 기제를 활성화할 수 있는 행동 제안을 담고 있다. WPAY는 특히 청소년부문에 대한 국가적 역량을 강화하고, 청소년에게 충분하고 효과적이며 건설적인 참여를 보장하는 기회의 양적·질적 확대를 위한 수단에 초점을 맞추고 있다.

UN은 초기 WPAY에서 10가지의 우선영역을 강조하고 있다. 그 10가지 우선영역은 ① 교육(education) ② 고용(employment) ③ 기아와 빈곤(hunger and poverty) ④ 보건(health) ⑤ 환경(environment) ⑥ 약물남용(drug abuse) ⑦ 소년 비행범죄(juvenile delinquency) ⑧ 여가활동(leisuretime activities) ⑨ 소녀와 젊은 여성(girls and young woman) ⑩ 사회와 의사결정에서 충분하고 효과적인 참여(full and effective participation of youth in the life of society and in decisionmaking) 등이다. 10가지 우선영역은 '주요 이슈(issues)'와 '특별한 목적' 및 이런 목적을 달성하기 위해 다양한 행위자들이 취할 수 있도록 제안된 '행동'의 관점에서 제시된 것들이다. 이런 목적과 행동은 1985년 '세계청소년의 해'에서 제안한 3가지 주제(themes)

—참여, 발전, 평화—를 반영한 것이다. WPAY는 10가지 영역 이외에 새로운 영역의 포함 가능성을 배제하지 않았다(UN Economic & Social Affairs, 2010b).

〈표 5-1〉 UN, 유럽평의회 등 주요 국제기구의 청소년정책 주요 영역 구분

	UN(1995, 2007) (The World Programme of Action for Youth) [15가지 우선영역]	유럽평의회(2003) (Experts on Youth Policy Indicators) [8가지 영역 + 3 주제]	유럽위원회 (IARD, 2001) (Study on the State of Young People and Youth Policy, Final Reports) [9가지 이슈]	UN(2014) (First Global Forum on Youth Policies, Report) [13가지 주제]
주요 청소년 징책 영역	〈우선영역, 1995〉 ① 교육(education) ② 고용(employment) ③ 기아와 빈곤 (hunger and poverty) ④ 보건(health) ⑤ 환경(environment) ⑥ 약물남용(drug abuse) ⑦ 소년 비행 범죄 (juvenile delinquency) ⑧ 여가활동 (leisure-time activities) ⑨ 소녀와 젊은 여성 (girls and young women) ⑩ 사회와 의사결정에서 충분하고 효과적인 참여 (full and effective participation of youth in the life of society and in decision-making) 〈추가 이슈 영역, 2007〉 1 세계(globalization) 2 정보소통기술 (information and communications technology) 3 HIV/AIDS 4 군사적 갈등 (armed conflict) 5 세대 간 이슈 (intergenerational issues)	〈주요 영역〉 ① 교육과 훈련 (education and training) ② 고용(employment) ③ 보건과 복지 (health and well-being) ④ 주거(housing) ⑤ 사회 보호(social protection) ⑥ 가족정책과 아동보호 (family policy and child protection) ⑦ 레저와 문화정책(leisure and cultural policy) ⑧ 청소년사법(youth justice) 〈가로지르는 주제〉 1 정보(information) 2 참여와 시민성 (participation and active citizenship) 3 권한(power)	① 교육정책 (educational policies) ② 특별하게 청소년을 표적으로 하는 노동시장정책 (labour market policies specifically targeted at youth) ③ 청소년을 위한 주거 정책 (housing policies for young people) ④ 보건 정책(health initiatives) ⑤ 정상이 아닌 청소년을 위한 정책(policies for dealing with deviant youth) ⑥ 여가활동을 위한 정책 (policies for leisure-time activities) ⑦ 청소년연합을 위한 정책 (policies towards associations of youth) ⑧ 의무 군복무와 비군사적 국가봉사 (mandatory military service and compulsory non-military national service) ⑨ 프로그램 모니터링과 평가 (monitoring and evaluation programs)	① 교육(education) ② 고용 및 기업가 정신(employment & entrepreneurship) ③ 환경(environment) ④ 성 평등(gender equality) ⑤ 보건(health) ⑥ 정보 및 의사소통(information & communication) ⑦ 여가(leisure) ⑧ 참여(participation) ⑨ 평화와 안보 (peace & security) ⑩ 사회적 포용(social inclusion) ⑪ 도시화와 주거 (urbanisation & housing) ⑫ 자원봉사 (volunteering) ⑬ 청소년과 정의 (youth & justice)

그런데 10여 년 후 WPAY 실행 10년을 검토하면서 UN은 기존의 10가지 우선영역에 5가지 부가 이슈 영역(issue areas)을 포함시켰다. 2007년에 채택된 'WPAY 증보판(the Supplement to the WPAY)'에 확장된 5가지 이슈는 [1] 세계화(globalization) [2] 정보소통기술(information and communications technology) [3] HIV/AIDS [4] 군사적 갈등(armed conflict) [5] 세대 간 이슈(intergenerational issues) 등이다. 이렇게 해서 UN은 각국의 청소년정책에서 우선적으로 고려해야 하는 영역을 총 15가지 우선영역으로 제시하고 있다.

그리고 유럽평의회는 2003년 3월 청소년정책 지표에 대한 전문가 회의의 최종회의 보고서(Council of Europe, 2003: 7)에서 청소년정책의 주요 영역을 크게 2가지로 구분하여 제시하고 있다. 크게 청소년에 대한 정부조직과 특정 부처에서 수행하는 행정 영역을 중심으로 한 8가지의 주요 영역과 정부부처와 행정 영역의 경계를 넘나드는 3가지의 이슈로 구분하여 제시한다. 우선 청소년정책의 주요 영역은 ① 교육과 훈련(education and training) ② 고용(employment) ③ 보건과 복지(health and wellbeing) ④ 주거(housing) ⑤ 사회 보호(social protection) ⑥ 가족정책과 아동보호(family policy and child protection) ⑦ 레저와 문화정책(leisure and cultural policy) ⑧ 청소년사법(youth justice) 등이다.

그리고 청소년에 대한 정부 각 행정 영역을 가로지르는 주제(crosscutting themes)로 [1] 정보(information) [2] 참여와 시민성(participation and active citizenship) [3] 권한(power) 등 3가지를 제시하고 있다. 이 중에서 특히 '권한'과 관련하여서는 크게 2가지 수준에서 고려하여야 한다고 강조한다. 첫째, 청소년의 법적 권한이다. 법적 권한은 청소년의 '참여' 주제에도 적용될 수 있는 것이다. 청소년이 스스로 청소년정책에 대해 어떤 제안이나 주장을 할 수 있는지, 정책에 포함된 어떤 수단에 대해 거부할 수 있는지 등과 관련된 권한을 말한다. 둘째, 청소년정책의 구체적인 수단에서 활용할 수 있는 예산과 관련된 권한이다. 청소년 관련 예산이 증액되거나 삭감되는 경우 법적 혹은 사회적으로 대응할 수 있는 권한을 말한다.

유럽연합 집행기관으로서 유럽위원회(European Commission)가 유럽 각국의 청소년과 청소년정책의 현실을 비교 연구하기 위해 이탈리아 밀라노에 있는

IARD 연구소에 의뢰하여 2001년 1월에 발간된 최종 보고서(IARD, 2001: 82-92)에서는 9가지 이슈로 청소년정책의 영역을 구분[1]하고 있다. 청소년정책의 주요 이슈는 ① 교육정책(educational policies) ② 특별하게 청소년을 표적으로 하는 노동시장정책(labour market policies specifically targeted at youth) ③ 청소년을 위한 주거 정책(housing policies for young people) ④ 보건 정책(health initiatives) ⑤ 일탈 청소년을 위한 정책(policies for dealing with deviant youth) ⑥ 여가활동을 위한 정책(policies for leisure time activities) ⑦ 청소년연합을 위한 정책(policies towards associations of youth) ⑧ 의무 군복무와 비군사적 국가 봉사(mandatory military service and compulsory non military national service) ⑨ 프로그램 모니터링과 평가(monitoring and evaluation programs) 등이다. 특이한 사항은 청소년연합을 위한 정책과 프로그램의 모니터링 및 평가를 주요한 정책영역에 포함하고 있는 것이다.

그리고 UN, UNDP, 유네스코 및 유럽평의회 등의 공동 주최로 2014년 10월 28~30일 동안 아제르바이잔에서 개최된 제1차 청소년정책 글로벌 포럼에서는 청소년정책의 주제영역(Thematic Areas of Youth Policy)으로 13가지를 제안한다(First Global Forum on Youth Policies, 2014: 45-58). ① 교육(education) ② 고용 및 기업가 정신(employment & entrepreneurship) ③ 환경(environment) ④ 성 평등(gender equality) ⑤ 보건(health) ⑥ 정보 및 의사소통(information & communication) ⑦ 여가(leisure) ⑧ 참여(participation) ⑨ 평화와 안보(peace & security) ⑩ 사회적 포용(social inclusion) ⑪ 도시화와 주거(urbanisation & housing) ⑫ 자원봉사(volunteering) ⑬ 청소년과 사법(youth & justice) 등이다. UN 등 이전의 국제기구의 제안에 비해 기업가 정신, 성 평등, 평화와 안보, 자원봉사 등이 포함된 것이 특징이라고 할 수 있다.

---

1) IARD 최종 보고서에서는 9가지 청소년정책 이슈(issues of youth policy) 이외에 '기술된 청소년정책의 목적과 핵심 개념', '명확한 청소년정책의 주요 목표 집단' 등 2가지를 포함하여 11가지로 제시하고 있다. 그런데 2가지는 청소년정책의 개념과 요소에서 다룰 내용으로 보고 주요 영역 구분에서 제외하였음을 밝혀 둔다.

한편, 청소년정책의 주요 영역은 국제기구뿐만 아니라 청소년 관련 연구자들에 의해서도 제안되고 있다. 여기서는 Williamson(2002)과 Siurala(2005)가 제안하는 청소년정책 주요 영역 구분을 살펴보고자 한다.

〈표 5-2〉 주요 연구자의 청소년정책 주요 영역 구분

	Williamson(2002) [9가지 영역 + 7가지 이슈]	Siurala(2005) [5가지 주요 영역 + 4가지 부가 영역]	Denstad, Thomson & Badre(2016) [11가지 주제 + 13가지 이슈]
주요 청소년 정책 영역	〈주요 영역〉 ① 교육, 훈련 및 고용(education, training and employment) ② 청소년사업과 비형식적 교육(youth work and nonformal education) ③ 보건(health) ④ 주거(housing) ⑤ 사회적 보호(social protection) ⑥ 가족정책과 아동복지(family policy and child welfare) ⑦ 레저와 문화(leisure and culture) ⑧ 청소년사법(youth justice) ⑨ 국방과 군복무(national defence and military service) 〈주요 이슈〉 [1] 청소년 참여와 시민성(youth participation and citizenship) [2] 사회적 배제 방지와 포용 촉진(combating social exclusion and promoting inclusion) [3] 정보(information) [4] 다문화주의와 소수자(multiculturalism and minorities) [5] 이동성과 세계주의(mobility and internationalism) [6] 안전과 보호(safety and protection)	〈주요 영역〉 ① 교육과 훈련(education and training) ② 고용과 노동시장(employment and the labour market) ③ 보건(health) ④ 주거(housing) ⑤ 레저(leisure) 〈부가 영역〉 [1] 사회적 보호(social protection) [2] 복지(welfare) [3] 가족(family) [4] 형사사법제도(criminal justice) **〈연계 협력과 조정 기제〉** ❶ 청소년정책 계획(youth policy plan) ❷ 연계 조정(cross-sectoral co-ordination) ❸ 청소년 대표성 전략(youth representation strategy) ❹ 청소년 목소리를 듣는 다른 수단(other means to listen to the voice of youth people)	〈주요 영역〉 ① 교육(학교교육 및 비형식 학습/청소년사업)(education (schooling and non-formal learning/youth work) ② 의무 후 교육 및 훈련(post-compulsory education and training) ③ 고용 및 노동시장(employment and the labour market) ④ 보건(health) ⑤ 주거(housing) ⑥ 사회적 보호 및 소득 지원(social protection and income support) ⑦ 복지 및 가족(welfare and family) ⑧ 형사 사법(criminal justice) ⑨ 여가(스포츠 및 예술 포함)(leisure, including sports and arts) ⑩ 국방 및 군 복무(national defence and military service) ⑪ 가치와 종교(종교기관)(values and religion, the religious institutions) 〈정책 이슈〉 ㉠ 참여 및 시민권 기회(opportunities for participation and citizenship) ㉡ 안전 및 보호(safety and protection)

	Williamson(2002) [9가지 영역 + 7가지 이슈]	Siurala(2005) [5가지 주요 영역 + 4가지 부가 영역]	Denstad, Thomson & Badre(2016) [11가지 주제 + 13가지 이슈]
	7 기회 균등(equal opportunities)		㉢ 사회적 배제 방지 및 포용 촉진(combating social exclusion and promoting inclusion) ㉣ 정보의 제공 및 사용(새로운 정보기술 포함)(the provision and use of information, including new information technologies) ㉤ 이동성과 국제주의(mobility and internationalism) ㉥ 다문화주의(multiculturalism) ㉦ 평등(equalities) ㉧ 청소년 인구의 급진화/반응 대 적합성(radicalisation/reaction of segments of the youth population versus conformity) ㉨ 지역적 대 세계적 압력(local versus global pressures) ㉩ 중앙-주변(centre-periphery) ㉪ 도시-농촌 양극화(urban-rural polarisation) ㉫ 엘리트 및 아웃사이더(elites and outsiders) ㉬ 환경문제(environmental issues) ㉭ 디아스포라의 역할(the role of diaspora)

우선 Williamson(2002: 49−118)은 유럽평의회가 1997년부터 2001년까지 청소년정책의 국제비교를 위해 발간한 종합보고서에서 청소년정책의 범주(dimensions)를 크게 주요 영역(key domains)과 주요 이슈(key issues)로 구분하고, 각각 9가지의 영역과 7가지의 이슈로 제시하고 있다. 9가지의 주요 영역은 ① 교육, 훈련 및 고용(education, training and employment) ② 청소년사업과 비형식적 교육

(youth work and nonformal education) ③ 보건(health) ④ 주거(housing) ⑤ 사회적 보호(social protection) ⑥ 가족정책과 아동복지(family policy and child welfare) ⑦ 레저와 문화(leisure and culture) ⑧ 청소년사법(youth justice) ⑨ 국방과 군복무(national defence and military service) 등이다. 청소년사업과 비형식적 교육을 주요한 청소년정책의 영역으로 포함하고 있는 것에 주목할 필요가 있다.

7가지 주요 이슈는 [1] 청소년 참여와 시민성(youth participation and citizenship) [2] 사회적 배제 방지와 포용 촉진(combating social exclusion and promoting inclusion) [3] 정보(information) [4] 다문화주의와 소수자(multiculturalism and minorities) [5] 이동성과 세계주의(mobility and internationalism) [6] 안전과 보호(safety and protection) [7] 기회 균등(equal opportunities) 등이다. Williamson은 청소년정책에서 다룰 필요가 있는 주요 영역과 이슈는 국가에 따라 다르지만, 보다 중요하게 핵심적으로 인식되는 것이 있다는 사실을 강조한다. 그리고 주요 영역은 때로는 넓은 공공정책의 하위 범주가 되기도 한다는 점도 지적하고 있다.

또한 Siurala(2005: 33–34)는 Williamson의 제안이 유럽평의회 소속 국가들이 포함하고 있는 청소년정책 영역을 망라하여 제시함으로써 지나치게 방대하다고 지적하고 있다. 통합적 청소년정책의 필요성을 강조하는 Siurala는 청소년정책의 주요 영역을 크게 몇 가지로 정리할 필요가 있다고 제안한다. 그는 청소년을 사회에 성공적으로 통합시키기 위해서는 청소년 관련 업무 간의 연계 협력의 필요성을 강조하면서 5가지의 청소년정책 영역을 제시하고 있다. 즉, ① 교육과 훈련(education and training) ② 고용과 노동시장(employment and the labour market) ③ 보건(health) ④ 주거(housing) ⑤ 레저(leisure) 등을 꼽고 있다. 아울러 청소년을 위한 다른 부가 영역으로 [1] 사회적 보호(social protection) [2] 복지(welfare) [3] 가족(family) [4] 형사사법제도(criminal justice) 등 4가지를 들고 있다.

특히 Siurala는 주요 영역을 아우르는 통합적 청소년정책을 관리하기 위해서 중앙과 지방정부 수준에서 연계 협력과 조정의 필요성을 강조하면서, 그 기제를 다음과 같은 4가지로 제안하고 있다. ❶ 청소년정책 계획(youth policy plan)이다.

❷ 청소년업무에 대한 책임 있는 기구나 인사 간의 연계 조정(crosssectoral co-ordination)이다. ❸ 청소년 대표성 전략(youth representation strategy)으로 청소년 위원회나 의회, 청소년 청문이나 패널을 예시한다. ❹ 청소년 목소리를 듣는 다른 수단(other means to listen to the voice of youth people)으로 청소년 연구나 조사를 주요한 예시로 제안하고 있다.

Denstad, Thomson & Badre(2016: 36-37)는 아랍국가를 위한 청소년정책 매뉴얼에서 유럽위원회의 청소년정책을 검토하면서 청소년정책 프레임워크 내에서 다수의 주요 영역과 이슈를 해결해야 한다고 주장하고 11가지 영역과 14가지의 정책 이슈를 제시하고 있다. 11가지 청소년정책 주요 영역은 ① 교육[학교교육 및 비형식 학습/청소년사업(education schooling and non-formal learning/youth work)] ② 의무 후 교육 및 훈련(post-compulsory education and training) ③ 고용 및 노동시장(employment and the labour market) ④ 보건(health) ⑤ 주거(housing) ⑥ 사회적 보호 및 소득 지원(social protection and income support) ⑦ 복지 및 가족(welfare and family) ⑧ 형사 사법(criminal justice) ⑨ 여가(스포츠 및 예술 포함)(leisure, including sports and arts) ⑩ 국방 및 군 복무(national defence and military service) ⑪ 가치와 종교(종교기관)(values and religion, the religious institutions) 등이다. 그리고 14가지 정책 이슈는 ㉠ 참여 및 시민권 기회(opportunities for participation and citizenship) ㉡ 안전 및 보호(safety and protection) ㉢ 사회적 배제 방지 및 포용 촉진(combating social exclusion and promoting inclusion) ㉣ 정보의 제공 및 사용(새로운 정보기술 포함)(the provision and use of information, including new information technologies) ㉤ 이동성과 국제주의(mobility and internationalism) ㉥ 다문화주의(multiculturalism) ㉦ 평등(equalities) ㉧ 청소년 인구의 급진화/반응 대 적합성(radicalisation/reaction of segments of the youth population versus conformity) ㉨ 지역적 대 세계적 압력(local versus global pressures) ㉩ 중앙-주변(centre - periphery) ㉪ 도시-농촌 양극화(urban - rural polarisation) ㉫ 엘리트 및 아웃사이더(elites and outsiders) ㉬ 환경문제(environmental issues) ㉭ 디

아스포라의 역할(the role of diaspora) 등이다.

이와 같은 다양한 청소년정책 영역과 이슈 중에서 개별 국가는 사회문화적 배경과 정치적 여건, 청소년에 대한 사회적 인식과 청소년이 처해 있는 상황 등을 고려하여 몇 가지 영역을 주요 정책영역 혹은 정책 우선영역(policy priority areas)으로 설정하여 정책적으로 추진하고 있다. 다음 〈표 5-3〉과 같이 6개국의 정책영역과 주제에 대해 살펴본다. 6개 국가는 동서양 등 지역분포, 비교적 최근 국가청소년정책 수립 여부, 청소년정책 거버넌스 등을 고려하여 선정하였다. 우리나라(아시아, 중앙 부처의 명칭에 청소년이 없음), 일본(아시아, 정부의 중심(내각부)에서 청소년정책 담당, 아동에서 청년까지 포괄하는 국가 청소년전략 수립), 핀란드(유럽, 중앙 부처 명칭에 청소년이 없으며, 청소년사업과 청소년정책을 포함하는 국가 청소년전략 수립), 캐나다(북미, 2018년 최초로 국가 청소년정책을 수립하였으며, 정부의 중심(총리실)에서 청소년정책 담당), 나이지리아(아프리카, 중앙 부처 명칭에 청소년이 포함되어 있으며, 연방 국가) 및 남아프리카공화국(아프리카, 중앙 부처의 정부 기관에서 청소년정책을 담당) 등 6개국이다.

〈표 5-3〉 국가별 청소년정책의 주요 영역

국가	한국	일본	핀란드
주요 정책 영역	① 청소년 참여 ② 청소년 권리 증진 ③ 청소년 민주시민 성장 ④ 청소년 양성 평등 ⑤ 청소년활동 및 체험활동 ⑥ 청소년 진로교육 ⑦ 청소년 사회안전 ⑧ 청소년보호 〈8 영역〉	① 교육 ② 청소년활동 ③ 청소년 참여 ④ 건강과 안전 ⑤ 고용과 직업 자립 ⑥ 비행과 범죄 ⑦ 어려운 청소년의 지원 ⑧ 청소년 피해방지・보호 〈8 영역〉	① 교육 및 고용 ② 보건, 주거 및 소득 ③ 청소년 개인 성실성과 안전 ④ 청소년의 영향력, 포용 및 취미 〈4 영역(세부 10 영역)〉
주무 부처	여성가족부	内閣府 政策統括官(政策調整)	Ministry of Education and Culture

국가	캐나다	나이지리아	남아프리카공화국
주요 정책 영역	① 리더십과 영향 ② 보건과 웰빙 ③ 혁신, 기술 및 학습 ④ 고용 ⑤ 진실과 화해 ⑥ 환경 및 기후 행동 〈6 영역(세부 9영역)〉	① 고용과 기업가 정신 ② 농업에서 청소년 ③ 청소년과 ICT ④ 보건 서비스 ⑤ 시민 참여 ⑥ 정치적 포용 ⑦ 청소년의 권리와 기본 자유 ⑧ 평화와 안보 〈8 영역〉	① 경제적 참여와 전환 – 청소년 취업 지원 – 청소년 직업체험 제공 – 청소년 기업 및 협동조합 개발 및 지원 – 청소년을 위한 농촌 개발과 토지 개혁 ② 교육, 기술 및 두 번째 기회 – 학교 환경과 커리큘럼이 전체적인 청소년개발을 지원하는지 확인 – 지원, 안내 및 두 번째 기회 ③ 건강관리 및 약물남용 퇴치 – 건강한 라이프 스타일 지원 – 성 및 재생산 건강 및 권리 증진 – 청소년의 약물 남용 퇴치 ④ 국가 건설 및 사회적 결속 – 헌법적 가치 증진 – 차별과 조직적 인종차별에 맞서 국가 건설, 대화 및 치유에 기여 – 리더십과 적극적 시민 육성 – 국가 청소년복무 시행 개선 – 스포츠 및 레크리에이션 확대 ⑤ 효과적이고 대응력 있는 청소년개발 기관 〈5 영역〉
주무 부처	The Government of Canada	Federal Ministry of Youth and Sports Development	National Youth Development Agency

출처: 여성가족부, 2018; 子ども・若者育成支援推進本部, 2016; Government of Canada, 2018; Ministry of Education and Culture(Finland), 2020; Federal Ministry of Youth and Sports Development(Nigeria), 2019; National Youth Development Agency(Republic of South Africa)(2015).

먼저 우리나라는 2018년 제6차 청소년정책기본계획(2018-2022)을 수립하면서 '공정하고 안전한 사회환경에서 청소년들이 자기 주도적 참여와 활동을 통해 현재를 즐기고, 미래사회에 필요한 역량을 갖추어 자립할 수 있도록 하는 종합적 지원을 추진하고, 가족, 교육, 성 평등, 고용, 주택과 보건정책 등 다양한 정책과 상호 연계되어 시너지를 발휘하는 청소년정책 수립'을 주요한 방향으로 설정하고 있다. 아울러 청소년 참여 및 권리증진, 청소년 주도의 활동 활성화, 청소년 자립지원 등을 지향하고 있다(관계부처 합동, 2018: 12). 이에 맞추어 청소년 주도의 지원적·협업적 청소년정책으로의 전환을 위해 12가지의 중점과제를 설정하였다. 중점과제에 나타난 주요 정책영역을 추론해보면 ① 청소년 참여 ② 청소년 권리 ③ 청소년 민주시민 성장 ④ 청소년 양성 평등 ⑤ 청소년활동 및 체험활동 ⑥ 청소년 진로교육 ⑦ 청소년 사회안전 ⑧ 청소년보호 등 8가지 영역으로 정리할 수 있을 것 같다.

일본(子ども·若者育成支援推進本部, 2016)의 경우, 2016년 2월 아동·청소년육성지원추진대강(子供·若者育成支援推進大綱)을 발표하면서 2010년부터 기존의 청소년육성시책대강(青少年育成施策大綱)을 폐지하고, 유아기부터 후기 청년기까지를 지원 대상으로 확대하면서 '청소년' 이라는 용어 대신에 '아동·청소년(子ども·若者)'으로 바꾼 기조를 유지하고 있다. 대강의 주요 정책영역은 ① 교육 ② 청소년활동 ③ 청소년 참여 ④ 건강과 안전 ⑤ 고용과 직업 자립 ⑥ 비행과 범죄 ⑦ 어려운 청소년의 지원 ⑧ 청소년 피해방지·보호 등 8가지로 정리할 수 있을 것 같다. 정책분야는 크게 모든 아동·청소년의 건강한 성장 지원과 어려움이 있는 아동·청소년과 가족 지원을 2축으로 하여, 자기형성 지원(교육, 활동, 경제적 지원), 사회형성·사회 참여 지원, 건강과 안심 확보, 청소년 자립과 취업 지원과 어려운 청소년 지원(장해, 비행과 범죄, 빈곤 청소년 등 지원), 아동·청소년 피해방지·보호 등 6가지를 설정하고 있다. 우리나라와 일본의 경우 국가의 기본계획이나 대강을 수립하면서 추진하고자 하는 정책과제 중심으로 설계하기 때문에 청소년정책의 영역을 분명하게 분석하지 못하고 앞에서 제시한 정책영역에 맞추어 추론할 수밖에 없다.

캐나다는 2015년에 젊은 캐나다인 즉, 청소년의 관심이 정부 의사결정의 중심에 있도록 하기 위해 총리가 청소년 장관이 되기로 결정하고, 청소년에 대한 헌신을 더욱 강화하기 위해 캐나다 최초의 총리 주재의 청소년위원회를 만들었다. 이어 2018년에는 캐나다 최초로 국가 청소년정책을 수립하고, 학습, 고용, 보건 등 핵심 영역을 비롯하여 ① 리더십과 영향 ② 보건과 웰빙 ③ 혁신, 기술 및 학습 ④ 고용 ⑤ 진실과 화해 ⑥ 환경 및 기후 행동 등 청소년이 확인하는 6가지 우선영역(Youth-Identified priorities)을 지정했으며, 보다 세부적으로 9영역을 주요 정책주제로 선정하고 있다(Government of Canada, 2018)

[그림 5-1] 핀란드 '국가 청소년사업 및 청소년정책 프로그램' 표지

그리고 유럽의 대표적인 복지국가인 핀란드(Ministry of Education and Culture(Finland), 2020)의 경우, 「청소년법(Youth Act)」에 근거하여 2020년 4월 '국가 청소년사업 및 청소년정책 프로그램 2020-2023(The National youth work and youth policy programme 2020-2023 - Aiming to ensure a meaningful life and social inclusion for all young people)'을 수립하고, 교육, 고용, 보건, 주거, 소득 등 핵심적 사항을 중심으로 주요 영역을 설정하고 있다. 구체적으로는 ① 교육 및 고용 ② 보건, 주거 및 소득 ③ 청소년 개인 성실성과 안전 ④ 청소년의 영향력, 포용 및 취미 등 4영역, 보다 세부적으로는 10영역이다.

한편 서아프리카 국가인 나이지리아(Federal Republic of Nigeria)는 2019년 '국가 청소년정책(National Youth Policy: Enhancing Youth Development and Participation in the context of Sustainable Development)'을 수립하여 8가지의 주요 청소년정책 영역을 설정하고 있다. 2019~2023년까지 유효한 국가 청소년정책은 고용과 기업가 정신, 농업, ICT 등 아프리카 국가의 특성을 반영하여 ① 고용과 기업가 정신 ② 농업에서 청소년 ③ 청소년과 ICT ④ 보건 서비스 ⑤ 시민 참여 ⑥ 정치적 포용 ⑦ 청소년의 권리와 기본 자유 ⑧ 평화와 안보 등을 중심 주제(Thematic Focus)로 삼고 있다(Federal Ministry of Youth and Sports Development(Nigeria), 2019).

그리고 아프리카 최남단의 남아프리카공화국(Republic of South Africa)은 2009년부터 2014년까지의 기간을 다룬 남아프리카 최초의 국가 청소년정책을 개선하고 업데이트하여 2015년 새로운 국가 청소년정책(The National Youth Policy(NYP) for 2015 – 2020(일명 NYP 2020))을 발표했다. 이 정책은 남아공 헌법, 2000년 이후의 청소년을 위한 UN 세계 행동프로그램(WPAY, 1995), 아프리카 청소년 헌장(2006), 국가개발계획(NDP, 2012) 등 헌법과 국제 표준에 기반을 두고 있음을 분명하게 밝히고 있다.

또한 NYP 2020은 2030년까지 적극적인 시민의 역량을 구축하는 포용적인 사회를 만드는 것을 목표로 하고, 남아프리카공화국이 향후 20년 동안 빈곤을 제거하고 불평등을 줄일 수 있는 잠재력과 역량을 가지고 있다는 믿음을 바탕으로 비전을 공유한다. 이를 위해서 새로운 접근방식 즉, 수동적 시민에서 벗어나 효과적인 정부의 지원을 받는 젊은이들이 개발을 위한 주요 인적 자원임을 인식하고, 이들을 종종 사회변화, 경제 확장의 핵심 요소로 간주한다. 국가 청소년정책의 우선순위(policy priorities)는 ① 경제적 참여와 전환: 청소년 취업 지원, 청소년 직업체험 제공, 청소년 기업 및 협동조합 개발 및 지원, 청소년을 위한 농촌 개발과 토지개혁 ② 교육, 기술 및 두 번째 기회: 학교 환경과 커리큘럼이 전체적인 청소년개발을 지원하는지 확인, 지원, 안내 및 두 번째 기회 ③ 건강관리 및 약물남용 퇴치: 건강한 라이프스타일 지원, 성 및 재생산 건강 및 권리 증진, 청소년의 약물남용 퇴치 ④ 국가 건설 및 사회적 결속: 헌법적 가치 증진, 차별과 조직적 인종차별에 맞서 국가 건설, 대화 및 치유에 기여, 리더십과 적극적 시민 육성, 국가 청소년복무 시행 개선, 스포츠 및 레크리에이션 확대 ⑤ 효과적이고 대응력 있는 청소년개발 기관 등 크게 5가지를 제시하고 있다(National Youth Development Agency(Republic of South Africa), 2015).

이와 같이 6개 개별 국가를 중심으로 각국의 국가 청소년정책이나 전략에서 채택하고 있는 정책 우선순위 내지 주요 정책영역을 보면, 1995년 UN에서 제안한 WPAY의 10가지 우선영역 즉 교육, 고용, 빈곤, 보건, 환경, 범죄, 여가활동 및 참여 등을 국제 표준으로 하고, 개별 국가의 여건과 상황에 따라 주요 정책 목적으로 지향하는 영역을 추가하여 정책의 주요 영역이나 주제로 선정하고 있는 사실을 알 수 있다. 그리고 근래에 국가 청소년정책을 수립하기 시작한 국가일수록 국제 표준에 맞게 비교적 포괄적인 정책영역이나 우선순위를 채택하고 있다. 단지 우리나라의 경우 청소년정책의 주요 영역을 다른 국가에서 일반적으로 포괄하는 청소년 참여와 권리, 성 평등, 청소년 안전과 보호를 제외하고는 핵심영역이라고 할 수 있는 교육, 고용, 보건, 청소년사법 등을 포괄하지 못하고 있는 사실을 알 수 있다. 특히 청소년의 교육 영역 중에서도 민주시민 양성, 청소년활동과 체험활동, 진로교육 등 일부의 특별한 교육 관련 주제 즉, 비교과 내지는 과외활동(extra-curriculum) 등의 주제를 주요 정책영역으로 선정하고 있는 특징을 갖고 있다. 이는 앞의 청소년정책 이해 핵심코드의 한가지로 기술한 바와 같이, 청소년정책과 청소년사업을 지나치게 동일시하는 정책 특성과도 관련이 있다.

2) 청소년정책 주요 영역의 내용

앞에서 살펴본 국제기구와 일부 정책 연구자들의 세안을 종합하면 청소년정책의 주요 영역을 9가지로 정리할 수 있으며 내용은 다음과 같다. 즉 ① 교육과 훈련 ② 청소년사업과 비형식적 교육 ③ 고용과 노동시장 ④ 보건 ⑤ 주거 ⑥ 레저와 문화 ⑦ 사회적 보호 ⑧ 가족정책과 아동복지 ⑨ 청소년 문제행동과 사법체계 등이다. UN이 제안하는 기아와 빈곤, 아동복지와 사회적 보호에의 참여는 주요 이슈에 포함할 수 있다. 유럽위원회의 일탈 청소년정책은 사회적 보호와 청소년 사법체계에 포함될 수 있고, 프로그램 모니터링과 평가는 청소년사업에 포함할 수 있다. 이 중에서 앞의 교육과 훈련, 청소년사업과 비형식적 교육, 고용과 노동시장, 보건, 주거 및 레저와 문화 등 6가지 주요 영역은 청소년정책의 핵심 영역이라고 할 수 있을 것이다.

(1) 교육과 훈련(education and training)

청소년과 관련이 있다고 하여 모든 교육정책의 사안을 청소년정책의 영역으로 삼을 수는 없다. 청소년정책의 주요 영역으로 다룰 수 있는 사안은 청소년의 교육·훈련과 관련하여 매우 제한적일 수밖에 없다. UN(2010: 13-14)은 세계 각국의 현재 교육체제를 고려하여 다음과 같은 3가지 교육에 대한 청소년정책의 관심을 강조한다.

① 개발도상 국가에서 경제적·사회적 여건으로 자신의 자녀를 학교에 보내지 못하는 많은 부모의 무능력에 대한 관심이다.
② 소녀와 젊은 여성, 이주자, 난민, 거리의 아동들, 원주민 소수 청소년, 농촌 거주 청소년 및 장애를 가진 청소년 등 취약계층의 제한된 교육기회에 대한 관심이다.
③ 교육의 질적 수준, 고용에 대한 교육의 적절성 및 완전한 성인으로 이행하고, 적극적 시민성을 함양하고 생산적이며 돈벌이가 되는 일자리를 얻을 수 있는 교육의 유용성에 대한 관심을 강조하고 있다.

이 중에서도 적극적인 시민성 함양을 위한 교육과 훈련은 최근 청소년이 성인으로 이행해 가는 개별화 추세와 통합적 청소년정책이 필요하다는 커다란 동향과 함께 청소년정책에서 주요한 과제로 고려(Siurala, 2005: 28-32)되고 있다. 또한 교육과 훈련체계가 청소년과 사회의 현재와 미래 요구에 더욱 부응하도록 촉진하기 위해 기초교육, 직업기술훈련 및 평생교육 등을 제공하는 비형식적 제도와 같은 대안적 장치를 탐구하고 관련 경험을 공유할 필요가 있다는 사실도 제안한다.

한편, 유럽에서는 교육·훈련과 관련하여 청소년정책은 우선 중등교육과 고등교육에서 높은 학업중단 비율을 줄이는 것과 모든 수준의 교육체제에서 학교교육의 질적 수준을 높이는 등 2가지 사안의 주요 전략(IARD, 2001: 87)에 집중한다.

① 청소년정책은 의무교육인 초등교육 이후 중등교육과 고등교육에서 학업부진이나 학업부적응 등으로 학업이 중단된 청소년에 대한 정책적 관심을 기

울여야 한다는 것이다. 적정한 교육 수준을 이수하지 못하였거나 학업을 중단한 청소년이 장기적인 실업에 빠질 위험이 높다는 연구결과에 바탕을 두고, 중도탈락 비율을 줄이고 졸업하는 비율을 높이려는 정책적 관심이 고조되고 있다. 학업중단 청소년을 위한 제2의 기회(second chance), 상담의 강화, 평생학습 및 교육체제의 근본적 개혁 등과 같은 정책 수단이 고려되기도 한다. 특히 정규교육을 이수하지 못한 청소년이 사회적으로 배제되는 위기를 줄이기 위한 다른 전략으로 비형식적 교육을 통해 얻은 자격을 인정하는 방안을 모색하기도 한다.

② 학교교육의 질적 수준을 높이려는 청소년정책의 관심은 청소년의 고용 가능성을 높이기 위해 노동시장에서 요구하는 적합한 교육을 받을 수 있도록 개선하는 데 모아진다. 특히 청소년이 학교를 졸업하고 노동시장으로 이행하지 못하는 실업의 위기를 극복하는 전략으로서 교육의 질적 수준 제고는 중요하게 고려되는 것이다.

이와 같은 청소년의 교육·훈련과 관련하여 최근 UN(UN Economic & Social Affairs, 2010a: 14–18)은 청소년정책의 주요 영역으로 다음과 같은 7가지의 행동계획을 제안하고 있다.

① 청소년의 기초교육, 기술훈련 및 문해교육 수준의 개선
② 문화적 유산과 현대사회의 귀감에 대한 교육
③ 청소년 사이의 상호존중과 이해 및 평화, 결속과 관용의 이상을 증진하는 교육
④ 전문적 직업훈련
⑤ 인권교육 촉진
⑥ 기업가 정신 함양 교육과 훈련
⑦ 청소년지도자(youth workers)와 청소년리더(youth leaders)를 훈련하는 인프라

(2) 청소년사업과 비형식적 교육(youth work and nonformal education)

청소년사업과 비형식적 교육은 교육과 훈련, 사회적 보호나 레저와 문화 등 다른 주요 정책영역과 중복될 수 있다. 청소년사업과 비형식적 교육은 넓은 의미의 교육 영역에 포함할 수 있고, 청소년사업이나 비형식적 교육을 통해 레저와 문화 활동, 사회적 보호 등이 이루어질 수 있다. 그럼에도 불구하고 청소년사업과 비형식적 교육을 별도 영역으로 구분하려는 노력은 청소년정책에서 청소년사업과 비형식적 교육의 역할과 중요성에 대한 관심이 점점 줄어들고 있기 때문이다. 청소년사업과 비형식적 교육이 가지고 있는 '연합적(associative)' 부문으로서의 독특한 성격과 청소년정책에서의 위상 및 최근 강조되고 있는 사회적 포섭과 참여 및 시민성 함양에서 기여할 수 있는 잠재력 등을 지나치게 소홀히 다루고 있다(Williamson, 2002: 63)는 판단이 작용하고 있는 것이다.

여기서 청소년사업은 주로 학교 밖에서 이루어지는 일반적인 무형식적(informal) 혹은 비형식적 학습(nonformal learning)으로 청소년을 시민성 함양을 통해 사회에 통합하고 포섭하기 위하여 청소년을 위한, 청소년과 함께하는 사회적, 문화적, 교육적 혹은 정치적 행동의 집합적 표현(Laurizen, 2006)이다. 청소년사업은 다양한 형태－지적, 신체적, 감성적, 영적－로 청소년의 발달과 복지를 제공하는 것이다(NYA, 2009). 이러한 청소년사업의 본질적 특성이 청소년의 시민성 함양이나 고용 촉진과 실업 예방을 위해 학교교육을 보완하는 영역으로 다시 그 중요성이 부각되고 있다. 비형식적 교육은 아동이나 청소년과 같은 특정 하위집단에게 학교교육과 다른 형태의 학습을 제공하기 위해 형식적 체제의 틀 밖에서 이루어지는 조직되고 체계화된 교육활동(Rogers, 2004)을 의미한다.

(3) 고용과 노동시장(employment and the labour market)

청소년의 실업과 불완전 고용은 많은 국가가 겪고 있는 심각한 문제 중의 하나이다. 청소년을 비롯한 모든 사회 구성원을 위한 고용기회 창출은 사회경제적으로 가장 큰 과제이기도 하다. 1990년 이후 세계적인 경기침체와 더불어 세계화,

지식정보화, 노동시장의 유연화 등에 의해 청소년실업과 비정규직으로의 불완전 고용 등 문제는 더욱 심각한 국면에 접어들고 있는 추세이다. 경제성장이 항상 고용의 성장을 동반하지 않는, 이른바 고용 없는 성장이 가속화되고 있는 현실은 더욱 불안을 가중시키고 있다. 학교교육을 마친 이후에도 적절한 일자리를 찾기 어려운 문제는 충분하지 못한 교육·훈련을 포함하여 청소년이 직면하는 많은 다른 문제들과 복합적으로 얽히게 된다. 그리고 복합적으로 연결된 문제들은 세계적인 경기침체와 전반적인 경제동향의 변화에 의해 더욱 악화되고 있는 것이다.

청소년실업의 위기는 청소년이 새로운 가정을 형성하고 사회생활에 참여하는데 필요한 독립된 주거 공간이나 거처를 마련할 수 있는 기회를 박탈한다. 청소년실업은 장기적으로 더 많은 사회적 비용을 요구할 것이다. 실업은 광범위한 사회적 문제를 야기할 것이며, 특히 청소년은 기량 부족, 낮은 자긍심, 주변화, 빈곤화 및 인적 자원의 낭비와 같은 치명적인 영향을 입을 가능성이 높다(UN Economic & Social Affairs, 2010a: 18-19).

그런데 여러 국가의 청소년실업 대책들은 대부분이 청소년의 자세나 태도를 바꾸는 데 지나치게 몰두한다는 지적도 적지 않다. 이 대책들은 청소년이 노동시장에 진입할 때 연령과 관련된 불리한 조건을 보상하려는 일련의 조치들로써 청소년이 보유하고 있는 자격 수준을 높이고, 상담하고 직업 관련 기술을 교육하는 내용이 주류를 이루고 있다. 따라서 청소년이 노동시장에 진입하기 쉽도록 노동시장 자체의 근본적인 개혁에는 상대적으로 소홀(IARD, 2001: 88)하다는 것이다.

더욱이 앞 장에서 지적한 바와 같이, 2000년대 이후 청소년의 생애과정(life course)의 레짐이 개별화되고 파편화되면서 청소년의 고용과 노동시장 진입은 혼란스럽고 혼탁해지고 있으며, 다른 활동과 뒤죽박죽되는 경향이 많다. 노동시장에서나 가정에서 보이지 않는 숨겨진 경제활동에 참여하는 비율이 더욱 높아질 소지도 높다. 향후 세계적으로 청소년 고용에서 나타날 수 있는 이러한 복잡한 양상을 조심스럽게 탐구해야할 필요가 있다(Williamson, 2008: 24).

최근 UN(UN Economic & Social Affairs, 2010a: 19-20)은 청소년 고용과 관련하여 다음과 같은 4가지의 행동계획을 제안하고 있다.

① 자기 고용, 창업을 위한 기회
② 특수한 여건에 있는 청소년집단을 위한 고용 기회
③ 청소년을 포함하는 자원적 지역사회 서비스
④ 기술적 변화에 의해 창출되는 고용창출, 노동시장 불일치와 유연화 등의 요구 반영

(4) **보건**(health)

청소년의 보건과 관련된 정책은 다른 영역에 비해 상대적으로 청소년정책 영역에 포함하여 다루는 국가가 많지 않다(IARD, 2001: 89). 그렇지만 청소년 보건 영역은 신체적 건강뿐만 아니라 사회적 혼란으로부터 야기되는 성적, 정신적 보건으로 확대(Williamson, 2008: 25)되고 있는 추세이다.

저개발 국가를 비롯한 일부 국가의 청소년들은 습관적 태도를 포함하여 어떤 경우에는 자신의 행동의 결과와 사회적 여건으로 인해 열악한 보건 상태에서 고통을 받고 있다. 열악한 보건 상태는 건강하지 못한 환경, 일상에서 지원체제의 부족, 정보 부족 혹은 적절하지 않은 보건 서비스에 원인이 있다. 청소년의 보건과 관련된 문제는 안전하고 위생적인 생활환경의 결여, 영양실조, 각종 감염의 위험, 기생충 감염, 수질성 질병, 담배, 알코올 및 약물 소비의 증가 등을 포함한다(UN Economic & Social Affairs, 2010a: 23).

그런데 사춘기 청소년의 생식 건강의 필요는 지나치게 무시되는 경향이 많다. 많은 국가들에서 사춘기 청소년들의 성적, 생식적 건강을 포함하여 자신의 성적 취향을 이해하는 데 도움이 되고, 자신이 원하지 않는 임신과 HIV/AIDS를 포함한 성적으로 전이되는 질병으로부터 보호하는 데 유용한 정보와 서비스는 매우 부족한 실정이다.

최근 UN(UN Economic & Social Affairs, 2010a: 24-28)은 청소년 보건과 관련하여 다음과 같은 8가지의 행동계획을 제안하고 있다.

① 기초보건 서비스 제공
② 보건교육 개발
③ 성적, 생식적 건강 및 적절한 교육프로그램 개발을 포함한 보건 서비스 진흥
④ 청소년의 HIV 감염과 AIDS
⑤ 위생과 방재 습관 체득
⑥ 열악한 보건 습관으로 발생하는 청소년 질병과 예방
⑦ 청소년의 성적 학대 방지
⑧ 청소년 영양실조 예방

(5) 주거(housing)

청소년정책에서 주거는 청소년이 성인으로 독립하는 데 있어 가장 중요한 과제임에도 불구하고 상대적으로 소홀히 다루어지는 영역 중의 하나이다. 일부 국가에서는 청소년의 주거 요구가 주요한 청소년정책의 과제로 등장할 가능성이 높다고 예견(Williamson, 2008: 28−29)하기도 한다. 한국사회와 같이 청소년이 비교적 늦게 부모의 가정에서 분리되어 성인으로 독립하는 국가와 달리 유럽 등과 같이 일정 기간의 의무교육을 이수한 이후에는 독립된 생활을 시도하는 선진 각국에서는 청소년 주거정책이 주요한 정책과제로 등장하고 있다. 특히 젊은 층이 구입하거나 이용할 만한 여유가 되는 적정한 크기의 주거 공간이나 주택을 찾는 것은 대부분 유럽국가의 주요 과제 중의 하나이다(IARD, 2001: 88).

청소년의 주거문제는 가족 형태의 변화와도 밀접한 관련을 가진다. 일부 국가에서는 새로운 확대가족(부모와 그들의 젊은 성인 자녀와 아동이 함께 가족을 형성)이 늘어나고 있는 반면, 다른 일부 국가에서는 나홀로 가구(1인 가구)와 10대 한부모 가정이 늘어나는 등 다양한 형태의 가족형태 변화를 보여 주고 있다. 한국사회에서도 최근 1인 가구의 비율이 전체의 40%를 눈앞에 두고 있으며, 4인 가구 이상 비율은 올해 처음으로 20%대가 무너짐(경향신문, 2021. 4. 7.)에 따라 싱글족을 위한 도심형 생활주택의 필요성이 크게 대두되고 있다. 또한 서울을 중심으로 지방대학생의 주거 편의를 제공하기 위한 '유스 하우징(youth housing)' 정책이 제안되

는 등 이에 대한 대응책도 마련되고 있다. 그렇지만 한국사회의 청소년 주거와 관련된 정책은 청소년정책 영역이 아닌 청년정책의 영역으로 인식되고 있다.

(6) **레저와 문화**(leisure and culture)

청소년의 심리적, 인지적, 신체적 발달에서 여가활동의 중요성은 여러 국가에서 인정하고 있다. 여가활동은 게임, 스포츠, 문화적 이벤트, 엔터테인먼트, 지역사회 봉사 등을 포함한다. 청소년을 위한 적절한 여가 프로그램은 약물남용, 소년범죄 및 다른 일탈행동 등과 같은 사회적 문제를 예방할 수 있는 수단의 한 요소이다. 여가활동 프로그램이 청소년의 신체적, 지적, 감성적 잠재력 개발에 크게 기여할 수 있는 만큼, 적절한 고려와 관심을 통해 개발되어야 한다. 그리고 청소년이 자유롭게 유용할 수 있어야 한다(UN, 2010: 38).

여가활동과 스포츠는 전통적으로 청소년정책에서 가장 중요한 영역이었다. 그런데 여가활동은 과외(extracurricular) 청소년사업과 학교 밖 청소년교육의 중요한 요소이며 청소년사업에서 공적 분야와 제3영역의 대부분을 차지하고 있음에도 불구하고, 2000년대 이후 일부 국가를 제외하고는 청소년 여가정책이 중요하게 고려되지 않는 추세이다(IARD, 2001: 90).

최근 문화와 여가에 대한 세계적 관심은 전통적, 현대적 문화 이해를 위한 여가시간 활용, 여가활동에 대한 접근기회의 불평등과 관련된 이슈, 형식적 학습과 자격취득에 대한 높은 관심으로 인한 여가시간의 축소 등의 과제에 집중되고 있다(Williamson, 2008: 26).

UN(UN Economic & Social Affairs, 2010a: 39-40)은 청소년 레저와 관련하여 다음과 같은 4가지의 행동계획을 제안하고 있다.

① 청소년정책과 프로그램의 필수적 요소로서 여가활동
② 교육프로그램의 요소로서 여가활동
③ 도시계획과 농촌개발에서 여가활동
④ 여가활동과 미디어

(7) 사회적 보호(social protection)

청소년을 위한 사회보장과 복지서비스를 통한 적절한 사회적 보호는 국가마다 다양한 형태로 제공되고 있음에도 불구하고 논쟁의 여지가 많은 영역 중의 하나이다. 청소년의 사회적 보호와 관련하여 일반적인 정책은 "청소년은 취업하지 않으면 학습이나 훈련 혹은 다른 '목적 있는 활동'에 참여하여야 한다"는 기조를 유지하고 있다. 1988년 영국에서 특별한 경우를 제외하고는 16세부터 17세에 사회적 보호를 철회하는 합리적 정당성은 그 연령에는 취업을 해야 한다는 것이며, 이 경우 직업훈련만이 사회적 보호의 의미를 가질 수 있게 된다.

그런데 근래 10~20년 사이에 교육, 훈련 및 노동시장에서 중도 탈락하는 비율이 의미 있는 수준으로 늘어나고 있다. 많은 청소년들이 10대 임신, 범죄, 가출과 노숙 및 약물오용 등을 포함하여 '병리의 수렁(tangle of pathologies)'으로 빠져들고 있다. 1990년대 말경부터 영국을 비롯한 각국에서 청소년의 사회적 보호가 사회적 배제의 방지 차원에서 청소년정책의 우선순위로 재등장하고 있다(Williamson, 2008: 26).

또한 사회적 보호 차원에서 수입 지원을 비롯한 재정적 지원은 청소년정책의 주요한 이슈가 되고 있다. 재정적 지원이 실업 청소년에게 한정되어야 하는지, 아니면 성인으로 이행해 가는 데 어려움을 겪고 있는 모든 청소년에게로 확대되어야 하는지 등에 대한 논의가 활발하다. 재정적 지원이 청소년에게 실업을 체감하지 못하도록 하고, 일종의 '복지병'으로 빠져들게 하는 것은 아닌지 하는 문제도 주요한 해결 과제의 하나이다. 그렇지만 청소년의 독립적인 성인으로의 이행을 보장하고 원활하게 하기 위해서는 재정적 지원을 비롯한 더 많은 지원이 이루어져야 하는 것에 대해서는 의문의 여지가 없다.

그런데 청소년의 사회적 보호에 대한 폭넓은 이해를 위해서는 일반적 사회보장과 사회복지 서비스의 개념을 함께 고려해 볼 필요가 있다. 청소년을 포함한 일반적인 '사회보장'은 질병, 장애, 노령, 실업, 사망 등의 사회적 위험으로부터 모든 국민을 보호하고 빈곤을 해소하며 국민 생활의 질을 향상하기 위하여 제공되는 사회보험, 공공부조, 사회복지서비스 및 관련 복지제도를 말한다(「사회보장기본법」 제3조 1호). 그리고 '사회복지 서비스'는 국가·지방자치단체 및 민간부문의 도움이 필요한 모든 국민에게 상담, 재활, 직업의 소개 및 지도, 사회복지시설의 이용 등을 제공하여 정상적인 사회생활이 가능하도록 지원하는 제도를 말한다(「사회보장기본법」 제3조 4호).

사회적 보호의 복지 사상은 헌법 제10조와 제34조에 규정하고 있다. 헌법 제10조에는 '모든 국민은 인간으로서의 존엄과 가치를 가지며, 행복을 추구할 권리를 가진다. 국가는 개인이 가지는 불가침의 기본적 인권을 확인하고 이를 보장할 의무를 진다'고 명시하고 있다. 그리고 제34조는 다음과 같은 6개항을 규정하고 있다.

① 모든 국민은 인간다운 생활을 할 권리를 가진다.
② 국가는 사회보장·사회복지의 증진에 노력할 의무를 진다.
③ 국가는 여자의 복지와 권익의 향상을 위하여 노력하여야 한다.
④ 국가는 노인과 청소년의 복지향상을 위한 정책을 실시할 의무를 진다.
⑤ 신체장애자 및 질병·노령 기타의 사유로 생활능력이 없는 국민은 법률이 정하는 바에 의하여 국가의 보호를 받는다.
⑥ 국가는 재해를 예방하고 그 위험으로부터 국민을 보호하기 위하여 노력하여야 한다.

특히 제4항에 국가의 청소년 복지향상에 대한 정책 실시 의무를 규정하고 있는 점은 주목해야 한다. 아울러 UN의 세계인권선언에서도 "누구든지 노동하며, 직업을 자유로이 선택하고, 공정하고 유리한 노동조건을 획득하며, 실업에 대해서는 보호를 받을 권리를 가진다. … 누구든지 자신과 가족의 건강과 복리를 위한 충분한 생활수준을 향유할 권리를 가지며, 실업·질병 기타로 인한 생활능력의 상실의 경우에는 보장을 받을 권리를 가진다"고 밝히고 있다.

각국의 사회보장제도의 발전을 촉구한 것으로서는 세계노동기구(International Labor Organization: ILO)의 노동보호 및 사회보장에 관한 여러 조약이나 권고를 빼놓을 수 없다. 1952년의 ILO 102호 조약은, 각국이 서로 다른 기준을 일원화하는 동시에 미발달한 제도의 기준을 제고함으로써 사회보장의 최저기준을 설정하였는데, 구체적으로는 의료 · 질병급여 · 실업급여 · 노령급여 · 고용상해급여 · 가족급여 · 모성(출산)급여 · 폐질급여 · 유족급여 등의 각 부문에 대해 적용과 기준을 제시하고 있다.

제2차 세계대전 후 과거의 빈민 구제를 위한 법적 비권리성에 반대하고, 사회보험의 적용범위나 피보험자의 협애성(狹隘性) 및 이런 제도로 인한 급여의 불충분성에 대하여 비판하고, 포괄적 · 다면적으로 높은 급여수준을 권리로서 보장하는 것이 사회보장제도라는 인식이 확산되고 있다. 새로운 사회보장제도에 대한 개념은 특히 근로자계층에 정착되고 있다. 즉, 근로자를 포함한 모든 국민이 인간다운 생활을 영위하기 위해서는 노동능력이 있는 자에게는 반드시 취업의 기회가 보장되어야 하며, 동시에 인간다운 생활을 할 수 있는 임금 · 노동조건이 구비되어야 한다는 것이다. 또한 일시적 · 영구적으로 노동능력을 상실한 자 혹은 취업의 기회를 잃은 자에게는 사람다운 생활을 할 수 있는 충분한 사회보장을 해 주어야 한다.

한편, 제2차 세계대전이 가져온 빈곤과 고뇌로부터의 해방을 요구하는 근로계층의 압력 하에 많은 나라에서는 사회보장제도가 성립하였다. 영국에서는 1941년 처칠 연립내각에 의해 설치된 Beveridge를 책임자로 하는 위원회가 1942년 말에 제출한 보고서(베버리지 보고)를 기초로 하여 전후 「가족수당법」(1945) · 「국민보험법」(1946) · 「국민보험 서비스법」(1946) · 「아동법」(1946) · 「국가부조법(國家扶助法)」(1948) 등의 입법으로 구성되는 체계적인 사회보험제도가 출범하였다(네이버백과사전). 한국사회에서는 1960년대 이후 경제발전으로 눈을 돌리면서부터 「근로기준법」(1953) · 「생활보호법」(1982) · 「아동복리법」(1961) 및 「아동복지법」(1981) · 「사회복지사업법」(1992) · 「국민연금법」(1986) · 「사회보장기본법」(1995) 등의 입법으로 복합적인 사회보장제도가 확립되어 나가고 있다.

사회적 보호는 노동시장 개입, 사회보험 및 사회부조 등의 형태가 가장 일반적이다. 노동시장 개입은 고용, 노동시장의 효율적 운용 및 노동자 보호를 촉진하기 위해 설계된 정책과 프로그램이다. 사회보험은 노동자나 그 가족을 상해 · 질병 · 노령 · 실업 · 사망 등의 위협으로부터 보호하기 위하여 실시하는 것으로, 노동능력의 상실에 대비한 산업재해보험·건강보험과 노동기회의 상실에 대비한 연금보험·실업보험으로 크게 구분할 수 있다. 사회부조는 싱글맘, 노숙자 등 스스로 생활유지능력이 없거나 생활이 어려운 사람들에게 국가나 지방자치단체가 인간다운 생활을 영위할 수 있도록 지원하는 사회복지제도의 하나이다. 현재 사회부조와 관련해서 국민기초생활보장제도가 실시되고 있다.

(8) **가족정책과 아동복지**(family policy and child welfare)

가족은 아동보호의 영역을 초월하여 공공정책이 개입할 수 없는 사적인 측면이 있다고 주장하기도 한다. 경제나 주거문제 등으로 장기간 원(原)가족에 의지하는 청소년이 점차 늘어나고 있고, 청소년을 더 오랜 기간 부가적으로 지원해야 하는 문제를 공공정책이 가족에게 떠맡기는 경우도 많다. 따라서 '가족정책'은 필연적으로 '청소년정책'과 연관될 수밖에 없다. 가족정책은 단순히 아동정책과만 관련이 있는 것이 아니라 여러 가지 측면에서 청소년정책과 연계되어야 한다(Williamson, 2002: 79).

우선 핵가족화, 맞벌이 가족과 이혼가정 증가 등으로 가족 간 소통과 유대의식이 감소하여 아동과 청소년에 대한 가족의 보호·지지 기능이 약화되고 있다. 또한 경제 침체와 빈부 격차 심화 등으로 저소득 가정이 증가하고, 이로 인하여 저소득 가정 아동과 청소년의 교육 격차 확대 및 빈곤화가 가속화되며, 나아가 가난의 대물림 현상이 고착되고 있기도 하다. 방과후 돌봄이 필요한 빈곤 가정의 나홀로 아동도 증가 추세에 있다. 아동과 청소년이 가족으로부터 충분한 지지를 받으며 건강하게 성장할 수 있도록 가족 기능을 강화하고, 가족의 돌봄을 충분히 받을 수 없는 아동에 대해서는 국가에서 가족과 같은 보살핌과 돌봄을 제공해야 한다는 것이다.

최근에는 청소년이 성인으로 독립해 가는 시점이 점차 늦어지고 있고, 부모의 원가정에서 지지하고 지원해야 할 기간이 늘어남에 따라 부모의 노후문제가 심각한 개인적·사회적 과제로 등장할 가능성이 높다. 그러므로 청소년의 성인으로의 성공적인 이행과 독립은 가족정책 차원에서도 고려되어야 하는 과제이기도 하다.

한편 아동복지 차원에서 볼 때, 아동은 충분한 생활능력을 가지고 있지 못할 뿐만 아니라 독립된 생활을 유지할 수도 없다. 아동이 생활하고 발달하기 위하여 필요한 생활 자원의 양과 질은 가족의 생활수준에 따라 결정되기 쉽다. 아동문제는 가족의 생활수준과 밀접한 관련을 가지는데, 경제생활의 어려움과 정신적 불화가 아동의 생활 장해를 발생시키고 있는 것이다. 생활 장해는 크게 생활관계의 장해, 생활기능의 장해, 생활환경의 장해로 나타난다. 구체적으로 ① 생활관계의 장해는 적절한 교육이나 보육의 결여, 아동의 학대·유기(遺棄), 부모의 별거나 이혼 등에 의한 발달의 장해 등이고, ② 생활기능의 장해는 아동의 정신이나 신체에 장애가 있는 경우에 생기는 문제를 주요 내용으로 하며, ③ 생활환경의 장해에는 아동생활에 직접 관계되는 공해, 유해업소, 유해물질, 유해매체 등 사회적 유해환경의 확산 등이 포함된다.

이와 같은 아동생활에 있어서의 여러 곤란이나 장해는 구체적으로 부모·가족의 개인적 생활능력·의식·태도·행위 등을 매개로 하여 나타난다. 또한 여기에는 빈곤, 사회적 소비수단의 결여, 자본에 의한 소비욕망의 조작 등 사회경제적 여러 조건이 근본적인 장해 요인으로 존재한다. 따라서 아동 문제의 해결이나 완화에는 가족으로서 충분히 공급할 수 없는 특수한 생활 자료의 공공적 지출이나 법적인 규제 등이 필요하다. 왜냐하면 아동복지에서 생활자료의 급부(給付)는 금전에 의한 것이 아니고 현물 형태에 의하여 이루어지고 있다. 금전에 의한 급부는 수혜자에 대하여 생활자료 선택의 기회나 여지를 보장할 수 있지만, 아동에게 필요한 생활자료가 언제나 시장에서 구매될 수 있는 것은 아니다. 또한 아동은 충분한 생활능력을 지니지 못하고, 그의 생활은 성인의 전면적인 매개(媒介)·부조(扶助)에 의하여 이루어지기 때문에 현금급부는 성인의 개입에 의하여 다른 목적으로 사용될 가능성이 많기 때문이다.

(9) 청소년 문제행동과 사법체계(youth justice system)

근래 세계적으로 청소년 폭력에 대한 사회적 우려가 크게 증가하면서 일탈 청소년과 더욱 포괄적으로는 '위기 청소년'에 대한 정책적 관심이 증대되고 있다. 청소년 폭력은 학교폭력이나 길거리 폭력과 같은 일상 폭력 이외에 정치적 성향을 띤 폭력까지 다양해지고 있다. 청소년범죄 역시 저연령화·흉악화 되고 있는 추세에 대한 사회적·정책적 우려도 높다.

청소년정책은 흔히 청소년의 행위를 규제하거나 부정적 제재나 처벌 등에 초점을 맞추기보다는 건설적이고 기회에 초점을 맞추어야 한다고 말한다. 청소년정책에서 청소년은 사회적 문제나 어떤 희생자보다는 사회적 자원으로 인식되어야 한다고 주장한다. 그렇지만 법을 위반하거나 사회적 일탈이나 문제행동을 야기하는 청소년에 대한 적절한 처우는 반드시 필요할 것이다. 물론 청소년의 불법적인 약물의 사용에 대해 대응할 때, 그것이 비록 범법적 행위라 할지라도 사법적 대처보다는 보건 이슈로 다루는 것이 더 생산적이라고 주장할 수도 있다. 청소년범죄는 기본적으로 일탈이 아니라 복지적 이슈라는 문제제기도 있다. 이런 주장들은 1960~70년대에 일부 국가에서 설득력을 얻기도 하였지만, 더 이상 확대되어 용인되지 않고 있는 실정이다(Williamson, 2002: 85).

최근 청소년 문제행동이나 범죄에 대응하는 정책은 크게 2가지 추세를 보인다. 하나는 청소년의 잘못된 행동에는 청소년 자신과 부모에게 책임이 있다는 이데올로기이다. 청소년 범죄자나 심각한 일탈 행위자는 자신의 행동에 대해 일정한 책임을 져야한다는 것이 우세하다. 이런 이데올로기는 청소년범죄에 대해 우선 구금을 원칙으로 하여야 한다는 요구에 의해 지지되고 있다. 다른 하나는 청소년범죄를 예방하는 차원에서 구금하지 않는 비감금(非監禁)의 대안을 찾으려는 여러 시도들이다. 각국에서 시행되고 있는 비감금의 대안으로는 지역사회 봉사(핀란드, 덴마크), 명상(핀란드), 청소년담당 특별 경찰(오스트리아), 청소년과의 계약(덴마크), 가해자에 의한 피해자 보상제도(독일, 네덜란드), 소년범에 대한 경고조치(아일랜드) 등이 있다(IARD, 2001: 89-90).

이와 같은 청소년범죄에 대한 처벌과 관련하여 정책적으로 해결해야 할 3가지 과제가 제기되고 있다.

① 청소년범죄의 거의 대부분이 사소하고 경미한 사안이면서 적어도 일정 기간은 반복적인 행태를 띠고 있다는 사실이다. 일회적인 범죄자는 관대하게 처우하고, 심각한 범법자에 대해서는 엄정히 처벌하여야 한다는 것은 분명하다. 이러한 청소년범죄가 중산층에까지 광범위하게 확산되고 있는 것이 정책적 고민을 더하고 있는 것이다.
② 개선과 강력한 징벌 사이에 균형을 어떻게 맞출 것인가 하는 문제이다.
③ 강력한 처벌의 필요를 완화하기 위해 예방정책을 어떻게 효과적으로 가져갈 수 있는가 하는 문제이다.

이러한 정책적 고민은 쉽게 해결될 수 있는 과제는 아니다. 역사적으로는 양극단의 처우 사이에서 왔다 갔다 하고 있다. 처벌과 책임론의 양극단의 '처우 프로그램' 자체가 문제일지도 모른다(Williamson, 2002: 85)는 지적도 제기되고 있다.

3) 청소년정책의 주요 영역을 가로지르는 새로운 이슈

청소년정책의 특성상 정책적으로 추진해야 하는 내용을 말하는 정책영역 이외에 청소년정책에는 시대적 상황 변화에 따라 청소년의 일상에 영향을 미치거나 중요하게 대두되는 사안을 각 영역의 경계를 넘나드는 이슈 영역(issue areas)으로 별도로 설정하는 경우도 있다. 앞의 〈표 5-1〉과 〈표 5-2〉에서 보는 바와 같이 UN, 유럽평의회 등 국제기구와 몇몇 연구자들은 각 영역의 경계를 넘나드는 이슈들을 주요 정책영역과는 별도로 제안하고 있다.

UN은 1995년 채택한 WPAY 시행 10년을 검토하는 과정에서 5가지의 부가적 이슈를 제기하였다. 2007년 증보판으로 채택된 5가지 이슈를 합쳐 총 15가지의 우선영역으로 정리(UN Economic & Social Affairs, 2010a)되기도 한다. 부가 이슈는 ① 세계화 ② 정보소통기술 ③ HIV/AIDS ④ 군사적 갈등 ⑤ 세대 간 이슈 등

5가지이다.

유럽평의회(Council of Europe, 2003)는 ① 정보 ② 참여와 시민성 ③ 권한 등 3가지의 이슈를 제안한다. 또한 Williamson(2002)은 7가지의 핵심 이슈를 제안하고 있다. 핵심 이슈는 ① 청소년 참여와 시민성 ② 사회적 배제 방지와 포섭 ③ 정보와 정보통신기술 ④ 다문화주의와 소수자 ⑤ 이동성과 세계주의 ⑥ 안전과 보호 ⑦ 기회 균등 등이다.

Williamson(2008: 33−37)은 이밖에 강조될 필요가 있는 긴급한 8가지의 이슈를 별도로 다루고 있다. 유럽을 중심으로 청소년이 겪고 있는 문제 중의 긴급한 이슈는 ① 급진화 / 반작용 대 순응(radicalization / reaction vs. conformity) ② 지역화 대 세계화 압력(local vs. global pressures) ③ 새로운 기술(new technologies) ④ 중심부−주변부(centre−periphery) ⑤ 도시−농촌 양극화(urban−rural polarization) ⑥ 엘리트와 아웃사이더(elites and outsider) ⑦ 환경적 이슈(environmental issues) ⑧ 디아스포라(고국을 떠나는 사람·집단의 이동) 역할(the role of diaspora) 등을 지적하고 있다.

UN과 유럽평의회 및 Williamson이 제안한 이슈 영역을 종합하여 볼 때, 군사적 갈등과 같은 특정 지역에 한정된 이슈가 최근 청소년문제나 과제로 부각되고 있는 것을 알 수 있다. 그렇지만 청소년정책 주요 영역에 포함할 수 있는 이슈 등을 제외하면 다음과 같은 6가지 주요 이슈로 정리할 수 있다. 즉 ① 세계화와 이동성 ② 정보와 정보통신기술 ③ 청소년 참여와 시민성 ④ 사회적 배제 방지와 포섭 ⑤ 다문화주의와 소수 청소년 ⑥ 세대 간 이슈 등이다.

(1) **세계화와 이동성**(globalization and mobility)

지구상에는 급격한 세계화로 여러 가지 변화를 겪고 있다. 세계화는 지속적인 경제성장과 세계경제의 발전을 위해 새로운 열린 기회이며, 국가 간에 경험을 공유하고, 서로 성취와 어려움을 배우고 이상과 문화적 가치와 열망의 상호교류를 촉진한다. 그러므로 세계화는 청소년을 세계와 연결해 준다.

동시에 세계화의 급격한 변화는 빈곤의 심화, 실업 및 사회분열을 초래하고 있다. 환경 재앙과 같은 인간 삶에 대한 위협도 세계화되고 있다. 이러한 과정에서 일부 국가는 성공적으로 적응하며 혜택을 누리고 있는 반면, 저개발 국가를 비롯한 많은 국가는 세계화된 경제체제의 주변부로 남아 있다. 혜택은 불공평하게 공유되고, 비용도 공평하지 않게 배분된다. 세계화는 충분하게 포괄적이고 공정해야 한다.

청소년 특히 개발도상 국가의 젊은이들은 글로벌 경제에서 주변화되고, 세계화가 만들어 내는 각종 기회에 접근할 수 있는 능력이 부족하다. 많은 청소년은 부적절한 교육, 제한된 기량, 실업 및 빈곤으로 어려움을 겪고, 세계화에 유용한 기본적인 정보, 소통, 재화 및 서비스 등의 도달 범위 밖에 놓여 있는 경우가 많다(UN Economic & Social Affairs, 2010a: 44).

한편 이동성은 다양한 형태를 취한다. 물리적 이동성은 지역 간 청소년교류와 국제교류 등 국내와 국외 이동성을 포함할 수 있다. 운동 가능성 감각과 같은 심리적 이동성의 이슈도 있다. 또한 인터넷을 통한 가상적 이동성도 있는데, 여기서 청소년들은 집을 벗어나지 않은 채 다른 장소와 공간에 연결될 수 있는 것이다. 청소년의 이동성은 대개 기본적으로 바람직한 것으로 인식되지만, 사실 그 여부는 개인적·사회적 환경 여하에 달려 있다.

특히 스마트폰, 스마트TV, 스마트카드 등 스마트시대가 본격화되면서 청소년의 새로운 이동성 문제는 현실적 과제로 등장하고 있다. 스마트시대는 우리 삶을 윤택하게 해 주지만, 그에 따른 위험 또한 무시할 수 없다. 스마트시대에 청소년의 이동성은 다양한 형태로 가속화될 소지가 높다.

이와 같이 세계화와 이동성은 밀접한 관련을 가지고 청소년의 일상에 막대한 영향을 미치고 있다. 따라서 청소년정책에서 세계화와 이동성이 청소년에게 미치는 영향 분석과 관리 등을 포함한 모니터링 체제 구축이 필요할 것이다. 아울러 세계화의 맥락에서 그리고 이동성의 확대 등과 관련하여 청소년의 고용과 기량 개발을 촉진할 수 있는 방안도 주요한 과제로 등장하고 있다.

(2) **청소년 정보와 정보통신기술**(youth information & information and communications technology)

청소년 정보는 1985년 세계청소년의 해를 계기로 청소년정책 내에서 그 중요성이 강조되기 시작하였다. 청소년 정보가 청소년에 대한 현대적 접근의 기반 역할을 할 것으로 기대되었던 것이다. 청소년 정보는 청소년 참여를 높이고, 문제를 예방하는 데 효과적으로 기여할 것으로 생각되었다.

특히, UN의 아동권리협약 제13조는 정보 권리에 대해 관심을 두고 있다. 현재와 같은 정보화 사회에서도 정보의 규모, 본질 및 유용성은 국가마다, 혹은 국가 내에서도 상당한 정도로 차이가 난다. 여러 국가는 정보 격차를 해소하기 위해 다양한 공공정책을 수립 · 시행하고 있다. 청소년에 대한 정보서비스 차원에서 국가에서 직접 웹 페이지를 운영하거나 공공기관을 통해 다양한 기회를 만들어내고 있다(Williamson, 2008: 30)

청소년 정보는 그 자체로도 청소년정책의 핵심 이슈일 뿐만 아니라 청소년정책이 지향하는 바를 전달하는 수단으로서도 그 중요성이 점차 커지고 있다. 청소년 정보와 관련하여서는 새로운 정보기술 발달과 접근이 중심이지만, 단순히 그것만은 아니다. 청소년 정보와 관련하여 3가지 중요한 과제(Williamson, 2002: 105-106)가 있다.

① 청소년이 스스로 유용한 정보와 그렇지 못한 정보, 교육적 정보와 상업적 정보를 구별해내는 능력을 개발할 필요가 있다.

② 청소년을 위한 별도의 정보가 제공되는지, 그 정보가 기존의 청소년 서비스 인프라에 내에서 제공되는지 여부이다.

③ 어떤 상황을 주도하는 정보와 사후에 대응하는 정보 간의 균형을 어떻게 맞추는가 하는 문제와 함께 청소년에게 제공되는 조언과 카운슬링의 강도와 방향성에 대한 정책적 고려이다. 위에서 아래로의 톱다운(top-down) 방식의 청소년정책 모델에 의한 정보보다는, 청소년이 요구하고 스스로 유용하다고 판단할 수 있는 정보와 조언이 제공될 필요가 있다는 것이다.

한편, 청소년 정보와 직·간접적 관련을 가지는 정보통신기술(ICT)과 인프라는 청소년뿐만 아니라 모든 사회구성원의 매일의 일상과 상호작용 면에서 날로 중요성이 증대되고 있다. 청소년은 현대 테크놀로지에 관해 특별한 흥미와 재능을 가지고 있다. ICT는 거리의 장벽과 사회경제적으로 불리한 여건을 극복할 수 있는 기회를 제공함으로써 청소년에게 권한을 부여해 준다. 예를 들어, 인터넷을 통해 청소년은 자신에게 직접적인 영향을 미치는 보건, 교육, 고용 등을 포함한 다양한 이슈에 대한 정보에 접근할 수 있다.

특히 최근 스마트시대의 도래와 함께 청소년의 정보 접근 가능성은 더욱 높아지고 있다. 스마트시대는 우리에게 기회와 위험을 동시에 안겨 주고 있다. '스마트시대'는 '디지털시대'와 어떻게 다른가? 디지털시대는 PC 기반의 인터넷시대였다. 누구나 엄청난 정보의 수평적 공유를 통해 평등한 세상과 좁은 지구촌을 만드는 데 크게 이바지한 반면 정보 활용에서 시간과 공간의 제약이 존재하였다. 그러나 스마트시대는 시간과 공간의 제약 없이 실시간으로 정보 활용이 가능한 완전개방의 시대로 정의할 수 있다.

스마트의 또 다른 의미는 각자의 취향을 가진 개인에게 무작정 많은 기능을 주는 것보다 자신이 원하는 기능만을 찾아서 쓸 수 있는 환경을 주는 것이다. 개별화된 개인에게 선택권을 준다는 의미이다. 스마트시대에는 기업이 정해 놓은 기준에 소비자에게 맞추라거나 소비자를 가르치려 하는 것은 맞지 않는다. 소비자 개인의 주관이 더 요구되는 시대이다. 즉, 스마트시대의 주체는 공급자나 기업이 아니라 수요자 개인이다. 스마트시대를 끌고 가는 힘의 본질은 소비자 개인의 주권과 창의적 개성의 힘이 공급자, 기업의 한계를 넘어설 수 있다는 믿음이다(손민선, 2010).

청소년에게는 정보통신 환경의 변화에 대응하고 주도할 수 있는 자신만의 독자적인 역량을 개발하고 주관적인 자기 주도적 의사결정 능력을 개발하는 것이 중요해지고 있다. 이런 차원에서 UN(UN Economic & Social Affairs, 2010a: 47–49)은 모든 청소년에게 유용한 ICT 환경 조성, ICT의 활용을 촉진하는 훈련 기회 제공과 더불어 ICT의 유해성으로부터 청소년을 보호하는 각종 대책을 권고한다. 아울러 능력이 부족하거나 어려움을 겪고 있는 청소년에게 ICT 활용을 촉진하고, 포괄적인 정보사회를 만들어 가는 데 청소년이 핵심적 기여자가 될 수 있도록 노력할 것을 각국에 제안하고 있다.

(3) 청소년 참여와 시민성(youth participation and citizenship)

유럽을 비롯한 세계 각국의 청소년정책에서 가장 관심이 급증하고 있는 이슈의 하나는 청소년의 참여와 시민성 함양이다. 청소년이 미래를 형성하고 설계해 가는 데 어느 정도 기여하고 책임성을 가지는지 여부가 사회발전의 중요한 기초가 된다. 어떻게 보면 청소년정책과 관련된 다른 이슈들은 청소년의 경제적, 사회적, 정치적 참여 여하에 따라 결정된다(UN Economic & Social Affairs, 2010a: 42-43) 해도 과언이 아니다.

따라서 세계 각국에서 청소년 참여와 시민성 함양은 청소년정책의 핵심 목표로 보고, 그 필요에 대한 관심이 증대되고 있다. 참여와 시민성 함양은 인간의 기본적 권리 관점에서 바라보고, 청소년 관련 서비스를 개선하며 위험으로부터 청소년을 보호하고, 청소년복지를 향상시키는 관건으로 인식된다.

그런데 유럽을 비롯하여 청소년정책에 대한 국제 연구보고서들은 청소년 참여와 시민성 함양 수준이 실질적이지 못하고 명목적 수준에서 이루어지고 있다고 지적한다. 청소년 스스로도 청소년 참여 수준이 매우 미미하다고 인식하고 있다. 그 이유는 청소년 참여 통로나 구조가 매우 제한적이며, 참여 영역 또한 일부 정책이나 사안에 한정되어 있기 때문이다. 청소년정책 수립에서도 청소년 참여는 이루어지고 있지만 제한적이며, 일부 청소년에 한정된 형식적 참여에 머물고 있다는 지적도 있다. 심지어 청소년정책이 과연 실질적인 청소년 참여를 위해 노력을 하고 있는지 여부에 대한 의문도 제기될 정도이다(Williamson, 2002: 88-90). 청소년이 왜 참여해야 하는지, 그 범위는 어디까지인지에 대한 사회적 합의가 더욱 필요하다.

(4) **사회적 배제 방지와 사회적 포용**(combating social exclusion and promoting inclusion)

시민성 함양과 함께 청소년의 사회적 배제 방지와 사회포섭은 청소년정책의 새로운 주요한 이슈로 등장하고 있다. 시민성과 배제는 동전의 앞뒷면과 같다. 시민성과 배제는 미래에 대한 사회와 개인의 희망과 두려움을 압축하고 있다. 공공정책은 기회와 가능성을 지원하고, 위험과 취약성을 최소화하고자 한다. 기회와 가능성은 증진하고, 위험과 취약성은 예방하는 것이다(Williamson, 2002: 97-98).

앞 장에서도 지적한 바와 같이 근래 청소년의 성인으로 이행 과정이 과거와 달리 개별화되고 탈표준화되고, 청소년기가 연장되는 등의 변화에 따라 청소년기에 위기와 기회가 더욱 양극단으로 심화되고 있다. 이런 변화에 따라 청소년 중 일부는 실업, 학업중단, 일탈, 니트(NEET) 혹은 어떠한 사회적 지위도 가지지 못하는 상태를 말하는 '지위 제로(status zero)' 등 다양한 방식과 형태로 '사회의 패배자' 혹은 '루저(loser)'와 같은 사회적 배제를 경험하게 될 위험이 높아지고 있는 것이다. 세계 각국에서 젊은이들이 '루저와 위너(winner)' 혹은 일본의 경우와 같이 '패배자와 승리자'로 양분되는 경향이 대두되고 있는 상황과 무관하지 않다. 이런 이유로 청소년정책은 항상 사회통합 유지와 증진을 강조하게 된다.

따라서 세계 각국의 청소년정책은 청소년의 기회와 가능성을 증진하는 '일반적 청소년정책(general youth policy)'과 위기 청소년 혹은 사회적으로 불리한 여건에 있는 청소년의 사회적 배제를 방지하는 '치료적 · 예방적 청소년정책(curative · preventive youth policy)'을 두 축으로 하고 있다. 전자를 적극적 정책이라고 하면, 후자는 소극적 정책이라고 할 수 있다.

(5) 다문화주의와 소수 청소년(multiculturalism and minorities)

세계화의 진전과 함께 이동과 이주 등의 결과로 근래 세계 각국의 인종 구성은 급격하게 변화되어 가고 있다. 오랫동안 단일 민족으로 유지되어 오던 한국사회도 2000년대 이후 다문화 사회로 변모하며 갖가지 사회적 과제를 안겨 주고 있다. 세계 각국은 거의 예외 없이 '인종적 소수자'가 인구 구성에서 의미 있는 비중을 차지하고 있는 셈이다. 따라서 다문화 학습과 이해를 통해 다양성을 존중하는 것은 각국 정부의 주요한 관심사가 되고 있다. 이들 국가들은 나름대로 관용과 더불어 동등한 기회 혹은 최소한 문화적 공존을 천명함으로써 다문화 사회의 관리와 발전을 위해 노력하고 있다. 인종적 소수자를 동화, 관용적 공존 또는 문화적 다원주의를 통해 어떻게 '수용'할 것인지 등은 지속적인 이슈가 되고 있다.

이런 이슈는 세계적으로 1960년대부터 나타나고 있으나, 지금까지 크게 개선되지 않고 있는 형편이다. 미래 조화의 핵심은 현재의 젊은이들에게 달려 있다. 그러므로 다문화주의 과제는 청소년정책 영역이나 이슈에서 주요한 위치를 차지해야 할 필요가 있는 것이다. 그렇지만 아직까지도 인종적 소수자는 정부부처 간의 연계·협력을 통한 통합적 청소년정책에서도 크게 고려되지 못하고 있는 실정이다.

(6) 세대 간 이슈(intergenerational issues)

출생률의 저하와 인구 고령화 등 인구학적 변화, 세계경제 발전과 세계화 및 스마트시대의 도래에 의한 각종 '소셜 미디어' 확산 등으로 세대 간에 지식과 생각, 경험과 자원을 교류할 필요와 기회가 크게 증가하고 있다. 인간의 수명이 연장됨에 따라 성인들은 더 오랜 기간 젊은 세대와 지식과 자원을 공유해야 한다. 고령화의 진전은 세대 간의 관계에 여러 가지 문제와 갈등 요소를 만들어 내고 있다. 많은 노령인구는 더 오랜 기간 젊은 세대에 의존하여 살아야 한다. 반면 젊은 세대는 과거에 비해 노령인구를 부양하기가 쉽지 않은 상황으로 내몰리고 있다.

한편, 세계화와 개발 추세는 많은 젊은이들을 가족관계와 분리시키는 상황을 만들어 내고 있다. 대부분의 개발도상 국가에서 노령인구는 농촌에 남고 젊은 세대는 도시로 이동하고 있다. 노령인구는 가족의 젊은 구성원으로부터 지원을 받을 수 있는 기회를 잃고, 젊은 세대 역시 가족의 나이 많은 세대로부터 지식과 경험을 공유할 수 있는 기회를 상실하고 있는 것이다. 고령화 사회에서 세대 간의 연결 고리가 약화됨에 따라 복잡한 가족관계를 통해 지원될 수 있었던 아동, 청소년, 부모 세대 및 노인 세대 모두의 다양한 요구가 점차 충족되기 어려워지고 있다. 그 대신에 대부분의 요구 충족은 국가나 사적 부문의 책임에 맡겨지고 있는 실정이다. UN은 세대 간의 관계를 강화하고 문제를 해결하기 위해서 가족 기능과 세대 간의 연대를 강화하고, 젊은 여성에게 권한을 부여(empowering)하는 등의 각종 대책을 권고하고 있다(UN Economic & Social Affairs, 2010a: 58-61).

2. 청소년정책 지표 및 효과성 요소

UN을 비롯한 청소년 관련 국제기구들은 청소년정책의 필요와 역할 강화를 위해 청소년정책의 주요 영역에 대한 논의와 더불어 청소년정책의 구성요소로서 정책 지표에 대해서도 지대한 관심을 기울이고 있다. 근래 청소년정책 지표에 대한 관심은 청소년정책이라는 용어가 실제 의미하는 바가 무엇인가, 청소년정책의 주요 요소는 무엇이어야 하는가, 청소년정책의 공통 요소는 있는가, 청소년정책에는 무엇이 포함되어야 하는지 등과 관련되어 있다. 청소년정책의 기본요소로서 정책 지표는 정책의 청사진이 아니라 청소년정책으로서 국가 행동계획에 포함되어야 하는 요소를 말한다. 물론 이러한 정책 지표는 청소년정책을 평가하는 데 유용할 수도 있다. 그렇지만 정책 지표를 평가도구로 사용하는 데에는 더 많은 연구와 신중한 고려가 필요하다고 지적한다.

이런 차원에서 UN 등 청소년 관련 국제기구는 한 국가 내의 청소년정책의 역할 강화뿐만 아니라 청소년업무의 중요성과 사회적 인식을 증대하기 위해 청소년정책의 성과를 측정하는 전략이나 기제에 대한 논의를 확장하고 있다. 청소년정책 지표는 크게 청소년정책이 기본적으로 갖추어야 할 요소에 대한 지표와 청소년정책의 효과성을 평가하기 위한 직접적인 지표를 중심으로 한 논의로 대별할 수 있다.

1) 청소년정책 기본요소로서 정책 지표

청소년정책이 갖추어야 할 기본요소 중심의 지표로는 유럽청소년포럼(The European Youth Forum)과 청소년정책국제협의회(ICNYP)가 제안하는 정책 지표가 대표적이다. 유럽평의회와 유럽연합과 파트너 관계를 형성하고 91개 국제 비정부 청소년기관과 정부 청소년위원회가 모인 유럽청소년포럼은 청소년정책이라는 용어를 사용할 때 실질적으로 의미하는 바가 무엇인지, 청소년정책의 공통분모가 있는지 하는 관점에서 11가지의 기본요소를 지표로 제안하고 있다. 〈표 5-4〉에서 보는 바와 같이, 비형식적 교육을 포함한 11가지의 지표는 청소년분야에 근무하는 정부 공무원을 위한 안내 지침인 동시에 청소년 NGO들이 청소년정책에 보다 친화적이 될 수 있도록 유도하는 유용한 수단이 된다(The European Youth Forum, 2002: 1).

청소년정책 관련 대표적인 국제 민간기구인 청소년정책국제협의회(ICNYP)는 그동안 개별국가들에 대한 청소년정책 컨설팅 성과를 바탕으로 15가지의 청소년정책 기본 지표를 제안하고 있다. ICNYP(2004)는 성공적인 청소년정책을 위한 보편적인 모델은 없지만, UN 총회의 결의와 가입 국가의 경험을 바탕으로 국가 청소년정책의 최상의 실천을 위한 몇 가지 지표가 있을 수 있다는 것이다. 다만, 15가지의 지표는 예시이며, 모든 지표 사항이 국가 청소년정책에 포함되어야 하는 것은 아니라고 전제한다.

〈표 5-4〉 국제기구와 청소년 관련 기관의 청소년정책 지표

청소년정책 기본요소 지표		청소년정책 효과성 지표
유럽청소년포럼 (The European Youth Forum) 11가지 청소년정책 지표	청소년정책국제협의회 (ICNYP) 15가지 청소년정책 기본 지표	UN 아시아 · 태평양 경제사회 위원회(UNESCAP) 7가지 청소년정책 평가 핵심 지표
① 비형식적 교육 (non-formal education) ② 청소년 관련 지도자 훈련 정책 (youth training policy) ③ 청소년 관련 법적 기반 (youth legislation) ④ 청소년 관련 예산 (youth budget) ⑤ 청소년 정보 관련 정책 (youth information policy) ⑥ 다차원 정책 (multi-level policy) ⑦ 청소년 연구(youth research) ⑧ 참여(participation) ⑨ 정부부처 간 연계 협력 (inter-ministerial co-operation) ⑩ 혁신(innovation) ⑪ 청소년 자문 기구 (youth advising bodies)	① 현재와 미래의 청소년에 의한 청소년을 위한 청소년의 비전 ② 청소년과 하위 집단에 대한 정의 ③ 청소년 데이터베이스, 정보와 소통 ④ 청소년 상황에 대한 연구와 조사 ⑤ 민주적 개혁과 거버넌스 청소년 참여 ⑥ 사회 혁신과 변화 에이전트로서 청소년 ⑦ 청소년지도자의 훈련과 역량 개발 ⑧ 청소년과 국가 청소년 서비스 ⑨ 청소년정책 성취 측정 기제 ⑩ 청소년정책과 프로그램 연계 ⑪ 청소년 관련 입법 체제 ⑫ 청소년 예산과 재원 ⑬ 청소년정책 실현을 위한 실행 계획 ⑭ 청소년정책 평가 ⑮ 청소년정책에 대한 경험 공유와 최상의 실천	① 고용, 보건 및 문맹 같은 우선 전략 영역의 양적, 질적 지표 개선 ② 청소년 참여의 수준 ③ 반사회적 행동 감소와 청소년 서비스 활용 등 청소년 만족 수준 ④ 이해당사자의 만족 수준 ⑤ 이해당사자 간의 연계 협력 개선 ⑥ 정부의 책무 향상 ㉠ 재정 책무 증가 ㉡ 청소년업무 중요성 인식 ㉢ 목표 설정 ㉣ 여러 부서에서 청소년 인식 개선 ㉤ 새로운 제도와 서비스 창출 ㉥ 핵심 선노 청소년기관 지위 향상 ㉦ 어려운 청소년(특히 여성청소년)을 위한 형평과 접근 개선 ⑦ 청소년 이슈에 대한 사회의 인식 증대

출처: The European Youth Forum, 2002; ICNYP, 2004; ESCAP, 1999.

〈표 5-4〉에서 보는 바와 같이 비전, 청소년 정의, 정책평가에 이르기까지 비교적 광범위한 요소를 포괄하고 있다. 개별 국가들은 사회문화적 전통, 정치적 · 경제적 우선순위와 모든 이해당사자의 관점을 바탕으로 지표 요소들을 결정해야 한다는 것이다.

이상과 같은 청소년정책 관련 지표를 종합해 볼 때, 효과적인 청소년정책은 정책 프레임워크(framework)와 관련된 요소에서부터 정책 내용 및 정책 전달을 위한 청소년행정 관련 요소에 이르기까지 다양한 요소를 포괄하고 있다. 단지 UN의 평가 지표는 만족도, 인식개선과 증대 등과 같은 청소년정책의 효과성을 측정하는 성과 지표를 포함한다.

2) 청소년정책의 종합 지표와 효과성 요소

UN이 제안하고 있는 정책 지표 중에서 가시적 결과로 나타나야 하는 성과 지표를 제외하고, 나머지 지표들이 가지고 있는 공통요소를 중심으로 청소년정책이 포함하여야 하는 종합 지표로 제시할 수 있다. 이 종합 지표는 한 국가의 청소년정책을 성찰하는 기준이 되는 지표인 셈이다.

청소년정책 성찰을 위한 종합 지표는 〈표 5-5〉와 같이, 크게 청소년정책 프레임워크 관련 지표, 정책내용 관련 지표, 정책전달 관련 지표로 구분하여 정리할 수 있다. 청소년정책 프레임워크 관련 지표는 주로 청소년정책의 기본적 틀과 체계와 관련된 요소들이다.

이 지표로는 다음과 같은 4가지가 있다.

① 포괄적 정책 비전과 공유 및 실행계획
② 포괄적인 청소년정책의 범주와 내용으로 다차원 정책
③ 청소년 예산과 재원
④ 청소년 관련 입법 체제 등으로 주로 비전과 정책 범주, 재정 및 법령과 관련된 지표

'정책 프레임워크'는 규칙과 가이드라인을 만드는 기초를 형성하고, 정부의 정책기획과 개발에 전반적인 방향을 제시하는 일련의 원리와 장기적 목표를 반영하는 것과 관련된다.

정책내용 관련 지표는 주로 청소년정책을 구성하는 내용요소나 이를 뒷받침하는 자료수집 등을 포함한다.

① 청소년 공통 정의와 인식 공유
② 청소년 참여 및 요구 반영
③ 비형식적 학습 활용
④ 청소년 정보 및 여건에 대한 연구와 조사

〈표 5-5〉 청소년정책의 성찰을 위한 종합 지표

① 정책 프레임워크(policy framework)	①-1. 포괄적 정책 비전과 공유 및 실행계획 ①-2. 다차원 정책 – 청소년정책의 범주와 내용 ①-3. 청소년 예산과 재원 ①-4. 청소년 관련 입법 체제
② 정책 내용(policy contents)	②-1. 청소년 공통 정의와 인식 공유 ②-2. 청소년 참여 및 요구 반영 ②-3. 비형식적 학습 활용 ②-4. 청소년 정보 및 여건에 대한 연구와 조사
③ 정책 전달(policy delivery)	③-1. 정부의 수평적, 수직적 연계 협력 ③-2. 정책성과에 대한 모니터링과 평가

정책전달 관련 지표는 주로 청소년정책과 서비스를 전달하는 청소년행정과 관련 있는 지표로서 다음과 같은 2가지를 들 수 있다.

① 정부의 수평적, 수직적 연계 협력
② 정책성과에 대한 모니터링과 평가

이상과 같은 정책 프레임워크, 내용, 전달 관련 지표 등 총 10가지 지표는 한국 사회의 전반적인 청소년정책을 성찰하는 유용한 준거로 삼을 수 있을 것이다.

또한 청소년정책의 효과성을 측정하기 위한 대표적인 지표의 제시는 1998년 UNESCAP의 제안을 꼽을 수 있다. UN은 오래전부터 청소년의 이상과 에너지가 사회의 지속적인 발전의 핵심이라는 사실을 강조해 왔다. '세계청소년의 해(International Youth Year)' 10주년을 맞이한 1995년에는 21세기에 들어 청소년에게 다가올 도전에 대한 국제사회의 대응을 위한 지침을 제시함으로써 청소년에 대한 관여를 강화하였다. 이를 위한 국제적 전략으로 채택된 것이 '2000년과 그 후 청소년을 위한 세계행동 프로그램(the World Programme of Action for Youth to the Year 2000 and Beyond, WPAY)'이다. 이미 주지하고 있는 바와 같이 WPAY는 청소년의 복지와 생활을 개선하기 위한 조건과 기제를 활성화할 수 있는 행동 제안을 담고 있다. WPAY는 특히 청소년부문에 대한 국가적 역량을 강화하고, 청소년에게 충분하고 효과적이며 건설적인 참여를 보장하는 기회의 양적·질적 확대를 위한 수단에 초점을 맞추고 있다.

1998년 6월에는 태국 방콕에서 열린 제2차 '청소년을 위한 HRD 아시아-태평양 정부 간 회의'에서 WPAY 실행을 위한 국가 청소년정책 평가 지침의 기본을 마련한 바 있다. 이 지침에는 청소년정책이 목적을 달성하거나 긍정적 성과를 내도록 수립되고 실행되어야 한다고 강조하고, 효과적 청소년정책을 위한 핵심 지표를 제시하고 있다. 앞의 〈표 5-4〉에서 보는 바와 같이 '고용, 보건 및 문맹 같은 우선 전략 영역의 양적, 질적 지표 개선' 등 7가지 지표를 제안하고, 특히 재정 등 정부의 책무를 세부화시켜 부각하고 있다.

3. 청소년정책의 유형 구분

청소년정책은 몇 가지 기준으로 유형을 나누어 설명할 수 있다. 그 기준은 주로 청소년정책이 누구를 대상으로 하고 있는지, 무엇을 어떻게 지원할 것인지 그리고 어떤 접근방식을 채택하고 있는지 등을 중심으로 구분한다.

1) 청소년정책 유형 구분의 좌표축

일본 법정대학 사회학부 히라츠카 마키(平塚眞樹)는 EU 청소년정책이 내포하고 있는 유형은 각국 수준의 청소년정책이 가진 지향성의 다양성과 연계되어 있다고 주장한다. 그는 다소 대조적인 정책지향을 가지고 있는 영국과 핀란드의 청소년정책을 중심으로 누구에게 무엇을 어떻게 지원할 것인가 하는 다음과 같은 3가지 좌표축(座標軸)을 제시(平塚眞樹, 2016: 58−62)한다.

㉠ 누구를 지원할 것인가? : 보편적 서비스 vs. 선별적 서비스

첫째로 거론되는 것은 정책이 모든 사람에게 제공(보편적, universal)되는가, 특별한 필요를 가진 사람에게 초점을 두고 제공(선별적, target)될 것인가 하는 차이이다. 예를 들면 청소년센터와 같은 사업이나 정책은 그곳에 누구나 올 수 있는 점에서 전형적으로 보편적 서비스이지만, 위기청소년이나 NEET를 위한 사업이나 정책은 특정의 청소년에게만 제공되는 점에서 선별적 서비스라고 할 수 있다. 대부분 국가의 청소년정책도 양자가 조화를 이루면서 구성되고 있지만, 그 강조점에는 차이가 있다. 그 차이는 각국이 청소년에 대한 어떤 관여를 공적인 사회적 책임으로 간주하고 있는지를 나타내는 것이라고 할 수 있다. 일반적으로 복지국가 지향이 강한 사회에서는 보편적 서비스에 중점을 두고 있지만, 자유주의 국가 지향이 강한 사회에서는 선별적 서비스를 지향하는 경향이 있다.

㉡ 무엇을 지원할 것인가? : 교육·훈련 지향 vs. 포괄적 사회 참여

두 번째 좌표축으로서는 무엇을 지원하는가, 구체적으로는 청소년정책의 중점

이 '교육·훈련 및 고용 지향'에 있는지, '포괄적인 사회 참가'에 있는지의 문제이다. 예를 들어 영국의 정책지향에 대해서는 노동당의 Tony Blair 전(前) 수상이 취임한 이후 최초로 착수한 '사회적 배제' 문제에 대한 대처에서 "사회적 배제의 최선의 방어는 직업을 가지는 것이며, 그리고 직업을 얻기 위한 최선의 길은 좋은 교육 기회를 갖고 좋은 훈련과 경험을 쌓는 것이다"고 기술한 데에 단적으로 나타난다. 이전의 영국 노동당 정권은 Workfare라고 부르지 않고 Welfare to Work라고 했지만, 이것은 앞에 기술한 EU '청소년 협정'에 있는 청소년 개개인이 교육·훈련에 참가하여 고용으로 연결되는 데에서 사회적 포용이 실현된다는 인식을 공유한 것이라고 할 수 있다.

노동당 정권기의 영국에서 구체적으로 다루어진 것은 여러 영역에서 전개된 청소년 지원 서비스, 교육·훈련 그리고 자격취득으로, 말하자면 총동원 체제였다. 이 시기 적극적으로 추진된 것은 Multi-Agency, Joint-Up 등으로 부르는 의료, 복지, 사법, 교육 등을 가로지르는 아동·청소년에 대한 사회적 서비스의 통합화였다. 그 '포괄적'인 지원은 통합적 청소년서비스(Integrated Youth Support Service, IYSS)라고 부르고, 종래는 반드시 취업 지원을 목적으로 하지 않았던 청소년사업도 일관되게 받아들여 실제로 교육·훈련·취업에 대한 참여, 즉 NEET 비율의 저하를 보태는 통일된 목표 하에 협동하게 된 것이다.

그에 반해 핀란드 청소년정책에서 중요시되고 있는 것은 적극적 시민성(active citizenship)과 참여(participation)이다. 2006년에는 청소년사업과 청소년정책에 대해 규정한 「청소년법」이 제정되었지만, 그 제1조에서는 '이 법의 목적은 청소년의 성장과 자립을 지원하고, 그 적극적 시민성과 권리 확대(social empowerment)를 촉진하고 그 성장과 생활상태의 개선을 개선한다'고 되어 있다. 또한 이 법에서 가장 중요한 조항인 제8조에서는 '청소년은 지방·지역 차원의 청소년사업·청소년정책에 관련한 사항에 대한 대응에 참가할 기회를 부여해야 한다. 그리고 청소년은 그들에게 관한 사항에 대해 의견 청취의 기회를 갖는다'고 하여 참여와 의견표명의 기회보장이 규정되어 있다.

핀란드에서도 교육·훈련을 거친 직업 자격취득이 안정적인 고용에 대한 조건이 되고, 교육·훈련 참여는 영국과 같이 중요시되고 있다. 영국과의 대비는 그 위에 청소년사업 영역이 청소년정책 가운데에서 변화하지 않는 고유의 위치를 가지고, 반드시 교육·훈련·고용으로 수렴하지 않는 사회에 대한 포괄적인 관여, 참여, 발언의 보장이 기대되고 있는 것에 있다.

ⓒ 어떻게 지원할 것인가? : 개별 서비스 지향 vs. 실천 공동체로의 참여

세 번째 좌표축은 개별화한 지원과 실천 공동체로의 참여 지원의 대비이다. 영국에서 청소년을 포함한 사회서비스의 한 가지 지향성은 개별화된 지원방법(Personalised Services)이다. 그 배후에는 현대에서 어려움의 질은 복잡하고 개별화하고 있고, 집단적 접근에는 생소한 어떤 인식이 있다. 한 사람 한 사람이 가지고 있는 복잡한 어려움에 알맞은 대처를 찾아내기 위해서 가능한 한 구체적인 대응이 강조되었던 것이 정보제공·조언·가이던스(Information, Advice and Guidance, IAG)이었다. 영국의 커넥시온스 사업에서는 전문 직원으로 개별 조언자(Personal Advisor, PA)라 불리는 포괄적인 개별대응을 담당하는 직무가 신설되기도 했다. 당초 PA는 교원, 커리어 어드바이저, 청소년지도자 등 다양한 전문성을 가진 직원의 집합체로 시작했지만, 전통적으로는 그룹 워크를 구체적으로 시행하는 청소년사업 출신 직원을 포함시켜, 커넥시온스에서는 청소년 한사람, 한사람을 대상으로 한 상담·조언형의 지원이 기본이 되었다.

한편 핀란드나 다른 북유럽 국가의 특징은 오히려 '공동체에서의 학습', 혹은 '공동체적인 학습'을 중시해 온 것이다. 예를 들어 1980년대 이후 핀란드, 덴마크 등에서 생성, 발전해 온 '이행적(포괄적 혹은 매개적) 노동시장(transitional labour market)' 등이 대표적이다. 핀란드에는 '청소년 워크숍(Workshop)'이라는 제도가 있다. 워크숍은 교육·직업훈련에서 탈락하고 노동시장 참가에 어려움을 가진 25세 미만의 청소년을 대상으로 한 '포괄적' 지원서비스이며, 그 점에서 영국의 커넥시온스 사업과 다르다. 그렇지만 양자의 차이는 커넥시온스 사업이 개별 상담 가이던스에 의한 지원인데 반해, 워크숍은 직물, 조리, 금속 가공, 목공, 음악, 예술이라고 하는 구체적인 생산활동의 '실천 공동체(community of practice)'로의 참가 지원활동이라는 것이다. 여기서의 전문적 지원은 어떤 워크숍 직원이 '새로운 참가

자가 실천 공동체 가운데에서의 학습(learning in community)이나 상호 도움에 의한 교육(peer education)에 참여하기 쉬운 그룹 만들기를 항상 마음에 두고 있다.'고 기술한 바와 같이, 한 사람, 한 사람이 의미 있는 참여가 가능한 집단 만들기에 있다. 개개인의 요구·배경에 대한 개별적 관심과 배려를 계속하고, 목표는 지금까지 배제되었던 청소년 누구나 참여할 수 있는 '장(場)' 만들기에 있는 것이다. 그 때문에 일을 학습하는 장이지만 개개인의 직업기술이나 자격 획득은 다음 단계에서의 과제로 여겨, 여기서는 주된 목적으로 간주하지 않는다. 오히려 배제의 위기에 있는 당사자가 집단적인 생산활동을 통해 사회 참여와 자기형성을 배우는 것에 목적을 두고, 따라서 기술을 지도하는 직원과 함께 관계나 집단 만들기의 경험에 뛰어난 청소년지도자가 그 전문성을 발휘하여 움직이는 장이 되고 있다.

이와 같이 후기 근대의 청소년정책은 ㉠ 모든 아동·청소년을 대상으로 한 보편적 서비스와 특정의 아동·청소년을 대상으로 한 선별적 서비스의 축 ㉡ 교육·훈련·고용을 통한 사회적 포용과 그에 한정하지 않는 포괄적인 사회 참여·포용이라는 축 ㉢ 카운슬링, 가이던스라는 개별적 지원과 아동·청소년의 실천 공동체로의 참여 지원이라는 축 등의 유형으로 구분할 수 있다. 실제로는 복잡하지만 감히 단순화·도식화해 보면, 한편에는 교육·훈련·고용 지향과 개별적 지원 지향이며 선별적 서비스 지향을 강력하게 추진하는 '영국형'이 있고, 다른 한편에는 보편적 지향을 하며 포괄적 참여 지향과 실천 공동체로의 참여 지원 지향을 강력하게 추구하고 있는 '핀란드형'이 있다고 할 수 있다.

2) 대상 집단에 따른 청소년정책 유형

청소년정책의 가장 일반적인 유형은 정책의 대상이 되는 집단의 범위에 따라 구분하는 것이다. 청소년정책이 전체 청소년을 대상으로 하는지, 일부 문제 청소년을 주요 대상으로 하는지 혹은 청소년을 포함한 일반 사회구성원을 대상으로 하는지, 청소년만을 대상으로 하는지에 따라 유형을 구분한다.

우선 Jefferey(2008: 7)는 청소년정책을 목표로 하는 집단에 따라 모든 청소년을 대상으로 하는지, 일부 청소년 집단 혹은 개인으로 한정하는지에 따라 다양하게 나눌 수 있다고 전제하고 크게 다음과 같은 3가지 유형으로 구분하고 있다.

① 모든 청소년을 대상으로 하는 청소년정책(population-based youth policies)

모든 청소년을 대상으로 하는 청소년정책과 전략은 청소년 인구를 구성하는 어떤 하위 집단뿐만 아니라 전체 청소년에게 적용된다는 면에서 보편적 정책이다. 이런 정책은 전형적으로 청소년의 성과(예를 들어 건전하고 사회적으로 참여하며 고용가능성이 있는 청소년 등)로 나타나는 바람직한 비전을 분명하게 제시하는 체계를 포함한다.

② 하위집단을 대상으로 하는 표적 지향 청소년정책(targeted policies for sub-group of youth)

하위집단을 대상으로 하는 표적 지향 청소년정책은 청소년발달 상의 하나의 측면이나 청소년 중에서 특정 하위집단에 초점을 맞춘다. 예를 들어 표적 지향 청소년정책은 고용과 같은 영역에서 청소년을 지원하는 데 초점을 맞출 수도 있다. 이런 정책들은 사회적 배제의 위험에 놓여 있거나 인종, 능력, 종교적 소속이나 지정학적 위치 때문에 주변화되어 있는 특정 집단의 요구를 다룰 수도 있다. 하위집단을 대상으로 하는 표적 지향 청소년정책은 그 자체로나 또는 모든 청소년을 대상으로 하는 청소년정책 내에 존재할 수 있다.

③ 개인을 대상으로 하는 표적 지향 청소년정책(targeted policies for individual youth)

개인을 대상으로 하는 표적 지향 청소년정책은 개인적 장애물을 다루도록 설계된다. 이런 정책들은 치료와 사회복귀 프로그램 및 다른 개인적 개입을 포함한다. 개인을 대상으로 하는 표적 지향 청소년정책 역시 보다 광범위한 전체 청소년을 대상으로 하는 청소년정책 내에 존재할 수 있다.

한편 미국 사회정책연구센터(Center for the Study of Social Policy, 2003)는 청소년정책을 분류하고 설명하기 위해 대상별로 구분하여 다음과 같은 3가지 정책유형으로 나누고 있다.

① 보편적 정책(universal policies)

특정 청소년 집단보다 청소년과 성인을 포함한 모든 사람에게 초점을 맞춘다. 보편적 정책은 종종 광범위한 지역의 공공선(公共善)을 전달하는 큰 규모의 체제(교육체제 등)를 강조한다. 이러한 정책은 청소년만을 위한 정책은 아니지만 청소년을 위한 도전을 만들어내고, 청소년 발달원리와의 통합을 강조하며 '청소년 친화적(youthfriendly)'으로 구성된다.

② 청소년 지향 정책(youth-focused policies)

발달적 관점을 통해 연령 단계별로 맞는 역량을 획득하고, 특별한 약점이나 단점에 주목하기보다는 청소년의 강점과 자산(assets)을 형성하는 정책을 강조한다. 청소년 지향 정책의 일차적 목적은 청소년의 발달 단계별로 사회적, 학문적, 감성적 관계와 역량을 준비하고, 미래 인생 단계를 성공적으로 이행하기 위해 준비하는 것을 강조한다.

③ 취약 청소년정책(policies for vulnerable youth)

취약 청소년정책은 위기 청소년에 초점을 맞추고, 이런 청소년의 특수한 환경과 구체적인 요구에 맞추는 것을 강조한다. 기본적 공공선에 초점을 맞추는 보편적 정책과 달리 약점이나 문제 혹은 도전을 극복하도록 특정 집단 청소년을 지원하는 데 목적을 둔다. 이런 약점 지향에도 불구하고 접근방식은 긍정적 청소년 발달원리와 강점 기반(strengthbased) 접근에 입각하여 지원한다. 이 범주는 아동복지, 소년사법, 가출 청소년, 직업능력개발 정책 등을 포함한다.

반면 Cava, Clert & Lytle(2004: 12-13)은 청소년을 위한 공공정책을 약식으로 3가지 넓은 범주로 나누어 예방적 정책, 치료적 정책, 임파워먼트(empowerment) 정책으로 구분한다. 각각의 정책은 청소년만을 표적으로 할 수도 있고, 청소년을 구체적 표적으로 하지 않더라도 청소년의 편에서 할 수도 있다고 말한다. 이상적으로는 치료적, 예방적, 임파워먼트 정책은 청소년이 서로 잠재 능력을 충분하게 실현하도록 상승작용을 한다고 지적한다. 이런 상승작용은 아동과 청소년의 인신매매뿐만 아니라 시민사회와 인종 갈등이 높은 사회, 청소년의 실업과 빈곤 수준이 높은 사회에서 더욱 필요하다. 그리고 청소년정책은 가치와 배경이 다른 사회집단을 주변화하는 것을 방지하기 위해 어떤 정책의 우선순위와 방법이 영향을 미치는지를 보여 주어야 한다고 강조한다.

① 예방적 정책(preventive policies)

예방적 정책은 무엇보다도 문제를 일으키기 전에 채택되는 수단을 통해 문제가 발생하는 과정을 중화하려고 한다. 보건정책의 사례들과 같이, 예방적 정책은 주로 부문적 접근(sectoral approach)을 많이 하게 된다. 이런 정책들은 전형적으로 안전한 성, 약물금지 및 환경 등을 고려하는 청소년을 위한 의식 캠페인을 포함한다.

② 치료적 정책 혹은 보호적 정책(curative policies or protective policies)

치료적 혹은 보호적 정책은 주로 사회적으로 취약한 집단으로서 어려운 여건에 있거나 위기에 처한 청소년을 서비스하기 위해 설계된다. 정책의 초점은 침해받은 권리를 회복하는 것이며, 보상이나 보호 수단을 제공하고자 한다. 이런 정책에서 청소년은 위험스러운 존재이며, 발달을 위협하는 요소들로부터 보호될 필요가 있는 존재로 본다.

예를 들어, 위기 청소년에 대한 사회 보호적 접근은 보호적 정책의 범주에 포함된다. 불행하게도 이런 정책은 톱-다운 방식이 중심이 되며, 청소년을 '해결해야 할 필요가 있는 문제'(problem that needs to be solved)로 본다. 치료를 강조하는 정책에서 예방적 개입-징후의 위협으로부터 원인을 다루는 것-으로 전환하는 것이 더 효과적이라는 주장이 설득력을 얻고 있다.

③ 임파워먼트 정책(empowerment policies)

임파워먼트 정책은 주로 청소년의 능력을 충분히 개발하는 데 초점을 맞춘다. 이런 정책은 문제가 일어나기 전에 수단을 강구하고자 하며, 청소년이 의사결정

과정에 참여함으로써 권리를 신장하는 데 집중한다. 이런 정책에서 청소년은 발달을 위한 자산(assets), 성장하는 사회를 만들기 위한 중장기적 투자, 그리고 사회적 자본 발달을 위한 기반으로 인식한다. 이 정책은 민주주의, 시민성 및 시민적 참여의 가치와 실천 속에서 교육 기회를 제공함으로써 청소년의 사회적 통합을 촉진하고자 한다. 임파워먼트 정책은 전형적인 치료적 정책의 요소가 아닌 청소년 참여, 시민성, 문화적 정체성과 연계시키고자 하는 등 예방적 성격이 강하다.

그 밖에 정책이 청소년에게만 배타적으로 초점을 맞추는지, 아니면 청소년을 포함하여 다수 사회구성원에게 초점을 맞추는지에 따라 차별적 청소년정책(distinct youth policy)과 혼합적 청소년정책(incorporated youth policy)으로 구분하기도 한다. 차별적 청소년정책은 청소년에 대해서만 배타적으로 초점을 맞춤(예를 들어 학교교육, 청소년사업, 진로지도 등)으로써 분명하게 정체성을 드러내는 특성을 강조한다. 또 다른 정책들은 청소년에게 맞춤식으로 접근(폭력예방, 사법체제 등)함으로써 공공정책 프레임워크의 하위 부문으로 구성된다. 반면 혼합적 청소년정책은 청소년에게 영향을 미치는 다른 정책(사회복지와 가족정책, 주거 등)들을 보다 광범위한 청소년정책 내에 포함시킨다.

3) 접근방식에 따른 청소년정책 유형

Jefferey(2008: 7–8)는 청소년정책에는 어떻게 목적을 성취하고 영향을 미칠 것인가에 대한 전제나 가정이 포함되어 있다고 강조한다. 이런 전제를 바탕으로 다음과 같은 4가지의 이론적 접근방식에 따라 청소년정책의 유형을 구분한다. 기존의 청소년정책 유형은 1가지 이상의 이론적 접근방식을 포함하고 있다.

① 청소년 참여적 접근(youth engagement approach)

청소년 참여적 접근은 모든 청소년은 자신의 목소리를 내고, 성인과 권한을 나누는 기회를 통해 이득을 보게 될 것이라고 전제한다. 이런 접근을 활용하는 정책들은 청소년에게 영향을 미치는 프로그램 개발에 청소년이 사전 참여하는 길을 찾음으로써 청소년의 주변화를 방지하고자 한다. 전통적 접근방식에서 지지받지 못하고 위기에 처해 있는 일부 청소년과 후기 청소년기에는 접근성, 형평성 및 사회정의를 강조하는 청소년 참여 프로그램이 더욱 효과적일 수 있다고 강조한다.

② 공중 보건적 접근(population health approach)

공중 보건적 접근에서는 사회제도, 지리적 환경 및 사회관계가 공중 보건의 사회적 결정 요소라고 전제한다. 불평등은 전체 구성원의 복지를 목표로 하는 사회적 지지를 통해 예방되거나 개선될 수 있다고 지적한다. 공중 보건적 접근은 투입과 과정에 비해 성과를 중요시하고, 전체 집단 사이에서 불평등의 감소를 강조한다.

공중 보건적 접근은 위험요소와 방어적 요소에 초점을 둔다. 범죄의 위협을 일차적으로 제지하려는 사법체제의 반응적 대응에 초점을 두지 않는다. 또한 하나의 문제를 단순한 개인의 문제로서가 아니라 사회적 이슈로 취급한다. 예를 들어 폭력을 공중 보건적 문제로 바라보면, 폭력은 질병이나 전염병과 같이 다루어진다. 폭력 문제는 예방할 수 있는 것으로 보고 부정적 순환 고리를 깨기 위한 다양한 접근방법을 활용하고자 한다. 폭력 문제 해결을 위해서는 한 가지 올바른 방법이 있는 것이 아니라 여러 갈래의 접근이 있다고 본다.

공중 보건적 접근은 다음과 같은 4가지 물음을 통해 수행된다.

ⓐ 문제가 무엇인가?(감시)
ⓑ 원인은 무엇인가?(연구)
ⓒ 문제를 예방하기 위해 무슨 일을 할 수 있는가?(개입, 평가)
ⓓ 어떻게 처리할 것인가?(프로그램 실행)

③ 자산 기반 접근(assets-based approach)

자산 기반 접근에서 성공적인 정책 개입은 청소년이 지닌 한계를 강조하기보다는 개인과 집단이 지니고 있는 강점을 확인하고 형성하는 것이 중요하다고 전제한다. 정책적 대응에서는 긍정적 사회관계와 폭넓은 사회이동 노력을 통한 광범위한 지역사회 변화를 목표로 한다.

④ 위기 예방과 회복탄력성 접근(risk prevention and resiliency approach)

위기 예방과 회복탄력성 접근에서는 특별한 위기와 위협에 대한 개인의 회복탄력성을 형성하게 하는 것이 역경과 스트레스를 관리하거나 극복하는 데 도움이 될 수 있다고 전제한다. 회복탄력성은 환경에서 장애나 위험요소를 극복하는 능력이다. 회복탄력성은 청소년을 성공적인 성인으로 이행해 가게 하는 지지적 관계와 긍정적 체험 기회를 통해 형성된다.

정책은 부정적 성과를 만들어 낼 가능성이 높은 위기요소인 특별한 위험과 위협에 맞서야 한다. 이런 접근에서는 개인, 가족 및 지역사회에서 자산(assets)의 개발에 의한 회복탄력성의 형성을 강조한다.

그리고 Siurala(2005: 16)는 청소년정책이 청소년의 문제에 더욱 비중을 두는지, 아니면 청소년에게 부여되는 다양한 기회에 초점을 두는지 여부에 따라 문제 지향적 정책 접근과 기회 지향적 정책 접근으로 구분한다.

① 문제 지향적 청소년정책(problem oriented youth policy) 접근

문제 지향적 청소년정책 접근은 말 그대로 청소년의 문제를 분석하고 대응하는 데 높은 비중을 둔다. 일반적으로 대중매체들은 청소년 현상을 문제로 개념화하고, 강조하려는 경향이 있다. 따라서 청소년정책 행위자들은 종종 청소년범죄 조직, 청소년이 연관된 음주와 약물 남용, 폭력과 범죄, 학업중단, 청년실업 등을 문제로 보고 해결하려고 한다. 이 경우 청소년정책은 쉽게 청소년문제와 문제청소년을 다루는 한 분야로 이해되는 경향이 있다.

② 기회 지향적 청소년정책(opportunity focused youth policy) 접근

기회에 초점을 맞추는 청소년정책 접근은 청소년을 '문제'로 보기보다는 '자원'으로 인식한다. 세계 각국은 기회 지향적 청소년정책 접근을 강화함으로써 기존의 문제 지향적 청소년정책 접근의 정책적 이미지를 타파하기 위해 노력하고 있다. 청소년이 다소 문제라 할지라도 청소년을 '자원'으로, 그리고 자신의 문제와

관련한 '전문가'로 보면 긍정적이고 행위자 지향적 전략이 마련될 수 있고, 청소년의 성장을 향한 에너지와 전문기술을 활용할 수 있게 된다. 이러한 건설적 접근은 청소년정책 부문이 위기 청소년만이 아니라 모든 청소년에게 매력을 끌 수 있는 이미지를 형성하는 데 도움을 줄 수 있다.

한편 Benitez(2003: 6-11)는 가출 혹은 거리의 청소년에 대한 이해와 어떤 가치에 더 초점을 맞추는가에 따라 크게 대응적 접근, 보호적 접근, 권리 기반 접근 등으로 구분한다.

① 대응적 접근(reactive approach)

대응적 접근은 법과 질서 유지를 강조하며, 청소년을 원천적으로 공공질서와 안전에 위험이 되는 잠정적 위협자로 본다. 대응적 접근에서 핵심 정책은 공공질서에 저항하는 거리의 청소년이나 범죄 청소년을 청산하는 수단으로서 소년사법제도(juvenile justice system)를 활용한다. 청소년 일탈과 범죄는 개인적인 것이며, 공공질서를 위해 가능한 결과의 관점에서 바라본다.

② 보호적 접근(protective approach)

보호적 접근에서는 청소년을 '불완전'한 우리의 '미래'로 인식한다. 따라서 청소년은 성인과 다른 처치가 필요하다고 보고, 잠재적인 사회 위협으로부터 청소년을 보호하는 것이 중요하다고 강조한다. 보호적 접근에서 핵심 정책은 청소년을 학교로 돌려보내고, 일정한 과업으로부터 탈락하는 것을 방지하는 등 구체적인 '문제'에 초점을 둔다. 일부 문제청소년이나 거리의 청소년은 가정과 학교와 같은 전통적인 사회화 체제로 다시 돌려보내기 위해 더 많은 부차적인 주의가 필요한 개인으로 인식된다. 보호적 접근은 과정보다는 결과에, 문제의 구조적 요인보다는 당면한 즉각적인 요인에 더 주목한다.

③ 권리 기반 접근(right-based approach)

권리 기반 접근은 청소년을 기본적인 인간의 권리를 가진 존재로 인식하고, 근본적으로 권리를 침해받기 쉬운 사회적 지위에 놓여 있음을 강조한다. 권리 기반 접근에서 핵심 정책은 청소년 스스로 자신의 삶을 통제할 수 있도록 사회적, 경제적, 문화적, 교육적 수단을 통해 청소년의 복지를 증진하는 등 청소년의 권리를 법적으로 보장하는 것이다. 특히 UN의 아동권리협약(Convention on the Rights of the Child, CRC, 1989)에 규정되어 있는 기본적인 청소년의 발달 촉진과 보호와 관련된 권리의 실현을 강조한다.

권리 기반 접근방식은 청소년에게 자신을 스스로 표현할 수 있는 자유가 주어져야 하고, 자신의 삶에 영향을 미치는 결정에 참여하여야 한다고 주장한다. 권리 기반 접근은 아동과 사춘기 청소년의 권리 보호를 위한 제도적 기제의 개발과 사고를 포함하는 것이다.

또한 Jefferey(2008: 8)는 앞에서 제시한 정책 유형과 이론적 접근방식을 결합하여 청소년정책 모델의 핵심 특성을 국가별로 구분하고 있다. Jefferey가 제시하는 모델은 '행동을 결정하는 공식적 비전', '성과 달성과 측정 전략', '정부부처 간 서비스 조정 기제', '청소년의 요구, 열망과 기대에 기초한 서비스 검토와 개선 기제' 등 청소년정책의 효과성 제고를 위한 4가지 핵심 요소를 어느 정도 담고 있는가 하는 일관성 여부에 바탕을 두고 있다.

〈표 5-6〉에서 볼 수 있는 바와 같이, 영국의 경우 정책 유형에서는 전체 청소년을 대상으로 자산 기반과 공중 보건의 이론적 접근을 지향하면서 4가지 핵심요소를 일관되게 포함하고 있다. 반면 미국의 경우 표적 지향 정책을 위주로 공중보건과 위기 예방 접근에 치중하며 정책 조정 기제의 요소만을 두고 있는 청소년정책 모델을 가지고 있다. 호주와 캐나다는 전체 청소년을 대상으로 자산 기반과 청소년 참여적 접근을 중심으로 정책 조정 기제를 제외한 공식 비전, 성과 달성과 측정 전략 및 서비스 개선 검토 기제를 두고 있는 것이다.

〈표 5-6〉 청소년정책 모델의 핵심 특성

	정책 유형	이론적 접근방식	공식적 비전	성과 달성과 측정 전략	정책 조정 기제	서비스 개선, 검토 기제
영국	전체 청소년 대상 정책	자산 기반 / 공중 보건	○	○	○	○
미국	표적 지향 정책	공중 보건 / 위기 예방			○	
호주	전체 청소년 대상 정책	자산 기반 / 청소년 참여	○	○		○
캐나다 (토론토)	전체 청소년 대상 정책	청소년 참여	○	○		○

출처: Jefferey, 2008: 8. 〈표 1〉에서 주요 국가만 선별하여 수록.

한편 IARD(2001: 104-108) 연구소와 Wallace and Bendit(2011: 147-154)는 Gallie & Paugam(2000)이 제안한 유럽 복지체제의 유형을 빌려 청소년정책의 특징에 따른 모델 유형을 분류하고 있다. Gallie & Paugam은 사회복지 레짐의 유형을 사회민주주의 복지 모델(스칸디나비아 국가), 보수주의적 모델(중유럽국가의 고용 중심적 모델), 자유주의적 모델(영국의 최소 복지국가), 하위 제도화 혹은 하위 보호적 모델(지중해 국가)로 구분한다. 청소년정책 유형은 사회복지 레짐의 분류와 지역별 청소년정책의 중요한 특성에 따라 스칸디나비아 국가를 중심으로 한 '보편적 모델', 중부 유럽국가의 '보호적 모델', 잉글랜드·아일랜드 및 그 주변의 작은 섬을 포함한 영국 제도(英國諸島, British Isles)의 '지역사회 기반 모델' 및 지중해 연안 국가의 '중앙 집중식 모델' 등 4가지로 구분한다.

① 보편적 모델(universalistic model)

보편적 청소년정책 모델은 지난 10~15년간 청소년정책이 새롭게 방향을 재설정한 결과로서 비교적 새로운 유형으로 특징지어진다. 지난 10~15년간 스칸디나비아 국가들에서 청소년정책은 여러 분야에 흩어져 있는 정책들을 국가 차원에서 청소년정책의 책무를 전담하는 하나의 정부부처로 통합하여 조정하는 형태로 발전해오고 있다. 이 모델에서도 청소년정책만을 전담하는 청소년 부처는 없으며,

구체적인 청소년 부문(youth sectors)은 소규모이거나 존재하지 않는다. 잘 발달된 복지국가의 오랜 전통을 가지고 있음에도 불구하고, 시민사회는 청소년정책에서 중요한 역할을 수행한다. 정부와 기관들은 청소년정책을 준비하고 실행하는 데 시민사회로부터 협력을 받는다.

〈표 5-7〉 유럽 청소년정책의 모델 유형

청소년정책 모델		보편적 모델	보호적 모델	지역사회 기반 모델	중앙집중식 모델
주요 국가 및 청소년정책 전담부처/주무부서		핀란드 +/+ 덴마크 −/− 노르웨이 +/+ 스웨덴 +/+	독일 ++/+ 오스트리아++/+ (프랑스) ++/+ 벨기에 +/+ 네덜란드 +/+	영국 −/− 아일랜드 +/+	그리스 +/+ (이태리) −/− 포르투갈 +/+ 스페인 +/+
개입의 철학	청소년의 지배적 이미지	자원으로서의 청소년	상처받기 쉬운 청소년, 자원으로서 청소년과 문제로서 청소년 공존	문제로서의 청소년	자원으로서 청소년과 문제로서 청소년 공존
	주요 목적	자율, 자립, 개발, 정치적 참여	통합, 사회적 문제 예방, 정치적 참여	사회적 문제 예방, 정치적 참여	자율, 자립, 통합, 정치적 참여
	주요 문제	청소년의 참여	청소년의 참여, 사회적 배제	청소년 사회적 배제의 연장, 청소년의 참여	청소년 사회적 배제의 연장
표적 집단	주요 대상 집단	모든 청소년	모든 청소년과 어려운 청소년	어려운 청소년	특정 집단의 청소년
	주요 대상 연령	13/15 ~ 25세	0 ~ 25/30세	초등학생 ~ 25세	15 ~ 25/30세
	청소년 부문	소규모이거나 존재하지 않음	대규모 청소년 부문 존재	소규모이거나 존재하지 않음	대규모 청소년 부문 존재

비고 1: ( )안의 프랑스, 이태리는 청소년정책의 4가지 모델 유형의 어느 하나로 분류하기 어려운 국가임.

비고 2: +/ 청소년정책이 어느 한 부처에서 전담하는 경우, ++/ 청소년이라는 용어가 포함된 전담부처가 있는 경우, −/ 청소년 전담부처가 없는 경우를 의미함.

출처: IARD, 2001: 108; Wallace and Bendit, 2011: 153 .

스칸디나비아 국가에서 청소년정책은 사춘기와 후기 청소년기를 포함하여 상한 연령을 25세까지의 청소년 세대 전체를 대상으로 한다. 이런 의미에서 스칸디나비아 국가의 청소년정책은 '보편적 모델'이라 할 수 있다. 청소년정책에서 사용하는 청소년은 전(前)청소년기(pre-adolescents)를 포함하지 않는 좁은 개념으로 인식된다. 청소년실업은 1990년대 청소년정책의 주요한 과제로 등장하면서, 청소년실업은 국가 청소년정책의 발전을 위한 동기로 작용하였다. 청소년 참여의 중요성이 강조되는 등 일반적으로 청소년은 미래에 대한 투자 내지는 사회적 자원으로 인식된다. 사회적, 심리학적 발달을 떠나 청소년정책의 주요 목적은 청소년의 '자율(autonomy)'과 '자립(independence)'이다. 이러한 청소년정책의 목적은 스칸디나비아 국가에서 이미 사회적으로 정착되어 있는 청소년의 이른 성인으로서의 지위 획득과 부모의 권위로부터의 독립 관행을 훨씬 강화시켜 주고 있다.

② 보호적 모델(protective model)

중부 유럽의 청소년정책 모델은 오랜 전통을 특징으로 한다. 중부 유럽 주요 국가에서 청소년정책은 이미 1차 세계대전과 2차 세계대전 사이나 2차 세계대전 중에 윤곽을 보이고 있다. 청소년정책의 오랜 역사는 아마도 확장된 청소년 개념을 바탕으로 한다. 정책적 맥락에서 '청소년(youth)'은 '젊은이(young people)'로 정의되고, 아동과 젊은 성인(young adults)과 젊은 가족(young families) 모두를 포함한다. 청소년의 지배적 이미지에는 이러한 폭넓은 청소년의 개념이 그대로 반영되어 있다. 즉, 청소년은 상처받기 쉬운 청소년, 보호·후원하고 지원해야 하는 사회집단으로 인식된다.

이 모델에서 청소년정책과 청소년사업에 대한 강력한 개입 의지는 청소년 전담부처와 주무부서 및 대규모의 청소년정책 부문으로 나타난다. 보편적 모델과 마찬가지로, 청소년정책은 정부와 시민사회의 협력으로 시작하고 실행된다. 또한 청소년정책의 중부 유럽 모델은 다음과 같은 의미에서 종합적이다. 즉, 청소년정책은 특별히 어려운 청소년과 전체 청소년 세대를 아우르는 모든 청소년을 주요 대상으로 한다. 또한 청소년의 사회적 참여와 사회적 배제는 통합과 사회문제의 예방 및 청소년의 정치적 참여 등으로 조절해야 하는 중요한 청소년 과제이다. 청소년정책의 보호적 모델은 고도로 제도화되어 있으며, 관련 법적 체계를 잘 정립하고 있다. 청소년 문제는 수시로 변화하고 있지만, 청소년정책의 원리와 조직은 안정적인 편이다.

③ 지역사회 기반 모델(community-based model)

지역사회 기반 모델은 자유주의적 모델(liberal model)이라고도 한다. 잉글랜드·아일랜드 및 그 주변의 작은 섬을 포함한 영국 제도(英國諸島, British Isles)의 청소년정책 모델은 오랜 전통이 있는 지역사회 지향적인 청소년사업에 기반을 두고 있다. 점차 더 조정된 청소년정책을 지향하는 추세에 있지만, 전통적으로 청소년사업에 대한 공적 개입은 제한적으로 이루어져 왔다. 지역사회 기반 모델은 현재 시점에서도 강력한 지역사회를 강조하는 것을 특징으로 한다. 이러한 강조점은 청소년정책을 집행할 때 정부에서 시민사회로 위임하는 것에서 더욱 분명하게 나타난다.

청소년에 대한 지배적 이미지는 '문제로서의 청소년'으로 인식하는 것이며, 가장 중요한 청소년 문제는 청소년의 사회적 배제, 청소년 기간의 연장, 청소년의 사회적 참여 등이다. 공공 청소년정책은 어려운 여건에 있는 여러 청소년 집단을 우선적으로 고려하며, 주요 목적은 사회적 문제를 예방하는 것이다. 지역사회 기반 모델에서 청소년은 영국 제도의 최소 복지국가에 의해 영향을 받고 있지만, 근래 청소년의 사회적 배제로 인한 문제가 늘어나면서 더욱 발전하고 있다.

④ 중앙 집중식 모델(centralized model)

지중해 연안 국가의 청소년정책 모델로서 중앙 집중식 모델은 다소 새로운 것이다. 전통적으로 청소년사업과 지원은 가족과 교회의 책임이었지만, 지난 20년 동안 정부 당국은 이러한 책임의 일부를 담당할 수 있는 체계와 정책을 확립해왔다. 따라서 명시적 문서로 된 청소년정책은 이 모델에서 새로운 것이다. 청소년정책의 주요 대상 집단을 좁은 연령층(15~25/30세)으로 정의하는 것도 국가 차원의 청소년정책이 늦게 도입된 영향이라고 보아야 한다. 이 모델에서 청소년정책은 중앙정부 차원에 집중되어 있기 때문에, 지방정부와 제3영역의 개입은 다소 취약한 면이 있다.

또한 조직에 청소년이 참여하는 비율은 증가하고 있지만 아직은 낮은 수준이며, 이런 종류의 청소년 참여를 강화하는 것이 청소년정책의 주요 목적이다. 청소년의 높은 실업과 그 결과로 나타나는 청소년기의 연장 등이 중요한 문제로 인식된다. 이러한 문제들은 청소년의 자율, 자립 및 사회적 통합 등을 강화하는 것을 목표로 해결하고자 한다.

6장 청소년정책의 성공요소 및 표준

■ **개요**

이 장에서는 더 나은 청소년정책을 개발해야 하는 이유와 성공요소를 살펴보고, 이에 기초하여 양질의 청소년정책을 위한 몇 가지 표준에 대해 고찰한다. 청소년정책의 성공요소와 표준들은 개별 국가에서 더 나은 청소년정책이 갖추어야 할 필수 요소로서 길라잡이 역할을 할 것이다.

2000년대 들어 세계 각국은 청소년 문제에 대한 체계적인 정책 대응의 필요성을 인식하고, 청소년에 초점을 맞춘 청소년정책의 개발과 혁신에 착수했다. 정책입안자들과 연구자들은 모두 청소년 문제를 구성하기 위한 새로운 관점과 도구를 개발했으며, 청소년 지원에 대해 보다 긍정적이고 적극적인 새로운 접근방식을 주장했다. 특히 '세계은행'을 비롯하여 '유럽연합'과 '유럽평의회' 그리고 캐나다 등 국제기구와 일부 국가들은 청소년에게 장기적으로 긍정적인 성과에 기여하는 청소년정책 메커니즘을 검토하고 확인하는 작업에 착수하기도 했다. 다시 말해 청소년정책을 성공 혹은 실패로 이끄는 요소를 확인하고 양질의 청소년정책을 위한 표준을 개발한 바 있다.

1. 청소년정책 개발의 이유와 성공요소

1) 청소년정책 개발의 이유

청소년정책의 개발과 발전이 어느 국가에서나 커다란 가치가 있다는 것은 의심의 여지가 없다. 그렇지만 한정된 자원과 예산 그리고 아동, 여성, 노인 등 여러 우선순위의 맥락에서 정부와 시민사회가 청소년정책 개발에 대한 중요성을 확신해야 가능하다.

청소년정책을 구성하고 있는 대부분의 국가들은 대개 나름대로 청소년개발의 중요한 이유를 채택하고 있다. 여기서는 중앙정부에 청소년정책 전담부처(청소년개발부, Ministry of Youth Development)를 두고 있는 뉴질랜드와 그동안 전국적인 청소년정책을 별도로 채택하지 않았지만 2018년에 처음으로 국가 차원의 청소년정책 청사진을 만든 캐나다, 그리고 UN 아시아·태평양 경제사회위원회(UN ESCAP, United Nations Economic and social Commission for Asia and the Pacific)가 제안한 청소년개발 이유에 대해 살펴보고자 한다.

먼저 뉴질랜드 청소년정책 주무부처인 '청소년개발부'는 지방정부에 청소년정책 개발의 중요성을 포함한 지침을 내리면서, 다음과 같은 3가지 청소년정책 개발 이유(Ministry of Youth Development, 2010: 8–9)를 강조하고 있다.

청소년정책 개발은 첫째, 정부나 관련 공공기관이 사회에서 청소년이 하는 중요한 역할과 그들이 지역사회에 기여하는 다양한 활동들을 인식할 수 있도록 하는 가시적인 방법이기 때문이다. 둘째, 청소년에게 영향을 미치는 문제의 중요성을 높이고 선출된 대표의 관심을 끌 수 있기 때문이다. 셋째, 모든 관련 기관에서 하는 의사결정과 계획과정에 대해서 청소년의 요구사항을 평가하고 이에 대응하기 위한 기준점을 제공할 수 있기 때문이다.

아울러 청소년정책의 이점을 다음과 같은 9가지로 정리하고 있다.

㉠ 현장에서 확인된 청소년 요구에 대응할 수 있다.
㉡ 청소년의 의사결정 과정 참여의 중요성에 대해 국회나 의회 조직의 인식을 높인다.
㉢ 청소년과 청소년기관이 협력할 수 있는 파트너십 기회를 파악한다.
㉣ 청소년을 위한 더 나은 서비스와 이니셔티브를 가능하게 한다.
㉤ 청소년 문제에 대해 의회와 정부 및 비정부 기관 간의 조정 및 협력을 개선한다.
㉥ 청소년이 자신이 살고 있는 지역사회에서 결정을 내리고 가치와 소속감을 개발할 수 있도록 한다.
㉦ 청소년 사이에서 중앙정부와 지방정부 등에 대한 긍정적인 인식이 개발되도록 돕는다.
㉧ 정부와 공공기관에서 청소년에 대한 긍정적인 인식이 개발되도록 돕는다.
㉨ 정부와 공공기관이 청소년의 요구를 얼마나 잘 충족하고 있는지 평가하고 검토할 수 있다.

2018년 캐나다는 새롭게 전국적인 청소년정책을 마련하면서 노인정책에 비해 우선순위를 두어야 하는 청소년정책이 필요한 이유(Dougherty, 2016)를 다음과 같이 설명한다. 오늘날 청소년들은 어린 시절부터 성인이 될 때까지 명확한 경로가 부족하고, 언제 성인이 되는지 정확히 알기가 어렵다는 사실과 성인의 생활이 더 이상 이전과 같이 안정적이지 않다는 사실로 인해 길을 잃을 위험이 높아졌다는 것이다. 그리고 최근 신경과학 분야에 따르면, 10~25세는 0~2세 때와 비슷하게 뇌 가소성이 높아지는 시기라면서 긍정적인 개입이 평생 동안 중대한 영향을 미칠 수 있는 10대 후반과 20대 초반의 청소년들을 겨냥한 자원과 지원이 턱없이 부족하다는 것이다. 특히 증가된 신경 가소성은 위험을 감수하고 창의적이며 협력할 수 있는 능력과 관련하여 청소년에게 이점을 제공하는 것으로 나타났다. 이는 지식경제에서 국가의 성공에 결정적인 미개발 잠재력이며, 청소년들이 중요한 삶의 단계에서 필요한 지원을 받을 수 있도록 국가 청소년정책이 필요한 이유이기도 하다. 국가는 청소년들이 사회적·경제적 문제를 해결하는 데 기여할 수 있는 특별한 사회공헌활동을 효과적으로 활용하고 있다. 나아가 효과적인 국가 청소년정책 개발을 위해서는 "행동을 결정하기 위한 비전 공유"가 무엇보다 중요하다고 전문가들을 말한다.

한편 UNESCAP(2012: 12-18)은 청소년정책에 대한 투자가 중요하다는 사실을 강조하면서, 정부와 시민사회가 청소년정책 개발을 추진해야 하는 중요한 이유를 다음과 같이 6가지로 제공한다.

㉠ 경제적으로 의미가 있다(Makes economic sense).
㉡ 부문을 하나로 모은다(Brings sectors together).
㉢ 우선순위 이슈를 주도한다(Drives priority issues).
㉣ 성공적인 프로그램을 만든다(Creates successful programmes).
㉤ 청소년에게 지원하고 헌신한다(Supports and commits to young people).
㉥ 지역 및 국제 협약을 존중한다(Honours regional and international commitments).

① 청소년정책은 경제적으로 의미가 있다.

청소년 중심의 정책은 미래의 성장과 투자를 강화하고 기존 산업과 부문을 보호하기 위해 많은 일을 할 수 있다. 예를 들면, 부문 간 정책은 젊은이들이 농촌 지역 사회에 남아 농촌 경제에 적극적으로 참여할 수 있도록 지원하는 서비스와 인센티브를 제공하는 것을 목표로 할 수도 있다.

효과적인 장기 프로그램을 만드는 청소년정책은 비용을 절약한다. 청소년의 건강, 교육 및 고용 결과를 개선하면 서비스에 대한 접근성이 감소하고, 청소년의 생산성과 경제성장에 기여할 수 있는 기회가 늘어난다.

② 청소년정책은 부문을 하나로 모은다.

좋은 청소년정책은 특히 고용, 보건, 교육, 빈곤 감소, 예술과 문화, 젠더 문제

분야에서 주요 행위 주체들과 부처가 협력하도록 장려한다. 예를 들면 :

- 교육정책은 생명 기술 커리큘럼을 제공하는 데 있어 보건 부문의 지원이 필요하다. 여학생이 학교에 계속 다니도록 새로운 전략을 개발하는 데에는 여성 업무가 고려되어야 하며, 직업 훈련에서는 고용 부문이 함께 고려되어야 한다.
- 상해 예방 정책은 예를 들어 청소년의 오토바이 위험 감수, 청소년을 위한 안전하지 않은 작업 환경 및 폭력과 같은 관련 분야의 조치를 요구한다.
- 약물 예방 정책은 청소년들이 스포츠에 참여하고 지역사회 청소년 기관과 연결될 수 있는 기회가 불법 약물 실험에 대한 보호 효과를 제공한다는 것을 보여 주는 연구를 활용한다.

이러한 전략은 필연적으로 실행에 대한 부문 간 접근을 필요로 한다. 부문 간 협력 및 조정에 대한 약속은 자원을 공유하고, 중복을 방지하고, 효율성을 높이고, 모든 관련 부문이 청소년에 대한 책임을 지게 하는 방법이다.

③ 청소년정책이 우선순위 이슈를 주도한다.

청소년정책은 지역에서 긴급한 조치가 필요한 개발 영역을 주도한다. 정부가 우선순위를 정할 때 청소년에게 영향을 미치는 주요 이슈에 대한 다양한 논쟁을 진전시키고 확실한 증거를 근거로 제시할 수 있다면 지역의 일반적인 우려에 상당한 영향을 미칠 수 있는 잠재적인 정책으로 이어질 수 있다. 이 경우 정책은 단일 이슈 내에서 상호 연결성을 강화하는 프레임워크를 만들 수 있다. 청소년 우선순위는 청소년의 보건, 복지 및 교육 개선에 대한 국제 운동 및 토론과 연결될 수 있으며, 한 지역에서 중요하고 긴급한 청소년 중심 이슈는 정책을 통해 전략적 실행의 공통 영역(또는 정책 기둥)으로 변환될 수 있다.

④ 청소년정책은 성공적인 프로그램을 만든다.

대부분의 국가에는 일부 유형의 청소년 프로그램이 있으며 일부는 서로 연결되어 있지 않다. 많은 프로그램이 정책 프레임워크 없이 존재한다. 정책은 청소년의 요구와 권리를 지원하기 위한 자원, 전략 및 자금을 설정하는 데 필요한 프레임워크를 만드는 데 중요한 역할을 한다. 성공적인 프로그램은 정책 프레임워크에 의존하면서 입법 프레임워크 내에서 작동해야 하지만 법률 및 입법에도 영향을 주어 청소년 프로그램을 보호한다. 정책은 지속적인 노력이 보장되지만 정권이 바뀌는 경우 청소년을 보호하기 위한 법률이나 정책이 없다면 청소년을 위한 프로그램이 폐지될 수도 있다.

정책입안자들은 부족한 공적 자금을 최대한 활용하기 위해서 경험적 증거를 바탕으로 의도한 목표 달성이 성공적으로 입증된 프로그램과 활동에 투자한다.

일부 국가에서는 법률 자체만으로 청소년의 요구가 충분히 해결되었다고 간주한다. 그러나 법률은 접근하기 어렵고 실제 수준에서 해석하기 어려울 수 있으며, 청소년 권리를 보호할 수 있는 청소년 관련 법률은 프로그램을 개발하거나 지원하기 위해 운영상 정의되지 않는 경우가 많다.

⑤ 청소년정책은 청소년에게 지원하고 헌신한다.

청소년들은 자신의 잠재력을 실현하고 아동기에서 성인기로의 이행 문제를 해결하기 위해 정부, 시민사회 및 민간의 지원과 헌신이 필요하다. 특히 다음과 같은 청소년의 특정 과제는 정책 환경에서 해결되어야 하며, 집중 전략 및 투자로 지원되어야 한다.

- 사춘기 청소년 및 청소년(특히 소녀)은 의도하지 않은 임신, 안전하지 않은 낙태, 모성 사망 및 이환률(罹患率), 폭력과 착취 그리고 차별을 포함하여 심각한 생식 및 성 건강 문제에 직면한다.
- 청소년 실업률은 성인 실업률의 3~6배이며 비공식적이고 저임금에 불안정한 노동이 일반적이다.
- 적지 않은 청소년들은 학비가 가정에 너무 많은 재정적 부담을 주거나 가족을 위해 소득을 얻어야 하기 때문에 학교를 그만두어야 한다.
- 이주율은 남성과 여성 모두 15~24세 범위에서 최고조에 달하는 경향이 있어

착취에 취약하다.

- 청소년, 특히 남자 청소년은 노년층보다 외부 원인(사고, 자살 및 폭력)으로 사망할 위험이 더 높다.

⑥ 청소년정책은 지역 및 국제협약을 존중한다.

많은 국가들은 청소년의 상황을 개선하기 위한 국제 및 지역 협약에 서명했다. 청소년 관련 대표적인 국제협약으로는 UN 여성차별철폐협약(CEDAW: Convention on the Elimination of Discrimination against Women, 1979년), 국제인구개발회의(ICPD: International Conference on Population and Development, 1994년), 2000년과 그 이후를 향한 UN의 세계 청소년행동 프로그램(World Programme of Action for Youth to the Year 2000 and Beyond, 1995년)을 비롯하여 빈곤 퇴치를 위한 새천년개발목표(MDGs: Millennium Development Goals, 2000년), 지속가능발전목표(SDGs: Sustainable Development Goals, 2015년) 등을 들 수 있다. 이러한 합의와 협약은 청소년의 이익과 권리를 보호하고 증진하는 실질적인 전략과 프로그램으로 실행 가능한 정책 개발을 지원한다.

2) 청소년정책의 성공요소

일반적으로 정책에서는 무엇을 해야 하는지를 알고 여러 가지 좋은 정책을 새롭게 개발하는 것이 일차적으로 중요하다. 또한 개발한 정책을 확실하게 실행하고 잘 실행되었는지 여부를 확인하는 일은 더 어렵고 중요해졌다. 세계은행(World Bank, 2007: 214–215)은 청소년정책이 청소년에서 성인으로의 이행을 보장하는 데 있어 최소한 다음과 같은 3가지 이유로 성공 여부가 불투명하다고 주장한다.

㉠ 청소년에게 영향을 미치는 정책과 부문 간의 빈약한 연계 조정과 청소년 성과에 대한 제한된 책임

㉡ 정책과 서비스 전달의 품질에 대한 모니터링과 피드백 제공에서 청소년의 빈약한 목소리

㉢ 입증된 성공 사례의 부족

첫째, 청소년정책의 성공적인 성과를 저해하는 가장 큰 요소 중의 하나는 청소년에게 영향을 미치는 정책과 관련 부문 간의 조정이 잘 되지 않고, 책임 소재도 불명확하다는 것이다. 청소년에서 성인으로의 이행에 영향을 미치려면 교육, 고용, 보건 등 여러 부문이 연계·조정·협력해야 하는데, 청소년의 성과에 대한 책임을 분명하게 확인할 수 있는 일관된 접근방식을 취하는 국가는 거의 없다고 지적한다. 즉 많은 국가에서 청소년에 대한 비전을 가지고 있지만, 일반적으로는 정책과제의 우선순위를 조정하거나 이행조치를 조정하지 않고 '국가 청소년정책'으로 표현하는 경향을 가지고 있다. 그뿐만 아니라 잘 설계되고 조정된 경우라도 전체적인 주요 국가 발전 내지는 혁신 정책과 통합되어 연계성 없이 별개로 전개되는 경우가 많다는 것이다.

세계은행은 이런 사례로서, 저소득 국가의 빈곤퇴치 정책과 전략보고서를 꼽는다. 대부분의 국가에서 빈곤퇴치를 위한 광범위한 사회적 노력의 일환으로 청소년의 문제를 통합하는 경우는 거의 없었다고 지적한다. 한국의 경우에도 저출산 문제나 4차 산업혁명 시대를 맞이하여 국가 차원의 AI(인공지능) 전략 혹은 디지털 역량 강화 등의 국가 정책에서 청소년 부문의 문제나 과제가 충분하게 고려되고 통합되지 않는 사례를 쉽게 찾아볼 수 있다. 세계은행은 이런 청소년정책의 관행은 재검토되고 개선되어야 한다고 강조한다.

또한 많은 국가에서 정부의 각 부처들이 청소년에게 영향을 주는 교육, 고용, 보건, 일탈과 범죄 등 대부분의 정책에 대해 책임을 지고 있는 반면, 청소년정책 전담부처나 담당부서는 청소년의 성과에 대해 책임을 지고 있는 경우가 많다는 것이다. 청소년정책 전담부처는 일반적으로 청소년에게 영향을 주는 정책의 담당부처에 대해 거의 영향력을 가지고 있지 않기 때문에 전체적인 청소년정책에 대한 책임의 소재가 모호하다고 지적한다. 이런 연장선상에서 청소년정책 전담부처는 청소년의 전체적인 성장에 대한 중장기적인 비전 개발이나 모니터링에 관심을 가지고 있지 않거나, 가지지 못하는 경우도 많다. 결국 청소년정책의 관련 부문은 다양하지만 책임의 계통은 약해서 정부의 어느 부처도 전체에 대한 책임회피를 하고 있으며, 그 결과 청소년은 피해를 입게 된다고 강조한다.

둘째, 청소년정책에서 청소년의 이해가 국가 혹은 지방정부 차원의 의사결정에 참여하는 대표 그룹에 의해 대변될 가능성은 있지만, 청소년이 자신들에게 영향을 미치는 전반적인 정책에 대해 이해 당사자로 협의를 받을 기회는 여전히 매우 적다. 특히 '서비스 전달' 부문은 청소년의 이해관계가 거의 반영되지 못하고, 청소년이 보이지 않는 대표적인 부문이라고 할 수 있다. 청소년은 공공 서비스에서 중요한 고객임에도 불구하고, 협의를 하지 못하는 시혜의 대상으로 주체가 되지는 못하고 있다.

청소년은 종종 자신에게 영향을 미치는 정책의 설계와 실행에 있어 자신들의 목소리를 반영할 수 있는 기회가 부족하다고 호소한다. 모든 수준의 정부는 청소년, 특히 시민으로서 청소년들의 의견을 경청하는 데 더 개방적이어야 하며, 많은 공공 서비스의 중요한 고객으로서 청소년은 참여와 피드백을 통해 공공 서비스의 품질을 향상시킬 수 있어야 한다.

셋째, 대부분의 국가에는 청소년정책의 효과가 입증된 성공한 정책이나 프로그램 사례가 거의 없다는 사실이다. 이것은 청소년정책과 프로그램 그리고 성과 간의 인과관계를 명백하게 입증할 수 있는 평가가 거의 없다는 반증이기도 하다. 이런 사실은 청소년정책이 소프트하고 엄격하지 못하다는 분위기를 조성하게 한다고 세계은행은 지적한다.

청소년에게 다양한 기회를 확대하고 역량을 강화하는 중요한 프로그램의 대부분은 '유망하지만 입증되지 않은' 범주에 속한다. 엄격한 평가가 이루어지지 않거나, 그에 따라 증거가 부족하다는 사실은 비단 기회의 확대나 역량 강화에만 한정되는 것은 아니며, 평가가 실시되더라도 협소한 성과 수준에 머무를 수 있다는 것이다.

한편 캐나다 토론토의 비영리단체인 '유나이티드 웨이 토론토(United Way Greater Toronto)'는 캐나다와 국제적으로 체계적인 청소년 문제에 대해 여러 관할권의 공식적인 정책 대응을 검토하는 프로젝트(Jeffery, 2008)를 수행하면서, 청소년정책 모델의 효과를 제한하는 몇 가지 요소와 효과적으로 만드는 기능을 제시하고 있다. 기존의 청소년정책 수립, 시행 및 청소년에 대한 정책의 영향과 관련된 검토를 통해 다음과 같이 4가지의 청소년정책 효과를 제한하는 문제(Jeffery, 2008: 15-17)를 지적한다.

㉠ 조직 내 부서 간 사일로(silos)에서 사업하기: 정부의 제한된 연계 조정 및 협력
㉡ 공식적인 비전의 부족
㉢ 협소하게 제한된 권한 및/또는 목표 그룹
㉣ 여러 다른 방식으로의 '청소년' 정의

Jeffery가 지적한 문제 중 ㉠, ㉡의 과제는 세계은행이 제기하는 청소년정책의 실패 요인과 크게 다르지 않다. 전반적인 청소년정책 관련 정부부처 간의 조정이나 협력을 조직 내 부서 간 장벽이나 부서 이기주의로 경직된 조직(조정이나 협력 없이 칸막이 정책을 추진하는 조직) 혹은 사일로(silos)의 존재는 청소년정책의 효과성을 저해한다는 것이다. 즉 청소년정책에 대한 '사일로' 기반 접근방식은 단편화된 청소년정책과 프로그램을 제공할 가능성을 높인다. 결국 단편화는 청소년이 중요한 서비스에 접근하는 것을 방해할 수도 있다. 역할과 책임의 명확한 구분을 보장하고 국가 청소년전략 및 부문별 전략에 설정된 목표를 일치시키기 위해서는 서로 다른 부처와 중앙 및 지방 정부 수준 간의 기관 간 조정이 필수적이라는 것이다(OECD, 2018a: 8). 청소년정책 모델에는 청소년정책 관련 부처, 정부 명령 및 기관 간의 지속적인 의사소통과 협력을 관리하기 위한 공식 메커니즘과 절차가 포함되어야 한다는 지적이다.

또한 많은 국가들이 청소년 중심의 비전 수립이 없기 때문에 정부가 청소년의 요구를 최전선에 두고 서비스와 프로그램을 제공할 수 있는 능력이 제한된다는 것이다. 청소년의 공통된 성과를 지향하는 중요한 비전이 없는 상황에서 정부부처가 일관성 있게 전략이나 방향을 가지고 서로 협의하기가 어렵다는 사실이다. 대신에 청소년정책 관련 종사자와 공공기관은 그들만의 특정 우선순위 달성만을 강조할 수 있고, 더 많은 청소년이 원하는 사회적 결과와 일치하지 않을 수 있다. 그러나 긍정적인 성과를 강조하는 포괄적인 비전을 가진 공식적인 청소년정책 프

레임워크의 존재는 부정적인 영향과 실패를 완화하는 데 도움이 될 수 있다.

아울러 Jeffery(2008: 16-17)는 청소년의 특정 하위그룹을 대상으로 하거나 청소년에 대한 일관성 없는 정의는 청소년정책의 효과를 제한한다고 지적한다. 우선 많은 국가에서 청소년정책은 일반적인 다수의 청소년을 목표 그룹으로 설정하기보다는 특정 요구를 가진 하위그룹의 문제에 대응하는 데 집중하는 경향이 있다. 특정 목표 그룹이나 일부 대상 정책은 종종 고용, 교육지원, 청소년복지 등과 같은 특정 시기의 일부 청소년이나 청소년 생활의 한 측면으로 제한되며, 결과적으로 전체 청소년을 인식하지 못하는 경우가 많다. 또한 청소년정책의 목표가 더 넓게 청소년 성장의 연속성을 고려하지 않으면, 청소년은 최대 제한 목표 연령에 도달한 후 서비스 격차를 경험할 수 있으며, 관련 서비스나 프로그램이 단절되어 없어질 수도 있다는 것이다. 그리고 청소년정책 관련 부처와 정부의 청소년에 대한 일관성 있는 정의 부재는 청소년에 대한 서비스 영역 간 전환을 어렵게 한다는 지적이다.

이와 같은 청소년정책의 효과를 저해하거나 실패하게 만드는 요인을 제거하거나 완화해 나가는 일이 성공적인 청소년정책을 만들어가는 기반이 될 것이다. 세계은행(World Bank, 2007: 215-226)과 Jeffery(2008: 11-14)는 이런 소극적 요건에 그치지 않고, 청소년정책을 '제대로 하기(getting it right)' 위한 수단과 효과적으로 만드는 기능을 각각 3~4가지로 제안하고 있다. 특히 UNESCAP(2012: 22-124)는 아시아태평양 7개 국가의 사례연구를 모범 사례로 사용하여 좋은 청소년정책 개발의 4가지 핵심 요소를 제안한다. 〈표 6-1〉에서 볼 수 있는 바와 같이, 3개 기관이 제안하는 청소년정책을 성공적으로 이끌기 위한 요소들은 크게 다르지 않다.

〈표 6-1〉 청소년정책의 성공요소

세계은행 (World Bank, 2007)	유나이티드 웨이 토론토 (United Way Greater Toronto, 2008)	아시아 · 태평양 경제사회위원회 (UNESCAP, 2012)
㉠ 일관된 프레임워크 개발 및 이를 국가 정책과 통합 – 청소년을 위한 일관된 국가적 프레임워크 – 국가 정책 기획 및 실행 메커니즘과의 통합 – 역량 배양	㉠ 행동 결정을 위한 비전 공유	㉠ 접근방식 조정
㉡ 청소년의 목소리 듣기	㉡ 성과를 측정하기 위한 전략	㉡ 데이터 수집 및 사용
㉢ 모니터링 및 평가	㉢ 정부부처 간 서비스 조정을 위한 메커니즘	㉢ 청소년 참여
	㉣ 청소년의 요구, 열망 및 기대에 기반을 둔 서비스를 검토하고 재정렬하기 위한 메커니즘	㉣ 정책 실행

이들이 제안한 청소년정책이 실패로 끝나지 않고 성공확률을 높이기 위한 요소를 종합해 보면 다음과 같이 정리할 수 있다(Denstad, Thomson and Badre, 2016: 15-26). 첫째, 청소년정책 당국은 먼저 청소년을 지원하는 바람직한 성과에 대해 일관된 견해를 명확히 하고, 그 견해를 국가 계획과 실행 메커니즘에 통합하는 일이다. 이는 곧 청소년정책을 담당하는 공공기관의 성과에 대한 책임을 개선하며, 모든 수준에서 전략을 구현하는 능력도 배양하는 일인 동시에 행동 결정을 위한 비전을 공유하는 것이다.

둘째, 정책실행과 함께 성과를 측정하기 위한 전략으로서 엄격한 모니터링과 평가는 무엇보다 중요하다. 앞서 기술한 바와 같이, 청소년정책과 서비스 및 프로그램이 청소년의 성과에 미치는 영향을 검증할 수 있는 탄탄한 모니터링과 평가를 결여하고 있다는 문제에 시달리고 있다. 가장 적절한 성과가 있어야 할 것이 무엇인지에 대한 최소한의 합의조차 없는 실정이다. 따라서 청소년의 성과에 대해 우선순위를 정하고 어떤 상황에서 무엇이 작동하고 무엇이 작동하지 않는지에 대한 데이터를 축적하는 것은 청소년정책 추진에 있어 매우 중요하다.

정책실행은 정책문서에 생명을 불어넣으며, 성공적인 실행은 명확한 전략 계획, 지속가능한 약속과 자금, 정책과 행동을 반영하고 평가하는 메커니즘에 의존한다. 청소년정책의 광범위한 소유권은 책임감 공유를 장려하며 실행을 보장하는 핵심 요소이다. 실행은 특정 요구에 민감해야 하며, 농촌 청소년을 포함하여 서비스와 프로그램이 필요한 모든 청소년에게 도움이 되어야 한다. 실행 프로세스를 모니터링하고 성과를 평가하면 향후 정책실행을 알리는 증거로 활용할 수 있다.

이런 청소년의 성과를 달성하고 검증하는 방법에 대한 전략으로 광범위한 목표 혹은 결과를 보완하면 청소년정책 프레임워크의 유용성이 크게 향상될 수 있을 것이다. 또한 보다 구체적인 정책실행 계획과 결합된 광범위한 정책문서는 성과 달성을 위한 지침을 요약하는 데 도움이 된다. 이를 위해 청소년 문제를 다루는 모든 기관, 부처 및 조직들은 유사한 지표를 사용하고 동일한 전체적인 목표 달성을 위해 노력해야 한다.

셋째, 청소년정책의 성공을 위해서는 정부부처 간의 서비스를 조정하는 메커니즘이 필요하다. 청소년정책의 다양한 노력과 서비스의 중복을 제거하고 효율성을 높이면서 동시에 일관된 강력한 성과를 보장하기 위해서는 다른 정부부처 간의 연계와 협력이 이루어져야 한다. 포괄적인 청소년정책 프레임워크는 청소년정책을 연방 혹은 중앙정부, 지역 및 지방 정부 수준의 계획을 통합하고 모든 관련 행동의 조정 및 재원을 지원하도록 설계된 제도적 준비와 절차 수립을 보장할 수 있게 만든다.

넷째, 청소년의 목소리에 귀 기울이고, 청소년의 요구, 열망과 기대에 맞추어 서비스를 검토하고 재정렬할 수 있는 메커니즘이 요구된다. 일반적으로 청소년을 목표 그룹으로 하는 정책과 서비스의 가장 중요한 고객으로서 청소년의 발언권 내지는 고객 파워를 행사할 수 있는 기회와 능력은 청소년정책의 품질 확보에 매우 중요한 과제이다. 이런 의미에서 청소년정책 이해관계자들은 청소년과 함께 사업하거나 대리하는 여러 대표자나 활동가들과 실질적인 협력이 중요하다고 지적해 왔다.

따라서 정부는 청소년 자신에게 영향을 주는 정책 설계와 실시에 대해 청소년과 협의하거나 의견수렴에 열려 있어야 한다. 즉 효과적이고 성공적인 청소년정책에서는 청소년을 포함한 기타 이해관계자의 인정과 협의 그리고 참여가 지속적으로 이루어지도록 하는 공식적인 메커니즘이 중요하다. 특히 청소년의 목소리를 보장하기 위한 청소년 참여는 매우 중요한 성공요소이다. 청소년 참여의 실질적인 메커니즘은 청소년정책과 서비스가 목표 그룹과 연관성을 유지하도록 보장하기 위한 성과 평가와 연결될 수 있다. 즉 청소년정책과 서비스 품질에 대한 모니터링과 평가 및 피드백을 통한 청소년 참여는 서비스 제공의 개선으로 이어질 수 있다. 그리고 실질적인 청소년 참여를 위해서는 다양한 청소년 하위그룹 – 여성 청소년, 농어촌 청소년, 장애 청소년, 근로 청소년, 범죄 청소년, 미혼부/모 청소년, 이주배경 청소년, 성소수자 청소년, 학교 밖 청소년, 니트족 청소년, 청소년복지시설 청소년, 시설 퇴소 청소년 등 다양한 소수자 청소년 집단 – 을 포함하는 창의적인 전략을 설계하고 구현하는 데 시간과 자원을 투여해야 한다.

2. 양질의 청소년정책을 위한 표준

2000년대 이후 세계 각국은 청소년정책의 필요에 공감하고 정책 개발과 전략을 마련하는 동시에, 양질의 청소년정책을 수립하는 데 필요한 여러 가지 기준을 마련하기 위한 세심한 노력을 하고 있다. 이런 노력들은 청소년정책을 자체적으로 평가하고 품질을 측정할 수 있는 도구를 개발하는 것에서부터 청소년과 청소년 기관·단체들에서 참고로 사용할 수 있는 지표를 개발하는 데 이르기까지 다양하다.

이같이 양질의 청소년정책 기준을 마련하고자 노력하는 이유는 청소년정책이 포괄적이고 통합적인 정책이라는 점을 명확하게 하려는 노력이었지만, 여전히 청소년정책의 개념은 모호하다. 일부 국가에서 청소년 관련 서비스를 의식적으로 연계하고 조정하는 노력을 기울여 왔으나, 일찍이 통합적 청소년정책의 필요성을 제기해온 핀란드의 청소년 전문가 Siurala and Kalala(2018)는 실제 현실은 종종 실망스러웠다고 강조해서 말한다. 즉 "일부 국가의 경험에 따르면 통합된 청소년정책 계획이 다른 부문에 걸쳐 청소년 부문과 청소년 문제의 가시성을 촉진했지만, 다른 부문이 제안된 조치를 실제로 실행하도록 하는 것이 어려웠음을 시사한다"는 것이다. 영국의 청소년정책 전문가인 Williamson(2017)은 청소년정책과 실행에 대한 지속가능한 부문 간 접근방식의 구체적인 사례는 거의 없다고 주장하며, 새로운 솔루션의 필요성을 강조한다. 통합적 청소년정책의 개념에 대한 명확한 정의와 함께, 실행 지침으로서 청소년정책에서 성공적인 부문 간 협력의 기준을 제시하는 것이다. 이런 솔루션을 만들고자 하는 노력들이 양질의 청소년정책의 표준 개발로 이어지고 있다.

'유럽청소년포럼(EYF, European Youth Forum, 2016)'도 2016년 '양질의 청소년정책을 위한 8가지 표준'을 제안하고, 이 표준을 실제 활용할 수 있는 '툴킷(toolkit)'을 개발하여 제공하고 있다. 유럽연합의 에라스무스 플러스(Erasmus+) 프로그램과 유럽평의회가 공동 출자하여 설립한 유럽청소년포럼은 청소년이 평등한 시민이며 글로벌 시민으로서 잠재력을 최대한 발휘할 수 있도록 유럽 청소년의 목소리를 장려하고 지원하는 것을 목표로 한 유럽 청소년기관·단체의 플랫폼이다. 유럽청소년포럼은 청소년정책에 관한 조사 결과와 행동의 아이디어를 교환하는 데 관심이 있는 약 100개의 청소년기관·단체를 대표하며 유럽 전역에서 수천만 명의 청소년이 참여하고 있다(European Youth Forum, 2020).

유럽청소년포럼이 전문가 그룹에 의뢰하여 개발한 청소년정책 품질 표준 툴킷은 공공기관과 청소년기관·단체가 국가, 지역, 지방 수준에 관계없이 다양한 상황에서 청소년정책 품질을 측정하는 데 적용 가능한 프레임워크를 제공한다. 즉 툴킷은 청소년정책에서 잘 작동하는 것과 그렇지 않은 것을 식별하는 도구, 팁 그리고 요령을 제공한다. 아울러 툴킷은 다음과 같은 3가지 이점을 제공(European Youth Forum, 2016: 4)한다. 첫째, 양질의 청소년정책 구성을 위한 공통 이해 개발 둘째, 양질의 청소년정책에 대한 옹호 노력에서 관련 기관·단체 및 행위자 지원 그리고 셋째, 청소년정책에 관한 유럽청소년포럼의 입장 강화 등이다.

청소년정책 품질 표준과 툴킷은 정책의 콘텐츠가 아니라 정책영역과 평가방법에 초점을 두고 다음 3가지의 목표를 초석으로 청소년정책에 접근한다. 우선 국가마다 청소년정책이 크게 다르고 각 정책영역에 대한 최소 표준을 설정하기가 어렵기 때문에 청소년정책 품질 표준 프레임워크는 프로세스 즉, 청소년정책을 콘텐츠가 아닌 개발, 구현 및 평가해야 하는 방법, 청소년정책에서 다루어야 할 정책영역에 초점을 두고 있다. 또한 품질 표준에서는 청소년에게 영향을 미치는 다양한 정책영역이 있기 때문에 청소년정책에 수평적 접근이 필요하다는 사실을 강조한다. 나아가 청소년정책 품질 표준은 유럽청소년포럼에서 확인하는 다음과 같은 3가지 청소년정책 목표에 기반을 두고 있다(European Youth Forum, 2016: 6-7).

첫째, 청소년이 사회에 적극적으로 참여하고 시민으로 발전할 수 있도록 지원한다. 참여는 더 나은 사회를 만들기 위해 의사결정에 참여하고 영향을 미치는 행동과 활동에 참여할 권리로 필요한 경우 수단, 공간, 기회 등을 지원받는 것이다. 특히, 유럽청소년포럼은 청소년과 청소년기관의 의견을 소중히 여기는 '참여 문화'가 만들어져야 한다고 강조한다. 따라서 청소년에게는 모든 수준에서 자신의 우려를 표명하고 의사결정 과정에 참여할 수 있는 필요한 공간이 제공되어야 하며, 다음과 같은 부문별 정책은 우선순위 및 청소년정책의 전체 구성요소로 간주되어야 한다.

- 더 나은 거버넌스(서로가 합의한 결정을 포함한 학교, 행정, 정부당국)
- 적극적인 시민권
- 자원봉사
- 정보 접근
- 시민사회와 청소년 NGO 관리 시스템의 지원 및 역량 구축

둘째, 청소년의 자율성과 삶의 질(well-being)을 보장해야 한다. 청소년정책은

청소년에게 독립적인 생활을 선택할 수 있고, 자신의 삶을 영위할 수 있도록 일상생활의 모든 부문에 완전한 사회적, 정치적 참여 가능성을 즐길 수 있고, 독립적인 결정을 내릴 수 있도록 필요한 지원, 자원과 기회를 제공하는 것을 목표로 해야 한다. 이런 차원에서 양질의 고용에 대한 접근과 학교로부터 노동시장으로의 이행을 촉진시킬 수 있도록 청소년정책의 핵심 요소가 되어야 한다. 따라서 다음과 같은 부문별 정책은 우선순위와 청소년정책의 전체 구성요소로 간주되어야 한다.

- 평등과 차별 금지
- 고용 및 노동시장의 불안 해소
- 사회 보호 및 빈곤 퇴치
- 운송
- 도시 및 농촌 개발
- 주거
- 보건

셋째, 청소년이 사회에서 개인과 전문가로서 자신의 자리를 찾도록 지원한다. 청소년정책은 모든 사람에게 적극적인 노동력의 일원이자 시민으로서 사회통합을 이뤄낼 수 있도록 수단과 기회를 제공할 수 있어야 한다. 젊은이들이 사회에서 자신의 자리를 찾고 자신이 공동체에 속한다고 느끼는 것은 점점 더 어려워지고 있다. 유럽청소년포럼은 교육의 역할이 고용을 위한 도구로써 뿐만 아니라 젊은이들의 권리와 책임에 대한 인식을 높이고 포용적이고 관용적인 사회를 위해 노력하는 기술, 지식 및 태도를 제공하는 수단 그 이상의 것이라고 믿는다. 청소년기관은 비형식 교육을 통해 습득한 기술이 개인의 시민 발전뿐만 아니라 사회 발전에 크게 기여한다는 사실을 인식할 필요가 있다. 따라서 다음 부문별 정책은 청소년정책의 우선순위와 전체 구성요소로 간주되어야 한다.

- 양질의 교육
- 청소년사업과 청소년 훈련 지원 정책
- 비형식 교육과 무형식 학습

- 다문화 학습과 세계 교육
- 문화에 대한 접근
- 스포츠

출처: European Youth Forum, 2016: 44-45.

[그림 6-1] 양질의 청소년정책을 위한 8가지 표준

양질의 청소년정책을 위한 8가지 표준의 전체 매트릭스를 보면 8가지 표준에 대한 각각의 정의가 있고, 표준에 도달했는지를 평가하기 위한 일련의 지표들이 8가지 표준별로 2~4개로 구성되어 있다. 지표별로 적절한 범주로 평가할 수 있도록 표시기를 두고 '없음(absent, 빨간색)', '타당함(fair, 오렌지색)', '좋음(good, 노란색)', '취득(acquired, 녹색)' 등 4단계로 나누어 색깔로 구분하고 있다. 또한 각각의 지표별로는 기준 목록을 제시하고 표시기에 도달하기 위해 배치할 수 있는 항목의 특정 예를 제공하여 표시기의 단계를 선택하기 전에 기존 목록을 살펴보고 이것이 있는지 여부를 평가하도록 한다.

양질의 청소년정책을 위한 8가지 표준과 각 표준별 지표 구성은 다음과 같다.

① 표준 1: 청소년정책에 대한 권리 기반 접근(rights-based approach to youth policy)

청소년정책은 국제 인권 프레임워크에서 정한 기준을 기반으로 하면서 평등 및 차별 금지 원칙을 따라야 한다. 청소년정책에 대한 권리 기반 접근법은 정책입안자들이 그러한 권리를 정의하는 데 참여할 수 있는 권리를 포함하여 청소년 권리의 장기적인 이행을 위해 노력하도록 촉구하고 청소년을 권리 보유자로 정의함으로써 권한을 부여한다.

지표		기준목록
〈지표 1〉	개념으로서의 청소년 권리가 관련 정책문서에서 인정된다.	• 청소년 권리의 용어와 개념은 청소년 관련 공식 입법과 전략에서 표현되고 있다. • 청소년정책은 동일한 지위를 가진 모든 청소년 권리를 인정하며, 계층적 순서로 순위를 매길 수 없다.
〈지표 2〉	청소년정책은 보편적 가치 또는 다원주의, 민주주의 및 인권에 분명하게 뿌리를 두고 있으며 성별, 인종, 윤리 집단 등에 관계없이 모든 청소년을 긍정적이고 동등하게 다룬다.	• 청소년정책은 비차별적이면서 보편적이다. 청소년정책 조치의 대상 그룹은 포괄적이며 모든 청소년을 포함한다. • 청소년정책은 청소년을 문제로 보기보다는 자원으로 인식하고 긍정적인 접근방식을 개발한다.
〈지표 3〉	국가 청소년정책은 인권에 대한 기존 법적 문서를 승인한다.	• 청소년 권리의 용어와 개념은 청소년 관련 공식 입법과 전략에서 표현되고 있다. • 청소년정책은 비차별적이면서 보편적이다. 청소년정책 조치의 대상 그룹은 포괄적이며 모든 청소년을 포함한다. • 청소년정책은 동일한 지위를 가진 모든 청소년 권리를 인정하며, 계층적 순서로 순위를 매길 수 없다. • 국가 청소년정책은 유럽평의회 유럽사회 헌장과 일치한다. • 국가 청소년정책은 인권에 관한 유럽협약과 일치한다. • 국가 청소년정책은 리스본조약(1a조, 2조)과 일치한다.
〈지표 4〉	청소년정책이 청소년을 수혜자가 아니라 참여 권리 보유자로 인정한다. 따라서 청소년의 권리에 대해 책임을 질 수 있는 회원국 및 기타 공적 행위자와 같은 해당 의무 소지자를 설정한다.	• 정부는 청소년이 양질의 교육과 훈련을 받을 수 있고 양질의 일과 생활조건을 누릴 수 있도록 조치를 취한다. • 정부는 청소년의 자율성과 책임감 그리고 참여를 보장하기 위한 조치를 취한다. • 지방, 지역 또는 국가 차원의 정보와 상담 서비스가 있다. • 정부는 형식과 비형식 교육을 포함하여 청소년의 권리에 대한 인식과 이해를 증진하기 위한 행동과 활동을 제공하고 지원한다. • 인권교육은 정규 교육과정에서 시행한다.

② 표준 2: 증거 기반 청소년정책(evidence-based youth policy)

증거 기반 청소년정책은 청소년정책이 청소년의 필요와 현실을 반영하기 위해 청소년정책 개발의 모든 단계가 신뢰할 수 있고 관련성이 있으며 독립적이고 최신 데이터와 연구를 기반으로 한다는 것을 의미한다.

지표		기준목록
〈지표 1〉	젊은 세대를 대표하는 그룹의 생활조건, 열망과 인식에 대한 연구가 정기적으로 수행된다.	• 연구는 최소 1년에 한 번 출판 또는 검토된다. • 정책결정에 사용된 연구는 특정 그룹뿐만 아니라 모든 청소년의 상황을 반영한다.
〈지표 2〉	연구 데이터는 독립적이며 정책 주기의 모든 부분에서 조작되지 않는다.	• 연구결과는 학계에 의해 검증된다. • 발표된 연구는 사용된 데이터의 출처를 언급한다. • 발표된 연구는 다양한 데이터 소스를 사용한다. • 청소년을 연구하는 독립적이고 비정치적인 연구자, 기관, 싱크탱크가 있다.
〈지표 3〉	청소년 관련 연구를 위해 적절한 재정과 인프라 등 자원이 할당된다.	• 독립 연구자를 고용할 수 있는 충분한 예산이 있다. • 연구에 초점을 맞춘 청소년 독립기구를 위한 충분한 예산이 있다. • 다양한 형태의 연구를 수행하기에 충분한 예산이 있다.
〈지표 4〉	청소년정책은 최신 정보와 연구를 기반으로 한다.	• 정책주기 내내 최신 정보와 연구가 사용된다. • 최신 정보와 연구를 기반으로 채택된 정책의 모니터링이 이루어진다. • 청소년정책은 다양한 증거 기반 방법(데이터, 포커스 그룹, 설문 조사 등)을 기반으로 해야 한다.

③ 표준 3: 참여적 청소년정책(participatory youth policy)

참여적 청소년정책은 정책 형성·실행·평가에 이르기까지 정책주기의 모든 단계에서 모든 이해관계자를 포함한다. 이해관계자는 청소년기관, 청소년 및 기타 모든 조직과 정책에 영향을 미치거나 영향을 받는 개인이며, 모든 이해관계자 중 취약계층과 소외 계층의 참여에 특별한 관심을 기울이고 있다. 정책 개발, 실행 및 평가가 참여적임을 보장하는 메커니즘이 보장되고 투명해야 한다.

지표		기준목록
〈지표 1〉	시민사회 조직과 기타 사회 부문의 모든 관련 이해관계자는 정책주기의 모든 단계에 참여한다.	• 컨설팅 그룹(온라인, 오프라인, 대면 등)의 범위를 넓히기 위해 다양한 의사소통 채널을 통해 형성, 실현 및 평가 단계에서 이해관계자를 위한 개방적이고 사용자 친화적인 컨설팅 과정이 있다. • 정책입안자들은 협의 후 참가자들에게 공개적으로 피드백을 제공한다. • 관련 이해관계자(정책 분야에 따라 다름)는 토론에 대한 의견을 제공하기 위한 대면 회의를 위해 공공기관이 초청한다.
〈지표 2〉	청소년기관은 정책주기의 모든 단계에 참여한다.	• 정책결정 과정이 시작되기 전에 청소년과 특별하게 상의한다. • 청소년기관과 정책입안자 간 정기적인 온・오프라인 협의를 통해 대화를 보장한다. • 모든 수준에서 공동관리 시스템(또는 기타 구조적 도구)이 마련되어 있어 청소년이 정책과정에 참여할 수 있다. • 청소년기관의 참여(청소년 주도 및/또는 청소년을 위해 일하는 것)는 정책주기의 모든 단계(개발・실행・평가)에서 발생한다. • 청소년기관은 청소년에 영향을 미치는 정책이 개발될 때 주요 이해관계자로 간주된다.
〈지표 3〉	정책주기 전반에 걸쳐 조직화되지 않은 청소년과 참여의 기회가 적은(참여에서 배제되기 쉬운) 청소년을 참여시키기 위해 공공기관은 구체적인 노력을 기울이고 있다.	• 절차 시작 전, 정책주기 내에서 조직화되지 않은 청소년과 기회가 적은 청소년의 참여를 포함하는 계획이 있다. • 청소년사업 또는 비형식적 방법론은 청소년 참여의 모든 단계에서 사용된다. • 정책과정에 관한 회의, 협의 및 활동이 조정되고 기회가 적은 청소년이 접근할 수 있다. • 정책입안자들은 이러한 협의 결과가 어떻게 사용되었는지에 대한 피드백을 제공한다. • 참여하는데 가장 큰 장벽에 직면한 청소년 및 청소년기관과 함께 참여 메커니즘을 생각하고 개발하여 해당 기관/청소년의 리듬, 언어, 형식 및 작업 방식에 적응한다.

④ 표준 4: 다층 구조 청소년정책(multi-level youth policy)

다층 구조 청소년정책은 지방, 지역, 국가 및 유럽 수준의 모든 관련 공공기관 간에 조정된 방식으로 개발·실행·평가됨을 의미한다. 정책은 사람들에게 가장 효과적이고 가장 가까운 수준에서 시행된다는 보조성의 원칙이 존중된다.

지표		기준목록
〈지표 1〉	국가 청소년전략 및 청소년 정책은 다른 수준에서 정책 프레임워크의 존재를 인정한다.	• 국가 청소년전략은 관련 유럽전략(EU 및 유럽평의회)의 주제별 우선순위를 나타낸다. • 국가 청소년전략은 관련 글로벌 전략의 주제별 우선순위를 나타낸다(세계청소년행동프로그램 – WPAY). • 국가 청소년전략은 다른 공공기관 수준에서 관련 프레임워크의 존재를 인식한다.
〈지표 2〉	국가, 지역 및 지방 수준의 청소년전략/정책 목표가 조정되어 상호 보완적이며 상호 강화된다.	• 공공기관의 각 단계에서 청소년 문제를 다루는 기관(부서, 위원회, 부처)이 있다. • 청소년정책과 관련하여 다양한 수준의 공공기관 간에 능력과 책임이 명확하게 구분되어 있다. • 모든 수준에서 청소년정책을 모니터링하는 적절한 수준의 공공기관에 대한 조정 기관이 있다.
〈지표 3〉	청소년정책 조치는 다른 행정단위(예: 지방자치단체, 지역, 연방 주 또는 해외 영토 등) 내에서 그리고 그 사이의 지리적 및 사회경제적 다양성을 반영한다.	• 청소년전략과 청소년정책은 청소년들 사이의 지리적, 사회경제적 차이를 해결하기 위한 조치를 인식 · 확인 · 도입한다. • 지방 청소년정책 조치는 지방 청소년의 특정 조건과 도전을 반영한다.

⑤ 표준 5: 전략적 청소년정책(strategic youth policy)

전략적 청소년정책은 장기적인 비전을 중심으로 구축된 포괄적인 전략 또는 법적 프레임워크를 기반으로 하며, 일련의 측정 가능하고 자원이 풍부하며 일정에 맞춰진 목표, 확인된 대상 그룹 및 정책의 실현과 평가를 위한 서로 다른 공공기관 간의 명확한 책임 분할로 구성된다.

지표		기준목록
〈지표 1〉	가장 중요한 청소년전략이 있다.	• 문서가 있다. • 이 문서는 공개적으로 사용 가능하다. • 정책 대책의 대상 그룹은 전략 내에서 정의된다.
〈지표 2〉	청소년전략의 목표는 측정 가능하고, 자원과 일정이 정해져 있다.	• 이 전략에는 특정 목표, 핵심성과 지표 및 평가기준이 포함된 별도의 실현 계획이 수반된다. • 전략을 실행하기 위해 계획되고 사용 가능한 예산이 있다. • 이 전략은 시간 제한적인 목표를 가지고 있으며 적절한 공공기관의 정기적인 검토를 받는다. • 청소년전략은 단기 및 장기 정책 조치로 구성된다.

⑥ 표준 6: 청소년정책을 위한 자원 가용성(availability of resources for youth policy)

재정과 인적자원 측면에서 충분한 자원은 청소년기관, 청소년사업 제공자와 공공기관이 양질의 청소년정책을 개발·실행·평가할 수 있도록 제공된다. 훈련 계획에서 재정 지원 프로그램에 이르기까지 지원 조치가 청소년정책의 행위자와 구조의 역량 구축을 보장하기 위해 제공된다.

지표		기준목록
〈지표 1〉	청소년정책의 실행을 지원하기 위해 정부가 청소년기관을 위해 사용할 수 있는 충분한 재정 자원이 있다.	• 정부는 보조금(행정 및 프로젝트 기반 보조금 모두) 및 기타 자원을 제공하여 청소년기관이 지속적으로 활동을 수행할 수 있도록 한다. • 정부는 보조금(행정 및 프로젝트 기반 보조금 모두) 및 기타 자원을 제공하여 청소년지도자가 지속적으로 활동을 수행할 수 있도록 한다. • 청소년사업 개발에 공적 자금 투자가 이루어진다. • 청소년기관은 기금 및 보조금 관리에 관여한다.
〈지표 2〉	청소년기관과 청소년은 공공기관의 역량 강화를 지원한다.	• 청소년기관 내에서 충분한 인적 자원과 역량 구축을 보장하기 위한 재정적 수단이 있다. • 역량 강화를 위해 청소년지도자를 훈련할 수 있는 프로그램이 있다. • 역량 강화에 대한 지식과 정보(예: 모범 사례 및 훈련 프로그램에 대한 가이드)는 청소년과 기관이 쉽게 접근할 수 있다.
〈지표 3〉	청소년정책을 위해 일하는 공공기관이 이용할 수 있는 충분한 재정과 인적 자원이 있다.	• 충분한 인적 자원과 공공기관의 역량 강화를 위한 재정적 수단이 있다. • 청소년사업에 대한 헌신을 보장하기 위해 공공기관이 사용할 수 있는 지속가능한 예산이 있다. • 청소년 문제를 다루는 공무원을 위한 교육 프로그램이 있다. • 청소년에 대한 지식과 정보(예: 연구 및 데이터)는 청소년과 사업하는 공공기관이 쉽게 접근할 수 있다.

⑦ 표준 7: 청소년정책의 정치적 헌신과 책임(political commitment and accountability in youth policy)

정치적 헌신과 책임은 의사결정자가 투명한 방식으로 청소년정책을 구현하고 객관적인 방식으로 자신의 행동을 보고하기 위해 적절한 조치를 취하고 있음을 의미한다. 청소년기관과 청소년은 정책주기의 모든 단계에 적극적으로 참여하고 의사결정권자는 그들의 행동에 대해 책임을 진다.

지표		기준목록
〈지표 1〉	정책결정 과정의 다양한 이해관계자는 자신의 행동에 대해 책무성을 가질 수 있다.	• 다양한 이해관계자 간의 책임이 명확하게 정의되고 공개된다. • 청소년정책의 발전을 측정하기 위한 명확한 개발 목표가 마련되어 있어 정책입안자들에게 책임을 물을 수 있다. • 다양한 이해관계자는 피드백에 적시 대응한다. • 청소년 문제를 다루는 모든 관련 기관에 청소년이 쉽게 접근할 수 있다.
〈지표 2〉	정기적으로 청소년정책의 정책주기의 모든 단계에 걸쳐 정책입안자들이 수행하는 공개보고가 있다.	• 청소년정책에 대해 정부에서 정기적으로 발간하는 공개보고서가 있다. • 정책주기의 모든 단계에 대한 정보는 미디어와 인터넷, 정부 정보채널 등과 같은 기타 정보채널을 통해 청소년이 쉽게 접근할 수 있나. • 게시된 정보는 모두가 접근할 수 있는 언어로 작성된다.
〈지표 3〉	청소년기관은 청소년의 요구와 관심을 충족시키기 위해 청소년정책 실행을 모니터링하고 있다.	• 청소년기관은 실행 단계 모니터링에 참여하고 있으며 피드백을 고려한다. • 청소년정책의 실행 및 모니터링을 보장하기 위해 청소년정책에 대한 지속적인 옹호 프로세스를 통해 청소년들에게 정보를 제공하고 이를 알린다.

⑧ 표준 8: 부문을 가로지르는 청소년정책(cross-sectorial youth policy)

부문을 가로지르는 청소년정책은 청소년정책의 형성, 실행 및 평가를 공동으로 작업하면서 청소년에게 영향을 미치는 문제를 담당하고 이에 대해 작업하는 여러 부처, 부서 및 공공기관 간의 조정이 있음을 의미한다.

지표		기준목록
〈지표 1〉	부문, 부처 및 기타 관련 기관을 가로지르는 효과적이고 조정된 협력이 있다.	• 각 기관(예: 정부 자문위원회, 조정 메커니즘, 부처 간 위원회 등) 간의 협의 및 조정 가능성을 제공하는 구조가 있다. • 정책 검토를 위해 다양한 부문의 행위자들 간에 정기적인 회의를 개최한다. • 청소년 주무부처 외의 청소년정책 관련 기관은 정부로부터 청소년 문제에 대한 교육을 받는다. • 청소년 관련 공공기관은 한 부서/부처에만 대응해서는 안 되며, 효과적인 부문을 가로지르는 책임과 수단을 가지고 있다.
〈지표 2〉	청소년 문제는 다양한 관련 정책 분야를 통해 주류화되므로, 청소년 문제는 수평적임을 인정한다.	• 공공기관은 청소년정책에 수평적 접근이 필요함을 인정한다(예: 청소년 전략에 언급). • 청소년 문제는 공공기관의 여러 부처/부서에서 다루고 있다. • 다양한 분야(예: 고용, 건강, 교육)에 걸쳐 청소년 문제를 주류화하는 담당자/팀이 있다.
〈지표 3〉	청소년정책의 평가는 정부의 여러 부문을 위한 동료학습의 메커니즘으로 활용된다.	• 청소년정책에 직접 관여하는 기관 내에 평가과정이 있다. • 결과는 관련 기관 간에 공유된다. • 청소년정책 시행 평가 결과를 정부의 각 부문에 제공하여 미래 정책을 강화한다.

새로운 청소년정책 총론

3부

청소년정책의 실천적 이해

7장 청소년행정 및 청소년 관련 법체계

■ 개요

이 장에서 청소년행정은 청소년의 개인적 인격 완성과 국가와 사회에 기여할 수 있는 건전한 자질 함양 그리고 사회공동체 형성을 위하여 청소년에 관한 법규와 정책을 집행하고, 청소년의 제반 활동에 필요한 조건을 정비하고 확립하며, 청소년단체나 청소년시설의 조직 구성원들의 합리적 협동행위를 조성하는 수단적 · 지원적 활동 과정으로 이해한다. 그리고 청소년정책 전달체계의 시각에서 청소년행정의 유형과 연계 · 조정 방식 및 청소년행정의 중요한 구성요소인 청소년 관련 법적 체계를 분석하고 설명한다.

청소년행정은 일반적으로 개인적 차원의 청소년 성장 발달지원과 사회적 차원의 시민성 함양 등과 같은 청소년정책의 목표를 달성하기 위해 실천하고 지원하는 행정 체계와 행정행위에 정당성을 부여하며 이를 구속하는 법적 체계 등을 포함하는 개념이다. 따라서 청소년행정에 대하여 청소년의 개인적 인격 완성과 국가와 사회에 기여할 수 있는 건전한 자질 함양 그리고 사회공동체 의식의 형성을 위하여 청소년에 관한 법규와 정책을 집행하고, 청소년의 제반 활동에 필요한 조건을 정비하고 확립하며, 청소년단체나 청소년시설의 조직 구성원들의 합리적 협동행위를 조성하는 수단적 · 지원적 활동 과정으로 이해한다.

특히 청소년행정 체계는 행정의 일반적 성격이나 행정행위에 정당성을 부여하는 방식과 법적 체계 등에 따라 다양하게 이해될 수 있다. 여기서 청소년행정 체계에 대하여 청소년정책 전달체계의 시각에서 청소년행정의 유형과 연계 · 조정 방식 및 청소년행정의 중요한 구성요소라고 할 수 있는 법적 체계를 중심으로 분석·설명하고자 한다. 청소년행정 유형은 청소년정책 담당 기구가 공공행정 상에서 얼마나, 어떻게 제도화되어 있는가에 따라 구분될 것이다. 청소년행정의 연계·조정 방식에 대해서는 청소년정책의 결정과 시행과정에서 수직적·수평적으로 이루어지고 있는 행정 행태를 중심으로 살펴본다.

청소년행정을 청소년정책 전달체계 시각에서 바라보는 것은 일반 공공행정의 성격에 비추어 청소년행정을 이해하기보다는 청소년행정이 지니는 고유한 특성을 중심으로 이해하고자 하는 노력의 일환이다. 청소년정책 전달체계로서 청소년행정에 대한 이해는 청소년정책이 국가에서 어느 정도의 우선순위를 가지는지, 공공행정의 제도상에서 청소년행정이 각국마다 어떻게 다른 위상을 가지고 있는지, 일반 공공행정에서와 달리 청소년행정에서 강조되어야 할 특성이나 수단이 무엇인지 등을 설명하는 데 도움을 줄 수 있다.

1. 청소년행정 체계 분류기준과 유형

국가마다 국가구성이 다르기 때문에 청소년행정의 유형을 단일한 기준으로 분류하고 비교·설명하기는 어렵다. 국가구성의 3요소라고 할 수 있는 영토, 국민, 주권에 따라 국가구성 형태는 연방국가와 단일국가로 대별할 수 있다. 연방국가는 국가의 권력이 중앙정부와 주 정부에 동등하게 분배되어 있는 정치 형태로, 2개 이상의 주권이 결합하여 국제법상 단일적인 인격을 가지는 복합 형태의 국가이다. 연방국가는 연방을 구성하는 지방이 국가구성의 단위체를 이루며 자주적인 조직과 권한을 가지지만, 단일국가는 그러한 성격이 없고 국가의 기본법에 의하여 주어진 지위와 권한만을 가진다. 예를 들어 미국·캐나다·독일·스위스·러시아 등은 연방국가이지만, 세계 대부분의 국가는 단일국가 형태를 취하고 있다. 연방국가라 할지라도 각 주(州)정부 내에서 주 정부와 지방정부 사이의 행정적 업무분담에는 상당한 차이가 있다. 단일국가에서도 조직 원리와 권력 구조상 중앙 집권적 형태와 지방 분권적 형태에 따라 행정적 업무분담의 방식이 다르다. 따라서 청소년행정의 유형을 단순하게 비교·분석하는 것은 매우 어려운 과제이다.

그렇지만 청소년정책의 전달체계 중심으로 청소년행정 유형을 비교·분석하는 데에는 이탈리아 밀라노의 IARD(2001: 63) 연구소가 채택하고 있는 지표가 유용할 수 있다. IARD 보고서에서는 국가구성의 차이로 인해 청소년행정 체계의 국가 간 비교가 어렵다고 전제하면서도, 청소년정책이 국가의 주요 정책분야에서 어느 정도 우선순위를 차지하는지를 파악하는 데 도움이 된다는 차원에서 중앙정부나 주정부 수준과 행정적 수준 등으로 단순화하여 다음과 같은 2가지 수준의 지표를 분류기준으로 제안하고 있다.

① 중앙정부 혹은 주(州)정부 수준

- 청소년정책을 관할하는 명확한 정부 청소년 전담부처(specialized ministry of youth)가 있는가?
- 청소년정책을 한 정부부처 내에서 관할하고, 청소년정책을 전담하는 부처의 책임자(junior minister)가 임명되어 있는가?
- 청소년정책이 몇 개 정부부처에 나누어져 있는 별도의 정책영역으로 인정되고 있는가?
- 청소년정책이 여러 정부부처 간에 조정되고 있는가?

② 행정적 수준

- 하나 혹은 그 이상의 청소년에 관한 행정의 주무부서(specialized directorates on youth)가 있는가?
- 주무부서가 청소년 관련 법령을 시행하고 있는가?
- 주무부서가 보다 낮은 수준에서 청소년 서비스 혹은 청소년기관이나 기구를 감독하고 모니터하는가?
- 주무부서가 청소년사업이나 청소년 프로그램에 필요한 재원을 배분하는가?
- 주무부서가 청소년정책 부문 내에서 다양한 행위자들과 조정하며 협의하는가?

이와 같이 IARD 연구소가 제안하고 있는 국가 간 비교를 위한 지표를 종합하면 크게 3가지 분류기준으로 구분할 수 있다. 첫째, 중앙정부 조직 수준에서 정부부처에 청소년정책 전담부처(ministry or department) 존재 여부 둘째, 정부부처 기능 차원에서 여러 부처에 흩어져 있는 청소년정책 관련 사안에 대한 조정(co-ordination) 기능의 유무 셋째, 행정적 차원에서 정부부처 내에나 혹은 정부부처와는 다른 독립된 청소년행정 주무부서(directorate)의 설치 여부 등이다.

한편 이러한 기준 이외에 청소년정책이 별도의 정책영역으로 인정되는지, 청소년행정 주무부서에서 청소년 관련 법령을 두고, 청소년 관련 기관에 재원을 배분하며, 관리·감독과 협의·조정을 하고 있는지 여부 등은 청소년행정이 얼마나 제도화되어 있는지, 청소년정책이 얼마나 주요 정책으로 고려되고 있는지를 판단할 수 있는 주요한 지표로 활용할 수 있을 것이다. 특히 청소년 관련 법령, 재원, 청소년 관련 기관과의 협의·조정·감독과 모니터링 등은 청소년행정의 주요한 요소라고 할 수 있다.

이와 같은 분류기준을 통해 주요 국가의 청소년행정 체계 유형을 구분하면 〈표 7-1〉과 같이 크게 4가지 유형으로 나눌 수 있다.

〈표 7-1〉 청소년행정 체계의 유형 구분

유형	주요 구성 형태	주요 국가	한국 사례
제1유형	청소년정책 전담 정부부처가 독립되어 있거나 부처(ministry) 명칭에 청소년이 포함되어 있고, 부처 내 청소년행정 주무부서(youth directorate)가 있고 여러 부처의 청소년업무를 연계·조정하는 기능을 가진 유형 [청소년정책 전담부처 + 청소년행정 주무부서 + 연계·조정]	독일, 프랑스, 뉴질랜드	• 1991~93년 체육청소년부 – 청소년정책실 – 청소년육성위원회 • 2005~08년 국가청소년위원회 – 청소년정책관계기관협의회

유형	주요 구성 형태	주요 국가	한국 사례
제2유형	정부부처 명칭에 청소년이 없는 한 부처에서 청소년정책을 전담하며 청소년행정 주무부서가 있고, 여러 부처 청소년업무를 연계·조정하는 기능을 가진 유형 [한 부처 소속 + 청소년행정 주무부서 + 연계·조정]	핀란드, 아일랜드, 일본	• 1988~91년 체육부 – 청소년국 – 청소년육성위원회 • 1993~2005년 문화체육부, 문화관광부 – 청소년정책실, 청소년정책국 • 2008~10년 보건복지가족부 – 아동청소년정책실 • 2010 이후 여성가족부 – 청소년가족정책실 – 청소년정책관계기관협의회 (청소년정책위원회, 2015년 이후)
제3유형	청소년정책 전담 정부부처와 청소년행정 주무부서가 없이 여러 부처 청소년업무를 연계·조정하는 기능만을 가진 유형 [연계·조정]	덴마크	• 1964~77년 – 청소년보호대책위원회 • 1977~88년 – 청소년대책위원회
제4유형	청소년정책 전담 정부부처와 청소년행정 주무부서가 없고, 여러 부처 청소년업무를 연계·조정하는 기능도 없는 유형	영국	• 1964년 이전

출처: IARD(2001: 63-64). 자료를 바탕으로 일부 주요 국가와 우리나라 사례를 포함하여 수정·보완한 것임.

① 제1유형은 정부 내 청소년정책 전담부처가 독립되어 있거나 부처 명칭에 청소년이 포함되어 있고, 부처 내 청소년행정 주무부서가 있으며 여러 부처의 청소년업무를 연계·조정하는 기능을 가진 행정체계이다. 독일, 프랑스, 뉴질랜드는 제1유형의 대표적 사례이다.

독일은 연방정부 수준에서 가족·노인·여성·청소년부(Federal Ministry for Family Affairs, Senior Citizens, Women and Youth) 산하에 청소년행정 주무부서를 두고 광범위한 청소년정책의 전반적인 업무를 관할·조정하고 있다. 프랑스의 경우 수상직속 기구로 청소년위원회(Haut commissaire à la jeunesse)를 설치하고 청소년행정 주무부서를 두어 청소년 정보, 청소년 참여, 청소년활동과 캠프, 레크리에이션센터, 교육적 엔터테인먼트와 문화, 국제교류 등의 업무를 관할하고 있다.

한국사회에서는 1991~93년 사이에 체육청소년부에 청소년정책실을 두어 청소년정책 전반을 관할하고, 청소년육성위원회를 통해 청소년정책을 총괄·조정한 사례가 이러한 유형에 해당된다. 또한 2005~2008년 시기에 국무총리실 소속 국가청소년위원회에서 청소년정책관계기관협의회 또는 청소년정책위원회를 통해 청소년정책을 총괄·조정한 시기도 있었다.

② 제2유형은 정부부처 명칭에 청소년이 없는 한 부처에서 청소년정책을 전담하면서 청소년행정 주무부서가 있고, 여러 부처의 청소년업무를 연계·조정하는 기능을 가진 행정체계이다. 핀란드, 아일랜드, 일본 및 현재 한국사회가 대표적 사례에 해당한다.

핀란드의 경우 교육문화부(Ministry of Education and Culture)에 문화·스포츠·청소년정책국(Department for Cultural, Sport and Youth policy)과 산하에 청소년정책과(Youth Policy Division)를 두고 청소년정책 전반을 관할하고 있다. 아일랜드에서는 보건·아동부(Department of Health and Children) 산하의 아동·청소년사무소(Office of the Minister for Children and Youth Affairs)에서 청소년정책과 사업을 관할·조정하고 있다. 아동·청소년사무소는 2005년 아동사무소(Office of the Minister for Children)로 출발하여 2008년 중반 교육과학부(Department of Education and Science)의 청소년업무를 통합하여 명칭을 변경(Youth Partnership, 2008: 1)한 것이다. 아일랜드에는 청소년업무가 보건·아동부, 교육과학부, 법무부 등에 분산(소년사법, 아동보호, 무단결석과 무주택 청소년 등)되어 있는데, 이를 국무장관(Minister of State)이 조정하는 형태를 취하고 있다. 아일랜드의 경우 청소년정책이 주로 교육과 훈련에 초점을 맞추고 있기 때문에, 공식적인 청소년행정 체계 이외에 교육과 훈련 영역 내에 정교하면서도 비공식적 네트워크가 존재한다(IARD, 2001: 74).

일본의 경우, 수상 직속의 내각부(内閣府, 2021)에 정책조정(政策調整, 旧 共生社

会政策) 담당 정책통괄관(政策統括官)을 두고, 아동·청소년의 육성과 지원(子供·若者育成支援)에 관한 사항의 기획, 입안 및 종합조정, 관계행정기관의 연락·조정에 관한 사무를 관할하고 있다. 특히 일본은 아동·청소년의 육성·지원에는 교육, 복지, 보건, 의료, 고용 등 여러 분야의 정책이 필요하다고 전제하고 수상을 본부장으로 하고 전 각료(全閣僚)를 구성원으로 하는 '아동·청소년육성지원추진본부(子ども·若者育成支援推進本部)'를 두어 강력한 종합·조정 기능을 수행하고 있다.

③ 제3유형은 청소년정책 전담 정부부처와 청소년행정 주무부서가 없이 여러 부처의 청소년업무를 연계·조정하는 기능만을 가진 행정체계이다. 대표적 사례인 덴마크의 경우 특별한 청소년행정 주무부서가 없이 청소년정책에 대한 정부 차원의 위원회에서 청소년 관련 부문 간의 '가벼운(soft)' 조정 기능만을 수행(IARD, 2001: 73)하고 있다. 중앙정부와 지방정부 간의 청소년정책이나 청소년 관련 수단에 대한 수직적 조정은 이루어지지 않는다. 이러한 정부의 약한 조정 기능으로 '덴마크청소년위원회(Denmark Youth Council)'가 비정부 청소년기관 간의 조정 기능을 보완하고 있다.

④ 제4유형은 청소년정책 전담부처와 청소년행정 주무부서가 없고, 여러 부처의 청소년업무를 연계·조정하는 기능도 없는 행정체계로 영국이 대표적 사례이다. 영국의 경우, 2012년 현재 교육부(Department for Education)에서 교육과 아동·가족서비스 업무를 수행한다. 청소년정책과 관련하여서는 중앙정부에 특별한 전담부처가 없이 아동·가족정책 차원에서 청소년 서비스에 관한 일부 사항을 포함하여 분산되어 있다. 청소년정책에 관한 수평적·수직적 조정 기능은 거의 이루어지지 않는다. 따라서 지방정부의 청소년정책과 행정체계가 더욱 중요성을 가진다.

이상과 같은 청소년행정 체계 유형 구분은 한 국가 내에서 청소년정책이 얼마나 주요 정책분야로 인식되고 있는지를 알려 주는 지표가 된다. 그렇지만 정부 조직 내에 청소년정책 전담부처가 있고 청소년행정 주무부서가 설치되어 청소년정책 조정 기능을 수행한다고 해서 청소년정책이 주요 정책으로 고려되는 수준이 높다고 단정적으로 말하기는 어렵다. 청소년정책이 주요 정책으로 간주되고 있는지 여부는 국정 최고책임자를 비롯한 정부의 청소년정책에 대한 의지, 청소년행정 체계의 구축 정도, 앞 장에서 살펴본 청소년정책 이해 핵심코드의 하나인 청소년정책 부문이 정의되어 있는 정도와 청소년정책에서 주요 현안으로 삼고 있는 정책영역의 범주 등이 함께 고려되어야 하기 때문이다.

청소년정책 전담부처가 있고 청소년부문이 잘 정의되어 있는 국가에서는 다른 부문에 산재해 있는 청소년정책과 사업을 조정하는 수준이 높은 경향이 있다. 그렇지만 아일랜드와 한국사회와 같이 청소년정책이 '교육과 훈련' 혹은 '청소년활동, 보호, 복지' 등과 같은 일부 제한된 영역에 초점을 두고 있을 때에는 정부 수준의 공식적인 수평적·수직적 조정 기능이 아주 미미하게 이루어지고 있는 경우도 적지 않다.

2. 청소년행정의 수직적·수평적 체계

청소년정책 전달체계로서 청소년행정의 체계는 국가의 사정에 따라 매우 다양한 형태를 보여 주고 있다. 앞에서 살펴본 바와 같이, 청소년행정 부문이 독립적으로 발달된 국가와 별도의 청소년행정 부문이 존재하지 않는 국가 등과 같은 청소년행정 체계의 유형별로 다르게 나타날 수 있다. 청소년정책 전달체계는 중앙집중식 형태와 지방 분산적 형태, 중앙정부에서 지방정부로 권한이 이양된 형태와 지역사회가 권한을 가지는 형태, 정부만이 담당하는 형태와 다양한 NGO가 함께 참여하는 형태 등 매우 다양하다(Council of Europe, 2003: 8).

〈표 7-2〉 청소년행정 체계의 수직적 · 수평적 차원과 주요 관련 과제

차원		주요 관련 과제
수직적 차원 행정 체계	수직적 지침 (vertical direction)	• 중앙정부의 청소년정책 목적과 지방 수준과의 관계 – 중앙정부의 청소년정책 지침이 얼마나 강력한가? – 중앙정부는 지방 청소년정책과 사업을 어떻게 이끌어 가고 있는가?
	수직적 전달 (vertical delivery)	• 중앙정부의 청소년정책 목적과 지방 수준에서 반영과 시행 관계 – 중앙정부의 지침이 지방 수준에서 얼마나 성공적으로 반영되고 있는가? – 중앙정부의 청소년정책 목적이 실제 지방 수준에서 어떻게 시행되고 있는가?
수평적 차원 행정 체계	수평적 범주 (horizontal coverage)	• 청소년행정에서 다루고 있는 행정 분야의 범위와 폭 – 청소년정책과 청소년사업이 여가 지향적 활동에서 교육, 주거, 고용, 보건, 국방 등과 같은 주제로 확장되고 있는가?
	수평적 조정 (horizontal coordination)	• 청소년행정에서 다른 행정 부문과의 조정 – 청소년행정이 다른 부문을 가로지르는 조정을 얼마나 성공적으로 수행하고 있는가?

이처럼 수직적 차원은 중앙정부의 청소년정책 지침이 얼마나 강력한가, 지방 정책과 사업을 어떻게 이끌고 있는가 등 어떻게 시행되고 있는가 하는 문제와 관련된다. 반면 수평적 차원은 청소년정책, 청소년사업과 청소년의 생활조건과 관련된 다른 행정 분야 간의 관계를 고려하는 것이다.

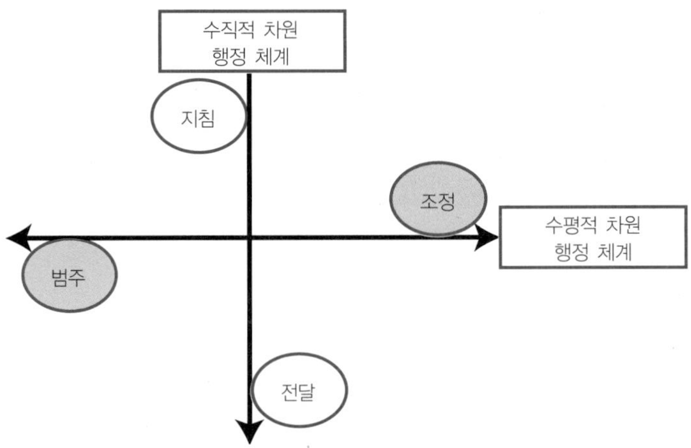

[그림 7-1] 청소년행정의 수직적 차원과 수평적 차원

1) 청소년행정의 수직적 지침과 전달

수직적 차원의 행정체계를 볼 때 '수직적 지침(vertical direction)'과 '수직적 전달(vertical delivery)' 차원을 함께 고려할 필요가 있다. 우선 수직적 지침은 '중앙정부의 청소년정책 지침이 얼마나 강력한가?', '중앙정부는 지방 청소년정책과 사업을 어떻게 이끌어가고 있는가?' 하는 문제에 주로 관심을 기울인다. 다음 수직적 전달 차원에서는 '중앙정부의 지침이 지방 수준에서 얼마나 성공적으로 반영되고 있는가?', '중앙정부의 청소년정책 목적이 실제 지방 수준에서 어떻게 시행되고 있는가?' 하는 문제와 관련이 있다.

대부분의 국가에서는 청소년정책의 전략적 추진과 운영 전달체계를 위해 위에서 아래로 3단계 과정(threetier cascade)을 두고 있다. 법령과 정책의 틀은 주로 중앙정부 행정(1단계)에서 담당하고, 지역(광역 자치단체, 2단계)과 지방정부(기초자치단체, 3단계) 행정에서는 서비스 전달을 위한 가능한 체계를 형성한다(Williamson, 2002: 41−42). 일부 국가에서는 중앙정부 차원의 청소년정책은 별도로 존재하지 않고 지역과 지방정부 수준에 맡겨져 있는 경우도 있다.

중앙정부의 청소년정책의 지침은 매우 강력하게 설정하고 있는 국가에서부터 느슨하고 추상적으로 설정하는 국가에 이르기까지 다양하다. 일정한 전형적인 모델이 형성되어 있지 않다. 스웨덴의 경우, 대표적으로 강력한 '위에서 아래(top−down)'로의 수직적 지침에 바탕을 두고 청소년정책을 추진하고 있는 국가(Siurala, 2003: 3)이다. 중앙정부 수준에서 '통합과 양성평등부(Ministry of Integration and Gender Equality)'의 청소년정책국(Division for Youth Policy)은 지방정부를 위해 매우 구체적인 가이드라인을 제공하고 있다. 청소년정책과 관련된 별도의 법령을 갖추고 있지는 않지만, 1999년부터 의회에서 '청소년정책에 대한 일종의 예산안(a bill on youth policy)'을 채택하여 청소년정책의 목적을 명확하게 제시하여 지방정부에서 추진하도록 하고 있다(Youth Partnership, 2010: 7−8). 스웨덴은 중앙정부와 지방정부의 청소년정책 지침이 잘 시행되고 있는지 여부를 판단하기 위해 앞에서 언급한 '지식 기반 청소년정책 접근'에 입각하여 강력한 평가체제를 구축

(Ministry of Integration and Gender Equality, 2009)하고 있다. 스웨덴 정부는 청소년의 현실 여건에 대한 지식의 수집, 분석 및 보급이 청소년정책의 가장 기본이라고 보고, 매년 청소년 여건을 고려한 약 80여 개의 발달 지표를 선정하여 심층 분석·평가하고 있다.

반면 핀란드의 경우, 청소년정책과 사업의 추진에서 지방정부의 자율성을 최대한 인정하고 있는 국가에 속한다. 핀란드는 청소년정책 관련 법령으로 1972년부터 「청소년사업법(Youth Work Act)」을 두었으나, 2006년 「청소년법(Youth Act)」으로 개정하여 다소 추상적인 청소년정책의 목적을 설정하고 있다(Youth Partnership, 2009). 「청소년법」에 명시된 청소년정책의 목적은 '청소년의 성장과 자립을 지원하고, 시민성과 임파워먼트를 촉진하며 청소년의 성장과 생활조건을 개선(「청소년법」 제1조)'하는 데 두고 있다. 청소년정책을 담당하는 중앙정부의 교육문화부(Ministry of Education and Culture)의 청소년과(The Youth Policy Division)에서는 「청소년법」에 의해 매 4년마다 청소년정책개발프로그램(Youth Policy Development Programme)을 수립·시행하고, 성과를 평가하고 있다(Ministry of Education, 2008). 그 밖에 노르웨이나 덴마크 등 다른 유럽 국가들은 스웨덴과 핀란드의 중간 수준에 위치하고 있다고 볼 수 있다.

중앙정부의 청소년정책의 지침과 지방정부를 이끌어 가는 수준으로 볼 때, 한국은 스웨덴과 같이 매우 강력한 국가 군에 속한다고 평가할 수 있다. 청소년정책에 관한 기본적 사항을 규율하는 「청소년기본법」 상에 중앙정부의 청소년정책 지침을 지방정부에서 시행하도록 하는 근거를 명시하여 강력하게 추진할 수 있는 행정체계를 두고 있다. 현행 「청소년기본법」은 장기적이고 종합적인 청소년정책의 추진방향으로 청소년의 참여 보장, 창의성과 자율성을 바탕으로 한 청소년의 능동적 삶의 실현, 청소년의 성장 여건과 사회 환경의 개선 및 민주·복지·통일 조국에 대비하는 청소년의 자질 향상 등으로 설정(제2조 제2항 기본이념)하고 있다.

그리고 여성가족부장관은 관계 중앙행정기관의 장과 협의한 후 청소년정책위원회의 심의를 거쳐 청소년육성에 관한 기본계획을 매 5년마다 수립하도록 규정하고, 그 내용에 이전의 기본계획에 대한 분석·평가, 청소년육성에 관한 기본방향, 추진목표, 기능의 조정, 분야별 주요 시책, 청소년육성에 필요한 재원의 조달 방법 등을 구체적으로 명시(제13조)하고 있다. 아울러 여성가족부장관 및 관계 중앙행정기관의 장과 지방자치단체의 장은 기본계획에 따라 연도별 시행계획을 수립·시행(제14조)하도록 규정하고 있다. 나아가 관계 중앙행정기관의 장 및 지방자치단체의 장은 전년도 시행계획에 따른 추진실적과 시행계획 수립지침에 따라 작성한 해당 연도의 시행계획을 매년 2월 말일까지 여성가족부장관에게 제출(「청소년기본법」 시행령 제16조 제2항)하도록 하여, 중앙정부가 지방정부의 청소년정책 지침을 이끌어 갈 수 있는 강력한 수단을 두고 있는 셈이다.

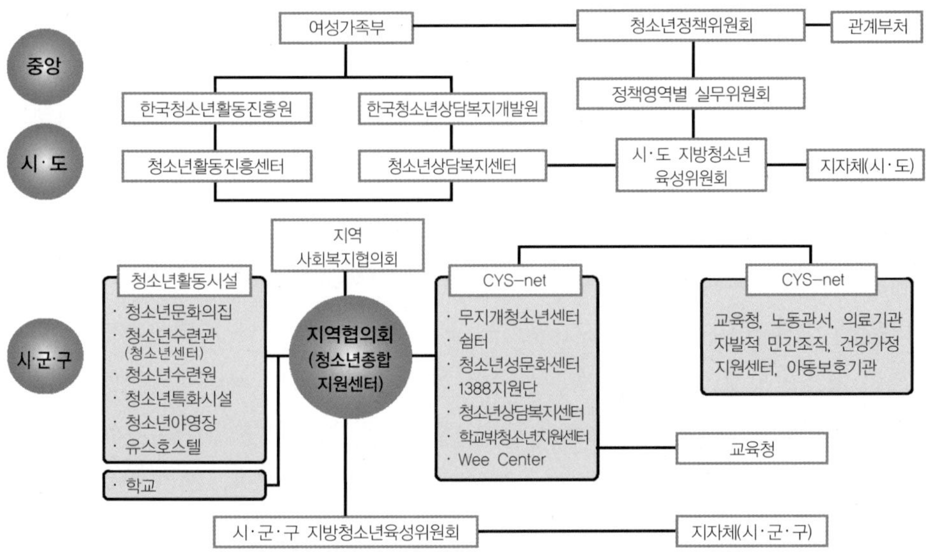

출처: 관계부처합동(2010: 78).

[그림 7-2] 한국사회의 청소년정책 수직적 전달체계(2021년 현재)

한편 청소년정책의 수직적 지침으로서 정책의 전반적인 목적은 세계 각국에서 유사한 경향을 보이고 있다(Siurala, 2003: 3). 청소년 참여의 보장, 자립적 생활을 위한 여건 개선, 자원으로서의 청소년에 대한 이해, 모든 청소년의 사회적 포섭,

문화적 다양성과 사회적 통합 등에 대해 그 중요성을 공유하고 있다. 더불어 많은 국가들은 사회여건과 상황을 고려하여 그 국가만의 정책적 강조점을 조금씩 달리하고 있기도 하다. 예를 들어, 노르웨이의 경우 가족정책에 초점을 맞춘 아동·청소년정책을 강조하고 있으며, 핀란드는 '청소년 워크숍(Youth Workshop)'과 같은 고용과 일자리 정책에 초점을 더 두고 있다. 한국사회도 1990년대 이후 청소년육성정책의 핵심으로 청소년수련활동과 같은 역량 개발을 목적으로 하는 청소년활동 지원에 중점을 두고 있다.

그런데 중앙정부의 청소년정책의 지침이 지방정부와 일선 현장에서 얼마나 잘 수행되고 있는가 하는 수직적 전달체계상의 과제는 지속적인 개선을 위한 전제조건이라는 사실을 공유하면서도, 그 성과에 대해서는 아직 경험적 증거를 찾기 어려운 실정이다. 청소년정책을 독립적 부문으로 두고 있는 대부분의 국가에서는 나름대로 중앙정부에서부터 지방정부에 이르기까지 정책과 서비스의 수직적 전달체계를 직접적 행정기관과 공공기관을 망라하여 체계화시켜 놓고, 그 성과를 평가하기 위한 다각적인 노력을 기울이고 있다. [그림 7-2]의 청소년정책 수직적 전달체계에서 보는 바와 같이 위에서 아래로의 톱다운 방식의 정책과 서비스 전달체계를 구축하고 있다. 중앙정부에 청소년정책 부문이 독립되지 않는 국가들은 톱다운 방식 대신 아래에서 위로(bottom up) 수렴하는 방식을 채택하기도 한다.

특히 청소년정책의 새로운 접근방식의 검토에서도 밝힌 바와 같이, 최근 청소년정책에서 근거 기반 혹은 지식 기반 접근의 필요성이 강조되면서 스웨덴, 핀란드 등 유럽국가와 한국 등 여러 국가에서 정책성과 평가의 기준이나 절차를 마련하여 시행하고 있다. 하지만 청소년정책의 성과 평가는 정책 목적과 하위 목표로 세분하여 응집력 있는 일련의 구체적이고 측정 가능한 지표가 없이는 불가능하다. 이런 측면에서 여러 국가는 정책 평가에서 상당한 차이를 보이고 있다. 앞에서 언급하였듯이, 80여 개의 발달 지표를 설정하여 정기적으로 성과를 평가하고, 예산 배분에도 반영하는 스웨덴의 경우에서부터 정책 수요자의 변화에 대한 성과 평가보다는 청소년 관련 행정기관과 서비스 공급자가 중앙정부의 지침을 얼마나 반영하고 있는지를 평가하는 한국 사례까지 다양하다.

청소년정책의 수직적 지침과 전달에서는 중앙정부의 주도성과 지방정부와 관련 공공기관의 자율성 사이에서 파생되는 여러 가지 사항이 여전히 과제로 남아 있다. 중앙정부의 정책 지침이 필요한지, 필요하다면 어느 정도의 범위와 수준이어야 하는지 등의 과제이다. 유럽평의회의 청소년정책 전문가 집단은 이런 과제와 관련하여 중앙정부에서는 '무엇(what)을 해야 하는지'에 집중함으로써 정책 전반을 이끌어 가는 역할을 하고, 지방정부에서는 '청소년정책을 어떻게(how) 수행해야 하는지'를 고려하는 상당한 자율성을 가져야 한다는 수준에서 가이드라인을 제시하고 있다. 그러므로 청소년정책 전달 기제들은 중앙정부에서 제시하는 수준 이내에서 유연성을 가져야 한다고 강조한다(Siurala, 2003: 5). 또한 정책과 서비스의 수직적 전달체계에서 청소년정책의 '전달 간격(delivery gap)'의 위험성도 언제나 염두에 두어야 한다.

2) 청소년행정의 수평적 범주와 조정

수평적 차원의 행정체계는 '수평적 범주(horizontal coverage)'와 '수평적 조정(horizontal coordination)'으로 나누어 고려한다. 수평적 범주는 청소년행정에서 다루고 있는 행정 분야의 범위와 폭을 말한다. 즉, '청소년정책과 청소년사업이 여가 지향적 활동(leisure oriented activities)에서 교육, 주거, 고용, 보건, 국방 등과 같은 영역으로 확장되고 있는가?' 하는 문제와 관련된다. 국가의 청소년정책의 수평적 범주는 청소년정책을 담당하는 주무부서에서 채택하고 있는 정책영역으로 공식화된다. 2002년 그리스의 Thessaloniki에서 개최된 유럽평의회 청소년 관련 장관회의의 주요 제안의 하나로 "청소년정책은 청소년과 관련 있는 모든 영역을 포괄하여야 한다"고 선언(Siurala, 2003: 7)한 바 있다.

청소년정책의 청소년과 관련된 여러 정책영역을 포괄하는 수평적 범주의 확대는 앞 장의 청소년정책 주요 영역에서 살펴보았듯이, 많은 국가에서 그리고 여러 청소년정책 관련 이론가들에 의해 강조되고 있다. 유럽평의회는 교육, 고용, 보건, 주거, 사회보호와 수입 지원, 복지와 가족, 사법체제, 레저, 국방과 군복무 등

9가지를 핵심 정책영역으로 제시한 바 있다. 일본에서도 2010년 4월「아동·청소년육성지원추진법(子ども·若者育成支援推進法)」을 시행하면서, 그 기본이념으로 교육, 복지, 보건, 의료, 교정, 갱생보호, 고용 기타 각 관련 분야의 식견을 종합하여 시행(제2조 6호)하도록 명시하고 있다.

우리나라도 최근 청소년정책의 기본방향의 하나로 '통합적 청소년정책'을 강조하고, 범부처적으로 교육·고용·복지 등 청소년을 둘러싼 모든 정책영역과의 연계 발전을 위한 실효성 있는 방안을 모색(관계부처합동, 2010: 24)한 적도 있다. 그 밖에 스웨덴은 '통합적 청소년정책(integrated youth policy)', 핀란드는 '종합적 청소년정책(comprehensive youth policy)', 덴마크는 '일관성 있는 청소년정책(coherent youth policy)', 노르웨이는 '총체적 관점으로 청소년(youth as totality-perspective)' 등으로 각각의 표현의 차이는 있지만 청소년정책의 포괄적 접근을 강조한다(Siurala, 2003: 8). 국가 수준의 청소년정책이 광범위한 정책영역을 포괄하는 통합적 접근으로 추진해야 한다는 것은 UN, 유럽평의회, 유럽연합 등 국제기구에서도 지속적으로 강조하고 있다.

따라서 청소년정책의 통합적 접근을 위해 정책영역의 '경계를 넘나들어 가로지르는 조정(crosssectoral coordination)'이 주요한 과제로 등장하고 있는 것이다. 이러한 정책 조정은 중앙정부, 지방정부를 망라하여 모든 공공행정 수준에서 필요한 과정이다. 청소년정책은 모든 수준의 공공행정에서 그리고 모든 정책영역에 걸쳐 청소년과 관련된 주요한 과제들을 조정하는 주도적 역할을 할 수 있어야 한다는 것이다.

수평적 조정은 '청소년행정이 다른 부문의 경계를 넘나들어 가로지르는 정책영역 간의 조정을 얼마나 성공적으로 수행하고 있는가?'에 관련된 과제이다(Siurala, 2003: 1). 세계 각국 청소년정책의 수평적 조정은 크게 '조정기구'를 설치·운영하거나 '조정관(coordinator)'을 두는 방식을 채택하고 있다. 청소년정책의 수평적 조정기구는 크게 2가지 형태로 나누어지는데, 청소년정책 영역과 관련된 중앙 혹은 지방정부로만 구성되는 형태와 정부기관뿐만 아니라 관련 공공기관이나 민간 전문가를 포괄하여 운영하는 형태가 대표적이다.

따라서 청소년행정에서 수평적 조정 방식은 조정기구에 민간의 참여 여부와 조정관을 두는 방식 등에 따라 다음과 같은 3가지 형태로 구분할 수 있다.

① 수평적 조정을 위해 중앙정부 혹은 지방정부 수준에서 청소년정책 관련 정부기관의 담당자만으로 구성하여 운영하는 대표적 형태는 덴마크, 일본, 우리나라에서 볼 수 있다. 덴마크의 경우, 청소년정책 담당부서에 청소년정책 관련 부처의 담당자로 구성된 '부처 간 청소년위원회(transministerial youth committee)'를 두고, 청소년 관련 주요사항에 대한 부처 간 조정기구의 기능을 수행하고 있다(Siurala, 2003: 9).

일본의 경우, 2003년 6월 법령에 근거를 두지 않고 각의결정(閣議決定)에 의해 설치·운영하던 '청소년육성추진본부(青少年育成推進本部)'를 2010년 4월 「아동·청소년육성지원추진법」에 근거하여 내각부(内閣府)에 특별기관으로서 '아동·청소년육성지원추진본부(子ども·若者育成支援推進本部)'로 대체하여 아동·청소년 관련 정책의 추진, 중요 사항 심의 등의 기능을 수행하고 있다. 본부장은 내각총리대신인 수상이 맡아 직접 총괄 지휘하며, 본부는 당연직 부본부장을 맡는 내각관방장관과 특명담당대신(大臣)을 비롯하여 국가공안위원회 위원장, 총무대신, 법무대신, 문부과학대신, 후생노동대신, 경제산업대신 및 수상이 지정하는 그 밖에 국무대신 등으로 구성(제28조~제31조)하고 있다. 이와 같이 일본은 청소년 관련 정책영역의 교육, 복지, 보건, 의료, 교정, 갱생보호, 고용 기타 관련 분야의 장관들로 구성되고, 수상이 직접 관할하는 기구를 두어 강력한 추진과 조정기제를 두고 있는 셈이다.

한국은 「청소년기본법」 제9조에 여성가족부장관이 관계행정기관의 장과 협의하여 청소년정책을 총괄·조정하도록 규정하고 있다. 그리고 청소년정책에 관한 관계기관 간의 연계·조정과 상호협력을 위하여 여성가족부에 여성가족부장관을 위원장으로 하는 '청소년정책위원회'를 두고 있다(제10조). 특이한 사항은 청소년정책의 청소년 참여를 촉진하기 위해 여성가족부장관이 위촉하는 청소년을 포함하고 있는 사실이다.

이와 같이 중앙이나 지방정부의 공무원으로 구성된 조정기구에는 국가의 행정수반이 직접 관할하거나, 관련부처의 장이 관할하는 등에 따라 구성원의 직위 차이가 있다.

② 정부기관 혹은 관련 공공기관이나 민간 전문가들로 구성·운영하는 형태는 핀란드를 비롯하여 일본과 우리나라의 지방정부 수준에서 찾아볼 수 있다. 핀란드는 청소년정책을 담당하는 교육문화부에 국가 수준의 정책조정 기능을 일차적으로 부여하고, 이를 보완하기 위해 순수 민간 전문가로 구성된 '청소년업무자문위원회(Advisory Council for Youth Affairs (NUORA)'를 두어 청소년정책 개발과 평가, 조정 기능을 수행(「청소년법」, 2장 5절)하고 있다.

일본의 경우, 중앙정부와 달리 지방공공단체는 관계기관이 행하는 지원을 효과적이고 원활하게 시행하기 위하여 단독으로 혹은 공동으로 관계기관으로 구성되는 '아동·청소년지원지역협의회(子ども·若者支援地域協議會)'를 설치·운영(子ども·若者育成支援推進法 제19조)할 수 있도록 하고 있다. 특히 지방 차원에서 청소년업무의 협의와 조정을 위해 지방공공단체의 장은 구성기관 중에서 하나의 기관 또는 단체를 '아동·청소년지원조정기관'으로 지정(제21조)할 수 있도록 하고 있다.

한국사회의 경우에도 청소년육성에 관한 지방자치단체의 주요 시책을 심의하기 위하여 광역과 기초자치단체의 장 소속 하에 '지방청소년육성위원회'(「청소년기본법」 제11조)를 두도록 하고 있다. 지방청소년육성위원회 구성, 조직과 운영에 관하여는 조례에 위임하고 있기 때문에 지방자치단체별로 차이가 있지만, 대개 지방정부 관련 부서와 민간 전문가로 구성되어 청소년정책에 대한 주요 사항 심의와 조정 기능을 수행하고 있다. 여기서 한 가지 지적해야 할 점은 '청소년정책에 관한 주요 사항을 심의·조정'하기 위하여 중앙정부에는 '청소년정책위원회'를 두고 있는 반면, 지방자치단체에는 '청소년육성에 관한 지방자치단체의 주요 시책을 심의'하기 위하여 '지방청소년육성위원회'를 두도록 하고 있다. 이 차이는 다른 특별한 의도가 있기보다는 「청소년기본법」이 청소년육성정책 중심에서 청소년정책으로 전환해 가는 이행 과정의 과도기에 나타난, 아직 완전히 정비되지 않은 결과로 판단된다.

③ 청소년정책의 수평적 조정기구와 별개로 정책영역의 조정이 주요한 과제로 등장하면서 '청소년조정관(youth coordinator)'을 두어 2개 이상의 정부부처 간의 조정 업무를 담당하게 하는 경우이다. 핀란드에서는 청소년의 실업에 적극적으로 대처하기 위해 교육문화부와 노동부에서 지방자치단체에 청소년조정관을 두도록 하고, 부처 간 공동 협력을 통한 청소년실업에 대한 대응 등 청소년의 사회통합을 촉진하고 있다. 덴마크에서도 지방정부에 '청소년업무 조정관(youth affairs coordinator, tovholder)'을 임명하고 있다.

여기서 청소년정책의 수평적 조정에서 의미하는 '조정'의 개념을 보다 명확하게 이해할 필요가 있다. 조정은 일반적으로 네트워킹, 협력, 연합, 공동 협력의 용어와 혼용되어 사용되기도 한다. 그렇지만 조정은 파트너십과 함께, 공동 주제를 확인하는 자원을 공유하며 새로운 무언가를 창출하는 자원 기반을 병합하는 목적을 가진다. 조정의 구조는 의사결정자로 구성된 중심 기구를 두어 각각의 역할을 정의하고 있고, 관련 부서 간의 상호 연계가 공식화되어 있어야 한다.

그런데 청소년정책의 수평적 조정을 위해 조정기구를 두거나 조정관을 임명하는 것과 실제로 얼마나, 어떻게 조정이 잘 이루어지고 있는가의 문제는 별개의 것이다. 전 세계적으로 아직까지 이들 조정기구나 조정관들이 일정한 권한이나 영향력을 행사하지 못하고 단순히 자문이나 상담 역할에 그치고 있다는 비판도 제기되고 있다. 세계적으로 청소년정책의 실질적인 수평적 조정의 성과에 대한 경험적 증거를 찾기는 아직은 어려운 실정이다(Siurala, 2003: 10).

3. 청소년 관련 법체계

청소년행정 체계에서 주요하게 다루어져야 하는 또 다른 요소는 청소년 관련 법체계이다. 청소년정책의 성공적 추진을 위해 법령 근거가 반드시 필요한지 여부에 대해서는 각국이 다른 접근방식을 취하고 있다. 청소년정책의 오랜 역사를 가진 국가에서도 청소년 관련 법령의 존재 유무와 형태는 다양하다. 어떤 국가에서는 청소년과 관련된 법령을 별도로 두지 않고, 아동 관련 법령이나 성인들과 관련된 좀 더 일반적인 규정 안에 포함하고 있다. 다른 어떤 국가에서는 청소년 관련 법적 규정을 교육관련 법률, 사회관련 법률, 보건관련 법률, 문화관련 법률 등 부문별 법령에 포함시켜 놓고 있기도 하다. 또 다른 국가에서는 청소년만을 대상으로 하는 관련 법령이 청소년복지, 청소년돌봄, 청소년보호, 청소년지원, 청소년사업 혹은 청소년진흥에 관한 법률 등과 같이 구체적인 형태로 제정되어 있다.

청소년행정 체계와 청소년 관련 법령의 존재 유무를 볼 때, 청소년정책 전담부처나 청소년업무를 구체적으로 담당하는 부서가 없는 국가들이나 청소년정책이 매우 분산되어 조정되지 않는 국가에서는 청소년과 관련된 구체적인 법령이 없는 경우가 많다. 영국 등 많은 국가들이 여기에 해당된다.

영국은 「아동법(Children Act)」(2004)에서 14~19세 혹은 11~25세(어려운 청소년은 25세까지 포함) 등 일부 연령 집단을 청소년으로 보고 관련 내용을 규정하고 있는 정도이다. 스웨덴, 프랑스 등과 같이 청소년정책 전담부처가 있음에도 불구하고, 청소년 관련 법령을 별도로 제정하지 않는 경우도 있다. 오랜 청소년정책의 전통을 가진 국가에서 청소년 관련 법령이 없는 경우도 많다.

한 국가에 청소년 관련 법령이 별도로 제정되어 있다고 해서 반드시 청소년정책과 청소년사업의 정치적 우선순위가 높다고 볼 수는 없다. 오히려 청소년정책의 우선순위는 그 사회의 역사적 전통, 행정 절차, 공적 권위의 구조 등에 따라 결정되는 경우가 많다.

종종 동유럽을 비롯한 일부 국가의 청소년 현장 활동가들은 청소년 관련 법령 채택의 필요성을 강력하게 제기하는 경우도 있다. 그들은 만약 청소년 관련 법령이 있다면, 정부는 청소년정책을 우선순위에 놓을 것이라고 주장하기도 한다. 그러나 이런 주장은 일부 국가의 특수한 환경에만 적용될 수 있을지 모른다. 청소년 관련 법령 제정이 일반적인 해결책 내지 청소년에 대해 충분히 주의를 끌거나 자원을 끌어들일 수 있는 '마법의 주문(magical formula)'으로 인정받기는 어렵다. 청소년 관련 법령과 강력한 정책적 결의안을 가지고 있는 국가 중에서도 청소년정책이 눈에 띄는 바람직한 성과를 거두지 못하고 있는 경우도 많기 때문이다(IARD, 2001: 77-78).

더욱이 Williamson(2008: 19)은 청소년정책은 다소 추상적인 정책분야이기 때문에 구체적인 법령 규정이나 조문을 통해 연대성을 갖기 어려울 수 있다고 지적한다. 청소년정책에서 구체적인 법령 규정은 오히려 청소년정책을 특정 영역으로 제한하여 통합적이고 총체적인 청소년정책의 본질을 훼손할 가능성도 있다는 것이다. 또 다른 연구자들도 양질의 청소년정책을 수행하기 위하여 청소년 관련 법령의 필요를 지나치게 강조하는 데 대하여 우려하고 있다. 청소년정책의 기본요소로서 청소년 관계 법령 제정 여부에 너무 집착하는 것에 대해 회의적인 견해를 제기하고 있는 것이다.

청소년에 관한 공식적 법령의 존재 여부는 신뢰할 만하고 질적 수준이 높은 청소년정책의 기본적 전제조건으로 인식될 수 있다. 그런데 청소년 관련 법령이 청소년정책의 발전을 저해하지는 않겠지만, 때때로 청소년정책에 대한 정치적·재정적 보장을 받는 방법으로 법령의 필요를 과도하게 강조하는 것은 지나친 '성배(holy grail)'가 될 수도 있다는 것이다(Denstad, 2009: 60-61). 그렇다 하더라도 구체적인 청소년 관련 법령의 제정 유무는 독립적이고 차별화된 청소년정책 부문이 그 사회에 존재한다는 사실을 의미하는 여러 가지 중요한 지표 중의 하나라는 사실은 부인하기 어렵다(IARD, 2001: 78).

이 장에서는 청소년 관련 법적 개입 형태와 그 정당성 및 법령의 유형의 개요를 중심으로 살펴보고자 한다. 개별 법령들의 주요 내용은 수시로 개정되기 때문에 내용을 별도로 수록하지 않고 법령을 찾아볼 수 있는 사이트를 안내하는 데 그친다.

1) 청소년 관련 법령 개입의 형태

넓은 의미에서 청소년 관련 법령의 개입은 일반적으로 형사처분, 규제, 보호 및 건전 성장을 위한 지원 등의 형태로 이루어진다. 국내외의 청소년 관련 법령의 목적에 명시된 개입 형태를 살펴보면 다음과 같다.

우리나라의 경우 우선 「소년법」은 '소년의 환경 조정과 품행 교정(矯正)을 위한 보호처분 등의 필요한 조치를 하고, 형사처분에 관한 특별조치를 함으로써 소년이 건전하게 성장하도록 돕는 것을 목적'으로 하여 보호처분과 형사처분 등의 특별조치를 통해 건전한 성장 지원을 도모하고 있다. 또한 「청소년보호법」과 「아동·청소년 성보호에 관한 법률」에서는 각각 '규제와 보호·구제를 통해 건전한 인격체로 성장(「청소년보호법」 제1조)'하게 하거나, '아동·청소년을 성범죄로부터 보호하고 건강한 사회구성원으로 성장(「아동·청소년 성보호에 관한 법률」 제1조)'할 수 있도록 한다고 밝히고 있다. 「청소년기본법」과 「아동복지법」은 각각 '청소년의 권리 및 책임과 가정·사회·국가·지방자치단체의 청소년에 대한 책임을 정하고 청소년정책에 관한 기본적인 사항을 규정(「청소년기본법」 제1조)'을 목적으로 하고 있고, '아동이 건강하게 출생하여 행복하고 안전하게 자랄 수 있도록 아동의 복지를 보장하는 것을 목적(「아동복지법」 제1조)'으로 함으로써 아동과 청소년의 성장 지원을 통한 건전 육성을 도모하고 있다. 그리고 2020년 2월에는 '청년의 권리 및 책임과 국가와 지방자치단체의 청년에 대한 책무를 정하고 청년정책의 수립·조정 및 청년지원 등에 관한 기본적인 사항을 규정함을 목적'(「청년기본법」 제1조)으로 하는 「청년기본법」을 제정·시행하고 있다. 이로써 한국사회는 젊은 세대인 아동, 청소년, 청년에 관해 각각의 개별법을 가진 국가가 되었다.

한편, 핀란드의 「청소년법(Youth Act)」은 '청소년의 성장과 자립 지원, 청소년의 적극적 시민성과 임파워먼트 진흥 및 청소년의 성장과 생활조건 개선(제1조)'을 목적으로 하고 있다. 아이슬란드 「청소년법」은 6세부터 25세 사이의 '아동·청소년의 청소년활동 참여 지원(제1조)'을 주요 목적으로 규정하고 있다. 일본의 「아동·청소년육성지원추진법(子ども·若者育成支援推進法)」에서는 '아동·청소년

의 건전 육성, 원활한 사회생활을 위한 지원 등 종합적인 육성 지원(제1조)'을 주요 목적으로 명시하고 있다.

이렇게 볼 때, 청소년 관련 법령의 개입 형태는 크게 3가지로 요약·정리할 수 있다.

① 청소년의 보호조치와 특별한 형사적 처분을 통해 비행을 저지르지 못하게 하는 등을 중심으로 하여 궁극적으로는 건전한 성장을 지원하는 것
② 청소년의 특정 행위와 환경 규제 및 보호와 구제(救濟)를 통해 청소년을 정상적인 상태로 되돌리거나 건전한 인격체로 성장하도록 하는 것
③ 청소년의 성장과 생활조건 개선, 청소년활동이나 복지지원 등 다양한 기회를 통한 숨겨진 잠재역량을 개발하여 건전한 성장을 지원하는 것 등이다.

여기서 ②단계까지는 소극적 개입이라고 한다면, ③단계는 적극적 개입이라고 할 수 있다. 일반적으로 3가지 개입 형태는 단계적으로 이루어진다. 우리나라의 「소년법」과 「청소년보호법」 등은 ②단계까지를 그 개입 범위로 하는 반면, 우리나라의 「청소년기본법」과 핀란드와 아이슬란드의 「청소년법」 및 「일본의 아동·청소년육성지원추진법」 등은 직접적으로 ③단계의 개입을 지향하고 있다는 면에서 적극적 개입이라고 볼 수 있다. 그렇지만 청소년 관련 법령은 궁극적으로 여러 가지 규제나 보호, 성장 지원 등의 개입을 통해 청소년의 '건전한 성장이나 지원'을 기본적 이념으로 하고 있는 것을 알 수 있다.

2) 청소년 관련 법령 개입의 기본원리와 정당성

다음으로는 여러 가지 규제나 보호, 건전한 성장 지원과 육성 등의 개입이 어떤 근거에 의해 정당화될 수 있는가에 대해 살펴보고자 한다. 지금까지 국가 공권력이 법령을 통해 청소년이나 시민의 사회적 행동을 규제하거나 지원하는 근거로서 다음과 같은 3가지의 기본원리가 주장되고 있다(이광호 편역, 1992: 198-200). 첫

째, 침해의 원리(harm principle) 둘째, 도덕의 원리(혹은 모럴리즘, moralism) 셋째, 가부장적 간섭의 원리(혹은 퍼터널리즘, paternalism) 등이 있다.

(1) 침해의 원리

Mill, J. S.이 제시하였다고 해서 '밀의 원리(Mill's principle)'라고도 하는 침해의 원리는 '개인의 의지에 반하여 자유를 간섭할 수 있는 것은 그 개인의 타인에 대한 침해를 방지하기 위한 것만을 의미'한다. 즉, 침해의 원리에서는 '개인의 타인에 대한 침해'를 방지한다는 목적만이 정당화될 수 있고, 이때 침해의 대상은 청소년이나 시민의 생활이익(생명, 신체, 자유, 재산의 안전)의 침해에 한정된다. 시민의 안전 보호를 목적으로 하는 규제만이 정당화될 수 있다.

침해의 원리를 간단히 설명하면, A가 B에게 침해를 가하거나 침해할 위험성이 있는 경우에 침해를 받지 않는 제3자가 A의 B에 대한 침해를 방지할 목적으로 A의 자유에 대해 개입할 수 있다는 원리이다. 만약 이 제3자가 국가라고 한다면 국가는 A가 B에 대해, 즉 한 시민이 다른 시민에 대해 침해를 가하는 시점에서야 비로소 A의 자유에 대한 제한, 박탈 등의 개입을 할 수 있도록 허용된다. 단, 국가에게 불이익이 된다는 이유에서 시민의 자유에 대해 개입하려는 것은 허용되지 않는다는 것이 침해원리의 전제조건이다. 따라서 청소년 관련법의 존재 가치는 청소년의 안전을 보호하는 데 있다는 기본 인식에 바탕을 두고 있는 것이며, 여기에는 곧 침해의 원리가 반영된 것이다.

침해의 원리가 왜곡되었을 때는 다음과 같은 문제가 발생한다. 예컨대 만약 음란문서를 배포했다면 그 행위 때문에 실제로 생활이익의 침해를 받는 사람은 없으므로 '피해자 없는 범죄'라고 말할 수 있다. 따라서 본래의 침해원리에 의하면 개입할 정당한 근거는 없게 된다. 그런데 사회에는 사회도덕이 있고, 성 풍속은 유지되어야 한다. 그러므로 음란물 배포행위에 의해 사회도덕이 침해되었기 때문에 제3자인 국가가 개입해야 한다는 인식이 가능하다. 한 시민이나 청소년의 생활이익보다는 오히려 사회도덕이 침해되는 것이다. 이것도 침해원리의 유추로서 정당화될 수 있다. 이러한 인식과 원리를 특별히 합법적 모럴리즘(legal moralism)이라 하는데, 본래의 침해원리에 반하는 것이라는 비판도 있지만, 실제 이러한 주장도 가능하다.

(2) **도덕의 원리**(moralism)

도덕의 원리는 모든 측면에서 사회도덕(윤리)의 유지를 중요시하는 입장이다. 사회도덕을 유지하기 위한 목적에서 청소년이나 시민 행동에 개입할 수 있다는 인식이다. 특히 법의 강제에 의해 사회도덕을 유지할 수 있다는 인식을 곧 합법적 모럴리즘이라고 한다.

이런 의미에서 도덕의 원리는 능동적인 것으로 인식된다. 그런데 수동적인 의미를 갖는 측면도 있다. 즉, 개입에 대한 제약을 통해 인격의 존엄을 유지한다는 의미에서 도덕의 원리이다. 이것을 도덕원리라고 하는 데에는 다른 의견도 있다. 합법적 모럴리즘에서는 윤리의 유지라는 목적이 개입을 정당화하는 것이기 때문에, '개인의 타인에 대한 침해'가 없더라도 그 개인의 행위가 반윤리적이라는 이유만으로 개입이 정당화된다.

(3) **가부장적 간섭의 원리(혹은 퍼터널리즘**, paternalism)

퍼터널리즘은 일반적으로 '온정주의(溫情主義)', '가부장적 간섭', '부권주의(父權主義)'로도 일컬어진다. 퍼터널리즘은 '본인에게 이익이 되는 것으로 개입을 정당화'하는 원리이다. 퍼터널리즘의 개념은 '어떤 사람(S)이 타인(A)에 대해 침해를 야기하는 경우가 아니더라도, S 자신에게 이익이 된다는 이유로 개인 혹은 단체-예를 들면 국가-가 S에 대해 어떤 개입 행위를 할 수 있는' 원리이다.

퍼터널리즘의 논의 계기를 제공해 준 H. L. A. Hart는 현대사회가 침해의 원리를 주장하는 Mill이 살았던 시대와는 다르다고 전제(Pierce, 1975)한다. 개인이 자기 자신의 이익을 가장 잘 알고 있고, 개인의 자유로운 선택이나 합의의 의의를 감소시키는 요인이 증가하는 현실에 비추어, 개인이 스스로 자신을 보호하기 위해 법적 개입을 정당화하는 법적 퍼터널리즘이 승인된다는 것이다. 퍼터널리즘은 침해의 원리와 도덕의 원리의 중간에 위치하는 것으로 볼 수 있다.

최근 퍼터널리즘은 강제를 당하는 사람의 복지, 행복, 이익 등을 근거로 해서 정당화되는, 개인의 행위의 자유에 대한 간섭이라고 정의하기도 한다. 또한 합법적 퍼터널리즘의 원리는 '개인이 스스로 초래한 피해로부터 스스로를 지키기 위해 국가의 강제를 정당화하는 것'이기도 하다. 이러한 퍼터널리즘은 청소년에 대한, 청소년을 위한 법적 개입의 정당성을 설명하는 주요 원리로 부각되고 있다.

3) 청소년 관련 법령의 유형

약간의 예외는 있겠지만, 일반적으로 청소년 관련 법령은 청소년지원에 관한 법령, 청소년복지에 관한 법령, 청소년보호에 관한 법령 등 크게 3가지 유형으로 구분하여 볼 수 있다(IARD, 2001: 78-79). 이러한 유형은 앞에서 살펴본 개입의 형태와 밀접한 관련이 있다.

〈표 7-3〉 청소년 관련 법령의 유형별 사례

유 형	주요 국가 및 법령 명칭	한국 법령
청소년지원에 관한 법령	핀란드 – 「청소년법(Youth Act)」 아이슬란드 – 「청소년법(Youth Act)」 아일랜드 – 「청소년사업법(Youth Work Act)」 오스트리아 – 「연방청소년진흥법(Federal Youth Promotion Act)」 일본 – 「아동・청소년육성지원추진법(子ども・若者育成支援推進法)」	「청소년기본법」 「청소년활동진흥법」 「학교 밖 청소년지원에 관한 법률」 「청년기본법」 등
청소년복지에 관한 법령	네덜란드 – 「청소년돌봄법(Youth Care Act)」 오스트리아 – 「연방청소년복지법(Federal Youth Welfare Act)」	「아동복지법」 「청소년복지지원법」
청소년보호에 관한 법령	독일 – 「청소년보호법」 오스트리아 – 지역별 「청소년보호법」 일본 – 도도부현별 「청소년육성조례」	「청소년보호법」 「아동・청소년성보호에 관한 법률」

① 청소년지원에 관한 법령

청소년지원 법령(legislation on youth support)은 국가별로 청소년사업(youth work), 청소년진흥(youth promotion), 혹은 청소년활동(youth activities)과 관련된 법령 등 다양한 형태를 띠고 있다. 청소년지원 관련 법령은 일반적으로 청소년사업의 서비스와 프로그램－법적인 것과 자발적인 것 모두 포함－을 지원하는 내용을 담고 있다. 또한 학교 밖 교육과 문화, 청소년을 위한 여가시간과 스포츠 등의 서비스를 포함한다. 청소년지원 관련 법령은 청소년연합과 청소년기관에 대한 공적인 재정적 지원 및 공적 서비스와 민간 서비스와의 관계에 대해서도 규정하고 있다. 핀란드의 「청소년법(Youth Act)」, 아이슬란드의 「청소년법(Youth Act)」, 아일랜드의 「청소년사업법(Youth Work Act)」, 오스트리아의 「연방청소년진흥법(Federal Youth Promotion Act, Federal Act on the Promotion of Education and Upbring outside Schools and the Promotion of Youth Work)」, 일본의 「아동 · 청소년육성지원추진법(子ども · 若者育成支援推進法)」, 한국사회의 「청소년기본법」과 「청소년활동진흥법」 및 「청년기본법」 등이 이 유형에 속한다고 볼 수 있다.

② 청소년복지에 관한 법령

청소년복지에 관한 법령(legislation on youth's welfare)들은 주로 청소년에 대한 가족과 사회의 책임 사이의 한계를 정의하고 있다. 청소년복지 법령은 청소년의 사회적, 경제적, 신체적, 정신적 복지(wellbeing)에 관한 규정이 포함되어 있으며, 필요할 경우 청소년을 보호할 수 있는 조치뿐만 아니라 가족들이 사춘기 자녀의 요구를 충족시킬 수 있도록 가족들을 개별적으로 지원하는 내용을 포함하고 있다(IARD, 2001: 77－78).

그런데 아동 · 청소년의 건강, 안전, 보호조치, 학대 예방 등 일련의 복지지원은 청소년 관련 법령보다는 아동복지 관련 법령에 포함하여 운용하는 경우가 대부분이다. 청소년복지와 관련하여 개별 법령으로는 네덜란드의 「청소년돌봄법(Youth Care Act)」, 오스트리아의 「청소년복지법(Youth Welfare Act 1989, JWG)」, 한국의 「아동복지법」과 「청소년복지지원법」 등이 대표적 사례이다.

③ 청소년보호에 관한 법령

청소년보호에 관한 법령(legislation on youth protection)에는 가족 영역 밖에서의 생활, 즉 공공장소에서 청소년보호와 유해매체나 행위 등과 같은 각종 유해환경으로부터 청소년보호에 관한 사항이 포함된다. 청소년보호 관련 법령의 대표적 사례로는 독일의 「청소년보호법」, 오스트리아의 지방별로 제정하고 있는 「청소년보호법」, 일본의 지방정부인 47개 도도부현(都道府県)에서 조례로 제정하고 있는 「청소년육성조례」 등, 한국사회의 「청소년보호법」과 「아동·청소년 성보호에 관한 법률」 등을 들 수 있다.

이상과 같이 청소년 관련 법령은 크게 청소년 지원, 복지 및 보호에 관한 법령으로 유형을 구분할 수 있다. 우리나라의 경우 청소년정책의 주무부처인 여성가족부 소관 법률은 다음과 같이 총 8개에 이른다. 그리고 「청년기본법」은 국무총리실(청년정책조정실)에서 관할하고 있다.

〈표 7-4〉 여성가족부 소관 법률

법률명	제정일	법률 주요 내용
청소년기본법	1991.12.31.	청소년의 권리 및 책임과 가정・사회・국가・지방자치단체의 청소년에 대한 책임을 정하고 청소년정책에 관한 기본적인 사항을 규정
청소년활동진흥법	2004.2.9.	다양한 청소년활동을 적극적으로 진흥하기 위하여 필요한 사항을 규정
청소년복지지원법	2004.2.9.	청소년의 복지 향상에 대한 가정・사회 및 국가의 책임과 의무를 정하고 이를 실천하기 위하여 필요한 사항을 규정
청소년보호법	1997.3.7.	청소년에게 유해한 매체물과 약물 등이 청소년에게 유통되는 것과 청소년이 유해한 업소에 출입하는 것 등을 규제하고, 청소년을 청소년 폭력・학대 등 청소년 유해행위를 포함한 각종 유해환경으로부터 보호・구제함으로써 청소년이 건전한 인격체로 성장할 수 있도록 한 지원 사항을 규정

법률명	제정일	법률 주요 내용
학교 밖 청소년 지원에 관한 법률	2014.5.28.	학교 밖 청소년 지원을 위한 국가와 지방자치단체의 책무를 명시, 학교 밖 청소년의 특성과 수요를 반영한 상담 · 교육 · 자립 · 직업체험 및 취업지원체계, '학교 밖 청소년지원센터' 설치 · 지정 및 학교장의 동 센터 연계 의무에 관한 시항을 규정
2023 새만금 세계스카우트 잼버리 지원 특별법	2018.12.18.	세계 잼버리의 성공적인 개최를 도모하기 위해 조직위원회 및 정부지원위원회 등 추진체계, 세계 잼버리 관련 시설 계획 수립 및 예산 지원 근거, 청소년단체 활동 지원 사항 등을 규정
한국청소년연맹육성에 관한 법률	1981.4.13.	(사) 한국청소년연맹 지원 육성을 위한 근거 규정
스카우트활동육성에 관한 법률	1969.7.28.	스카우트활동 육성을 위한 근거 규정

출처: 여성가족부, 2021, 5-6.

우리나라 여성가족부와 국무총리실 소관 법률의 구체적인 내용들은 법제처에서 운영하는 국가법령정보센터(https://www.law.go.kr/LSW/main.html)에서 찾아볼 수 있다. 그 밖에 일본의 「아동·청소년육성지원추진법(子ども·若者育成支援推進法, 平成 20年 法律 第71号)」의 내용은 내각부의 사이트(https://www8.cao.go.jp/youth/wakugumi.html)에서 확인할 수 있다.

8장 청소년정책 핵심 요소로서 청소년 참여

▣ 개요

이 장에서는 청소년정책의 핵심 요소로 간주되며, 최근 강조되고 있는 청소년 참여의 개념을 비롯하여 다양한 참여 형태를 구체적으로 살펴보고, 청소년이 청소년정책에 참여해야 하는 이유와 청소년 참여의 핵심 원칙을 고찰한다. 그리고 1960년대 Hart의 아동・청소년 참여 사다리 이후에 주요한 청소년 참여의 모델들을 종합적으로 살펴본다.

1. 청소년 참여의 개념 및 참여 형태

참여는 민주주의의 필수적인 것으로 널리 간주된다. 민주주의는 인권 개념에 기반을 두고 있으며, 적극적인 참여를 통해 구체화되었다. 민주주의는 유럽 등 세계 각국에서 발전의 중요한 지점에 도달했으며, 동시에 광범위한 불신과 투표율 감소 등 위기에 직면해 있다고 진단한다. 당연히 정치 참여의 극적인 감소에 대한 위기의식은 종종 젊은이들에게 집중된다. 많은 참여 모델이 아동과 청소년의 참여에 초점을 맞추는 것도 이런 이유 때문이기도 하다(Karsten, 2011).

청소년 참여의 다양한 개념과 프레임워크는 민주주의와 시민 간의 관계, 민주주의 기관과 시민 조직 간의 관계에 대한 질문과 연결되어 있다. 청소년 참여의 다양한 개념과 모델은 일반 시민 특히 청소년의 관심에 대응해야 하는 민주적 제도에 대한 요구와 즉각적인 이익을 넘어서는 정치적 과정에 참여하도록 요구하는 시민과 청소년을 강조하는 데 도움이 된다.

1) 청소년 참여의 개념 이해

청소년 참여는 다소 모호한 개념이다. 민주사회에서 정치적 관련성이 있기 때문에 학자조차도 분석적 측면과 규범적 측면을 분리하는 데 어려움을 겪는다. 또한 서로 다른 분야에 걸쳐 중요한 정의가 부족하다. 철학은 상충될 수 있는 자기 결정과 공동 결정 사이의 관계를 강조한다. 정치학은 투표나 정당의 일원과 같은 정치 기관의 의사결정을 강조한다. 사회학에서 이것은 소속과 회원으로 확장된다(예: 조직 참여). 젊은이들의 회의론과 전통적인 정치 제도에 대한 불신으로 인해 최근 청소년위원회 등과 같은 시민 참여의 형태를 포함하도록 관심이 확대되었다. 시민권의 제도화된 메커니즘을 위한 것이다. 이것은 또한 참여가 젊은이들과 함께 사업하는 목표이자 원칙인 교육 및 사회사업에도 적용된다(Walther et al., 2021: 193).

청소년사업의 경우 청소년 참여는 청소년사업이 구축되는 기본 원칙 중 하나이며 결과이기도 하다. 즉 청소년 참여는 청소년이 참여하고 영향을 미칠 수 있는 과정인 동시에 청소년이 프로세스에 기여할 기회를 가졌던 결과를 의미할 수도 있다. 청소년사업의 전달은 참여할 청소년의 권리를 존중해야 하며, 청소년사업이 성공적일 경우 젊은이들은 변화를 만들 수 있었고 그들의 참여는 그 과정에서 눈에 띄어야 한다. 더욱이 청소년사업의 경우 참여에는 2가지 측면이 있다. 첫째, 양질의 청소년사업을 제공하기 위해서는 청소년사업 실천에 청소년이 참여해야 한다. 둘째, 적어도 일부 유럽 국가에서 청소년사업의 핵심 열망은 사회를 보다 민주적으로 만들고 "청소년에게 영향을 미치는 모든 사회 분야에서 청소년 참여를 촉진"하는 것이다. 여기서 청소년의 임무는 청소년사업에 대한 참여를 촉진하는 것이다(Kiilakoski, 2020: 1–2).

청소년 참여는 또한 중요한 청소년정책 목표이다. 유럽을 비롯하여 세계 각국 청소년정책의 핵심 요소는 참여를 장려하는 것이다. 새로운 EU 청소년전략은 3가지 차원을 가지고 있는데, 그중 첫 번째는 참여(engage)하는 것이며, 이는 민주적 삶에 청소년 참여를 촉진하는 것으로 정의된다(European Commission, 2018).

다시 말해 참여는 청소년정책과 청소년사업의 핵심 개념 중 하나이다. 청소년 참여를 촉진하는 것은 청소년 분야의 존재에 대한 정당화 역할도 한다.

이와 같이 청소년 참여의 중요한 역할을 인정함에도 불구하고, 청소년에 대한 정책 담론은 다소 모순적인 경향이 있으며, 종종 젊은이들을 사회적 결속과 민주주의에 대한 '위험'과 '해결책'으로 동시에 구성하는 경향이 있다. 많은 서구 민주주의 맥락에서 청소년 참여에 대한 관심은 무엇보다도 청소년 탈참여(disengagement)에 대한 우려, 청소년 급진화에 대한 두려움 등에 대책으로, 개발도상국에서 청소년 참여는 사회, 경제 및 건강 관련 문제에 대한 해결책의 일부로 간주되었다. 이런 우려는 아동과 청소년의 '권리'로서 참여에 대한 논쟁을 현대사회의 사회적, 경제적, 정치적 불확실성에 대한 구제책으로 주목하는 것으로 확대되었다(Cahill and Dadvand, 2018: 244).

또한 일반적으로 청소년이 시민생활에 적극적으로 참여할 준비가 되어 있지 않은 것으로 간주되기 때문에 추가 긴장이 발생한다. 특히 '청소년기' 는 주로 "성인이 되고 시민이 되고 독립적이 되고 자율적이 되는 것이며, 성숙해지고 책임감 있게 된다"(Kelly, 2011: 48)는 '미래상(futurity)' 담론은 젊은이들이 현재 기여하는 것보다 자신이 어떤 사람이 될지에 대해 가치를 두고 있으며, 젊은이들이 파트너이자 적극적인 기여자로서 활동할 수 있고 행동할 수 있다는 인식과 긴장 관계에 있다(White, Wyn, & Robards, 2017). 이러한 결핍 담론 중 일부에 대한 저항에서 최근 참여의 '살아있는 차원(the lived dimension)'에 대한 논의가 진화하여 청소년 참여에서 일상적인 공간과 사회적 관계가 하는 중요한 역할을 포괄했다(Cahill and Dadvand, 2018: 244).

Biesta, Lawy & Kelly(2009: 9)는 청소년 참여가 "관계적이며 젊은이들의 개별 생활 궤적과 고유하게 연결된 과정"으로 이해되어야 한다고 주장한다. 참여의 위치에 대한 인정과 함께, 프로그램과 서비스에 젊은이들의 더 큰 참여를 추구하는 많은 모델이 등장했다. 이러한 모델은 참여 관행을 분류하는 데 유용했다. 그러나 그들은 더 높거나 낮은 참여 상태를 나타내기 위해 계층 구조를 사용하는 경향이 있다. 이것의 한 가지 결과는 참여가 발생하는 다양한 목적과 더 넓은 사회문화적 맥락에 관여하지 않는 경향이 있다는 것이다.

한편 천정웅(2011: 30)은 청소년 참여의 유형화 분석을 위한 개념적 전제로서, 청소년 참여를 "청소년들이 자신들의 삶과 지역공동체, 넓게는 사회생활에 영향을 끼치는 의사결정과정에 관여하여 영향을 행사하는 것"으로 정의한다. 따라서 단순히 일반적 활동에 참가하거나, 행사에 동원되는 것은 실질적 의미의 참여로 볼 수 없다. 실제로 이러한 것이 실질적 참여인 것으로 잘못 이해될 때 명목주의(tokenism)가 일어날 수 있으며, 그러한 혼동이 정책과 실제에서 참여의 개념에 대한 오해를 불러일으키고 있다고 주장한다.

청소년 참여는 민주주의의 이상적인 형태가 무엇인지, 시민들이 어떻게 행동하고 이상적으로 행동해야 하는지, 젊은이들이 그들에게 영향을 미치는 문제에 대해 발언권을 가져야 하는 방법에 대한 개념으로 채워지는 "빈 그릇"으로 묘사된다. 청소년 참여는 관여(engagement), 권한 부여(empowerment), 포용(inclusion), 시민권(citizenship), 목소리(voice) 또는 행위 주체성(agency) 등과 같은 개념과 연결된다(Forkby and Kiilakoski, 2014).

지금까지 청소년 참여에 대한 개념과 이론화는 다음과 같은 4가지로 유형화하여 정리(Farthing 2012: 76−77)할 수 있다.

① 권리 기반 실천으로서의 참여

UN 아동권리협약(CRC, Convention on the Rights of the Child)에 따라 청소년은 정치 및 의사결정에 참여할 수 있는 권리를 포함하여 권리 보유자로 간주된다. 물론 아동권리협약은 18세 미만의 청소년에게만 유효하며 많은 청소년 참여 구조에는 그보다 훨씬 나이가 많은 청소년이 포함된다. 그럼에도 불구하고 이 협약의 중요성은 젊은이들이 권리를 가진 시민이며 그들에게 영향을 미치는 의사결정 과정에 참여할 권리가 있음을 지적하는 데 있다. 또한 국가가 국제법적 의무를 준수하기 위해 참여를 장려할 의무가 있음을 강조한다(Farthing 2012: 75). 이는 아동 및 청소년정책 참여 개념의 중요성을 설명하는 핵심 요소 중 하나로 볼 수 있다.

② 청소년의 권한 부여 메커니즘으로서의 참여

권한 부여 접근방식은 청소년의 정치적 소외화 및 세대 간 권력 관계 변화를 해결하고, 젊은이들에게 사회에서 목소리를 제공하는 방법으로서 참여에 대한 보다 진보적인 관점을 제안한다. 권한 부여로서 청소년 참여는 단순히 규범적 권리를 이행하라는 요청을 넘어선다. 권한 부여를 위한 급진적 도구로서 젊은이들의 참여를 더욱 진취적으로 요구하는 것이다. 이 정의는 새로운 아동사회학에서 포착된 아이디어를 반영한다. 이는 사회적 위치가 아동과 청소년을 소외되고 억압하게 만들었다는 것을 암시한다. 이 정의를 지지하는 사람들은 권력 공유가 필요한 과정으로서 참여가 세대 간의 권력 균형을 바꾸고 젊은이들의 소외를 시정할 수 있다고 제안한다. 암묵적인 주장은 젊은이들의 소외와 억압은 '나쁜 것'이므로 그들의 권한 부여는 '좋은 것'이어야 한다는 것이다.

이 정의는 민주주의에 대한 특정한 규범적 견해를 불러일으킨다. 그것은 "좋은 사회"를 모든 사람들, 특히 아동과 청소년들이 의사결정에 참여하는 민주주의로 능동적이고 포용적인 것으로 간주한다.

③ 정책, 실천 및 서비스의 효율성을 보장하기 위한 참여

이 접근방식은 젊은이들이 자신의 필요를 가장 잘 인식하고 새로운 아이디어를 가지고 있다는 이해를 기반으로 한다. 따라서 청소년 참여는 정책입안자들이 청소년의 현실을 더 많이 알고 인식하도록 "깨달아" 정치 시스템에 "활력"을 불어넣고 더 나은 정책과 서비스를 개발할 수 있는 방법으로 간주된다. 즉, 효율성 주장은 일종의 '깨달음 효과'를 통해 젊은이들의 참여가 보다 정보에 입각한 정책 또는 실천을 생성한다는 것을 의미한다. 이 합리성은 청소년에 대한 진정한 진실을 가장 잘 알고 있으며, 성인이 참여를 통해 이러한 진실을 알 수 있다면 정책과 실천이 개선될 수 있음을 시사한다. 이러한 맥락에서 청소년 참여는 정책입안자와 실무자에게 지식의 원천으로써 바람직한 것으로 간주된다.

④ 청소년개발 수단으로서의 참여

의사결정에 참여함으로써 젊은이들은 사회의 정치 과정을 배우면서 자존감, 자신감, 협상 기술, 자율성 등과 같은 필요한 기술을 개발하고 있다. 따라서 참여는 시민으로서 젊은이의 모습 등 개인 개발의 수단으로 간주된다. 이 주장은 참여가 긍정적인 청소년개발을 장려하는 데 사용될 수 있기 때문에 바람직하다. 이는 의사결정에 참여함으로써 젊은이들이 성인으로 성장하는 데 필요한 사회적 및 정서적 기술을 배울 수 있음을 시사한다. 이 합리성은 종종 이 주장을 뒷받침하는 특정 발달 이론에 대한 명확한 표현이 부족하지만, 자존감, 자신감, 협상 기술, 자율성 및 참여에서 기대되는 다른 '소프트' 기술의 발달은 필수적이다. 때때로 개발은 "권한 부여"로 논의되지만, 그러한 권한 부여는 항상 집단적이라기보다는 개별적이다.

이와 같이 청소년 참여에 대한 개념에 대한 견해와 관점은 다양하다. 우선 2003년 5월 유럽평의회 지방 및 지역 당국 총회는 지방 및 지역 생활에 청소년 참여에 관한 개정된 유럽 헌장(European Charter on the Participation of Young People in Local and Regional Life)을 채택했는데, 유럽 헌장은 민주사회의 기반으로 청소년 참여를 지원하고 강화하기 위해 제정되었다. 개정된 유럽 헌장에서 청소년 참여는 다음과 같이 정의된다(Council of Europe, 2003).

> "우리가 보다 민주적이고 포용적이며 번영하는 사회를 구축하려면 지방 및 지역 차원의 결정과 행동에 젊은이들의 적극적인 참여가 필수적이다. 모든 공동체의 민주적 삶에 참여하는 것은 투표를 하거나 선거를 위해서 있는 것 이상의 의미를 지닌다. 참여와 적극적인 시민권은 더 나은 사회를 만드는 데 기여하기 위해 의사결정에 참여하고 영향을 미치고 행동과 활동에 참여할 수 있는 권리, 수단, 공간 및 기회를 갖는 것이다."

이 유럽평의회의 정의는 청소년 참여가 젊은이들에게 권한을 부여하는 것이 아니라 우리의 민주적 시스템과 사회를 강화하는 것으로 이해한다. 그 접근방식은 또한 투표, 정당에 참여하고 선거를 위해서 있는 젊은 사람들의 수에만 국한된 초점을 넘어선다. 정치 참여의 중요성을 인정하면서, 이는 지속적으로 의사결정에 대한 의견과 영향력을 가질 권리를 포용하는 청소년 참여에 대한 보다 전체적인 비전을 표현한다. 더 나아가 권리를 부여하는 것만으로는 충분하지 않다고 말하고 정부당국에 청소년들의 참여를 적극 지원할 것을 촉구한다. 유럽평의회는 젊은이들이 가장 잘 참여할 수 있는 수준이고 그들의 의견이 가장 큰 영향을 미칠 수 있는 수준이라는 점을 기반으로 항상 지역 수준을 특별히 강조한다. 그것의 정의는 또한 청소년 참여가 단지 적극적인 시민을 개발하거나 미래를 위한 민주주의를 구축하는 것만이 아니라, 중요한 역할을 할 수 있음을 인식하는 것이다. 청소년 참여가 합법성을 유지하고 젊은이들에게 의미 있는 것이라면, 그들은 인생의 후반기뿐만 아니라 현재 취해지는 결정과 행동에 영향을 미치고 형성할 수 있어야 한다는 것이다. 다시 말해 유럽평의회는 청소년 참여는 그 자체가 목적이 아니라 청소년의 삶에 긍정적인 변화를 가져오고 더 나은 사회를 만드는 수단이라고 정의한다(Council of Europe, 2021).

그리고 우리에게 '참여의 사다리'로 잘 알려져 있는 Hart(1992: 5)는 청소년 참여에 대해 매우 광범위하게 정의했다. 즉, 청소년 참여는 "자신의 삶과 자신이 살고 있는 지역사회의 삶에 영향을 미치는 결정을 공유하는 과정이다. 그것은 민주주의가 구축되는 수단이며 민주주의를 측정해야 하는 기준이다. 참여는 시민의 기본권"이다. 그는 참여를 자신의 삶과 커뮤니티의 삶에 영향을 미치는 결정을 공유하는 과정으로 설명한다. 그 이후로 참여 과정을 강조하는 정의가 지배적이었다. 예를 들면 Holdsworth(2006)는 "참여는 명사가 아니라 동사이다. 그것은 우리의 사업에 접근하고, 사회가 기능하는 방식을 살펴보고, 그 사회 내에서 바람직한 '청소년' 구성을 인식하는 방식"이라는 것이다.

또한 Maxwell Marx, William Finger, and Hally Mahler, Family Health International(FHI)(2008)은 '청소년 참여 가이드(Youth Participation Guide: Assessment, Planning, and Implementation)'를 통해 여러 가지 청소년 참여 관련 개념을 정리하고 청소년-성인 파트너십(Youth-Adult Partnerships)을 강조한다. '청소년 참여 가이드'는 달리 명시되지 않는 한 youth, young people, young adults, adolescents 등을 모두 10세에서 24세 사이의 사람들을 가리키는 청소년이라는 같은 의미로 사용한다. 그리고 youth participation, youth involvement라는 용어도 청소년 참여라는 같은 의미로 사용한다. 청소년-성인 파트너십이라는 용어는 주로 전문적인 환경에서 청소년과 성인 간에 발생하는 상호작용을 가리키는 좁은 의미로 사용되며, 청소년 참여의 한 측면이라는 것이다. 반대로 청소년 참여는 청소년이 조직에서 수행하는 역할과 같은 보다 광범위한 제도적 문제를 의미한다고 주장한다. 미국 청소년을 위한 자원위원회(The U.S. National Commission on Resources for Youth)는 청소년 참여를 "청소년이 외부 또는 그 밖의 다른 사람에게 영향이나 결과가 미치는 활동에 다른 사람에게 영향을 미치는 계획 및/또는 의사결정 기회와 함께 진정한 필요를 충족하는 책임감 있고 도전적인 행동에 참여시키는 것"이라고 한다(Family Health International, 2008: 23).

한편 영국 옥스퍼드대학교(University of Oxford) 사회정책 및 개입학과 교수 Rys Farthing(2012: 96-97)은 청소년 참여를 정의하는 과정에서 수많은 논자나 기관들이 의사결정 참여 개념, 청소년을 위한 적극적인 사회적 시민의식 참여 개념을 중심으로 통합되는 것처럼 보이는 수많은 아이디어를 제공했다고 주장한다. 그리고 청소년 참여의 주요한, 〈표 8-1〉과 같은 14가지 다른 청소년 참여 정의를 분석한 바 있다.

〈표 8-1〉 청소년 참여의 14가지 정의

주장자	개념
Hart ,1992	자신의 삶과 자신이 살고 있는 지역사회의 삶에 영향을 미치는 결정을 공유하는 과정이다. 참여는 민주주의가 구축되는 수단이며 민주주의를 측정해야 하는 기준이다. 참여는 시민의 기본권이다.
Holdsworth, 2006	참여는 명사가 아닌 동사이다. – 우리의 사업에 접근하고, 사회가 기능하는 방식을 살펴보고, 그 사회 내에서 '젊은이'의 바람직한 구성을 인식하는 방식이다.
Midleton, 2006	청소년 참여는 아동과 청소년(일반적으로 18세 이하)에게 영향을 미치는 삶의 측면에 대한 자신의 견해를 표현할 수 있는 기회를 주는 것이다.
아동권리협약(CRC), 1989	당사국은 자신의 견해를 형성할 수 있는 아동에게 영향을 미치는 모든 문제에 대해 이러한 견해를 자유롭게 표현할 수 있는 권리를 보장해야 하며, 아동의 견해는 아동의 연령과 성숙도에 따라 합당한 비중이 부여되어야 한다.
Davis and Hill, 2006	참여는 참가하는 것이다(Participation is taking part). 의사결정과 가장 밀접하게 연관되어 있다.
Sinclair and Franklin, 2000	개인으로서 자신에게 영향을 미치는 의사결정에 아동이 참여하려면 아동중심의 접근방식이 필요하다. 이것은 아동의 소원과 감정을 고려하고 모든 문제에 아동의 관점을 포함하는 것을 의미한다. 이는 지속적인 대화가 필요하지만 평가, 보호 계획 및 검토, 아동보호회의, 보호 또는 입양절차, 가족그룹회의 및 불만과 같은 절차에 대해 행사될 수도 있다.
Noam, 2002	청소년 참여는 청소년에 대한 창의성과 신념에 관한 것이 아니다. 참여는 권력에 관한 것이다.
O'Donoghue, Kirchner and McLaughlin, 2002	청소년들이 자신의 삶에 영향을 미치는 의사결정에 참여하고 영향을 미치고 관심 있는 문제에 대해 조치를 취할 수 있도록 권한을 부여하는 일련의 활동이다.
Thomas and Percy-Smith, 2010	간단히 정의하면 참여는 '적극적으로 참여'하거나 '나눔'하는 행위이지만, 아동 참여의 현실은 더 복잡하다. 참여는 일상에서 특정 이벤트에 이르기까지 다양한 수준에서 의사결정에 젊은 사람들이 적극적으로 참여하는 다층적인 개념이다. 참여는 또한 적극적인 시민권 실천의 기본이다.
Department of Health(영국), 2002	참여는 협의를 넘어서 아동과 청소년이 성인과 협력하여 행동을 시작하고 결정을 내릴 수 있도록 해야 한다. 예를 들어 자신의 보살핌과 치료 또는 일상생활에 대한 결정을 내리는 것이다.

주장자	개념
DCSF (Department for Children Schools and Families, 영국), 2010	아동과 청소년에게 무엇이 효과가 있는지, 무엇이 효과가 없는지, 무엇이 더 잘 될 수 있는지 묻는다. 지속적으로 서비스의 설계, 제공 및 평가에 이들을 참여시킨다.
Wikipedia, 2021	청소년 참여는 자신의 지역사회 전체에서 젊은이들의 적극적인 참여이다. 의사결정, 스포츠, 학교 및 청소년이 역사적으로 참여하지 않은 모든 활동을 포함하여 다양한 형태의 청소년 참여를 나타내는 약어로 자주 사용된다.
National Commission on Resources for Youth, 1975	청소년 참여는 청소년 참여자 외부 또는 외부에 영향을 미치는 활동에서 다른 사람에게 영향을 미치는 계획 및/또는 의사결정 기회와 함께 진정한 필요를 충족하는 책임감 있고 도전적인 행동에 청소년을 참여시키는 것이다. 청소년 참여의 다른 바람직한 특징은 참여 활동에 대한 비판적 성찰과 공동 목표를 향한 그룹 노력의 기회를 제공하는 것이다.
McCreary Centre Society, 2002	의미 있는 청소년 참여는 청소년이 개인 및 조직 수준에서 영향을 미치는 결정에 참여할 수 있는 실질적인 기회를 제공함으로써 청소년의 강점, 관심사 및 능력을 인식하고 키우는 것이다.

출처: Farthing, 2012: 96-97.

청소년 참여의 10가지 정의는 결정을 내리는 것으로 설명했으며, 2가지는 견해를 표현하는 것으로, 2가지는 보다 일반적인 '일부'를 언급했다. 그리고 7가지 정의는 청소년에게 '영향을 주는' 문제에 대해 결정을 연결하거나 제한할 수 있으며, 4가지는 청소년 참여는 "활성"이거나 "조치"가 필요하다고 보았고, 2가지는 청소년 참여 행동을 시민권 및 2개의 참조된 힘/권력'과 연관시켰다. 이런 청소년 참여 정의의 분석 결과를 바탕으로 Farthing(2012)은 청소년 참여는 "적극적인 시민으로서 청소년이 참여하고, 자신에게 영향을 미치는 문제에 대한 의사결정 권한을 표현하고, 의사결정을 내리는 과정"이라고 정의한다.

그리고 Kiilakoski(2020: 20-21)는 청소년 참여의 필수 요소를 강조하기 위해 다음과 같이 3가지 정의를 채택한다. 첫째, 참여는 지역사회에서 인정되고 합법적인 역할을 가져야 한다. 인정은 공식적이면서 때로는 비공식적이어야 한다. 젊은이들이 자신의 역할에 대해 확신하지 못하면 반대하거나 저항할 수 있지만 건설적인 역할을 찾기가 어려울 수 있다(일부 행동을 거부하는 것은 그 자체로 참여하는 행위이지만). 둘째, 조치가 필요하다. 예를 들어, 청소년이 학교협의회의 구성원으로서 학교에서 역할을 맡고 있지만 구조가 어떤 조치도 가져오지 않는 경우 참여가 없다. 이 행동은 젊은이와 성인 모두가 인정해야 한다. 셋째, 행동은 참가자들에게 의미와 참여의 느낌이 있어야 한다.

이 청소년 참여의 3가지 조건이 모두 실현된 경우 참여는 형식적인 구조나 단일 이벤트가 아닌 프로세스이다. 청소년 자신과 어른들에게 청소년들의 역할이 분명해지는 지속적이고 체계적인 과정이 될 것이다. 청소년에게 의미 있는 진정한 참여를 장려하는 것은 성인이 생각하고 행동하며 다른 사람과 관계를 맺는 방식을 바꾸지 않고서 할 수 있는 마술이 아니다. 젊은 사람들의 참여 권리를 존중하는 태도와 민주주의에 대한 현재의 생각을 바꾸려는 의지와 기술이 필요하다.

나아가 이들은 청소년 참여를 개인과 또래 그룹, 학급, 학교, 커뮤니티, 마을, 사회 및 생태계와 같은 더 큰 개체 간의 관계로 간주한다. 양질의 참여를 달성하려면 양측에 주의를 기울여야 한다. 젊은이를 교육하고 권한을 부여하고, 지역사회가 젊은이들이 참여하도록 실제로 도울 수 있는지 비판적으로 분석해야 한다는 것이다.

2) 청소년 참여의 다양한 형태

청소년 참여는 현실에서 다양한 형태로 나타난다. Youth of European Nationalities(2019: 12–15)는 청소년 참여가 어떻게 보이는지 더 잘 이해하기 위해 크게 일상생활에서의 청소년 참여와 정치적 과정과 구조에서 청소년 참여로 구분하여 여러 가지 청소년 참여 형태를 정리하고 있다. 즉 환경에 따라 학교, 직장 또는 우리가 살고 있는 지역사회에 있는 경우 의사결정 과정에 참여하고 현실에 영향을 미치는 다양한 방법이 있다. 이러한 양식 중 일부는 장기적인 참여가 필요하고 일부는 구체적인 원인이나 문제에 대응하는 것이다. 이런 다양한 형태에 대한 이해는 참여 양식의 다양성을 이해하는 데 도움이 되고 문제에 가장 적합한 방법을 선택하도록 동기를 부여할 수 있다.

① 일상생활에서 청소년 참여 형태

㉠ 학교

대부분의 공식 교육시스템에는 명확한 계층적 시스템이 있지만 청소년 참여 가능성은 여전히 존재한다. 가장 잘 알려진 것은 학생회, 학교 조합, 학교운영위원회(국가에 따라 다른 어휘 또는 용어) 등에 참여하는 것이다. 이들은 일반적으로 학교 관리를 위해 학생을 대표하도록 선출되는 청소년과 함께하는 자치 및 자치단체이다. 또한 잘 알려지지 않은 학생 중재자 프로그램 또는 자체 조직된 열린 공간과 같이 학교 시스템에 통합된 사회 프로젝트에서 찾을 수 있다.

㉡ 대학 또는 고등교육기관

청소년이 학교 학생회 또는 다양한 학생 조직에 참여하는 것과 같이 대학 또는 고등교육기관에 참여할 수 있는 다양한 가능성이 있다. 이러한 기관 또는 조직(대학/고등교육기관 또는 독립 구조의 일부)은 일반적으로 관리 및 교직원에 대한 학생들의 목소리를 강화하고 그 방식으로 학생들의 시간과 생활을 조직하는 것을 목표로 한다. 학생들이 자신의 프로젝트를 계획하고 실행할 수 있는 대학에서 다양한 주제에 초점을 맞춘 다양한 자체 조직 클럽, 프로젝트 또는 그룹을 찾는 것도 가능하다.

㉢ 청소년단체

젊은이들이 스스로 조직할 수 있는 다양한 청소년단체가 있다. 다양한 활동을 조직하고 관리함으로써 그들은 자신과 다른 사람들에 대한 책임을 진다. 그들은 서로 협상하고 자신의 아이디어를 개발하고 구현한다. 회원으로서 그들은 대표를 선출하거나 조직의 대표자가 된다. 그들은 예산을 관리하고 조직의 전략을 결정한다.

㉣ 일터

대부분의 국가에서 일터 참여 가능성은 법에 의해 규제된다. 일반적으로 근로자 또는 직원은 임금, 복리 후생, 근로 조건 또는 사회적·정치적 지위에 대한 관심을 나타내는 노사협의회를 설치하거나 노동조합의 구성원이 될 수 있다.

㉤ 다른 조직, 그룹 또는 이니셔티브

젊은이들은 또한 정당, 환경 또는 인권단체, 문화 또는 사회단체의 청년단과 같은 다른 조직이나 그룹에 가입할 기회가 있다. 또 다른 가능성은 회원들의 특정 관심사에 초점을 맞춘 새로운 조직이나 그룹을 설립하는 것이다. 이는 콘서트, 정기 북클럽 회의 또는 이웃에서 그래피티 프로젝트를 조직하는 것일 수 있다. 이러한 조직의 창설 또는 참여를 통해 청소년은 조직할 활동을 결정하고 나중에 이를 구현하는 데 참여할 수 있다.

② 정치적 과정 및 구조에서 청소년 참여 형태

㉠ 청소년 위원회 및 청소년 의회

이것은 장기적인 참여 형태이다. 젊은이들은 다른 젊은이들에 의해 선출되며 지역사회(공동체 또는 도시)의 의사결정 과정에 참여할 수 있다. 구조는 장소와 이름에 따라 다르다. 유사한 점은 젊은이들이 더 오랜 기간 선출되어 구속력이 있고 장기적으로 참여한다는 것이다. 또한 젊은이들이 정치적 경험과 자신감을 얻는 데 도움이 된다. 위원회 또는 의회의 청소년들은 서로 논의해야 하며 이러한 형식의 의사결정 과정은 정치의 일반적인 의사결정 과정과 유사하다. 이러한 구조의 목적은 의사결정권자가 현장에서 들은 많은 젊은이들의 견해와 의견을 만드는 것이다. 때때로 청소년 의회는 시의회에 어떤 동의를 기져오고 싶은지 결정할 수 있으며, 나중에 이러한 동의에 대해 논의할 의무가 있다. 일부 지역에는 청소년 위원회 또는 의회에서 결정할 수 있는 예산의 일부가 있다.

〈표 8-2〉 우리나라 청소년사업에서 청소년 참여 기구

구분	청소년특별회의	청소년참여위원회	청소년운영위원회
기능	범정부적 차원의 청소년 정책과제에 청소년 참여	청소년들이 국가 및 지자체 정책과정에 참여	청소년 수련시설 사업 · 프로그램 운영에 참여
근거	청소년기본법 제12조 (청소년특별회의의 개최)	청소년기본법 제5조의2 (청소년의 자치권 확대)	청소년활동진흥법 제4조 (청소년운영위원회)
운영 현황	청소년위원 500여명	전국 234개소 (여가부 1개, 시도 17개, 시군구 216개)	전국 331개소

우리나라에서 청소년의 사회성, 리더십 등 다양한 역량 함양을 통해 민주시민을 육성하고, 청소년 친화적 정책 추진 및 UN 아동권리위원회 등 국제기구의 참여 확대 권고를 준수하기 위해 청소년사업의 일환으로 추진하고 있는 청소년특별회의, 청소년참여위원회 및 청소년운영위원회 등 3가지(여성가족부, 2020: 65)는 이 형태에 포함할 수 있을 것이다.

㉡ 선거

선거 참여를 통해 젊은이들은 자신의 이익을 대변할 사람을 결정할 수 있다. 그러나 대부분의 국가에서는 18세 이상만 투표할 수 있다. 청소년들이 책임을 지고 온전히 참여할 수 있도록 많은 청소년단체에서 투표 연령을 낮추는 캠페인을 지원하고 있다. 유럽 청소년 포럼에서 주최한 캠페인인 "Vote@16"을 비롯하여, 우리나라의 경우에도 '촛불 청소년연대'와 '18세 선거권국민연대' 등을 참고할 수 있다.

㉢ 청소년 콘퍼런스, 청소년 포럼, 청소년 세미나

공개 참여 행사는 정치적 교류와 구체적인 주제에 관심이 있는 사람들을 끌어들이는 것을 목표로 한다. 일반적으로 세미나, 콘퍼런스 또는 포럼은 구체적인 주제에 대해 토론하고 특정 질문에 대한 젊은이들의 관점을 얻기 위해 쉽게 액세스할 수 있고 임시로 구성된다. 때로는 젊은이들의 의견을 수렴하고 이를 바탕으로 더 이상의 개입 없이 사업을 계속한다.

일반적으로 이러한 행사 중에는 동의를 결정할 가능성이 없으며 대신 젊은이들의 의견, 아이디어 및 권장 사항이 수집된다. 이것이 문서화되고 보안되지 않거나 그러한 이벤트의 결과에 대해 어떤 일이 일어날지에 대한 투명성 또는 합의가 없는 경우, 참가자들 사이에 실망할 위험이 있으며 참가자들은 이벤트 참여가 무의미하고 지속가능하지 않다고 생각할 수 있다. 반면에, 그러한 콘퍼런스와 세미나가 매우 매력적이고 상호작용하는 방식으로 조직되는 경우도 많다. 이벤트가 서로를 기반으로 한다면 정책 입안자들과의 장기적인 대화의 발전으로 이어질 수 있다. 이 양식의 장점은 참가자가 장기적으로 참여할 필요가 없다는 사실이다.

㉣ 프로젝트 및 활동

프로젝트를 통해 젊은이들은 구체적인 결정에 참여할 수 있는 일회성 기회를 갖게 된다. 일반적으로 프로젝트는 하나의 주제 또는 이니셔티브에 초점을 맞추고 결정이 내려진 후에 종료된다. 예를 들어 학교 밖에서 벽화를 디자인하고 그리는 프로젝트가 될 수 있다. 프로젝트는 참여에 대한 명확한 목표를 제공하고 일반적으로 쉽게 접근할 수 있으며 장기적인 노력이 필요하지 않다. 다양한 기관 또는 학교, 지역사회, 지역 정부기관, 조직 또는 모든 연령의 개인과 같은 개인에 의해 시작될 수 있다.

ⓜ 로비 작업

로비 작업은 젊은이들의 이익을 정치적 의사결정자에게 제공하는 것을 목표로 하는 참여의 한 형태이다. 이것은 정책 입안자들과 만나 그들의 아이디어를 설득하려는 청소년단체에 의해 수행될 수 있다.

로비 작업의 또 다른 형태는 특정 문제에 집중하고 젊은이들과 관련된 특정 문제를 지원하도록 사람들을 설득하는 캠페인이다. 예를 들어 유럽청소년포럼과 그 회원 단체는"Vote@16"캠페인에 참여하고 투표 연령을 16세로 낮추기 위해 유럽의 법률 입안자들에게 영향을 미치려고 노력하고 있다. 항의 집회나 시위에 참여하는 것도 영향력 있는 도구가 될 수 있다. 거리에 가면 젊은이들은 자신의 문제에 주의를 기울이고 결정이나 법률의 변경을 요구할 수 있다. 좋은 예는 기후 변화에 대해 충분한 조치를 취하지 않는 정치인에 대항하는 학교 학생들의 운동이 조직한 "Fridays for Future"시위이다.

ⓑ 공동 관리 구조

공동 관리는 청소년 대표와 정책 입안자(예: 지방 또는 중앙 정부대표)가 정치 및 전략적 우선순위를 함께 결정하는 모델이다. 또한 이러한 우선순위에 따라 예산 할당을 포함할 수 있다. 이 독특한 모델은 지금까지 유럽평의회(CoE)에서만 구현되었다. CMJ(Joint Council on Youth)는 30명의 청소년 NGO 및 네트워크 대표로 구성된 CCJ(Advisory Council on Youth)와 유럽 청소년운영위원회(CDEJ)를 통합하는 공동 관리기구이다.

〈표 8-3〉 의사결정에서 청소년 참여의 혁신적, 전통적 및 대안적 형태

	대안적 형태	전통적 형태
혁신적 형태	▶ 디지털 참여 ▶ 공동 관리 ▶ 공동 생산 ▶ 심의 참여 ▶ 참여 공간	▶ 전통적인 참여를 장려하기 위한 새로운 방법론의 사용
비혁신적 형태	▶ 청소년 협의회 및 유사한 구조 ▶ 청소년 운동과 항의	▶ 투표 ▶ 정당의 구성원 ▶ 노동조합 가입

출처: Crowley and Moxon, 2017: 59.

그리고 유럽평의회는 청소년 참여의 새롭고 혁신적인 형태 개발을 강조한다. '새롭고 혁신적인' 형태의 청소년 참여는 지금까지 젊은이들이 새로운 기술과 다른 공간을 사용하여 자신을 표현하기 위해 선택하는 새롭거나 대안적인 방법을 강조했다. 즉, 공공기관이 의사결정 과정에 청소년의 참여를 지원하고 촉진하기 위해 가져온 실제 변화 또는 혁신을 말한다. 이 측면은 '정책 혁신'으로 더 잘 이해될 수 있다. 이는 장기적인 과제를 해결하기 위해 새로운 아이디어, 서비스, 모델을 개발하는 것에 대한 접근방식이기도 하다. 청소년 참여에는 청소년 시민교육, 자원봉사 및 지역사회 활동과 같은 다양한 실천이 포함되지만, 유럽평의회는 청소년이 정치 또는 공공기관의 의사결정에 영향을 미칠 수 있도록 지원하는 것을 목표로 하는 참여 형태에만 초점을 맞추어 5가지 형태의 청소년 참여를 제시하고 있다. 즉 청소년위원회 및 기타 공식적인 구조, 공동 관리 및 공동 제작, 심의적 참여, 행동주의와 항의 그리고 디지털 참여 등이다.

앞에서 기술한 청소년 참여의 다양한 형태와 중복되지 않는 청소년 디지털 참여에 주목할 만하다. 청소년의 디지털 참여는 다양한 형태를 취할 수 있다. 유럽평의회 연구에서는 인터넷, 소셜 미디어 및 모바일 기술을 사용하여 공공기관 및 기타 기관의 결정에 영향을 미치기 위해 젊은이들을 의사결정권자와 연결하는 것을 의미하는 용어로 사용한다. 디지털 참여는 동일한 프로젝트에 대한 다른 형태

의 참여와 함께 또는 온라인 영역에서만 존재할 수 있다. 디지털 참여는 예를 들어 여론 조사, 상담 또는 크라우드 소싱 아이디어를 사용하여 청소년에게 다가가려는 기관에서 시작할 수 있다. 디지털 참여는 또한 온라인 도구를 사용하여 캠페인에 대한 지원을 수집하거나 청소년의 정보를 수집하는 데 사용되는 청소년에 의해 시작될 수 있으며, 이는 예를 들어 온라인 청원을 통해 의사결정자에게 제공되기도 한다(Crowley and Moxon, 2017: 21−24).

한편 OECD(2018a: 5)는 교육, 취업 또는 훈련을 받지 않은 젊은이들에게 적극적인 시민 참여와 경제적 결과 사이에 긍정적인 상관관계가 있다는 최근 증거를 바탕으로 하여 청소년 시민 참여의 기반을 확대하기 위해 노력하고 있다. 특히 더 큰 시민 참여는 폭력적이고 극단주의 운동에 참여할 가능성을 줄이고, 좋은 통치와 평화로운 공조를 위한 필수적인 토대가 되는 더 강력한 사회적, 시민적 가치를 구축하는 것으로 여겨지기 때문에 공공 거버넌스 개혁과 지역의 보다 공평한 발전을 향한 통로라고 주장한다.

이런 차원에서 OECD(2018c: 31−32, 53−54)는 MENA−OECD 거버넌스 프로그램의 일환으로 공공 및 정치생활에서 청소년 참여 및 참여를 지원하는 열린 정부 수단과 메커니즘을 분석하는 보고서를 발행했다. 이 보고서에 수록된 공공 및 정치생활에서 청소년 참여 OECD 회원국 사례 및 청소년 참여를 지원하는 열린 정부 및 메커니즘에 대한 OECD 회원국 사례를 살펴보면 다음과 같다.

① 공공 및 정치 생활에서 청소년 참여 OECD 회원국 사례 형태

청소년 대표 기관의 설계와 목적은 OECD 회원국에 따라 크게 다르다. 실제로 청소년위원회는 정부에 대한 청소년의 이익을 대표하는 다양한 형식 중 하나만 제공하며 제도적 구조(예: 의사결정의 구성, 기능 및 영향)와 관련하여 상당한 차이가 있다.

노르웨이 아동청소년위원회(LNU)는 아동과 청소년을 위한 전국의 96개 비정부기구를 통합하는 포괄적인 조직이다. LNU는 아동 및 청소년 의회를 조직하고

공공기관에 대해 청소년을 대표하는 역할을 한다. 프랑스에서는 2016년에 설립된 청소년정책자문위원회(Conseil d'Orientation des Politiques de la Jeunesse, COJ)가 총리실의 행정 자문위원회 역할을 한다. COJ는 젊은이들에 대한 일관되고 횡단적인 공공정책을 만드는 책임이 있다. 청소년 관련 입법 제안에 대해 자문을 받을 수 있으며 청소년정책 분야에서 일반적인 관심사에 대한 질문을 검토할 수 있다. 위원회는 젊은이들의 상황을 개선하기 위해 정부에 제안을 제출할 수 있다. 활동에 대한 연례 보고서가 발행되어 정부에 발송된다. 이러한 플랫폼은 이미 정치 문제와 공적 생활에 특정 관심을 표명한 청소년을 끌어들이는 경향이 있다는 점에 유의해야 한다. 따라서 가장 소외된 청소년 그룹에 다가가기 위해서는 맞춤형 노력이 필요하다.

영국 정부는 어릴 때부터 민주적 과정에 청소년의 참여를 장려하기 위해 학교 및 청소년단체의 유권자 등록에 대한 교육을 촉진하기 위한 국가 이니셔티브 "Rock the Ballot"을 시작했다. 이 이니셔티브는 정부와 젊은이들의 투표를 장려하는 시민사회 단체인 "Bite the Ballot" 간의 협력의 결과이다. 이 이니셔티브는 교사와 청소년이 온라인 자료를 다운로드하여 정치적 지식을 향상시키고 민주적 토론을 수행하며 사람들이 투표 등록을 하도록 권장한다. 미국에서는 전 민주당 캠페인 지도자들이 주도한 "무언가를 위한 실행(Run for something)" 이니셔티브가 젊은 밀레니얼 세대가 공직에 출마하도록 장려한다. 청소년은 온라인으로 등록할 수 있으며 가장 유망한 후보자는 선거 캠페인을 준비하는 교육에 참여하도록 초대된다. 협회는 또한 기금을 모으고 캠페인을 위해 전문 직원을 고용하는 과정에서 젊은 후보자를 돕는다.

노르웨이에서는 모의 선거가 1946년으로 거슬러 올라간다. 선거 기간 동안 학교는 주요 정당의 젊은 정치인과 청소년 대표를 초청하여 어린 학생들과 토론한다. 2011년에 이 과정은 "선거 광장(election square)"으로 발전했다. 젊은이들이 모여서 청소년 정치단체의 구성원을 만나고, 캠페인 브로슈어를 들고, 토론에 참여하고, 실제 모의 선거가 이어질 수 있는 시장이다. 선거 결과는 나중에 언론에 게시된다.

② 청소년 참여를 지원하는 열린 정부 및 메커니즘에 대한 OECD 회원국 사례 형태

청소년들에게 다가가는 것은 모든 정부가 추진하는 도전이다. 소셜 미디어 플랫폼은 청소년에게 다가가 정보를 제공하는 도구일 뿐만 아니라 정책, 프로그램 및 활동에 대한 의견과 피드백을 수집하는 도구이기도 하다. 열린 정부위원회의 OECD 권고 초안은 이와 관련하여 "이해관계자와 효과적으로 참여하여 아이디어를 구하고 솔루션을 공동 개발하며 디지털 정부 도구가 제공하는 기회를 포착할 수 있는 혁신적인 방법을 모색"해야 할 필요성을 인정한다. 현재까지 모든 OECD 국가는 정보 접근에 관한 법률을 채택했다.

독일에서 온라인 포털 "Ich mache Politik"(I do politics)은 젊은이들이 연방 차원에서 청소년정책 및 정치적 의사결정 과정을 형성하는 데 참여하도록 초대한다. 이 프로젝트는 독일 연방청소년위원회(Deutscher Bundesjugendring)가 운영하고 있으며, 이는 의회, 정부 및 일반 대중에 대한 독일 청소년협의회의 이익을 대표하며 연방 정부(Federal Ministry for Family Affairs, Senior Citizens, Women and Youth)의 재정 지원을 받는다. 2014년 10월부터 2017년 중반까지 12~17세의 청소년과 청소년 그룹(예: 청소년 협회, 학교 수업, 커뮤니티 그룹)이 정부의 향후 인구통계학적 전략 수립에 대한 의견을 공유하도록 초대되었다. 전자 참여 도구(ePartool)를 통해 청소년은 아이디어를 가져오고 온라인으로 제공되는 중개 결과에 대해 토론할 수 있다. 두 번째 단계에서 젊은이들은 동료들이 제시한 가장 중요한 발언과 아이디어에 투표하도록 초대되었다. 이 플랫폼을 통해 젊은이들은 자신의 기여가 어떻게 처리되었는지 그리고 그들의 의견이 고려되었는지 여부를 볼 수 있다. 프랑스는 25세 미만의 청소년이 고용, 주택 및 건강 분야에서 자신의 권리에 대한 정보에 액세스할 수 있는 "권리 나침반(compass of rights)" 플랫폼을 구축했다. 목표는 젊은이들이 자신의 권리에 대한 가시성을 확보하고 취해야 할 접근방식을 예상하는 것이다. 이 플랫폼은 청소년을 위한 안내 기능 및 지원과 함께 정보에 대한 역동적이고 개인화된 액세스를 제공한다. 청소년들에게 미니 설문지를 통해 지역 행위자들이 제시하는 단순화되고 동원된 서비스를 제공한다.

그런 다음 청소년은 이용 가능한 결과 중에서 가장 적합한 서비스를 선택하고 합리적인 시간 내에 전문가의 연락을 받을 수 있다.

유럽청소년포럼(EYF)은 청소년들이 이끄는 18개의 청소년단체를 모아 새로운 형태의 표현을 만들기 위해 협력한다. 프랑스 청소년포럼(FFJ)은 EYF에서 영감을 받아 모든 정치적 이니셔티브를 모으는 것으로 탄생했다. FFJ는 프랑스에서 청소년 표현을 위한 자율적인 공간을 구축하고 당국이 인정하는 대담자 역할을 하는 것을 목표로 한다. 이미 "프랑스 젊은이들의 대표", "청소년을 위한 새로운 정책", "건강", "프랑스 젊은이들의 투표 및 참여", "교육, 젊은이들의 전문적 통합, 무엇을 선택한 코스의 조건은 무엇인가?", "기후 문제-청소년, 제안의 힘" 등이 있다. 청소년 부처(Ministry for Youth)는 정기적으로 FFJ 및 CNAJEP와 협의하고 사업 시범 운영을 결합하며 부서 간 청소년위원회 또는 청소년 우선순위 지도와의 상류 협의를 진행한다. 파트너 부처를 통해 기획 및 다양한 대담자, 청소년들이 정책 구축에 참여하는 것을 촉진한다.

2. 청소년 참여의 이유 및 핵심 원칙

왜 청소년은 참여하고, 청소년 참여의 가치는 무엇인가. 그리고 효과적인 청소년 참여를 위해 고려해야 하는 핵심원칙은 무엇인가를 살펴본다.

1) 청소년 참여의 이유와 정당화

Denstad, Thomson & Badre(2016: 47)는 정부 의사결정에 대한 청소년 참여 개념이 청소년정책의 기본적이고 중요한 특징 중의 하나로 인식되었지만, 이 원칙을 따르고 전 세계적으로 지켜지기까지는 아직 갈 길이 멀다고 진단한다. 때로는 청소년 참여가 부족한 이유는 기존 의사결정권자의 사고방식에 뿌리를 두고 있다는 것이다. 그들은 "법적 연령"이나 투표 연령에 도달하지 않은 젊은이들이 책임감 있는 결정을 내리는 데 기여할 수 없다고 느낄 수 있다. 또는 정치인과 공무원은 자신만이 정치적 결정을 내리고 정책을 개발 및 시행할 권한이 있으며, "특별 이익 단체"가 이러한 결정에 영향을 미치도록 허용하는 것은 잘못이라고 확신할 수도 있다.

또한 의사결정 테이블에 젊은이들을 초대하지 않는 이유는 종종 정치인과 공무원들이 젊은이들이 참여하도록 하는 방법을 모르기 때문일 수도 있다. 젊은 사람들이 정치 변화의 최전선에 있었던 곳에서도 혁명적 변화에서 나온 정치인은 청소년 참여에 대한 사전 경험이 없을 수 있으며, 열의를 넘어서 어떻게 할 수 있는지에 대한 모범 사례가 부족할 수 있다.

Denstad, Thomson & Badre(2016: 48–50)는 청소년 참여가 중요하고 유럽 및 국제기구에서 권장하는 방법으로 옹호하는 몇 가지 좋은 이유가 있으며, 다음과 같은 5가지 이유를 주장한다.

㉠ 젊은이들을 자원으로 인식하는 데 뿌리를 두고 있다. 청소년들은 정치 개혁을 촉발하는 데 있어 일상 사회에 중요한 공헌을 하는 완전한 시민이다. 봉기 외에도 그들은 환경을 보호하고 빈곤과 싸우는 조직에 참여하고 동료를 돕고 자신의 사회를 개선하기 위한 이니셔티브에 참여하며 새로운 사업을 시작하고 가족에 기여한다. 오늘날 젊은이들이 사회에 기여하는 것은 젊은이들을 미래의 시민으로 보는 대신 종종 간과된다. 젊은이들을 지역사회의 자산으로 볼 때 에너지, 이상주의 및 통찰력을 사회 개선에 기여할 수 있는 변화의 적극적인 주체로 볼 때, 그들에게 영향을 미치는 문제에 대한 정책 결정에 가능한 모든 방법으로 그들을 참여시키는 것은 당연하다.

㉡ 젊은 사람보다 젊음을 더 잘 알고 있는 사람은 없다. 젊은이들이 당면한 필요, 문제 및 도전을 이해하고 가능한 한 최선의 방법으로 이러한 문제를 해결할 조치를 함께 선택하기 위해 청소년의 현실을 직접 아는 사람들, 즉 젊은이들을 참여시켜야 한다.

ⓒ 젊은이들을 참여시킴으로써 내린 결정에 대한 더 넓은 소유권을 창출한다. 청소년과 관련된 중요한 결정의 소유권을 전달하면 정책을 보다 쉽게 구현할 수 있으며 청소년 스스로 옹호하고 지원할 수 있다. 이것은 청소년정책 실현에서 더 높은 수준의 성공을 보장한다.

ⓡ 청소년들은 의사결정 과정에서 그들을 막기 위한 논쟁으로 단순히 또 다른 "관심 집단"으로 간주될 수 없다. 젊은이들은 다양한 이해와 관심사를 가진 이질적인 그룹이다. 그러나 그들은 인구의 많은 비율을 차지하고 있으며 일부 국가에서는 실제로 인구의 지배적인 부분이기도 하다.

ⓜ 마지막으로, 젊은이들이 의사결정에 있어 정부의 자연스러운 파트너가 되어야 하는 형식적 및 법적 이유가 있다. 즉, 의사결정에 있어 젊은이들과 관련된 국제적 합의와 약속이다. 이러한 약속 중 중요한 두 가지는 UN 아동권리협약과 유럽평의회의 유럽 헌장이다. 우선 UN 아동권리협약(CRC)은 1989년에 채택되었다. 196개 당사국은 협약의 법적 구속력이 있는 조항을 준수하고 있음을 5년마다 UN에 보고해야 한다. 이는 18세 이하의 아동 및 청소년의 권리를 다룬다. 제12조는 특히 그들에게 영향을 미치는 정부 결정 참여 문제를 다룬다.

ⓐ 당사국은 자신의 견해를 형성할 수 있는 아동에게 영향을 미치는 모든 문제에서 이러한 견해를 자유롭게 표현할 수 있는 권리를 보장해야 하며, 아동의 견해는 아동의 연령과 성숙도에 따라 적절한 비중을 두고 있다.

ⓑ 이러한 목적을 위해, 아동은 특히 다음의 절차 규칙과 일치하는 방식으로 직접 또는 대리인 또는 적절한 기관을 통해 아동에게 영향을 미치는 모든 사법 및 행정 절차에서 들을 수 있는 기회가 제공된다.

물론 아동권리협약은 18세 미만의 청소년에게만 유효하며 많은 청소년 참여 구조에는 그보다 훨씬 나이가 많은 청소년이 포함된다. 그럼에도 불구하고 이 협약의 중요성은 젊은이들이 권리를 가진 시민이며 그들에게 영향을 미치는 의사결정 과정에 참여할 권리가 있음을 지적하는 데 있다. 또한 국가가 국제법적 의무를 준수하기 위해 참여를 장려할 의무가 있음을 강조한다(Farthing 2012: 75). 이는 아동 및 청소년정책 참여 개념의 중요성을 설명하는 핵심 요소 중 하나로 볼 수 있다.

그리고 지방 및 지역 생활에 청소년 참여에 관한 개정된 유럽 헌장(2006년 유럽위원회 장관위원회의 권고로 채택됨)은 모든 회원국이 다음 원칙을 준수하도록 강력하게 권장한다.

ⓐ 지방 및 지역 생활에 젊은이들의 참여는 공공 생활에 대한 시민 참여에 대한 글로벌 정책의 일부를 구성해야 한다.

ⓑ 모든 부문별 정책은 청소년 차원을 가져야 한다.

ⓒ 청소년 및 그 대표자들과의 협의 및 협력에 따라 다양한 형태의 참여가 구현되어야 한다.

ⓓ 사회의 취약 계층 젊은이들의 참여를 촉진해야 한다.

또한 UN은 젊은이들이 개발을 위한 주요 인적 자원이자 사회변화, 경제성장 및 기술 혁신의 핵심 요원임을 오랫동안 인식해 왔다. 의사결정에 참여하는 것은 청소년에 대한 UN 의제의 핵심 우선순위 영역이다. 1995년, 국제 청소년의 해 10주년을 맞아 UN은 문제를 보다 효과적으로 해결하고 사회 참여 기회를 늘리기 위한 국제 전략인 WPAY(World Program of Action for Youth)를 채택하여 청소년에 대한 헌신을 강화했다. 국제사회는 UN 총회 결의 58/133을 통해 청소년 참여에 대한 약속을 재확인했다. 이 결의안은 지역, 국가 및 국제 수준에서 청소년과 청소년 조직의 완전하고 효과적인 참여의 중요성을 강조했다. 후속 결의안에서는 청소년과 관련된 정책과 프로그램을 다루고 사회 및 경제 개발에 대한 청소년 참여를 장려했다(Karkara, unknown: 28–29).

그런데 UN 아동권리협약과 같은 권리 기반 참여 접근방식 이외에 다른 관점도 있다. 참여 절차가 1960년대까지 확장된 역사를 가지고 있으며, 청소년 분야에만 국한되지 않는다. 참여는 공공 거버넌스의 민주주의 적자를 해결하기 위해 만들어졌다. 참여 메커니즘은 원래 시민의 견해와 의견이 통제된 정치 및 관료적 의사결정 과정에 어느 정도 영향을 미치도록 설계되었다. 또한 시민들이 참여 과정을 통해 권한을 부여받고 정치적 의사결정에 더 많은 권한을 부여할 수 있기를 희망했다. 참여의 전환은 참여 예산, 시민협의회, 공공 협의, 이웃 협의회 또는 참여 계획 등과 같은 공공 부문에 대한 시민의 의견을 포함하는 것을 목표로 하는 다양한 메커니즘을 가져왔다. 또한 NGO와 사회운동은 참여 절차를 만들었다. 참여적 전환은 참여적 민주주의의 다양한 프로젝트를 포함하며, 그중 일부는 실제로 시민을 유치하기에는 너무 표준화되고 공식화되어 비판받을 수 있다.

청소년 참여 구조는 참여 전환에 있어 더 넓은 틀에 속하며 시민들의 경험 있고 살아 있는 일상생활의 영역에서 일부 정책과정이 너무 멀지는 않다고 이해하는 시대의 "시대의 정신"(zeitgeist)의 일부로 볼 수 있다. 그러나 청소년 참여는 여러 가지 이유로 다른 참여 영역과 다르다. 청소년들이 정치에 참여하는 방식은 세대에 따라 다르게 보인다. 젊은 세대를 참여시키기 위한 새로운 메커니즘을 만들어 사회에 영향을 미치는 새로운 방식을 고려해야 한다. 특히 이것은 대표 민주주의 영역에서 벗어나 학교, 청소년 클럽, 직장 또는 소셜 미디어 설정과 같은 다른 사이트를 민주화해야 한다는 것을 의미한다(Kiilakoski, 2020: 4–5)

유럽연합과 유럽평의회의 Youth Partnership은 최근 분석 보고서(Kiilakoski, 2020: 5–7)에서 참여에 관한 여러 문헌에 명시되어 있는 청소년 참여를 촉진하는 이유를 다음과 같은 6가지 관점으로 요약하고 있다.

㉠ 권리 기반 관점

아동과 청소년은 그들과 관련된 문제에 참여하고 의견을 들을 권리가 있다. 참여를 장려한다는 것은 이러한 기본적 권리를 존중하는 것을 의미한다.

㉡ 발달적 관점

참여는 저절로 발생하지 않는다. 다른 형태의 사회적 행동과 마찬가지로, 젊은 세대가 사회에 영향을 미칠 수 있도록 교육과 훈련이 필요하다. 청소년 참여는 청소년들이 중요한 시민권 역량을 배우는 데 도움이 되기 때문에 필요하다. 여기에는 영향을 미치는 방법, 함께 토론하는 방법, 차이를 만드는 방법 및 의사결정 과정의 작동 방식 이해가 포함된다.

ⓒ 서비스 관점

청소년들이 참여하여 자신의 견해를 표명하고 정책 입안을 위한 더 나은 기반이 있기를 희망할 때, 구현이 더 쉬우며 서비스는 일반적으로 실제 사용자가 듣고 경험 지식을 고려할 때 더 효과적이다.

ⓓ 민주주의 관점

의사결정에 젊은 사람들을 참여시키는 것은 민주주의를 강화하는 방법이다. 이것에는 적어도 2가지 차원이 있다. 첫째, 일반 문제에 더 많은 시민이 관심을 가질수록 민주적으로 참여할 가능성이 높아진다. 시민권 관점은 젊은이들에게 관심을 갖고 참여하고 권한을 부여하는 방법을 찾아야 할 필요성을 강조한다. 둘째, 정치 체제의 관점에서 제도에 영향을 미칠 수 있는 방법이 많을수록 더 많은 사람이 기여할 수 있다. 더 많은 사람들이 민주적 생활에 참여할수록 민주주의 체제의 권한이 강해진다.

ⓔ 지역사회 관점

지역사회의 합법적인 구성원으로 받아들여진다고 느끼는 그룹이 많을수록 사람들이 지역사회 유지에 관심이 있기 때문에 지역사회가 더 안전하고 편안하고 창의적일 가능성이 높다. 참여는 지역사회가 포용적이고 다양한 요구에 대응할 수 있도록 하는 방법이다.

ⓕ 포용적 사회 관점

조직은 개인과는 다른 방식으로 학습한다. 젊은이들이 원하는 것이 무엇인지, 그들이 무엇을 중요하게 여기는지, 그들이 사회에서 보고 싶은 변화의 유형을 배우면 더 많은 목소리를 들을 수 있기 때문에 우리의 민주주의가 풍요로워진다. 청소년 참여를 장려하는 것은 공공 영역에서 다른 관점을 들을 수 있는 방법이다. 따라서 결국 청소년 참여는 청소년뿐 아니라 우리 모두에게도 해당된다.

〈표 8-4〉 청소년 참여의 이유(정당화)

Sinclair & Franklin(2000)	ⓐ 아동의 권리 옹호를 위해 ⓑ 국가의 법적 의무와 책임을 이행하기 위해 ⓒ 민주적 과정을 강화하기 위해 ⓓ 서비스 개선을 위해 ⓔ 의사결정을 개선하기 위해 ⓕ 아동 보호를 촉진하기 위해 ⓖ 아동의 능력을 키우기 위해 ⓗ 자존감을 강화하기 위해
Warshak(2003)	ⓐ 젊은이들이 참여를 통해서만 나눌 수 있는 자신의 진리를 지닌 사람으로 보는 깨달음의 정당화 ⓑ 참여가 아동의 권리를 충족하고 권력을 세대로 옮길 수 있음을 시사하는 권한 부여 정당화 ⓒ 참여를 젊은이들의 시민권을 극대화하는 방법으로 보는 합리적 시민권 정당화 ⓓ 합리성에 기반한 관계에 대한 결과는 참여가 세대 간 갈등을 감소시키는 정당화
Cleaver(2001)	ⓐ 본질적으로 참여가 정책 효과 증가나 기술 구축과 같은 다른 바람직한 결과에 대한 '수단'으로 또는 프로세스 자체가 좋은 것 또는 권리로 간주되는 '목적'으로 정당화

출처: Farthing, 2012: 74-75.

이런 청소년 참여를 촉진하는 이유나 정당화하는 관점은 모두 분석적으로 분리되어 있지만, 함께 존재하는 경향이 있으며 현실 세계에 번들로 묶여 있다. 그들은 또한 이상적인 상황을 설명하고 실제로 참여를 촉진하는 데 비판과 개선의 여지가 많다. 그 밖에 청소년 참여의 이유나 정당성을 명확히 하고자 하는 분석도 제한적이지만 없지는 않다. 위의 〈표 8-4〉와 같이, Sinclair & Franklin(2000)은 참여에 대한 8가지 정당성을, Warshak(2003)은 4가지 주요 정당성을, 그리고 청소년 발달에서 참여에 대한 정당성을 분석한 Cleaver(2001)는 근거에 수단과 목적의 이중성이 있음을 시사했다.

한편 옥스퍼드대학교 교수 Farthing(2012)은 '왜 청소년 참여인가'라는 기존의 청소년 참여에 대한 이유와 정당성에 대해 근본적인 질문을 제기한다. 즉 청소년 참여는 청소년 현장 실무자에게 많은 정책 형성의 중심이 되고 청소년사업에서 거의 헤게모니적 실천이 되었음에도 불구하고, 참여가 바람직한 이유에 대한 조사나 검토는 매우 제한적이었다고 성찰한다. 종종 억압받는 청소년들을 해방시켜 청소년정책과 서비스에서 최대한의 효율성을 달성할 수 있는 급진적 능력에서부터 참여를 정당화하기 위해 영웅적인 주장을 하기도 한다는 것이다. 청소년 참여에 대한 맹목에 가까운 신앙적 믿음은 2가지 가정에 기초해 있다. 첫째, 참여는 특히 젊은이들에게 본질적으로 좋은 것이다. 따라서 둘째, 추가 분석 개발은 순전히 방법론적이어야 한다는 것이다. 즉, 참여가 본질적으로 좋은 경우 방법론을 올바르게 설정하면 된다는 것이다. 그러나 Farthing은 '좋은 사회'라는 서로 다른 비전에서 태어난 젊은이들에게 '좋은 것'이 무엇인지에 대한 비판적 반성 없이 청소년 참여는 개별 젊은이들과 사회집단으로서의 젊은이들 모두에게 잠재적으로 도움이 되지 않을 수 있다고 주장한다.

나아가 Farthing(2012)은 앞에서도 기술한 바와 같이, 기존의 연구에서 분석한 청소년 참여의 이유 내지는 정당화 근거를 권리 기반, 권한 부여, 효율성 및 발달적 정당화 등 4가지로 요약한다. 즉 청소년 참여는 청소년의 권리를 충족한다는 주장, 참여는 청소년에게 힘을 실어 준다는 주장, 참여는 정책과 서비스를 효율적으로 만든다는 주장, 참여는 청소년의 발달에 도움이 된다는 기존의 참여 이유(정당화)는 다양한 비판에 취약하다고 진단한다.

청소년 참여에 대한 비판은 급진적일 수 있으며 참여는 본질적으로 보수적인 통제 행위일 뿐이며 단순히 현명한 생각이나 세속적 행위가 아니라는 점을 시사하고 그것이 현대의 선교 행위임을 암시하기도 한다. 즉 Farthing(2012: 78−81) 교수는 참여가 바람직하지 않은 기존의 비판적 인식을 급진적 비판, 보수적 비판, 세속적 비판 등 3가지로 요약한다. 그런 다음 청소년 참여에 대한 4가지 이유(근거)와 3가지 비판을 연결하여 다음 〈표 8−5〉와 같이 왜 참여하는지(정당화), 왜 참여하지 않는지(비판)를 명확하게 제시하고 있다.

〈표 8-5〉 참여에 대한 비판과 청소년 참여의 정당성 이해

정당화 – 왜 참여하는가?	비판 – 왜 참여하지 않는가?
• 권리 기반 정당화; 젊은 사람의 권리이기 때문에 참여 • "좋은 사회"는 국제법적 의무를 준수한다.	• 보수적 비판은 전문가나 가족 구성원이 젊은이들의 권리와 같이 적절하게 안내할 수 없기 때문에 참여가 바람직하지 않다고 제안할 수 있다. • 급진적 비판은 이 정당화가 참여를 구성하는 데 내재된 권력관계에 충분한 주의를 기울이지 않는다는 것을 암시한다. 참여는 사회적 통제의 한 형태이며 젊은이들의 자유와 평등에 대한 더 넓은 권리를 실현하지 못하기 때문에 바람직하지 않을 수 있다. • 세속적 비판은 젊은이들이 종교의 자유에 대한 권리가 있으므로 참여하지 않는다는 것을 암시할 수 있다.
• 권한 부여 정당화; 청소년들에게 사회적 그룹 또는 개인으로 힘을 실어주기 위한 참여 • "좋은 사회"는 적극적이고 포용적인 민주주의이다.	• 급진적인 문헌은 참여가 젊은이들을 정복하고 더 많은 사회적 통제 하에 있게 하는데 사용될 수 있기 때문에 바람직하지 않을 수 있음을 시사한다. 이것은 권한을 부여하지 않을 것이다. • 보수적 비판은 저개발 청소년의 권한 부여가 애초에 바람직하지 않다고 말할 수 있다. • 세속적 비판은 그러한 권력 반전이 개신교 교회법에서 바람직하지 않은 행동임을 시사할 수 있다.
• 효율성 정당화; 서비스 제공/정책/실천을 개선하기 위한 방법으로 참여 • "좋은 사회"는 신자유주의적이며 시민은 국가 서비스의 소비자이다.	• 보수적 비판은 젊은이들의 지식을 전문 지식보다 더 정확하게 평가하는 것은 항상 가장 효율적인 서비스, 정책 또는 결과를 산출하지 못하기 때문에 바람직하지 않다고 말한다. • 급진적 비판은 효율적인 서비스/정책이 보다 효과적인 정부 형태이기 때문에 애초에 바람직하지 않다는 점을 시사할 수 있다. • 세속적 비판은 효율적인 서비스가 선교 과정을 통해 생산되는 경우 바람직하지 않다고 제안할 수 있다.
• 발달적 정당화; 개인, 개인적 개발을 달성하기 위한 방법으로써의 참여 • "좋은 사회"에 대한 비전은 없지만 본질적으로 보수적이다.	• 급진적 비판은 젊은이들이 책임감 있는 성인으로 성장하도록 돕는 것이 "좋은 것"이라는 암묵적인 가정에 도전한다. 사회적(반사회적이 아닌) 시민을 개발하는 것은 단순히 반대 의견을 침묵시키는 수단일 수 있다. • 보수적 비판은 참여에서 기대할 수 있는 개발의 본질이 알려진 개발 모델과 일치해야 한다고 제안할 수 있다. 그렇지 않으면 무의미하다. • 세속적 비판은 참여가 프로테스탄트 방식으로 젊은이들을 발전시키기 때문에 바람직하지 않다고 제안할 수 있다.

출처: Farthing, 2012: 85–86.

〈표 8-6〉 청소년 참여 이유(정당화) 유형

권리 기반(Rights-based) 정당화	권한 부여(Empowerment) 정당화
• Sinclair and Franklin(2000) – 아동의 권리를 지키기 위해 – 국가의 법적 의무와 책임을 이행하기 위해 • Warshak(2003) – 합리적 시민권 • Cleaver(2002) – '목적'	• Sinclair and Franklin(2000) – 민주적 의사 결정 향상 • Warshak(2003) – 권한 부여 • Cleaver(2002) – '목적'
효율성(Efficiency) 정당화	**발달적(Developmental) 정당화**
• Sinclair and Franklin(2000) – 서비스 개선 – 의사 결정 개선 – 보호 촉진 • Warshak(2003) – 깨달음의 근거(왜 깨달았는지에 따라 다름) – 관계에 대한 결과(관계를 중요하게 생각하는 이유에 따라 다름) • Cleaver(2002) – '수단'	• Sinclair and Franklin(2000) – 아동의 기술을 키우고 자존감 고양 및 강화

출처: Farthing, 2012: 77.

Farthing(2012)의 청소년 참여에 대한 이유(정당화)에 대한 비판적 성찰은 지금까지 청소년 참여에 대한 암묵적 가정을 해체하고 청소년이 참여하는 이유는 무엇이며, 무엇을 하고 있는지, 무엇을 해야 하는지에 대한 근본적인 물음을 제기하는 것이다. 이 과정은 궁극적으로 청소년에게 더 나은 성과를 가져다주기 위해 청소년 참여의 이유를 명확히 하는 작업이라 할 수 있다. 우리에게 청소년 참여에 대한 깊은 성찰을 요구하고 있다.

2) 청소년 참여의 핵심 원칙

청소년들과 함께 사업을 해 본 청소년지도자와 성인들은 의미 있는 참여를 성취한다는 것이 쉽지 않다는 사실을 잘 알고 있을 것이다. 이것은 사회적 관계가 매우 계층적인 방식으로 조직되는 경향이 있고 젊은이들이 지위나 목소리가 거의 없는 상황에서는 특히 그렇다. 좋은 의도로 참여를 장려하려 했던 다른 사람들은 그것이 잘 작동하지 않았을 때 좌절하거나, 사기가 꺾이거나, 냉소적이며, 무엇을 놓쳤는지 궁금해한다. UNICEF(2001: 18)는 문헌, 청소년 및 여러 기관 직원과의 인터뷰를 바탕으로 청소년 참여를 진흥하려면 다음과 같은 3가지 유형의 상호 관련된 조치가 필요하다고 강조한다.

- 청소년의 역량 구축
- 청소년에게 제공되는 기회 증대
- 청소년 주변의 깊은 지원 환경

특히 설정, 역할 및 참여 수준 등과 관련하여 청소년의 의미 있는 참여를 촉진하기 위한 기본 프레임워크를 [그림 8-1]과 같은 다이어그램으로 나타낸다. 청소년 참여 촉진 프레임워크는 효과적인 청소년 참여를 촉진하기 위한 기본 접근방식을 간략하게 설명하는 것이다. 프레임워크의 목표는 주로 10~19세 청소년이 진화하는 능력의 최대한도로 가능한 한 확대된 공간(표시된 4개 축을 따라)에서 효과적이고 의미 있게 참여하는 데 필요한 능력, 기회 및 지원 환경을 갖도록 하는 것이다. 이러한 축을 따라 참여하는 것은 청소년에게 임의로 거부되어서는 안되지만 항상 자발적이어야 하며 강요해서는 안 된다.

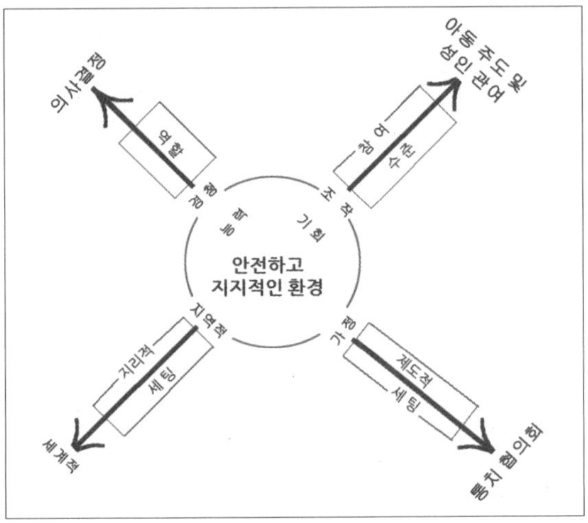

출처: UNICEF, 2001: 18.

[그림 8-1] 청소년 참여 촉진 프레임워크

그런데 UNICEF 뿐만 아니라 UN 및 유럽평의회(CoE) 등은 효과적인 청소년 참여의 진흥을 위해 비슷한 고려사항을 제안하고 있다. 우선 UNICEF(2001: 18-21)는 정책입안자와 청소년 참여 프로그램 운영자를 위해 청소년의 효과적인 참여 프로세스를 개발하기 위한 필수 구성요소로서 15가지 고려사항을 제안하고 있다. UN은 2015년 제안한 '어젠다 2030(Transforming our world: the 2030 Agenda for Sustainable Development)'의 실현을 위한 청소년 참여를 강화하는 차원에서 '포용적 청소년 참여에 대한 툴킷(Tool Kit on Inclusive Youth Participation)'에서 청소년의 의미 있는 참여를 위한 10가지 핵심원칙을 제시(Karkara, unknown: 16–17)하고 있다. 그리고 유럽평의회(Council of Europe, Children's Rights Division and Youth Department, 2016: 28–30)는 효과적인 윤리적 참여와 관련 기준을 위한 9가지 기본 요구사항을 제안한 바 있다.

〈표 8-7〉 효과적인 청소년 참여 촉진을 위한 핵심원칙 비교

UNICEF: 청소년의 효과적인 참여 프로세스를 개발하기 위한 필수 구성요소(15)	UN: 청소년의 의미 있는 참여를 위한 핵심원칙(10)	CoE(유럽평의회): 효과적이고 윤리적 참여와 관련 기준을 위한 기본 요구사항(9)
ⓐ 일찍 시작하여야 한다. ⓑ 모든 청소년이 참여할 수 있는 위치에 있는지 확인하여야 한다. ⓒ 효과적으로 참여할 수 있는 젊은이들의 능력을 기워야 한다. ⓓ 청소년의 참여를 경청하고 장려할 수 있는 성인의 능력을 키워야 한다. ⓔ 청소년이 잘 알고 있는지 확인하여야 한다. ⓕ 젊은이를 믿고 책임감을 갖게 하여야 한다. ⓖ 청소년이 합리적인 위험을 감수하도록 허용하여야 한다. ⓗ 참여할 시간을 만들어야 한다. ⓘ 참여할 공간을 만들어야 한다. ⓙ 청소년의 관심사에 참여를 연결하여야 한다. ⓚ 투명해야 한다. ⓛ 정직해야 한다. ⓜ 민주적이어야 한다. ⓝ 지원 정책 환경을 만들어야 한다. ⓞ 정책과 실천 사이의 격차를 해소하는 데 주의를 기울여야 한다.	ⓐ 투명하고 유익한 정보 ⓑ 포용성 ⓒ 청소년 주도 조직 및 네트워크 지원 ⓓ 자빌적 ⓔ 존중 ⓕ 관련성 ⓖ 청소년 친화적 ⓗ 충분한 시간과 자원 제공 ⓘ 역량 개발 지원 ⓙ 책임감	ⓐ 참여는 투명하고 유익하다. ⓑ 참여는 자발적이다. ⓒ 참여는 정중하다. ⓓ 참여가 석설하다. ⓔ 참여는 아동 친화적이다. ⓕ 참여는 포괄적이다. ⓖ 참여는 성인을 위한 훈련에 의해 지원된다. ⓗ 안전하고 위험에 민감해야 한다. ⓘ 참여는 책임이 있다.

〈표 8-7〉에서 보는 바와 같이 UNICEF, UN 및 CoE 등 3개 국제기구의 효과적인 청소년 참여 촉진을 위한 핵심원칙 내지는 고려요소들은 투명과 유익, 자발적, 아동·청소년 친화적, 포괄적, 포용적, 관련성, 청소년 역량 개발, 책임감, 참여 시간과 공간 등 제안 요소 간에 공통적인 사항들이 많다. 따라서 여기서는 2016년 아동 참여 평가 도구 제안의 일환으로 유럽평의회에서 제안한 효과적인 윤리적 참여와 관련 기준을 위한 9가지 기본 요구사항을 중심으로 구체적으로 살펴보고, 국제기구에서 제안한 요소 중에서 빠진 사항을 보완하고자 한다.

〈표 8-8〉 효과적인 윤리적 참여와 관련 기준을 위한 9가지 기본 요구사항

요구사항	개요
㉠ 참여는 투명하고 유익하다.	• 아동에게 친근하고 접근 가능한 형식으로 참여할 권리에 대한 정보를 제공해야 한다. 정보에는 참여할 수 있는 방법, 참여할 기회가 부여된 이유, 참여 범위 및 가질 수 있는 영향이 포함되어야 한다. • 이것은 실제로 다음을 의미한다. ▶ 아동의 참여에는 명확한 목적이 있다. ▶ 아동은 의사결정에 얼마나 많은 영향을 미칠 수 있는지 이해한다. ▶ 관련자들의 역할과 책임이 명확하고 잘 이해되어 있다. ▶ 아동은 참여와 관련된 목적 및 목표에 동의한다.
㉡ 참여는 자발적이다.	• 아동은 참여 여부를 선택할 수 있어야 하며 언제든지 활동을 철회할 수 있어야 한다. 아동이 자신의 견해를 표명하거나 참여하도록 강요해서는 안 된다. • 이것은 실제로 다음을 의미한다. ▶ 아동은 자신의 참여를 고려할 시간이 주어지며 사전 동의를 제공할 수 있다. ▶ 아동은 자신이 원하는 시간에 자각하고 철회할 수 있다. ▶ 아동의 다른 약속을 존중하고 수용한다(예: 일 및 학교).
㉢ 참여는 정중하다.	• 아동은 존경심을 가지고 대우받아야 하며 자신의 견해를 자유롭게 표현하고 아이디어를 시작할 수 있는 기회를 제공받아야 힌다. 직원은 또한 아동 생활의 가족, 학교 및 문화적 맥락을 존중하고 이해해야 한다. • 이것은 실제로 다음을 의미한다. ▶ 아동은 자신의 견해를 자유롭게 표현할 수 있으며 존중심을 가지고 대우받는다. ▶ 아동이 대표로 선정되는 경우, 절차는 민주주의 원칙에 기반하고 차별을 피할 것이다. ▶ 사업하는 방식은 아이들이 기여할 수 있는 유효한 경험과 견해를 가지고 있다고 느낄 수 있도록 자부심과 자신감을 키운다. ▶ 직원의 지원을 활용하여 다른 주요 의무 담당자로부터 아동을 존중해야 한다.

요구사항	개요
㉣ 참여가 적절하다.	• 참여는 어린이 자신의 지식을 기반으로 해야 하며 아동의 삶과 지역 상황과 관련된 문제에 초점을 맞춰야 한다. • 이것은 실제로 다음을 의미한다. ▶ 아동이 참여하는 활동은 그들의 경험, 지식 및 능력과 실질적으로 관련이 있다. ▶ 참여 접근법 및 방법은 지역 지식과 실천을 기반으로 한다. ▶ 아동은 참여를 위한 선택 및 대표에 대한 기준 설정에 관여한다. ▶ 아동은 자신의 능력과 관심사에 적합한 방식, 수준 및 속도로 참여한다.
㉤ 참여는 아동 친화적이다.	• 아동이 참여할 준비가 잘 되어 있고 활동에 의미 있게 기여할 수 있도록 아동 친화적 접근방식을 사용해야 한다. 참여 접근법과 방법은 아동의 연령과 능력에 따라 설계되거나 조정되어야 한다. • 이것은 실제로 다음을 의미한다. ▶ 양질의 참여를 위해 시간과 자원을 사용할 수 있으며 참여를 준비할 수 있도록 아동이 적절히 지원된다. ▶ 참여 방법은 파트너십 또는 아동과의 협의를 통해 개발된다. ▶ 성인은 아동 친화적인 접근방식과 일하는 방식을 지원하고 보장할 능력이 있다. ▶ 집합장소 및 활동장소는 아동 친화적이며 장애 아동 및 기타 소수 집단이 이용할 수 있다. ▶ 아동에게 아동 친화적인 형식으로 접근 가능한 정보를 제공한다.
㉥ 참여는 포괄적이다.	• 아동의 참여는 취약한 아동이 참여할 수 있는 기회를 제공해야 하며 기존의 차별 패턴에 도전해야 한다. 직원은 참여하는 모든 어린이의 문화에 민감해야 한다. • 이것은 실제로 다음을 의미한다. ▶ 연령, 인종, 피부색, 성별, 언어, 종교, 정치적 또는 기타 의견, 국가, 민족 또는 사회적 출신, 재산, 장애, 출생 또는 기타 지위를 이유로 아동을 차별하지 않는다. ▶ 아동 참여는 모든 배경의 아동을 포함하는 것을 목표로 하며, 이는 해당 지역사회의 아동에게 다가갈 수 있음을 의미할 수 있다. ▶ 참여는 다양한 아동 그룹의 필요, 기대 및 상황에 대응할 수 있을 만큼 유연하다. ▶ 아동의 연령대, 성별 및 능력을 고려한다. ▶ 참여는 기존의 차별 패턴에 도전하고 대응한다.
㉦ 참여는 성인을 위한 훈련에 의해 지원된다.	• 직원은 의미 있는 아동 참여를 촉진할 수 있는 지식과 능력을 갖추고 있어야 한다. 여기에는 아동을 활동에 참여시키기 전에 훈련과 준비뿐만 아니라 필요에 따라 지속적인 지원이 포함될 수 있다. • 이것은 실제로 다음을 의미한다. ▶ 모든 직원과 관리자는 아동 참여에 민감하고 그 중요성을 이해하며 아동 참여에 대한 헌신의 필요성을 이해한다. ▶ 직원은 참여 연습에서 적절한 교육, 도구 및 기타 기회를 제공받는다. ▶ 직원은 효과적으로 지원되고 감독되며 참여 실천이 평가된다. ▶ 직원은 건설적인 방식으로 해결될 것이라는 기대 하에 아동 관련에 대한 모든 견해나 불안을 표현할 수 있다. ▶ 채용, 선발, 직원 개발 및 실무 교류의 조합을 통해 특정 기술 또는 전문 지식이 구축된다. ▶ 개별 직원 간의 관계, 직원과 경영진 간의 관계, 적절한 행동을 모델로 삼고 서로를 존중하고 정직하게 대한다.

요구사항	개요
ⓞ 안전하고 위험에 민감해야 한다.	• 아동과 함께 일하는 성인은 아동을 돌볼 의무가 있다. 직원은 아동 학대 및 착취의 위험과 참여로 인한 기타 부정적인 결과를 최소화하기 위해 모든 예방 조치를 취해야 한다. • 이것은 실제로 다음을 의미한다. ▶ 아동의 보호권은 아동의 참여를 계획하고 조직하는 방식에서 가장 중요하다. ▶ 참여 활동에 참여하는 아동은 학대로부터 안전할 권리를 알고 있으며 필요한 경우 도움을 받을 수 있는 곳을 알고 있다. ▶ 참여 과정에서 아동보호 문제를 해결하고 조정하기 위해 숙련되고 지식이 풍부한 직원이 위임된다. ▶ 위험을 최소화하고 남용을 방지하기 위한 안전장치가 마련되어 있다. ▶ 참여 프로세스를 조직하는 직원은 각 프로세스에 특정한 아동보호 전략을 가지고 있다. 전략은 직원이 잘 전달하고 이해해야 한다. ▶ 남용을 최소화하고 방지하기 위한 안전장치가 마련되어 있다. ▶ 직원은 행동 강령 및 아동보호 정책에 따라 자신의 법적 및 윤리적 책임을 인식한다. ▶ 아동보호 절차는 일부 아동이 직면한 특정 위험과 도움을 받을 때 직면하는 추가 장벽을 인식한다. ▶ 아동이 제공한 모든 정보의 사용에 대한 동의를 얻고 기밀로 확인된 정보는 항상 보호된다. ▶ 활동에 참여한 아동이 비밀리에 불만을 제기할 수 있도록 공식 불만 처리 절차가 설정되어 있다. 절차에 대한 정보는 관련 언어 및 형식으로 제공된다. ▶ 특정 용도에 대한 아동의 명시적인 동의 없이는 아동의 사진, 동영상 또는 디지털 이미지를 게시할 수 없다. ▶ 책임, 안전, 여행 및 의료 보험과 관련된 책임은 명확하게 위임되고 효과적으로 계획된다.
㉧ 참여는 책임이 있다.	• 아동은 참여 후, 자신의 견해가 어떻게 해석되고 사용되었는지, 결과에 어떤 영향을 미쳤는지, 그리고 적절한 경우 후속 프로세스 및 활동에 참여할 수 있는 기회 등에 대한 피드백 및/또는 후속 조치를 받아야 한다. • 이것은 실제로 다음을 의미한다. ▶ 아동은 가능한 한 가장 이른 단계에 우리의 사업에 참여한다. ▶ 직원과 파트너는 그들의 약속에 대해 아동에게 책임을 가진다. ▶ 아동은 후속 조치 및 평가 프로세스에 참여하도록 지원된다. ▶ 아동은 동료 그룹, 지역사회 및 기타 조직과 참여 경험을 공유하도록 지원된다. ▶ 아동은 참여, 영향, 결과 및 다음 단계에 대해 빠르고 명확한 피드백을 받는다. ▶ 피드백은 관련된 모든 아동에게 전달된다. ▶ 아동은 참여 과정에 대한 만족도와 개선할 수 있는 방법에 대한 견해를 묻는다. ▶ 평가를 통해 확인된 실수를 인정하고 학습한 교훈을 향후 참여 프로세스를 개선하는 데 사용할 방법에 대한 약속을 제공한다.

출처: Council of Europe, Children's Rights Division and Youth Department, 2016: 28–30.

이밖에 UNICEF의 제안사항 중에서 참여는 유아기부터 초기에 일찍이 시작해야 하고, 청소년이 합리적인 위험을 감수하도록 허용하고, 지원 정책 환경 조성 및 정책과 실천 사이의 격차 해소 등은 추가 보완 사항이라고 볼 수 있다. 그리고 UN의 제안사항 중에서는 포용성과 청소년 주도 조직 및 네트워크 지원 등 2가지도 추가 보완 사항이다.

〈효과적인 청소년 참여 촉진을 위한 추가 보완 사항〉

ⓐ 일찍 시작하여야 한다: 참여 접근법은 유아기부터 장려되어야 한다. 가정과 학교는 특히 중요하다. 청소년은 그곳에서 많은 시간을 보내고 건강한 시작과 기본 교육 기술이 참여에 필요한 기초를 제공하기 때문이다.

ⓑ 청소년이 합리적인 위험을 감수하도록 허용하여야 한다: 새로운 것을 시도하고, 기술을 배우고, 관계를 맺고, 프로젝트를 만들고, 테스트를 하고, 거의 모든 유형의 참여를 탐색하는 것은 위험으로 가득 차 있으며 무언가 잘못될 가능성이 있다. 그러나 위험 감수는 성장을 위해 필요하며 자유에 대한 인간의 기본 충동을 반영한다.

ⓒ 지원 정책 환경을 만들어야 한다: 청소년 참여를 지원하는 정책과 법률은 참여를 촉진하기 위한 유용한 법적 틀을 제공할 수 있다. 그들은 국가에서 청소년 참여의 중요성을 강조하고, 진행 방법에 대한 유용한 방향을 제공하고, 주요 책임을 설명하고, 당국의 눈에 청소년들에게 필요한 합법성을 제공하고, 중요한 새로운 기관을 만들 수 있다.

ⓓ 정책과 실천 사이의 격차를 해소하는 데 주의를 기울여야 한다: 청소년 참여를 촉진하는 법과 정책이 중요하지만, 그것이 자동적으로 현장의 현실을 바꾸지는 않는다. 청소년 참여를 지원하는 점진적인 정책 변화를 채택하는 것과 실제로 반영하는 것은 또 다른 일이다. 이는 특히 정부가 정책을 시행할 수 있는 능력이 취약한 국가에 해당된다.

ⓔ 청소년 참여는 포용적이어야 한다: 기존의 차별 패턴에 도전하고 소외된 청소년이 참여할 수 있는 기회를 장려해야 한다. 청소년은 동질적인 그룹이 아니며

참여는 어떠한 이유로든 차별 없이 모두에게 기회의 평등을 제공해야 한다. 프로그램은 또한 모든 지역사회의 청소년에게 문화적으로 민감한지 확인해야 한다.

ⓕ 청소년 주도 조직 및 네트워크를 지원하여야 한다: 온라인 네트워크를 포함하여 청소년 주도 조직 및 네트워크를 지원하고 강화해야 한다. 소녀와 젊은 여성, 토착 청소년, LGBT 청소년, 소수 청소년, 장애가 있는 청소년, 청소년 슬럼 거주자 등 가장 소외된 청소년 주도 조직 및 네트워크에 다가가기 위해 특별한 노력을 기울여야 한다.

그리고 핀란드 청소년연구회(Finnish Youth Research Society) 선임연구원이자 템페레대학교 겸임교수인 Tomi Kiilakoski(2020: 13)는 청소년 참여에 관한 기존의 문헌들을 종합한 결과에 따라서 효과적인 청소년 참여를 위해서는 다음 질문을 포함하여 참여의 다양한 측면에 주의를 기울일 필요가 있다고 주장한다.

㉠ 청소년에게는 어떤 역할이 주어지는가? 컨설팅에서 결정, 구현 및 평가에 이르기까지 다양한 역할에서 의사결정에 영향을 미칠 수 있는가?

㉡ 참여 방법은 어떻게 정의되는가? 담화의 규칙이 미리 주어졌는가, 아니면 청소년이 스스로 결정에 영향을 미칠 수 있는가? 참여가 합리적이고 담론적인가, 아니면 좀 더 적극적인 표현이 허용되는가? 젊은이들이 다른 방식으로 참여하고 싶다면 참여 체계가 충분히 유연한가?

㉢ 젊은이들에게 권한을 부여하고 지원하는 데 충분한 관심을 기울이고 있는가? 젊은이들이 필요한 지원을 받을 수 있도록 충분한 자원이 할당되어 있는가? 젊은이들이 어떻게 지원되는지를 명확히 하는 방법론과 절차가 있는가? 이러한 방법론이 청소년과 부문 간 협력의 모든 관련 파트너에게 알려져 있는가? 이러한 절차를 지원하는 명시적인 정책이 있는가?

㉣ 안전 문제가 존중되고 분석되는가? 다른 젊은이들이 실제로 참석할 수 있을 만큼 안전한 공간이 만들어졌는가? 모든 사람이 참여할 수 있도록 프로세스에 충분한 시간이 주어졌는가?

ⓜ 참여 메커니즘은 참여가 충분히 포괄적임을 보장하는가? 참여의 장벽이 무엇인지 분석하기 위한 체계적인 노력이 있는가? 일부 청소년 그룹은 체계적으로 배제되고 있으며, 이 경우 미래에 이런 일이 일어나지 않도록 노력하고 있는가?

3. 청소년 참여의 모델

지금까지 청소년정책 및 프로그램 설계, 전달 및 평가에 청소년을 참여시키려는 사람들을 돕기 위해 참여의 형태 및 내용 등은 적용기준에 따라 다양한 모델로 분류되고 제안되어 왔다. 또한 민주주의 실현 차원에서 시민의 참여를 확장하기 위한 참여 모델들도 다양하게 제시되었다.

지역사회 참여 방식을 변경하고 참여 장벽을 제거하기 위한 플랫폼인 'Bang the Table'의 수석 작가이자 편집 책임자인 Sally Hussey(2020)는 1969년 Sherry Arnstein의 영향력 있는 '시민 참여의 사다리'에서부터 시작하여 1992년 Roger Hart의 '아동 참여 사다리' 등을 포함하여 2020년까지 청소년 참여와 일반 시민 참여를 통틀어 60개의 세계적 공공 참여 모델을 수집하여 공개한 바 있다. Arnstein의 '시민 참여의 사다리'는 현재까지 가장 많이 인용된 논문 중 하나이며, 오늘날 대중 참여 연구 및 실무를 형성하는 많은 중앙 개념의 기초를 제공한다. 현재의 대중 참여 스펙트럼이 Arnstein의 비전의 핵심인 공공 의사결정의 힘을 전환하는 작업을 지속적으로 창출하는 것처럼 스펙트럼 사이에 존재하는 이론, 방법 및 아이디어에도 개방된다.

그런데 1969년 Arnstein의 사다리는 '시민' 즉 대중의 역할에 초점이 맞춰지고 '참여' 개념이 바뀌면서 동시에 시작되었다. 시민권 혁명, 베트남 전쟁 시위, 도시 재건의 황폐화, 도시 폭동(예: 왓츠 폭동 및 뉴어크 폭동) 및 지구환경 및 생태에 대한 인식 증가와 함께 미국의 "주요 변곡점"에 게시되었다. 전 세계의 민주주의 사회가 협력적 거버넌스에 점점 더 많은 노력을 기울이면서 대중 참여는 풍요로운 무대로 부상했다. 여기에는 2010년부터 대중과 공공 의사결정권자 간의 지속적이고 개방적인 대화와 참여를 추구하는 '심의의 물결'이 포함된다. 최근 디지털화의 증가로 인한 민주적 혁신에 대한 관심은 의사결정에 대한 대중의 참여 심화에 대한 우려를 강조하고 있으며, 여기에서 포괄적인 온라인 참여는 정부가 커뮤니티에 참여할 수 있는 방법 중 하나이다. 온라인 공개 참여의 이점에는 개선된 거버넌스, 더 큰 사회적 결속력, 정보에 입각한 의사결정, 커뮤니티 소유권, 더 나은 대응력 및 투명성, 공공 의사결정의 정당성 증가가 포함된다. 대중의 결정이 그러한 결정의 영향을 받는 사람과 지역사회에 의해 형성되어야 한다는 민주적 개념에 기반을 둔 대중 참여 모델은 실제와 이론에 대한 참여를 더 잘할 뿐만 아니라 사람들이 일상생활에 영향을 미치는 결정을 형성할 수 있도록 하기 위해 등장했다(Hussey, 2020).

그리고 'Demokratie & Dialog' 상근 이사이며 권리 기반 공동정책 등에 관한 비정부 및 초국가적 조치와 기관에서 연구원 및 저널리스트로 활약하고 있는 Andreas Karsten(2012)은 1969년부터 2012년까지 청소년 및 시민 참여에서 가장 많이 사용되고 토론된 모델 및 개념을 모아 UN의 YOUTHPOLICY.ORG 사이트에 총 37개 모델을 제시하고 있다. 또한 학교에서 청소년 주도의 참여를 촉진하기 위해 가이드를 제시하기 위한 청소년 참여 핸드북을 발간한 '학교 참여 관리를 위한 청소년 주도 개발 – Be Part[Erasmus+ 프로그램, 유럽위원회, Youth–Led Development for Schools' Participatory Management – BE PART(Erasmus+ Programme, European Commission), 2020]는 청소년의 포용을 촉진하는 참여 모델로서 1992년 Hart 아동 참여 사다리를 비롯하여 2020년까지 모두 28개 모델을 분석하여 제시하고 있다. 여기에는 다른 참여 핸드북과 달리 학교에서 청소년 주도적 참여 관리를 위한 핸드북에 걸맞게 2016년과 2020년에 발표된 '호기심 측정(Curiosity–meter) 모델' 및 Erasmus+ 프로젝트 일환으로 개발된 'yMIND 모델', 'EAR 모델', 'SEDIN 모델' 등, 다음과 같은 4가지의 청소년 참여 모델(Youth–Led Development for Schools' Participatory Management – BE PART, 2020: 44–49)을 추가하고 있는 것이 특징이다.

한편 유럽평의회(Council of Europe)와 같은 일부 국제기구들은 나름대로의 청소년 참여 모델을 개발하여 보급하거나 자신들의 사업에 적절한 참여 모델을 지지하거나 선호하기도 한다. 예를 들어 유럽평의회는 2003년 (청소년)참여의 RM-SOS 프레임워크, 2008년 (청소년) 6단계 참여 모델(six-step Model)을 개발하여 지지(Grace & Grace, 2017: 6)하고 있다. 또한 월드비전(World Vision)은 기존 문헌에서 Hart의 참여 사다리(Ladder of Participation), Treseder의 참여 정도(Degrees of Participation), Shier의 참여 경로(Pathways to Participation), Lansdown의 참여 모델(Model of Participation) 및 Lundy(Model of Participation)의 참여 모델과 같은 여러 아동 및 청소년 참여 모델을 제공하고 있다. 그중에서도 아동 폭력을 종식시키기 위한 월드비전의 글로벌 캠페인은 아동 및 청소년의 캠페인 참여를 지도, 개발, 분석 및 모니터링할 수 있는 적절한 가이드로서 Lundy 및 Landsdown (아동) 참여 모델을 지지한다(Patricio Cuevas-Parra, 2017: 10-14)고 언급하고 있다.

지금까지 언급한 자료들과 별도의 논문과 보고서에 수록된 참여 모델 즉 아동·청소년을 직접 대상으로 하는 참여 모델과 일반 참여 모델 중에서 아동·청소년 참여 모델에 큰 영향을 미치거나 관련된 참여 모델을 정리하면 다음과 같은 36개 모델로 정리할 수 있다.

〈표 8-9〉 주요 (아동 · 청소년) 참여 모델(1969-2020년)

	제안자	(아동 · 청소년) 참여 모델	비고
2016-2020년 (8)	EU Erasmus+ project	㊱ EAR 모델(EAR- Forming active European Citizens through the Dialectical Method and Theatre, 2020)	학교 적용 모델
	EU Erasmus+ project	㉟ SEDIN 모델(Creative Methods for Successful Inclusion in Multicultural Schools, 2020)	학교 적용 모델
	Cahill H. and Dadvand B.	㉞ (청소년) P7 모델(The P7 Model: A thinking tool for visioning, planning, enacting and evaluating youth participation, 2018)	별도 논문
	Tali Gal	㉝ 아동 · 청소년 참여의 생태학적 모델(ecological model of child and youth participation, 2017)	별도 논문
	CHOICE for Youth and Sexulaity & YouAct	㉜ (청소년) 참여의 꽃 모델(Flower of Participation, 2017)	별도 보고서

	제안자	(아동 · 청소년) 참여 모델	비고
2016–2020년 (8)	Erik Anderson	㉛ 교육적 정치적 참여 모델(pedagogical political participation model, 2017)	
	EU Erasmus+ project	㉚ yMIND 모델(Youth MIND Education: youth Migrants'/Minorities' Inclusion, Non– Violence Diversity Education, 2016)	학교 적용 모델
	Les Robinson	㉙ 호기심 측정 모델(Curiosity–meter model, 2016)	
2011–2015년 (4)	Shier et al.	㉘ 청소년 참여 음양 모델(The Yin–Yang Model of Youth Participation, 2012)	
	Tim Davies	㉗ (아동 · 청소년) 온라인 참여 6가지 원칙(Six Principles of Online Participation, 2011)	
	Gerison Lansdown	㉖ 아동 참여 모델(Model of child participation, 2011)	월드비전 지지 모델
	Council of Europe	㉕ 핀란드 아동과 청소년 참여(Child and Youth Participation in Finland, 2011)	
2006–2010년 (9)	Harry Shier	㉔ (아동) 참여의 나무(The Participation Tree, 2010)	
	DFID–CSO Youth Working Group	㉓ (청소년) 참여의 3가지 렌즈(Three–Lens approach to Participation, 2010)	
	Naima Wong, Marc Zimmerman & Edith Parker	㉒ 청소년 참여 및 권한 부여 유형(Typology of Youth Participation and Empowerment, 2010)	인용빈도 높은 모델
	Pedro Martin	㉑ 참여에 대한 변화 관점(Changing views on participation, 2010)	
	Tim Davies	⑳ 참여 매트릭스(Matrix of participation, 2009)	
	David Driskell and Kudva Neema	⑲ (청소년) 참여의 핵심 차원(Key Dimensions of Participation, 2009)	
	Council of Europe	⑱ (청소년) 6단계 참여 모델(six–step Model, 2008)	유럽평의회 선호 모델
	Laura Lundy	⑰ 아동 참여 모델(Model of child participation, 2007)	월드비전 지지 모델
	뉴질랜드	⑯ 참여 2.0 모델(Participation 2.0 Model, 2007)	
2001–2005년 (10)	FCYO(Funders' Collaborative on Youth Organizing)	⑮ 청소년 참여 연속체(Youth Engagement Continuum, 2003)	

	제안자	(아동 · 청소년) 참여 모델	비고
2001–2005년 (10)	Council of Europe	⑭ (청소년) 참여의 RMSOS 프레임워크(RMSOS Framework, 2003)	유럽평의회 선호 모델
	Adam Fletcher	⑬ 자원 참여 사다리(Ladder of volunteer participation, 2003)	
	Mark Francis and Ray Lorenzo	⑫ 아동 참여의 7가지 영역(Seven realms of Children's participation, 2002)	
	David Driskel	⑪ 청소년 참여 차원(Dimensions of Youth Participation, 2002)	
	Marc Jans and Kurt de Backer	⑩ 사회에서 청소년 참여(Youth Participation in Society, 2002)	
	Marc Jans and Kurt de Backer	⑨ 청소년 참여 삼각형(Triangle of Youth Participation, 2002)	
	UNICEF	⑧ (청소년) 참여의 전략적 접근(A strategic approach to participation, 2001)	
	Clare Lardner	⑦ 참여의 명확성 모델(Clarity model of participation, 2001)	
	Harry Shier	⑥ (아동) 참여의 경로(Pathways to participation, 2001)	인용빈도 높은 모델
1991–2000년 (4)	Scott Davidson	⑤ 참여의 바퀴(Wheel of participation, 1998)	
	Phil Treseder	④ (아동 · 청소년) 참여 수준(Degrees of participation, 1997)	인용빈도 높은 모델
	Sarah White	③ 참여 유형론(Typology of paticipation, 1996)	
	Roger Hart	② 아동 참여 사다리(Ladder of children participation, 1992)	인용빈도 높은 모델
1960년대	Sherry Arnstein	① 시민 참여 사다리(Ladder of citizen participation, 1969)	

이와 같은 많은 참여 모델들은 (아동 · 청소년) 참여에 대한 이해를 돕기 위해 시도되었다. Arnstein의 시민 참여 사다리를 제외한 참여 모델, 특히 아동 · 청소년 참여 모델은 모두 1989년 11월 합의된 UN 아동권리협약 이후에 만들어졌다는 사실은 주목할 만하다. 이것은 아동 · 청소년 참여가 아동 · 청소년의 기본 권리라는 인식에 주로 기반을 두고 있다는 사실을 뒷받침한다.

이렇게 다양한 모델이 있기는 하지만, 참여 모델들은 기본적인 유사점을 공유하고 있다(Farrow, 2018: 7–8).

- 참여를 위한 필수 전제조건으로 정보 및 정보에 입각한 청소년에 대한 모든 액세스를 기록한다.
- 범위는 다양하지만, 모두가 권력의 재분배 및 공유에 관심이 있다.
- 비록 그들이 무엇에 대해 동의하지는 않았지만, 모두 결과적으로 어떤 것이 변경되어야 한다는 데 동의한다.

그런데 참여 모델 내의 차이는 특히 청소년에 대한 기본 가정 및 청소년과 성인 간의 관계 측면에서 참여의 뉘앙스를 강조한다. 예를 들어, 아동 참여의 사다리(위의 모델 ②)에서 '최상의 사례'는 성인과 청소년 간의 의사결정 공유로 간주된다. 그러나 (청소년) 참여의 3가지 렌즈(Three-Lens approach to Participation, 2010) 모델(㉓)에서 청소년은 단순히 성인들과 파트너가 아니라 변화의 리더로 간주한다.

가장 흥미로운 점은 변화의 강조가 성인인지 젊은이인지 여부이다. 성인이 자신의 접근방식과 과정을 바꾸는 것이 목표인가, 아니면 청소년이 자신의 공간에서 성인과 소통하는 방법을 배우는 것이 청소년의 책임인가? 이로 인해 일부 학자들은 참여가 "조직 성인의 의제에 편안하게 포함될 때"에만 권장된다는 점을 지적했다. 참여의 명확성 모델(Clarity model of participation, 2001, ⑦)은 참여의 6가지 차원과 함께 연속적인 힘을 보여 준다.

그리고 Phil Treseder의 (아동·청소년) 참여 수준(Degrees of participation, 1997) 모델(④)과 Tim Davies의 참여 매트릭스(Matrix of participation, 2009) 모델(⑳)은 Arnstein과 Hart 참여 사다리 비유의 확장을 기반으로 한다. 대조적으로 Sarah White가 만든 참여 유형론(Typology of paticipation, 1996) 모델(③)은 모든 참여 체제에 존재하는 별개의 이해관계를 조사하는 도구를 제공한다. De Backer와 Jans가 제시한 청소년 참여 삼각형(Triangle of Youth participation, 2002) 모델(⑨)은 3가지 개별 요소만 포함하고 있기 때문에 믿을 수 없을 정도로 단순해 보이지만 참여를 처음 시작한 그룹을 위한 깔끔한 시작을 형성하는 정교함을 유지한다. Shier의 모델은 아동용으로 설계되었지만 문구를 약간만 수정하면 다른 관심 있는 지역사회에도 똑같이 서비스를 제공할 수 있다(Grace & Grace, 2018: 6).

그런데 청소년 참여의 모든 관련 측면을 하나의 설명이나 모델로 통합하는 것은 쉽지 않다. 다른 모델은 다른 수준에서 참여를 촉진하는 데 필요할 수 있는 다른 관점을 보여 줄 수 있다. 따라서 여러 청소년 참여 모델이 보여 주는 다양한 측면에 주의를 기울일 필요가 있다(Kiilakoski, 2020: 13).

한편 청소년 참여 모델들은 참여 방법을 생각하고 확장하는 데 유용한 도구이지만 모델이나 유형론만으로는 아동과 청소년의 참여에 대한 긴장을 해결하고 참여를 진전시키는 데에는 한계가 있다(Farthing, 2012: 74). 더욱이 청소년 참여 모델들은 복잡성이 크든 적든 관계없이 참여 계층을 생각하지만, 참여 프로세스에 영향을 미칠 수 있는 문화적, 정치적 또는 윤리적 패턴을 고려하지 않는다. 즉 참여 모델들은 참여 실천을 분류하는 경향이 있으며 참여가 일어나는 사회문화적 맥락을 잘 설명하지 못하는 계층 구조를 자주 사용하는 한계를 안고 있다(Cahill and Dadvand, 2018: 243). 그러므로 청소년 참여 모델을 이해할 때는 참여의 방법을 보기 이전에 왜 참여해야 하는지, 참여의 이유에 대해 먼저 생각하는 비판적 성찰이 병행되어야 한다.

여기서는 36개 전체 참여 모델을 구체적으로 소개하기는 어렵기 때문에 다음과 같은 몇 가지 기준으로 총 11가지 모델을 선정하여 보다 구체적으로 참여 모델의 체계와 특성을 살펴보고자 한다. 우선 Helen Cahill & Babak Dadvand(2018)가 인용빈도가 높은 모델로 소개하고 있는 Roger Hart의 아동 참여 사다리를 비롯한 5개 모델 중 청소년 정치 참여 모델인 Andersson(2017)의 모델을 제외한 4가지 주요한 모델(②, ④, ⑥, ㉒)을 비롯하여, 유럽평의회가 제안하는 2가지 모델(⑭, ⑱), 월드비전이 지지하는 2가지 모델(⑰, ㉖) 및 우리나라 청소년정책과 사업 등 청소년 부문에서 주목할 필요가 있다고 생각되는 3가지 모델(⑮, ㉓, ㉜) 등이다.

1) 주요한 청소년 참여 모델

- 아동 참여 사다리(Ladder of children participation, Roger Hart, 1992)
- (아동·청소년) 참여 정도(Degrees of participation, Phil Treseder, 1997)
- (아동) 참여의 경로(Pathways to participation, Harry Shier, 2001)
- 청소년 참여 및 권한 부여 피라미드 유형(TYPE, Typology of Youth Participation and Empowerment, Wong, Zimmerman, & Parker, 2010)

① 아동 참여 사다리(Ladder of children participation, Roger Hart, 1992)

아동의 프로그램 참여를 개념화하는 데 사용되는 가장 널리 인용된 프레임워크 중 하나는 Hart(1992)의 '아동 참여 사다리' 모델이다. Hart는 아동 참여에 집중하고 있었으며 아동의 프로젝트 참여를 생각할 수 있는 시작 유형을 제공하는 데 동기를 부여했다. Hart(1992: 4)는 '아동'의 범주를 UN 아동권리협약의 자격 규정에 따르며, 보다 일반적 사용법에 의해 '10대 전(pre-teenage)' 및 13~18세까지의 청소년(youth) 혹은 10대(teenagers)를 의미하는 것으로 정의하고 있다. 젊은이(청소년, young people) 용어는 2세대를 포괄하는 용어로 사용하고 있다. 그리고 아동 참여는 학교, 지역사회 그룹, 기타 조직 또는 가족을 넘어선 비공식(informal groups) 그룹과 같은 공공 영역의 아동에 초점을 맞춘 것이다.

Hart(1992: 5-6)는 '참여'는 일반적으로 자신의 삶과 자신이 살고 있는 지역사회의 삶에 영향을 미치는 결정을 공유하는 과정을 지칭하기 위해 사용되며, 그것은 민주주의가 구축되는 수단이며 민주주의를 측정해야 하는 기준인 동시에 참여는 시민권의 기본권이라고 천명하고 있다. 즉 아동 참여는 UN 아동권리협약, 특히 제12조와 제13조에 근거한 아동의 권리라는 권리 기반 인식을 분명히 한다. 나아가 청소년들의 참여는 권력 관계와 평등권을 위한 투쟁 없이는 논의될 수 없고, 모든 청소년이 자신의 삶에 직접적인 영향을 미치는 프로그램에 참여하는 방법을 배울 수 있는 기회를 갖는 것이 중요하다고 주장한다.

〈표 8-10〉 Arnstein(1969) 시민 참여와 Hart(1992) 아동 참여 사다리 비교

<table>
<tr><th></th><th colspan="2">Arnstein(1969) 시민 참여 사다리</th><th colspan="2">Hart(1992) 아동 참여 사다리</th></tr>
<tr><td rowspan="5">적극적 (active) 청소년 참여</td><td rowspan="3">실질적 참여 (Degree of citizen power)</td><td>(8) 시민통제단계 (Citizen control)</td><td>(8) 아동 주도, 성인과 의사결정 공유단계(Children initiated, shared decisions with adults)</td><td rowspan="6">진정한 참여 (Degree of partici -pation)</td></tr>
<tr><td>(7) 권한위임단계 (Delegation)</td><td>(7) 아동 주도 및 성인 방향제시 단계 (Children initiated and directed)</td></tr>
<tr><td>(6) 동반자 단계 (Partnership)</td><td>(6) 성인 주도, 아동과 의사결정 공유단계(Adult initiated, shared decisions with children)</td></tr>
<tr><td rowspan="4">형식적 참여 (Degree of Tokenism)</td><td>(5) 설득 또는 회유단계 (Placetion)</td><td rowspan="2">(5) 협의 또는 의견수렴 및 정보제공단계(Consulted and informed)</td></tr>
<tr><td>(4) 협의 또는 의견수렴단계 (Consultation)</td></tr>
<tr><td rowspan="4">수동적 (passive) 청소년 참여</td><td rowspan="2">(3) 정보제공단계 (Informing)</td><td>(4) 할당, 정보제공단계(Assigned but Informed)</td></tr>
<tr><td>(3) 명목상 참여단계(Tokenism)</td><td rowspan="3">비참여 (Non-partici -pation)</td></tr>
<tr><td rowspan="2">비참여 (Nonparti -cipation)</td><td>(2) 교정단계(Therapy)</td><td>(2) 장식으로 동원단계(Decoration)</td></tr>
<tr><td>(1) 계도단계(Manipulation)</td><td>(1) 계도(조작)단계(Manipulation)</td></tr>
</table>

출처: Kiilakoski, 2019.

Hart의 '참여 사다리' 다이어그램은 1969년 성인 시민 참여를 설명하는 데 사용된 Shelley Arnstein(1969)의 '시민 참여 사다리' 모델을 수정한 버전으로 프로젝트에 대한 아동 참여를 생각하기 위한 시작 유형학 역할을 하도록 설계된 것이다. 그는 참여의 사다리는 아동 참여의 디자인에 대해 생각하는 데 도움이 되지만, 어떤 프로그램의 품질에 대한 단순한 측정 막대로 간주되어서는 안 된다고 강조한다. 프로그램 설계 외에 아동이 참여하는 정도에 영향을 미치는 많은 요소가 있는데, 아동의 참여 능력은 발달에 따라 크게 달라진다는 것이다. 또한, 아이들이 항상 사다리의 가능한 가장 높은 가로대에서 작업할 필요는 없다. 서로 다른 시간에

서로 다른 아동들은 다양한 정도의 참여 또는 책임으로 수행하는 것을 선호할 수 있다. 다시 한 번 중요한 원칙은 모든 아동이 자신의 능력에서 가장 높은 수준으로 참여할 수 있는 기회를 극대화할 수 있는 프로그램을 설계해야 한다(Hart, 1992: 11)고 강조한다.

Hart(1992: 8)의 청소년 참여(young people's participation) 사다리는 8개의 계층적 수준에 걸친 참여를 묘사한다. 〈표 8-10〉에서 보는 바와 같이, 오름차순 수준은 사다리의 '막대'로 표시된다. Arnstein(1969)의 '시민 참여 사다리'모델은 참여 수준을 8단계로 나누고 비참여, 형식적 참여 및 실질적 참여 등 3부류로 구분한다. 반면 Hart의 청소년 참여 사다리 모델은 비참여와 (진정한) 참여 수준 2부류로 나눈다. 그런데 Kiilakoski(2019)는 〈표 8-10〉에서 보는 바와 같이, Arnstein(1969)의 비참여, 형식적 참여 및 실질적 참여 3부류 및 Hart(1992)의 비참여와 참여 부류를 종합하여 수동적 청소년 참여와 적극적 청소년 참여 2부류로 구분하고 있다.

계도(조작), 장식으로 동원 및 토큰주의(명목상 참여)로 분류된 하단 3단계는 '비참여(Non-participation)'로 나눈다. Hart는 각각의 단계별로 사례를 들어 구체적으로 설명하고 있다.

㉠ '계도(조작, manipulation)'는 아동·청소년이 문제를 파악하지 못하고 그들의 행동을 이해하지 못하는 경우이다. 또한 아이들이 협의를 받았지만 전혀 피드백이 제공되지 않는 상황이다. 과정은 아이들과 공유되지 않으며, 일반적으로 다른 성인에게도 투명하지 않다. 아이들은 자신의 아이디어가 어떻게 사용되는지 전혀 모른다. 때때로 이런 행동은 성인이 아이들의 능력을 모르기 때문에 발생한다. 아이들을 계도하기보다는 오도한다고 부르는 것이 더 정확할 수 있지만, 어느 쪽이든 성인의 인식을 향상시킬 필요가 있다.

㉡ '장식으로 동원(Decoration)'은 아동·청소년이 어떤 행사에 이유나 무엇에 관한 것인지 거의 알지 못하고 행사 조직에 대해서도 말하지 못하는 경우이다. 아이들은 행사의 목적보다는 간식이나 재미있는 활동을 위해 그저 있는 경우가 많

다. 이 경우가 '계도(조작)'보다 한 단계로 상위로 묘사되는 이유는 성인들이 원인을 아이들로부터 영감을 받은 것처럼 가장하지 않기 때문이다. 성인들은 단순히 상대적으로 간접적인 방법으로 그들의 대의를 강화하기 위해 아이들을 활용하는 것이다.

㉢ 토큰주의(명목상 참여, Tokenism)는 아동·청소년이 목소리를 낸 것처럼 보이지만 실제로 주제나 의사소통 스타일에 대해 선택의 여지나 자신의 의견을 공식화할 기회가 거의 없거나 전혀 없는 경우이다. 토큰주의는 아동이 때때로 회의 패널에서 어떻게 활용되는지를 설명하는 방법일 수 있다. 청중이나 아이들에게 그들이 어떻게 선택되었는지, 그들이 어떤 아이들의 관점을 나타내는지에 대한 설명이 없다면 진정한 참여가 아니라는 충분한 표시로 간주한다. 그렇다고 젊은 이들이 회의 패널에 진정으로 효과적으로 참여할 수 없다는 의미는 아니라고 주장한다. 그러한 이벤트가 참여 방식으로 조직되고 아이들이 그 의사소통 매체에 익숙하다면 귀중한 경험이 될 수 있다는 사실을 강조한다.

㉣ 네 번째는 '할당되었지만 정보가 제공(Assigned but Informed)'되는 단계이다. 이 단계는 어떤 경우에는 아동·청소년이 상황을 바꿀 수 있는 실질적인 힘은 없지만 프로젝트에 대한 다른 역할과 관련 정보를 제공받음을 의미한다. Hart는 프로젝트의 실제 특성을 설명해야 한다고 생각하면서 일관되게 강조한다. 그렇지 않으면 이벤트가 계도(조작) 범주에 속한다는 것이다.

Hart(1992: 11)는 이 단계를 UN 본부에서 개최된 '아동을 위한 세계정상회의' 사례로 설명한다. 일반적으로 회의 형태는 아동의 계도(조작), 장식 혹은 명목상 참여를 위한 설정이다. 그런데 당시 UN 주최 측은 행사를 기획하는 데 청소년들을 진정으로 참여시키기는 어려웠지만, 단순히 연령대를 대표하는 어린 대표로서 아동과 청소년의 정상적인 참여를 넘어서고 싶었다. 기능적으로나 상징적으로 중요한 역할이 만들어졌다. 예를 들어, 71명의 세계 지도자 각각에게 아동이 배정되었다. 아이들은 UN 건물과 행사에 대한 전문가가 되었고, 대통령과 총리를 적시에 적절한 장소로 안내하는 중요한 역할을 할 수 있었다. 아이들은 그토록 중요한 행사에서 봉사하게 된 것을 자랑스럽게 생각했다. 그들이 어떻게든 아이들의 견해를 표현하기 위해 말하도록 요청받았다면, 이것은 사다리의 맨 아래 부분에서 본보기를 제거했을 것이다. 왜냐하면 이들은 외교관의 자녀들이었고 진정한 대표성을 가진다기보다는 편의를 위해 선택되었기 때문이다. 그들을 대변인으로 제시하는 것은 토큰주의의 또 다른 예일 것이다.

이 연장선상에서 Hart(1992: 11)는 프로젝트에서 아이들이 진정한 참여자로 분류되려면 다음과 4가지 요구사항이 충족되어야 한다고 주장한다.

- 아이들이 프로젝트의 의도를 이해한다.
- 아이들은 누가 그들의 참여에 관한 결정을 내렸는지, 왜 그런지 안다.
- 아이들은 의미 있는('장식적' 역할보다는) 역할을 한다.
- 아이들은 프로젝트의 성격이 그들에게 명확해진 후 프로젝트에 자원한다.

㉤ 다섯 번째는 협의 또는 의견수렴 및 정보제공(Consulted and informed)단계이다. 이 단계는 성인이 설계하고 운영하지만 아이들은 그 과정을 이해하고 그들의 이견은 진지하게 취급되는 수준이다. 청소년들은 때로는 성실한 방식으로 성인 컨설턴트로 일한다.

Hart(1992: 12)는 이 단계의 사례로 뉴욕에 본사를 둔 텔레비전 회사인 Nickelodeon에서 텔레비전 프로그램에 대한 새로운 아이디어가 때때로 아동과 협의를 통해 설계된 경우를 든다. 저비용 버전의 프로그램은 아이들이 만들고 비평한다. 그런 다음 프로그램이 재설계되어 동일한 전문가 패널에 다시 표시된다. 캐나다 토론토시에서 도시에 대한 청소년의 견해를 얻기 위해 설문 조사를 설계했고, 미국 워싱턴주 시애틀에 있는 'Kids Place'가 실시한 유사한 설문 조사 등은 대부분의 도시가 아이들을 대상으로 하는 것보다 더 많으며 그 과정에 대해 솔직하다는 것이다. 개선된 디자인은 설문 조사 결과를 참여 청소년과 공유할 것을 약속한다. 또한 공립학교 학생들이 설문 조사를 했다면 아이들은 데이터를 멀리 떨어진 도시 기관에 보내지 않고 스스로 분석하고 보고할 수 있었다.

㉥ 여섯 번째는 성인이 주도하고 아동과 의사결정을 공유(Adult initiated, shared

decisions with children)하는 단계이다. 이 단계를 Hart는 진정한 참여(true participation)라고 말한다. 이 단계의 프로젝트는 성인이 주도하지만 의사결정은 젊은이들과 공유되기 때문이다. 많은 지역사회 프로젝트는 특정 연령 그룹이 사용하기 위한 것이 아니라 모두가 공유해야 한다. 물론 참여적일 때도 계획 실행 과정을 지배하는 것은 변함없이 정치적으로 가장 강력한 연령대(많은 선진국에서 25세에서 60세까지)이다. 이러한 경우에 우리의 목표는 모든 사람을 참여시키는 것이지만, 청소년이나 노인 등 특별한 필요나 장애로 인해 배제될 수 있는 사람들에게 특별한 관심을 기울여야 한다는 것이다.

㉦ 일곱 번째는 아동이 주도하고 성인이 방향을 제시(Children initiated and directed)하는 단계이다. Hart(1992: 14)는 이 단계를 아이들이 놀이하는 프로젝트를 사례로 설명한다. 우선 조건들이 아이들에게 도움이 될 때 아주 어린 아이들도 큰 그룹으로 협력하여 사업할 수 있다. 예를 들어 미국 버몬트에 있는 학교에서 8세 미만의 아동들이 한 번에 50명씩 모래톱 위에 대형 댐 시스템을 만드는 놀이를 했는데, 놀이 활동의 가치를 너무 잘 이해하고 방해하거나 지시하지 않는 것이 좋겠다는 사실을 깨달은 학교 직원들이 지원 조건이었다. 학교 직원들은 교육자로서 신념이 강해 더러워진 옷에 대해 불평하는 부모에게 자녀들을 다른 옷을 입혀 학교에 보내도록 기꺼이 요청하기도 했다.

그런데 Hart는 아동이 주도하는 지역사회 프로젝트의 예를 찾는 것은 매우 어렵다고 주장한다. 주된 이유는 성인이 일반적으로 젊은이들의 이니셔티브에 잘 반응하지 않기 때문이라는 것이다.

㉧ 마지막 여덟 번째는 아동이 주도하고, 성인과 의사결정을 공유(Children initiated, shared decisions with adults)하는 단계이다. 이 단계는 아동 주도의 공동 결정으로, 성인이 원래 청소년이 개발한 프로젝트에 포함된다. Hart는 참여의 가장 높은 수준인 이런 종류의 프로젝트가 너무 드물다고 말한다. 그 이유는 젊은이들의 헌신과 능력이 부족하기 때문이 아니라 젊은이들이 관심사에 적응할 수 있도록 돌보는 성인이 부족하기 때문이라고 주장한다. 이 단계를 위해서는 10대의 에너지와 동정심의 미묘한 지표에 반응할 수 있는 사람들이 필요하다고 강조한다.

Hart(1992: 14)는 이 단계의 사례로 미국의 한 공립학교에서의 경험을 든다. 10살짜리 소년 두 명은 특별히 지어진 블라인드 혹은 은신처 뒤에서 동물 행동을 관찰하기 위해 다른 학급의 작은 그룹의 아이들을 숲으로 데려가는 것을 부러워했다. 그들은 교실 탁자 밑에 블라인드를 만들고 동물 행동을 연구하기 위해 그가 디자인한 양식 중 하나를 사용하여 다른 아이들의 행동을 관찰하기 시작했다. 교사는 이를 관찰하고 아이들의 시력을 향상시킬 수 있는 방법과 형태의 디자인을 제안함으로써 아이들을 지원했다. 이 활동은 학생들이 자신의 행동을 관찰함으로써 학생들이 스스로에 대해 배울 수 있는 귀중한 수단이 되었으며, 학교가 끝날 때 갈등 해결을 돕고 교실 조직 및 관리를 위한 새로운 전략을 제안하는 데 유용했다. 이 사례는 보살피는 교사의 인상적인 통찰력과 창의성에 크게 의존했다고 강조한다.

한편 Hart가 원형으로 삼은 1969년 Sherry Arnstein의 '시민 참여 사다리'는 가장 영향력 있는 참여 이론 중 하나로 간주되는 고전이다. Arnstein은 시민 참여가 시민의 힘이라는 선언에 그녀의 이론을 바탕으로 권력을 공유하고 재분배하지 않고는 참여할 수 없다고 주장한다. Arnstein은 미국 연방 프로그램의 정책결정에 시민이 참여하는 정도에 따라 〈표 8-10〉에서 보는 바와 같이, 총 8단계의 분류를 제시했다. 정부가 시민을 계도하는 수준에서 시민 참여가 이루어지는 1단계에서부터 사다리를 타고 올라갈수록 참여의 정도가 점점 커져 시민이 직접 정책을 결정하고 통제하는 8단계까지 이르게 된다. Arnstein은 참여의 정도에 따른 8단계의 분류를 다시 참여의 형태에 따라 1-2단계는 비참여, 3-5단계는 형식적 참여, 6-8단계는 실질적 참여로 나누고 있다(장원경·이선우·김광구, 2018: 260). Arnstein의 8개 수준 유형론은 참여가 구성될 수 있음을 시사하는 모델의 계층적이고 순차적인 성격을 가장 일반적 대상으로 한다는 일부 유효한 비판에도 불구하고 참여 정책, 접근방식 및 실천의 구성, 분석 및 검토에서 핵심 이론으로 남아 있다.

그런데 Hart의 참여 사다리에 대해 일부는 강력한 평가 도구로 생각하거나, 다른 사람들은 모델의 선형적이고 순차적인 특성에 대해 비판했다. 참여의 선형구조는 비참여에서 완전 참여로의 고유한 진행 계층을 의미한다는 점에서 한계가 있다는 것이다. 비판자들은 모델의 추정된 계층이 참여적 활동이 발생하는 맥락을 무시한다고 주장했다. 상황에 맞는 렌즈를 사용하면 참여의 '낮은' 수준의 가치에 대해서도 다른 빛을 발할 수 있다는 것이다. 예를 들어, 상황별 초점을 통해 청소년 대표가 주요 포럼을 언급하는 경우 프레젠테이션이 '토크니즘'이라고 할 수 있지만 실제로는 표현의 실천이 될 수 있으며 상징적 리더십의 한 형태로 기여할 수 있다. 이는 부분적으로 그러한 포럼의 형식이 성인이든 청소년이든 대다수가 경청하는 맥락을 제공하는 반면, 확인된 소수가 그들을 다루는 맥락을 제공하기 때문이다. 그러한 행사의 문화적 형식은 젊은이와 성인 모두에게 가능한 참여 스타일을 형성한다(Cahill and Dadvand, 2018).

그리고 또 다른 비판자들은 중간 수준의 참여가 덜 타당하고 사실적이라는 '사다리' 모델 내에서 내재된 가정에 의문을 제기하고, '가장 높은' 참여 단계를 향해 사업하는 것은 불가능할 수 있다는 점에 주목했다. 특정 프로그램의 목표 및 어포던스(affordance)와 관련하여 고려할 때 바람직하지도 않다는 것이다. 예를 들어 '할당되었지만 정보를 받은' 중간 수준의 상태는 의미 있는 참여 관행으로 이어질 수 있다. 청소년들이 '시뮬레이션 된 환자' 역할을 수행하도록 배정된 프로젝트 중 하나에서 그들은 성인과 대화하는 방법을 연습하면서 훈련생 의사의 기술 개발에 기여한다. 성, 약물 및 정신 건강과 같은 민감한 문제 또한 할당된 역할을 수행하는 이 젊은이들이 의사소통 스타일을 개선할 수 있도록 의사에게 피드백과 제안을 제공하는 코치 역할을 한다. 이 벤처에서 젊은이들로부터 수집된 데이터는 역할이 할당되었음에도 불구하고 젊은이들의 경험이 의미 있고 힘이 된다는 것을 알 수 있음을 보여 준다는 사실을 강조한다(Kellett, 2011: 4−5).

이런 비판에도 불구하고, Hart의 참여 사다리 모델은 참여 형태를 설명하는 유형 또는 언어를 제공하고 아동·청소년 참여와 관련하여 가능할 수 있는 일에 대한 감각을 불러일으킬 수 있다는 강점을 갖고 있다. Hart(2008)는 모델에 대한 이후 논의에서 자신이 제안한 프레임워크가 계층이나 행동을 규정하는 것이 아니라 절실히 필요한 '대화'를 자극하도록 설계되었다고 설명했으며, 확실히 이러한 기여를 했다고 평가받는다.

② (아동·청소년) 참여 정도(Degrees of participation, Phil Treseder, 1997)

Phil Treseder(1997)의 참여 정도 모델은 Roger Hart의 아동 참여 사다리의 상위 5단계 참여를 2가지 중요한 방식으로 재작업한 것이다. 첫째, 진보적 위계나 참여가 항상 개발되어야 하는 특정한 순서가 없음을 설명하기 위해 사다리 은유에 대한 비판들로부터 한 걸음 물러나고 이에 반응한다. 둘째, 그런 다음 Treseder는 아동과 청소년의 참여에 제한이 없어야 한다고 주장하는 한편, 아동·청소년이 주도하고 감독하는 프로젝트에 즉시 참여할 수는 없으며 완전히 참여하기 위해 적절한 권한을 부여받아야 한다(Karsten, 2011a)고 말했다. 당연히 그는 젊은이들이 프로세스에 완전히 참여할 수 있는 기술과 이해를 습득할 수 있도록 시간과 작업을 투자해야 한다는 점을 강조한다.

Treseder의 모델은 참여의 선형적 개념에 대한 대안 모델이라고 할 수 있다. 그는 Hart의 모델에서 사다리 은유를 사용하는 것은 각 단계가 이상을 향한 진보적인 단계인 청소년 주도 참여를 의미한다고 말한다. Treseder는 청소년 주도의 참여가 어떤 경우에는 부적절할 수 있으며 대신 5가지 유형의 독특하면서도 동등한 참여 형태를 설명하는 것이 더 실용적이라고 주장한다. 그의 참여 정도 모델은 참여 활동과 관련하여 성인이 기여하는 존재를 인정하는 것이다. 그의 참여 정도 모델은 한 참여 유형이 다른 참여 유형보다 이상적이지 않음을 나타내기 위해 비선형적 노드로 표현된다(Wong, Zimmerman, & Parker, 2010).

Treseder의 모델은 참여 방법의 선택이 컨텍스트, 작업 및 개인에 대한 응답으로 이루어져야 함을 인정함으로써 Hart의 기여를 발전시킨 것이라고 할 수 있다. 이는 기획자가 여러 가지 상황에서 다양한 정도의 참여가 보장되는 동시에 참여 기회를 창출하고 귀중한 기여를 할 수 있음을 알 수 있기 때문에 유용하다(Karsten, 2012).

한편 Treseder는 그의 참여 모델이 Hart 이외에도 '사회사업에서 아동·청소년 참여'를 주장한 Hodgson(1995)의 5가지 조건에 모델의 기반을 두고 있다(Karsten, 2011b; Grace and Grace, 2017: 29)고 인정한다. Hodgson은 참여 연습에 성공적으로 참여하기 위해 충족되어야 한다고 생각하는 다음과 같은 5가지 조건을 확인했다. 이 조건들은 모두 충족되어야 하며, 청소년 권한 부여가 달성되어야 한다. 5가지 조건은 아동·청소년 참여에서 젊은이들이 가져야 하는 것을 규정한 것이다. ⓐ 권력을 가진 사람들에게 접근할 수 있을 뿐만 아니라 ⓑ 관련 정보 ⓒ 서로 다른 옵션 사이에 진정한 선택이 있어야 한다. 그리고 ⓓ 신뢰할 수 있고 독립적인 사람의 지원이 있어야 한다. 또한 ⓔ 문제가 발생하면 항의 또는 불만을 제기하는 수단이 있어야 한다.

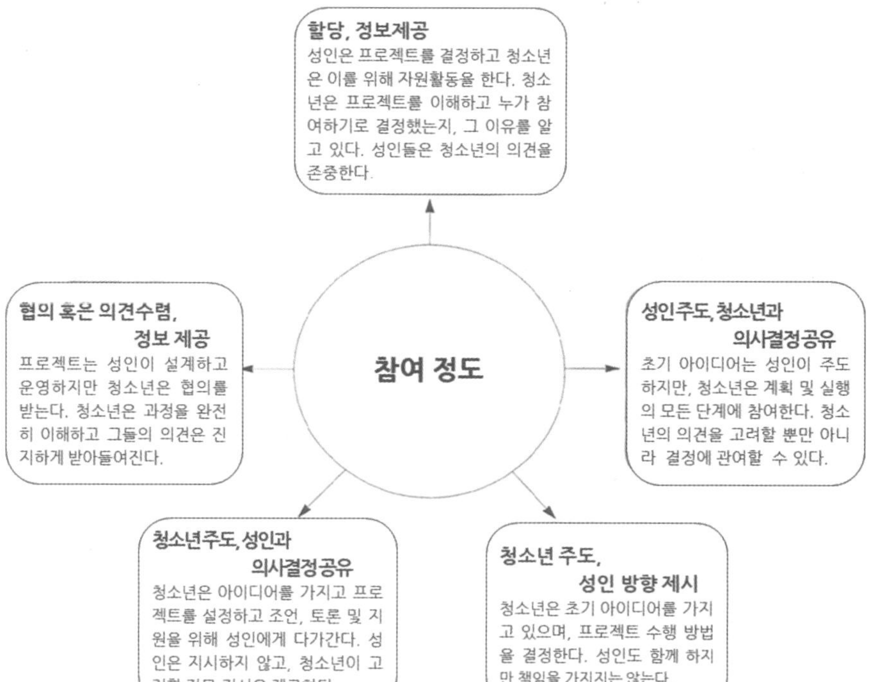

[그림 8-2] Treseder의 (아동 · 청소년) 참여 정도(Degrees of participation, 1997)

Treseder는 참여 프로세스의 연결된 단계를 설명하기 위해 [그림 8-2]와 같은, 5개의 개별적인 참여 정도를 설명한다(Grace and Grace, 2017: 29-30). 그의 모델은 계층이 없다는 사실을 강조한다. 각 요소는 다른 요소와 동등하다. 어떤 단계 또는 정도가 선택되는지는 제안된 프로젝트와 관련된 아동·청소년의 희망에 따라 달라진다. 이 단계에 도달하는 것은 그 자체로 정교한 과정이다. Treseder는 의도적으로 계층 구조가 부족하다고 주장하지만, 필연적으로 단계는 진보적인 것으로 해석될 것이다. 아이들이 증가하는 힘을 얻음에 따라 성인들은 그들의 힘이 줄어드는 것을 보게 된다. 각 단계의 목표는 초기 실무자, 특히 Arnstein 및 Hart의 참여 모델과 매우 유사하다.

㉠ 할당, 정보 제공(Assigned but Informed) 정도

이 단계는 성인이 선택하고 주도하는 프로젝트에 대한 설명으로, 아동과 청소년이 자원봉사하고 참여할 수 있지만 프로젝트의 방향과 거버넌스는 체계 내에서 성인이 소유한다. 아동과 청소년은 이것이 성인 소유의 프로젝트라는 점을 분명히 하고 자원봉사 요건을 이해하고 있다. 아동·청소년이 자신의 견해, 생각 및 인상이 경청되고 존중되고 있음을 강조하는 것이 중요하다.

㉡ 성인 주도, 아동과 의사결정 공유(Adult-initiated, shared decisions with children) 정도

성인은 초기 아이디어를 생성하지만 계획 및 실행의 후속 단계에는 아동·청소년이 적극적으로 참여한다. 이 수준에서 아동·청소년의 견해가 고려되고 결정을 내리는 데 참여한다.

㉢ 협의 혹은 의견수렴 및 정보 제공(Consulted and Informed) 정도

성인이 설계하고 운영하는 프로젝트 또는 프로그램에는 아동·청소년을 참여시키는 방법으로서의 협의 혹은 의견수렴만이 남아 있다. 협의를 받으려면 제안에 대한 이해와 표현된 견해가 진지하게 받아들여질 것이라는 기대가 필요하다. 협의 혹은 의견수렴은 참여와 다르다. 그것은 참여(involving)가 아니라 요청에 근거

하는 것이다.

ⓔ 아동 주도, 성인 방향 제시(Child-initiated and directed) 정도

이 단계는 힘의 균형의 변화를 나타낸다. 아동·청소년은 독창적인 아이디어를 가지고 있으며 어떤 일이 언제 어떻게 일어날지 결정한다. 성인은 역할 측면에서 활용할 수 있지만 통제하지 않는다.

ⓜ 아동 주도, 성인과 의사결정 공유(Child-initiated, shared decisions with adults) 정도

이 단계에서 아이디어를 갖고 프로젝트를 수립하고 지원, 조언 및 협의를 받을 시기를 결정하는 것은 아동·청소년이다. 성인은 지시하지 않고 아동·청소년이 고려할 수 있는 전문지식을 제공한다.

③ (아동) 참여의 경로(Pathways to participation, Harry Shier, 2001)

Harry Shier(2001)는 참여와 '권한 부여' 간의 관계를 강조하는 모델을 제안했다. Shier는 참여 방식보다는 참여의 효과에 초점을 둔다. Shier가 개발한 참여 경로(Pathways to Participation) 모델은 Sherry Arnstein의 시민 참여 사다리와 Roger Hart의 아동 참여 사다리를 기반으로 한 것이다. Shier(2001)는 "새 모델은 Hart의 작업에 큰 빚을 지고 있다. 이것은 참여의 사다리를 대체하기 위한 것이 아니라 실무자들이 참여 과정의 다양한 측면을 탐구하는 데 도움이 되는 추가 도구 역할을 할 수 있다"고 스스로 밝히고 있다.

Shier는 Hart의 유형학의 주요 공헌은 실무자가 비참여 수준에서 얼마나 많은 활동과 프로그램이 설계되었는지 알아내는 데 도움이 된다는 점이라고 제안한다. 초점을 전환하기 위해 Shier는 Hart의 사다리의 하위 비참여 단계가 아닌 참여 단계만 포함하도록 그의 유형을 설계했다(Wong, Zimmerman, & Parker, 2010). 즉, Shier의 모델은 진정한 아동·청소년 참여의 발달 진행을 지원하기 위해 성인이 활용할 수 있는 방법을 설명하는 "경로"를 선호하는 거짓 의사 참여 수준을 배제한다. 일반적으로 사다리 모델의 낮은 단계와 관련된 부

정적인 의미를 제거함으로써 Shier의 접근방식은 교육자 및 아동·청소년과 함께 사업하는 기타 성인을 위한 발판 가이드 역할을 하는 참여적 진행을 제공한다. 특히 Shier의 프레임워크는 참여에 대한 "경로"를 형성하는 데 있어 주변 성인과 기관이 수행하는 역할에 주목한다(Cahill and Dadvand, 2018: 244-245).

또한 Shier의 모델은 조직과 개인 간의 차이에 대한 잠재력을 인정한다. 일부에게는 약속에 관한 것일 수 있다. 효과적인 참여를 방해할 수 있는 조직 내에 내재된 구조적 문제가 있다. 윤리적 또는 이념적 제약이 있을 수 있다. 아니면 놓치고 싶지 않은 원시적인 힘의 문제일 수도 있다. 이 모델은 약속 수준(시작점, 기회 및 의무)에 따라 잠재적인 차이를 확인하는 데 도움이 된다(Organizing Engagement, 2021).

따라서 Shier의 (아동) 참여 경로 모델은 개별 프로젝트를 넘어 청소년 참여에 대한 조직의 준비 상태와 헌신을 평가하는 데 유용하다. 특히 청소년 조직에 매우 유용한 도구로서 내부 문제를 파악하고 문제를 해결할 경로를 쉽게 찾는 데에도 도움이 된다.

[그림 8-3]에서 보는 바와 같이, Shier의 (아동) 참여에 대한 점진적 "경로"는 5단계(수직으로 표시) 참여 수준, 시작점, 기회, 의무라는 "3단계 약속"(5단계 위에 수평으로 표시) 및 각 수준별, 단계별로 일련의 15개의 질문으로 구성되어 있다(Organizing Engagement, 2021). 그의 참여 경로는 아동과 함께 사업할 때 의사결정 과정이 수행하는 발달 단계를 보여 준다. '아동'을 '청소년' 또는 '시민'으로 대체하고 더 많은 청중에게 적용 가능한 과정을 찾는 것도 가능하다(Grace and Grace, 2017: 32).

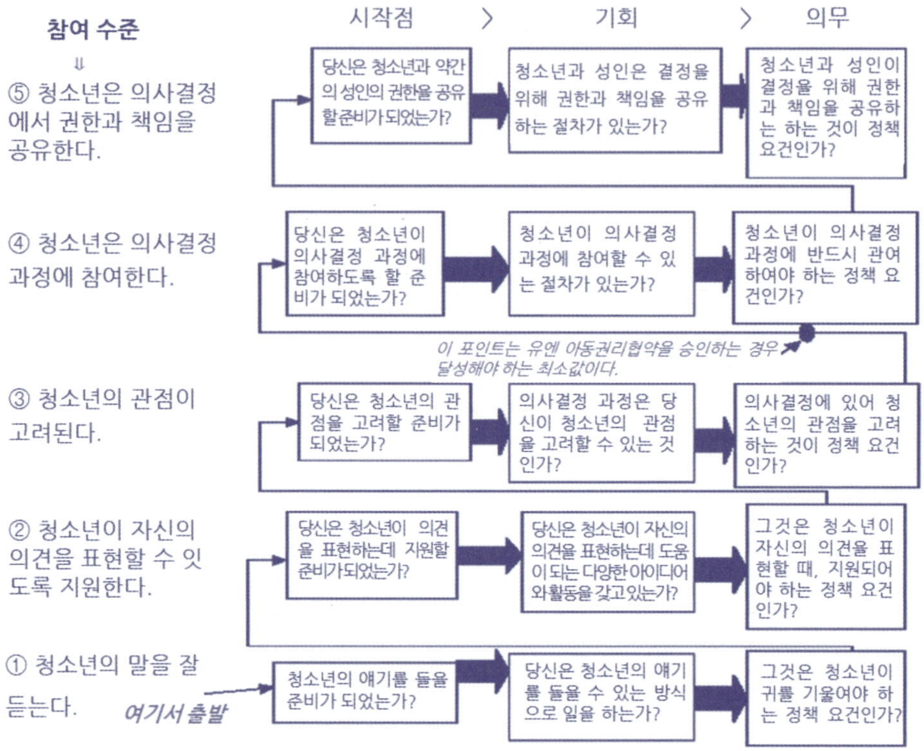

[그림 8-3] Shier의 (아동) 참여 경로(Pathway to participation)

㉠ 참여 경로 모델의 5가지 참여 수준

Shier(2001)는 성인이나 기관 및 청소년과의 관계에 주목하여 다음과 같은 5가지 참여 수준을 제안한다.

ⓐ 청소년의 말을 듣는다.

Shier에 따르면 이 수준은 "아이가 자신의 의견을 표현할 때 책임감 있는 성인이 적절한 주의를 기울여 듣는 것"이라고 말한다. 수준 ①에서 "듣기(listening)는 아이들이 자신의 의견을 표현하는 한에만 발생한다. 보통 주요 결정에 대해 어떤 의견을 가지고 있는지 확인하기 위해 조직적인 노력을 기울이지 않는다. 만약 앞으로 나올 의견이 없을 경우, 이는 우려의 원인으로 간주되지 않는다."

ⓑ 청소년이 자신의 의견을 표현할 수 있도록 지원한다.

이 수준에서는 "아이들이 자신의 의견을 공개적이고 자신 있게 표현할 수 있어야 하며", "아이들과 함께 사업하는 성인은 긍정적인 행동을 취해야 한다." Shier에 따르면 성인은 아동과 청소년이 수줍음, 낮고 부정적인 자존감, 언어 장벽, 문화적 차이 또는 편견과 고정 관념과 같은 문제를 극복할 수 있도록 적극적이고 의도적으로 자신의 의견과 생각을 표현하도록 해야 한다. 수준 ①에서 성인은 아동과 청소년의 말을 들을 수 있지만, 수준 ②에서는 아동과 청소년이 자신의 생각과 의견을 표현할 수 있도록 지원하는 신체적, 심리적 조건, 예를 들어 아동을 위한 환경 및 정서적 안전, 성인과의 신뢰 관계, 혹은 편견과 차별이 없는 학교 또는 지역사회 문화 수용과 같은 조건을 만들어야 한다.

ⓒ 청소년의 관점이 고려된다.

이 수준에서는 아동의 생각과 의견을 들을 뿐만 아니라 성인이 고려하여 의사결정에 반영해야 한다. 그러나 Shier는 "의사결정에서 아동의 의견을 고려한다고 해서 모든 결정이 아동의 바람에 따라 이루어져야 한다거나 성인이 아동이 요구하는 모든 것을 이행할 의무가 있음을 의미하지는 않는다"고 지적한다. 이 수준에서 아동과 청소년은 청소년 설문 조사, 학생 자문위원회 또는 코스에서의 커리큘럼 선택과 같은 전략을 통해 협의할 수 있다.

ⓓ 청소년은 의사결정 과정에 참여한다.

이 수준에서는 아동과 청소년이 조직 거버넌스 및 성인 심의에 참여해야 한다. 수준 ④에서는 아동과 청소년이 협의를 받을 뿐만 아니라 성인과 함께 의사결정 과정에 적극적으로 참여한다. Shier는 조직적 의사결정에 아동과 청소년을 참여시키는 것이 여러 가지 이점이 있다고 지적한다. 예를 들어 "서비스 제공의 질 향상, 아동의 소유감 및 소속감 증가, 자존감 증가, 공감 및 책임 증가, 시민권과 민주적 참여의 토대 마련 및 그 결과로 민주주의 보호 및 강화에 도움이 된다는 것이다."

ⓔ 청소년은 의사결정에서 권한과 책임을 공유한다.

이 수준에서는 성인이 의사결정에 아동과 청소년을 참여시킬 뿐만 아니라 결정에 대한 권한과 책임을 공유해야 한다. Shier는 수준 ⑤와 ④를 구분하는 데 도움이 되는 유용한 예를 제공한다. 수준 ④에서 아동은 의사결정 과정에 적극적으로 참여할 수 있지만, 결정에 대한 실제 권한은 없다. 예를 들어, 젊은이들에게 성인 위원회의 여러 자리가 주어질 때 발생한다. 젊은이들이 자신감 있고 명료하다면, 그들의 의견을 내놓을 수 있고 어른들은 일반적으로 정중하게 경청할 것이다. 그러나 그들은 분명히 숫자보다 많고 성인들은 효과적인 거부권을 가지고 있다. 수준 ⑤에서 성인은 의사결정 과정에서 일방적으로 아동과 청소년을 실무적으로나 정책적으로 지배하지 않거나, 지배할 수도 없다.

㉡ 참여 경로 모델의 3단계 약속

Shier(2001)의 참여 경로 모델의 3단계 약속(시작점, 기회, 의무)은 아동과 청소년의 참여 권한 부여에 대한 헌신과 충실도를 나타낸다.

- 시작점(openings)은 성인과 조직이 아동과 청소년에게 권한을 부여하는 데 수용적이 되거나 권한 부여의 잠재적 유용성을 인식할 때 발생한다.
- 기회(opportunities)는 성인과 조직이 아동과 청소년에게 진정성 있고 의미 있는 방식으로 권한을 부여하는 데 필요한 자금, 시간, 전문성 개발, 지식, 기술 또는 기타 역량을 갖추고 있을 때 발생한다.
- 의무(obligations)는 성인이 조직 정책 또는 표준 관행에서 아동·청소년 권한 부여를 체계화하고 성인에 대한 기대치를 설정하고 아동·청소년 권한 부여에 대한 요구사항을 시스템에 구축함으로써 책임을 지는 데 동의할 때이다.

Shier(2001)는 이러한 5단계 참여 수준, 3단계 약속 및 15개 질문으로 구성된 참여 경로 모델을 개발한 이유를 다음과 같이 설명한다. "15개의 질문을 순서대로 제시함으로써 이 모델이 아동과 함께 사업하는 개인, 팀 및 조직에 유용한 도구가 되기를 바란다. 모델을 사용할 때 가능한 한 많은 상자를 표시하고 점수를 매기는 연습으로 보는 것은 도움이 되지 않는다. 가장 유용한 토론은 질문에 대한 답변이 "아니요"일 때 발생한다. 그런 다음 '"예"라고 답할 수 있어야 하나요?', '"예"라고 답하려면 무엇을 해야 하나요?', '이러한 변경을 할 수 있나요?', '결과에 대한 준비가 되어 있나요?'라는 질문을 받을 수 있다. 따라서 이 모델로 작업하는 것은 아동과 함께 사업하는 모든 종류의 조직에서 아동의 참여를 향상하기 위한 실행 계획을 개발하는 데 유용한 첫 단계가 될 수 있다."

아울러 Shier(2001)는 자기 성찰과 계획을 위한 도구로 사용되는 모델을 구상한다. "모델은 각 단계에 대한 간단한 질문을 제공한다. 질문에 답함으로써 독자는 현재 입장을 파악하고 참여 수준을 높이기 위해 취할 수 있는 다음 단계를 쉽게 확인할 수 있다"고 한다.

각 수준에서 개인 및/또는 조직은 '권한 부여' 프로세스에 대해 서로 다른 수준의 약속을 보여 줄 수 있다. 권한 부여에 대한 약속은 개방에서 기회, 의무에 이르기까지 다양하다. '시작점'은 아동의 참여 의도로 설명되며, '기회'는 참여를 가능하게 하는데 필요한 리소스를 제공하는 것을 포함한다. Shier는 또한 청소년 참여가 프로그램에 포함되도록 하기 위해 정책 메커니즘이 조직의 적극적인 대응을 요구하는 경우와 같이 청소년 참여에 대한 진정한 헌신에는 '의무'가 필요하다고 했다(Cahill and Dadvand, 2018)고 주장한다.

한편 참여 경로 모델 내의 각 수준에는 3개의 개별 단계(왼쪽에서 오른쪽으로 상자)가 표시되는데, 각 단계는 서로 다른 약속에 대한 기대를 거치며 인력과 조직 모두에게 더 큰 요구사항을 부여한다. 수준이 올라가면 약정 강도가 증가하고 전력 균형이 점진적으로 이동한다. Shier는 모든 수준과 각 단계에서 적용되는 기술이 연령에 적합해야 하며 사용된 언어가 익숙해야 한다고 조언한다. 또한 의사소통 장애가 있는 그룹과 협력하려면 진정한 참여가 가능하도록 조정이 필요하다고 조언한다(Grace and Grace, 2017: 32−33).

그런데 Shier의 참여 경로 모델은 참여의 형식적, 구조적 측면에 초점을 맞추고, 청소년이 시작하는 참여를 위한 여지를 거의 남기지 않는 계층적 순서에 대해 비판을 받아왔다. Shier의 모델이 갖는 성인 중심의 초점은 듣는 것이 중요한 전략이 될 수 있는 방식을 잘 설명하지 못하며, 성인과 함께 듣고 배우고 들을 수 있는 청소년 행위자들과 똑같이 관련이 있다(Cahill and Dadvand, 2018).

또한 Shier는 Hart의 참여 사다리의 상위 (진정한) 참여 단계만 포함하여 설계함으로써 참여에 영향을 주는 모든 범위의 청소년-성인 배열을 포착하는 포괄적인 모델이 될 기회를 놓치고 있다고 비판받고 있다. 아울러 Shier의 모델에서 성인의 응답을 위해 제시된 15개 질문과 같은 성인 중심의 프레임은 성인의 권력 위치를 더욱 영속화할 수 있다고 우려한다(Wong, Zimmerman, & Parker, 2010).

이러한 비판에도 불구하고 Shier의 참여 경로 모델의 주요 강점은 디자인과 효과 사이의 관계에 대한 관심 및 실용적, 문화적, 제도적 등 다양한 영향을 받는 참여의 동적 특성에 대한 관심이다.

④ 청소년 참여 및 권한 부여 피라미드 유형(TYPE, Typology of Youth Participation and Empowerment, Wong, Zimmerman, & Parker, 2010)

Wong, Zimmerman, & Parker(2010)는 참여 프레임워크에 대한 여러 가지 비판에 대응하기 위해 성인이나 청소년이 경험하는 권한 부여 및 통제 수준에 초점을 맞춘 청소년 참여 및 권한 부여(TYPE) 피라미드의 유형을 제안한다. 앞의 Treseder와 마찬가지로 Wong, Zimmerman, & Parker(2010: 104)는 청소년 주도의 참여가 이상적이라는 가정을 피하기 위해 사다리 은유를 사용하지 않는다. 또한 Treseder와 달리, 청소년 권한 부여를 위한 최적의 참여 유형을 반영하는 청소년-성인 통제의 다양한 구성을 표현하기 위해 피라미드 도식을 사용한다. TYPE 피라미드는 세대 간 연결을 통합하고 청소년-성인 파트너십의 최근 연구 개발을 고려하여 참여 유형을 구별한다. 각각의 유형은 청소년-성인 간의 참여 수준을 나타낸다. 모델에 묘사된 피라미드 모양과 화살표는 각 참여 유형에 대한 권한 부여 정도와 긍정적인 청소년개발 잠재력에 대한 증거 기반 가설을 나타내기 위한 것이다. 또한 5가지 주요 참여 유형은 청소년 참여의 개념이 연속체에서 관찰될 수 있음을 시사한다.

TYPE 피라미드 유형학의 목적은 각 유형 내에서 개발 잠재력을 고려하면서 청소년-성인 참여 정도를 확인하는 개념적 틀을 제공하는 것이다(Karsten, 2012: 37; Barros, Leite, Monteiro & Lopes, 2020). 따라서 TYPE 피라미드는 다른 참여 모델과 구별되는 3가지 특징을 결합하고 있다. 첫째, 권한 부여의 이론적 프레임워크의 명시적 사용 둘째, 청소년과 성인 참여에 대한 강조 셋째, 다양한 권한 부여 및 긍정적인 청소년개발을 표현하는 5가지 참여 유형이다(Wong, Zimmerman, & Parker, 2010: 104-110).

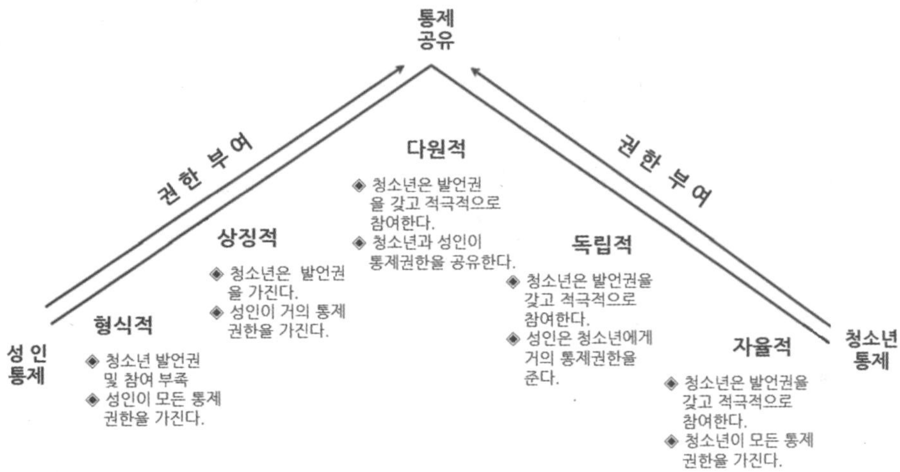

출처: Typology of Youth Participation, 2010.

[그림 8-4] Wong, Zimmerman, & Parker의 청소년 참여 및 권한 부여 피라미드 유형

㉠ 권한 부여

TYPE 피라미드는 다양한 정도의 청소년-성인 참여를 설명하기 위해 권한 부여 프레임워크를 사용한다. 복지향상, 강점 기반, 삶의 질에 대한 사회정치적 영향 확인에 대한 개념적 강조를 위해 권한 부여 프레임워크가 선택되었던 것이다. 비판적 인식 및 의식화라고도 하는 비판적 의식은 권한 부여 과정의 중심이다. Freire는 권한 부여는 개인이 자신의 행동뿐만 아니라 광범위한 사회적, 역사적

힘에 의해 자신의 상황이 어떻게 형성되는지 이해할 때 형성되는 인식에서 파생된다고 제안한다. 이러한 상황에 대한 질문을 통해 청소년과 지역사회가 자신의 선택 의지를 발견하고 권한을 부여받을 수 있다. 또한 Zimmerman(2000)은 권한 부여의 잠재력이 개인, 조직 및 커뮤니티 간의 연결 강도에 있다고 제안한다. 이러한 연결의 대부분은 개인 및 집단 참여의 정도에 달려 있다. 청소년의 경우 이는 성인 참여와 함께 연구 및 행동에 참여하는 것으로 해석된다.

㉡ 청소년과 성인 참여

이전 연구자들은 청소년 주도의 참여가 긍정적인 청소년개발 및 권한 부여에 이상적이라고 제안했다. 그러나 아동과 청소년은 자신과 지역사회에 힘을 실어주는 모든 부담을 짊어질 것으로 기대할 수 없다. 성인은 이 책임을 분담해야 한다. 비판적 의식에 대한 평등주의적 접근은 청소년과 성인 모두에게 이를 극복할 수 있는 힘을 줄 수 있다. 비판적 의식을 달성하기 위해 참여형 공동학습을 지원하는 민주적 가치 지향이 강조된다. 청소년과의 공동학습에서 성인은 청소년과 협력하여 비판적 대화, 인식 및 비판적 의식에 대한 기술 구축을 촉진함으로써 전문가가 아닌 자원 및 협력자 역할을 할 수 있다. 청소년 참여자들은 적극적인 협력자가 되도록 장려할 수 있으며, 그들의 의견을 공유하는 것은 비판적 대화에 기여하고 정치, 사회경제적 입장, 문화 및 역사가 개인의 삶의 경험과 건강 결과를 형성하는데 어떻게 기본이 될 수 있는지에 대한 인식을 높이는 데 기여할 수 있다. 성인과의 공동학습 과정을 통해 청소년은 권한을 부여받고 발달 혜택을 누리는 것이 가능하다.

그런데 성인의 참여가 필요할 수 있지만 단순히 성인의 존재만으로는 청소년 권한 부여에 충분하지는 않다. 이러한 참여의 정도와 질은 청소년발달에 영향을 미칠 수 있다. 그러나 청소년 권한 부여를 위해서는 청소년이 비판적 의식을 개발할 수 있는 조건과 기회를 조성하는 데 성인이 적극적으로 참여해야 한다. 성인은 젊은이들이 환영받는다고 느끼고 자신의 의견을 기꺼이 공유할 수 있는 안전한 환경과 청소년 중심의 환경을 조성할 권한이 있다. 또한 성인은 아동과 청소년이 자신의 삶에 영향을 미치는 결정에 참여할 수 있는 기회에 영향을 미치는 사회적 환경 내의 기관에 대한 접근성이 높아졌다. 그러나 권한 부여 과정의 부담은 청소년이나 성인에게만 있는 것이 아니라 두 그룹이 모두 집단적, 비판적 의식 수준을 높이는 공동학습 관계를 의미한다.

ⓒ 5가지 참여 유형

본질적으로 청소년 참여는 젊은이들이 사회 환경에 적극적으로 참여하는 민주적 실천이다. 참여 지점은 '성인 주도(adult-driven)', '통제 공유(shared control)' 및 '청소년 주도(youth-driven)'의 3가지 기본 접근방식으로 시작한다. 그러나 통제 정도는 이러한 유형 내에서 다를 수 있다.

이 연장선상에서 청소년 참여 및 권한 부여의 유형 (TYPE) 피라미드는 반전된 V 회로도에서 다양한 수준의 청소년-성인 참여를 성인 주도(형식적, 상징적), 통제 공유(다원적) 그리고 청소년 주도(독립적, 자율적) 등 5가지 유형의 참여로 제시(Wong, Zimmerman, & Parker, 2010: 106-110)하고 있다.

ⓐ 성인 주도 참여 유형: 형식적(vessel) 참여 및 상징적(symbolic) 참여

성인 주도의 참여는 청소년 참여를 위해 성인이 개발한 활동으로 설명할 수 있다. 앞서 Hart의 아동 참여 사다리에서 언급한 바와 같이, 일부는 성인 주도의 참여가 계도(조작), 장식 또는 토큰주의를 초래할 수 있다고 우려한다. 청소년-성인 관계에서, 계도(조작), 장식 또는 토큰주의는 청소년 존재의 주요 목표가 성인 주도의 의제를 발전시키는 것일 때 발생할 수 있다. 이 시나리오에 대한 청소년 참여는 단지 미학적이다. 젊은이들은 이러한 관행을 알고 있으므로 성인 동기에 회의적일 수 있다.

성인 주도의 참여는 청소년 발달에 유익하면서 해로울 수도 있다. 성인의 접근 방식과 특성은 청소년이 참여함으로써 혜택을 받는 정도를 결정하는 데 도움이 될 수 있다. 청소년의 요구에 귀를 기울이고 해결하는 성인은 청소년에 대한 권위를 행사하기로 선택한 성인보다 더 많은 참여와 긍정적인 발달 결과를 관찰할 가능성이 높다. 따라서 성인 주도 참여의 스펙트럼은 의사결정을 완전히 제어하는 성인과 청소년의 관점을 듣고 궁극적으로 최종 결정을 내리는 성인 사이의 범위

를 포함한다. 이러한 참여 유형은 각각 형식적 참여 및 상징적 참여로 구분된다.

〈형식적 참여〉

이 참여 유형은 성인이 주도하는 전통적인 청소년-성인 관계를 설명하며 청소년의 입력이 거의 또는 전혀 필요하지 않다. '형식적(vessel)'이라는 용어는 권력과 교육학에 관한 Freire(남경태 역, 2009)의 저작을 기반으로 한다. Paulo Freire는 전통적인 교육을 은행에 비유해, 교사는 '그릇된 정보'를 적립하고 학생은 그런 교육 체제에서 그저 정보를 주워 담는 수동적 위치에 머물러 있을 따름이라고 보았다. 여기서 교사의 임무는 빈 그릇으로 보이는 학생들을 자신의 내레이션으로 채우는 것이다. 이러한 상황에서 교사는 권위 있는 훈련된 전문가이다. 학습과 개발은 성인이 결정한 수업과 의제에 의해 조정된다. 은행교육 접근방식은 학생들이 교사의 권위에 지나치게 의존하게 되어 비판적 인식론적 성찰의 잠재력을 망칠 수 있는 지배적인 권력 계층을 촉진할 수 있다.

청소년 참여가 부족하기 때문에 형식적 참여 유형은 권한 부여 가능성이 낮다. 청소년이 기술을 배우고 유용한 지식을 습득할 수 있지만 청소년이 자신의 아이디어를 공헌할 기회는 거의 없다. 실제로 이것은 권한 부여 과정의 핵심 부분인 비판적 의식 또는 인식으로 성인과의 공동학습 가능성을 제한한다. 또한 청소년의 목소리를 적극적으로 장려하지 않고 계획과 의사결정에 관여하지 않으면 청소년의 비판적 의식과 참여 동기가 저해될 수 있다. 청소년 참여도가 이렇게 낮으면 자기 효능감과 같은 강점을 키우거나 문제해결과 같은 기술을 개발할 기회가 제한된다.

〈상징적 참여〉

상징적 참여에서 청소년은 문제와 잠재적 해결책에 대한 자신의 관점을 표명하고 의사결정자들의 의견을 들을 수 있다. 예를 들어 성인은 청소년이 자신의 의견과 경험을 표현할 수 있도록 공식 또는 비공식 구조를 설정할 수 있다. 조직 이사회, 자문위원회, 연구 프로젝트 및 옹호 활동의 청소년 직책은 종종 이러한 참여 유형에 속한다. 참여 방식은 상징적이거나 민주적 과정을 대표한다. 그러나 결국 청소년은 의사결정이나 의제 설정 과정에서 많은 권한을 갖지 못하는 경우가 많다.

상징적 참여는 청소년의 목소리를 포함한다는 점에서 형식적 참여와 다르다. 청소년의 목소리는 청소년의 비판적 인식이 필요하다. 자신의 관점을 표명함으로써 청소년은 문제와 해결책에 대한 의견을 공식화하여 비판적 사고를 연습할 기회를 갖게 된다.

또한 상징적 참여 유형에서 청소년은 자신의 관점을 말할 수 있는 것에 대해 좌절감을 경험할 수 있지만 후속 결과를 결정할 통제권을 갖지 못한다. 이러한 좌절감은 통제에 대한 청소년의 접근을 줄이고 권한 부여 가능성을 제한할 수 있다.

ⓑ 청소년 – 성인 통제 공유 참여 유형 : 다원적(pluralistic) 참여

청소년–성인 파트너십의 권한 부여가 부상하고 있다. 연구자들은 청소년과 성인이 함께 일하는 과정이 청소년 역량 강화와 긍정적인 청소년개발을 위한 최적의 조건을 제공할 수 있다고 제안한다. 성인은 의사결정 및 계획 활동을 공유하기 위해 청소년과 협력할 때 역할 모델, 지원 및 사회적 자본의 원천, 긍정적인 강화의 주요 원천이 될 수 있다. 통제 공유는 성인과 청소년 간의 협의 과정(transactional process)으로 발생하며 청소년 권한 부여 개념 모델의 핵심 구성요소이다. 이 협의는 성인 및 청소년 하위 프로세스로 구성된 것으로 설명한다. 성인 하위 프로세스는 성인이 환영하는 분위기를 제공하고 청소년을 가능하게 하여 권한을 부여하는 환경을 만들 때 이루어진다. 청소년의 경우 하위 프로세스는 자기실현, 다른 사람과의 관계, 의사결정 및 후속 건설적 변화 참여와 같은 긍정적인 개발 및 권한 부여를 장려하는 요소를 통해 발생한다. 협의 프로세스는 주기적이며 청소년과 성인 모두가 통제권을 공유할 수 있도록 여러 피드백 루프를 통해 이루어진다.

그러나 공유된 통제가 반드시 청소년과 성인의 동등한 참여를 요구하는 모든 결정 및 활동으로 해석되는 것은 아니다. 즉, 두 그룹 모두 성인이 특정 결정을 더 잘 내리거나 그 반대로 할 수 있다고 공동으로 결정할 수 있다. 종종 청소년과 성

인이 각자의 장점을 활용하는 임무와 책임을 맡는 것이 더 적절하다. 예를 들어, 청소년이 새로운 아이디어를 브레인스토밍하고 성인이 아이디어를 실행하기 위한 일정과 절차를 추천하는 것이 유리할 수 있다. 이 상황에서 청소년은 성인이 고려하지 않았을 수 있는 아이디어를 떠올릴 수 있는 반면, 성인은 경험을 바탕으로 아이디어를 구현하는 데 걸리는 시간, 구현 전략 및 리소스를 찾을 수 있는 위치를 제안할 수 있다.

한편 청소년과 성인 모두에게 할당된 책임의 정도와 유형이 관련된 청소년의 발달 요구에 따라 달라질 수 있다. 예를 들어 중학생은 초등학생보다 정체성 형성에 대한 발달 요구가 다르다. 일반적으로 아동(8~11세)은 정체성 발달에 대한 외부 접근방식을 채택하는 경향이 있는 반면, 초기 청소년(12~14세)은 더 내향적이고 철학적이다. 또한 그룹 멤버십은 아동과 청소년의 정체성 개발에서 다른 기능을 수행한다. 아동에게 사회집단은 능력, 독립성 및 자존심을 보여 줄 수 있는 공간을 제공한다. 12세 이상의 청소년에게 그룹 환경에서의 사회적 상호작용은 서로 다른 자아 정체성을 실험하고 병합하기 위한 준비기반 역할을 한다.

따라서 청소년과 성인이 수행하기로 결정한 계획, 결정 및 활동의 유형에 대한 고려사항은 관련된 청소년의 연령과 인지 능력에 따라 달라질 수 있다. 초기 청소년은 스스로 작업을 수행하는 데 더 능숙할 수 있지만 아동은 성인이 더 많이 참여하면 도움이 될 수 있다. 최적의 청소년개발 및 권한 부여를 위해 청소년과 성인이 수행하는 책임의 정도와 유형에 대한 결정은 근거를 명확하게 이해하고 두 그룹이 협상해야 한다.

다원적 참여 유형은 건강한 청소년과 지역사회 개발을 창출하고 유지하기 위해 협력하여 사업하는 청소년과 성인의 강점을 인식한다. 이 유형에서 청소년과 성인의 관계는 상호적이다. 즉, 청소년과 성인은 목표를 달성하기 위해 계획 및 의사결정 책임을 공유한다. 파트너로서 청소년은 창의성, 새로운 관점, 새로운 아이디어를 시도하려는 의지, 자신과 동료에 대한 청소년 중심의 이해를 제공할 수 있는 반면, 성인은 계획, 의사결정 및 평가에 대한 경험과 전문지식을 제공한다.

청소년-성인 파트너십은 다양한 정도의 청소년 및 성인 통제를 가질 수 있지만, 공유된 계획과 의사결정은 피라미드의 다른 참여 유형과 다원적 유형을 구별한다. 청소년과 성인 간의 공유된 통제는 긍정적인 청소년개발 및 권한 부여에 이상적인 사회적 기반을 제공한다. 이 유형에서 성인은 청소년이 친사회적 활동에 참여할 수 있는 조건과 기회를 극대화하는 것이 목적인 수준에 관여하지만 청소년발달을 방해하는 지점까지 지나치게 지배적이거나 소극적으로 관여하지 않는다. 더욱이 청소년 및 성인 파트너십은 건강한 청소년개발을 촉진하고 긍정적인 조직 또는 지역사회 변화를 목표로 할 때 더 많은 권한 부여 잠재력을 가질 수 있다.

ⓒ 청소년 주도 참여 유형: 독립적(independent) 참여 및 자율적(autonomous) 참여

청소년이 관리하는 활동 및 조직에 대한 참여는 청소년 주도의 참여로 생각할 수 있다. 이러한 유형의 참여는 청소년이나 성인에 의해 시작될 수 있지만, 주요 의사결정자 역할은 청소년이 한다. 중요한 결정을 내림으로써 청소년은 의제에 대한 소유권을 경험하고 결과에 투자하고 리더십 기술을 활용할 기회를 가질 수 있다. 청소년 주도 참여를 시작하는 성인의 일반적인 근거는 청소년이 의미 있는 기여를 할 수 있는 귀중한 자원이라는 것이다. 이 근거에는 청소년과 성인 간의 불균등한 힘의 차이가 청소년을 무감각하게 만들어 청소년 권한 부여의 잠재력을 저해할 것이라는 관점도 포함된다. 따라서 성인이 주도하는 청소년 주도의 접근 방식은 종종 권력 차이를 없애기 위해 성인이 자신의 권력을 포기해야 청소년이 권력을 얻을 수 있다는 개념에 근거한다.

이 근거의 주요 가정은 권력이 제로섬 현상이라는 것이다. 즉 권력은 권력을 넘어서고 제한된 공급으로 존재하며, 그것을 빼앗거나 다른 사람이 포기할 때만 얻을 수 있다. 그러나 연구자들은 성인이 청소년에게 권력을 양도할 때 의도하지 않은 부정적인 영향을 미칠 수 있음을 발견했다. 유사하게 청소년과 성인이 청소년 주도의 권한 부여 프로그램에서 서로 다른 관점을 가지고 있음도 발견했다. 성인

은 그룹에 대한 자신의 응집력과 생산성을 높게 평가한 반면 청소년은 낮게 평가했다. 청소년에게 통제권을 부여하기 위해 성인들은 모임에 참석했지만 거의 의견을 주지 않았다. 이로 인해 청소년이 성인에게서 배울 수 있는 내용이 제한되고 그룹의 효율성이 저하되었으며 젊은이들이 좌절감을 느끼고 버림받은 경우도 있었다. 청소년 주도의 참여인 경우에도 유사한 잠재력이 존재하고 청소년을 유능한 사람으로 볼 수 있지만 많은 사람들은 조직의 의사결정 및 기술에 대한 경험이 부족하다. 부족한 기술과 지도의 부족은 조직의 결과가 나빠지고 청소년들이 부적절하다고 느끼게 할 수 있다.

〈독립적 참여〉

전통적인 형식적 참여 유형에 대한 응답으로 일부 성인은 청소년이 권력을 얻으려면 자신의 권력을 포기해야 한다는 접근방식을 취한다. 예를 들어 성인은 청소년이 자신의 프로그램을 개념화하고 구현할 수 있는 공간을 만들거나 리소스를 제공한다. 이 접근법은 청소년의 독립성을 향상시키는 것으로 인식되었지만 성인 참여가 부족하다는 비판도 받았다. 예를 들어 젊은 사람들은 프로그래밍에 대한 창의적인 아이디어가 많지만 전략 계획을 개발하고 구현하는 방법에 대한 전문지식이 부족할 수 있다.

이 유형의 권한 부여 잠재력은 다원주의 유형만큼 최적이 아니다. 청소년에게는 제한된 지침이 제공되기 때문이다. 독립적 참여 유형의 청소년은 적극적으로 참여할 수 있는 상당한 기회가 있을 수 있지만, 기술 부족으로 인해 아이디어를 성공적으로 구현하는 데 시간이 더 오래 걸릴 수 있으며 이는 좌절감을 유발할 수 있다. 젊은이들은 또한 계획과 활동을 보다 효율적으로 만들 수 있는 자원을 인식하지 못하거나 이에 연결되어 있지 않을 수 있다. 또한 성인이 청소년에게 권한을 부여하려는 의도로 물러나면 무심코 소외될 수 있다. 그럼에도 불구하고 주요 의사결정을 조직, 계획 및 제어하는 관행은 기술을 구축하고 역량, 비판적 인식 및 자기 효능감 향상에 기여할 수 있다.

〈자율적 참여〉

자율적 참여 유형은 청소년이 성인 참여와 관계없이 목소리, 참여 및 권력 표현을 위한 자신의 공간을 만들기 위해 조치를 취한 시나리오를 설명한다. 이러한 유형의 청소년 참여는 성인의 동의나 지도 없이 운영된다. 청소년은 잠재적으로 권한을 부여할 수 있는 자신의 필요를 해결하기 위해 공간을 만들 수 있지만 성인의 지도 없이 이러한 공간은 잠재적으로 건강한 발달에 해로울 수 있다. 청소년 갱과 같은 반대 청소년 문화는 이러한 유형의 참여가 어떻게 긍정적 청소년개발 및 참여를 방해할 수 있는지를 보여 줄 수 있다.

비정상적인 행동이 항상 자율적 참여 유형의 특징은 아니지만, 청소년이 기회를 창출하고 자원을 확보하며 경험이 풍부한 지침을 제공하는 데 도움을 줄 수 있는 지원하는 성인과 중요한 관계를 맺지 못할 수 있기 때문에 권한 부여 잠재력은 여전히 제한적이다. 권한 부여 감각이 감소하는 것 외에도 청소년은 특정 기술을 아직 습득하지 못한 것으로 느낄 수 있으며, 자율적 참여 유형의 청소년은 성인이 지역사회 또는 조직의 역사, 모범 사례 및 교훈에 대해 가질 수 있는 지식으로부터 혜택을 받지 못할 수도 있다. 이러한 청소년–성인 분리는 청소년과 지역사회의 발전을 방해할 수 있다.

Wong, Zimmerman, & Parker(2010: 112)는 결론적으로 'TYPE 피라미드'가 청소년과 성인이 상호작용할 수 있는 다양한 방식과 이러한 상호작용이 청소년과 궁극적으로 지역사회 개발에 어떻게 영향을 미치는지 이해하기 위한 프레임워크를 제공하도록 설계되었다고 말한다. 피라미드는 또한 아동 및 청소년 건강 증진을 염두에 두고 설계되었다. 권한 부여와 긍정적인 청소년개발의 건강 증진 접근법을 결합함으로써 TYPE 피라미드는 문제에 초점을 맞추기보다 청소년의 강점을 강화하는 데 가장 유용한 참여 유형을 설명한다. 참여 유형은 청소년 목소리가 가치 있고 청소년의 기여가 가장 의미 있다는 것을 보여 준다.

또한 TYPE 피라미드는 성인이나 청소년이 경험하는 권한 부여 및 통제 수준에 초점을 맞춰 이전 프레임워크의 몇 가지 한계를 해결한다. 그러나 이 모델에는

'통제'와 '권한 부여'라는 용어의 강력한 개념화가 없다. 이 모델은 하나의 프로젝트 내에서 또는 심지어 하나의 참여 이벤트 내에서 서로 다른 유형의 참여가 가능한 공존 가능성을 설명하지 않는다고 비판을 받기도 한다. 잠재적으로 젊은이들은 한 번에 한 가지 기여 방식에서 다른 방식으로 여러 번 이동할 수 있다. 예를 들어, 젊은이들은 포럼이 시작될 때 기조연설을 듣다가 청중에게 연설할 차례가 되면 상징적 모드로 이동하지만 나중에는 다음과 같이 보다 독립적인 방식으로 작업할 수 있다는 것이다(Cahill and Dadvand, 2018).

2) 유럽평의회 제안 청소년 참여 모델

- (청소년) 참여의 RMSOS 프레임워크(RMSOS Framework, Council of Europe, 2003)
- (청소년) 6단계 참여 모델(six-step Model, Council of Europe, 2008)

유럽평의회(CoE, Council of Europe)는 유럽연합(EU, European Union)과 함께 젊은이들의 필요, 권리 및 상황에 초점을 맞추고 청소년이 사회에 참여하도록 권장한 최초의 국제기관 중의 하나였다. 유럽평의회는 청소년정책에 관한 제2차 회의에서 청수년 참여 문제를 우선시하고 지방 및 지역 생활에서 청소년 참여에 관한 유럽 헌장(European Charter on the Participation of Young People in Local and Regional Life, 1992년 승인)을 위한 토대를 마련했다. 그리고 10년 후인 2003년에 21세기 유럽 사회에서 청소년의 삶에 영향을 미치는 새로운 사회현상(청소년에 대한 인터넷 영향력의 증대, 청소년 실업, 도시에서의 불안 등)에 대응하는 차원에서 유럽 헌장을 개정하여 승인한 바 있다(복지국가청년네트워크 청년정책연구팀, 2014: 43).

유럽평의회는 지난 30여 년 동안 청소년 부문에서 개발하고 지지한 의사결정 원칙에 따라 독특한 '공동 관리(co-management)' 시스템에 큰 신념을 두었다. 공공기관이 청소년 대표 및 조직과 협력하여 모든 청소년 문제에 대한 공동 결정을 내리는 공동 관리 시스템은 청소년이 우려 사항 및 결정을 내리고 책임을 진지하게 받아들이는 능력을 필요로 한다. 그리고 이러한 시스템을 통해 젊은이들이 공동으로 사회에 참여하도록 장려할 수 있다고 주장한다. 2003년 5월에 공식적으로 채택된 '개정된 지방 및 지역 생활에 청소년 참여에 관한 유럽평의회 헌장(The revised Council of Europe Charter on the Participation of Young People in Local and Regional Life)'은 공동 관리를 촉진하는 핵심 도구이며, 그 자체로 청소년 그룹과 지방 및 지역 당국 대표자들이 동등하게 협력하여 제작했다. 헌장은 지역 당국이 청소년에 관한 정책을 실행하도록 장려하는 데 사용해야 하는 도구이자 젊은이, 청소년단체, 지방 및 지역 당국 간의 협력을 위한 도구이기도 하다(European Youth Centre, Council of Europe, 2008: 7).

같은 맥락에서 CoE와 EU는 2010년 7월 '청소년의 사회적 포용', '민주주의와 인권, 민주적 시민권 및 청소년 참여', '문화 간 대화 및 다양성'이라는 3가지 우선순위 영역에서 구속력 있는 목표를 채택한 새로운 파트너십(Youth Partnership) 계약에 서명했다. 이후 청소년 참여는 더욱 주요한 우선 과제로 추진되었다. 이런 배경에서 유럽평의회가 청소년 참여를 촉진하고 '공동 관리'를 위해 개발하고 지원하는 참여 방식(Charter's approach to youth participation)은 '참여의 RMSOS 프레임워크'이며, 참여의 도구 즉 방법은 '6단계 참여 모델'이다.

① (청소년) 참여의 RMSOS 프레임워크(RMSOS Framework, Council of Europe, 2003)

유럽평의회의 RMSOS 참여 프레임워크는 지방 및 지역 수준에서 의미 있는 참여에서 젊은이들을 비판적으로 참여시키는 데 필요한 것으로 확인된 핵심 요소를 특징으로 한다. 유럽 헌장의 참여에 대한 고려는 권리(Right), 수단(Means), 공간(Space), 기회(Opportunity) 및 지원(Support)이라는 기본 구조를 형성하는 5가지 키워드를 기반으로 한다. 즉 참여는 "권리, 수단, 공간 및 기회를 가지며 필요한 경우 참여를 지원하는 것에 관한 것"이라고 규정한다. RMSOS는 Right, Means, Space, Opportunity와 Support의 첫 글자를 따온 것이다. 이에 속하는 5가지 요소는 각각 상호 유기적으로 작동하며 한 가지 요소만 부족하더라도 청소년의 원활한

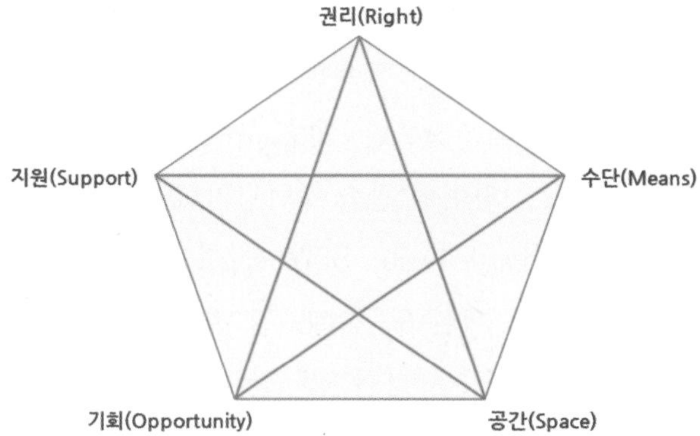

[그림 8-5] 유럽평의회의 RMSOS 접근방식

참여에는 차질이 생길 수 있다. RMSOS 접근방식은 청소년의 참여에 영향을 미치는 각각의 요소가 프로젝트, 조직 및 공동체 생활 속에서 얼마나 영향력을 발휘하고 있는지를 측정해 볼 수 있는 도구로 쓰인다(Karsten, 2012; 복지국가청년네트워크 청년정책연구팀, 2014: 43). RMSOS 접근방식은 청소년, 청소년지도자 또는 지역 당국이 자신의 프로젝트 또는 이니셔티브를 비판적으로 살펴보고 청소년 참여를 위한 적절한 조건이 만들어졌는지 확인하는 데 도움이 되므로 유용한 도구가 될 수 있다(Council of Europe, 2015).

RMSOS 프레임워크는 청소년의 의미 있는 참여가 일어나기 위해 존재해야 하는 5가지 주요 요소를 제공한다. 5가지 요소는 프로젝트, 이니셔티브, 조직 또는 지역사회 생활에서 존재하는 정도를 평가하는 수단이며, 청소년 참여에 대한 전체론적 접근방식을 통합하며 권리, 수단, 공간, 기회 및 지원이다(European Youth Centre, Council of Europe, 2008: 38-43).

㉠ 권리(Right)

청소년은 참여할 수 있는 묵시적 권리가 있으며, 인권 또는 시민의 권리라고 한다. 이상적으로는 젊은이들에게 영향을 미치는 문제, 행동 및 결정에 참여할 권리와 협의를 받아야 한다는 지방 및/또는 지역 수준의 법률이 있어야 한다. 그러나 법이 공식적으로 존재하지 않는 지역사회에서도 젊은이들은 참여할 권리가 있다. 즉, 그러한 권리를 부여하는 것은 지방자치단체에 의존하는 것이 아니라 모든 젊은이들이 갖고 있고 요구해야 하는 기본권이다.

젊은이들은 자신의 권리를 적극적으로 홍보해야 한다. 실제로 이것은 협의나 투표를 통해 지역 결정에 영향을 미치는 것 이상을 의미한다. 이는 활동, 프로젝트 또는 조직이 젊은이들이 삶의 모든 영역에서 갖는 권리를 장려해야 함을 의미하며, 이는 시민적 또는 정치적 권리뿐만 아니라 사회적, 경제적 또는 문화적 권리를 의미한다.

ⓛ 수단(Means)

삶의 자원(예: 재정적 자원)이 부족하고 실업이나 기타 어려움으로 인해 빈곤하게 사는 젊은이들에게는 삶이 더 어려울 수 있다. 이것은 음식이나 쉼터와 같은 기본적인 욕구가 충족되지 않고 결과적으로 고립되거나 사회에서 소외감을 느낄 수 있음을 의미한다. 그러한 상황에서 우선순위는 누락된 자원을 확보하는 다른 수단을 찾는 것이므로, 결과적으로 젊은이들은 조직이나 커뮤니티의 생활에 참여할 시간이나 동기가 부족할 수 있다.

따라서 젊은이들이 참여하도록 장려하기 위해서는 기본적인 요구사항이 충족되어야 한다. 여기에는 충분한 사회보장, 교육, 주택, 의료, 교통, 노하우 및 기술 접근이 포함된다.

ⓒ 공간(Space)

젊은이들은 만나거나 시간을 보내거나 자신의 활동을 조직할 수 있는 물리적 공간이 필요하다. 학교 활동이나 기타 조직된 커리큘럼에 대한 참여 시설은 일반적으로 제공된다(예: 교실, 체육관 또는 청소년 클럽 등). 그러나 청소년들이 조직되지 않은 이니셔티브에 참여하는 데 관심이 있다면 만날 장소를 찾는 것이 훨씬 더 어렵다. 그렇기 때문에 젊은이들이 의견을 교환하거나 비슷한 생각을 가진 사람들과 프로젝트를 설정하는 공간으로 인터넷을 점점 더 자주 사용하고 있다.

그러나 RMSOS 요소는 물리적 공간에 관한 것이 아니라 제도적 정책결정 프레임워크 내에서 참여할 공간에 관한 것이다. 이는 본질적으로 청소년의 의견, 권장 사항 및 결론이 내린 결정에 실질적인 영향을 미쳐야 함을 의미한다. 자주 젊은 사람들이 프로세스에 참여하도록 초대되지만 실제로 최종 결과에 영향을 미치고 형성할 가능성은 거의 없다. 이를 "토큰형 대표성(token representation)"

이라고 한다.

㉣ 기회(Opportunity)

적극적으로 참여할 수 있으려면 젊은이들에게 그렇게 할 수 있는 기회가 제공되어야 한다. 예를 들어, 젊은이들은 참여 방법, 이용 가능한 기회 및 그들이 어디에 있는지에 대한 정보에 쉽게 접근할 수 있어야 한다. 청소년 참여와 관련하여 지역사회에서 무슨 일이 벌어지고 있는지 알면 참여에 대한 정보에 입각한 결정을 내릴 수 있다. 젊은이들이 관심이 없어서가 아니라 단순히 기존 기회에 대한 정보를 얻지 못하기 때문에 참여하지 않는 경우가 있다.

또한 이벤트, 의사결정 과정 및 시스템은 청소년 친화적이어야 한다. 이러한 과정과 구조 내에 젊은이들을 위한 공간이 있어야 할 뿐만 아니라 그들이 조직되는 방식과 그들이 사업하는 방식은 젊은이들이 그들을 이해할 수 있고 원한다면 온전히 기여할 수 있어야 한다. 젊은이들이 충분한 시간과 지원 구조를 갖는 측면에서 참여할 기회를 갖도록 보장해야 한다.

㉤ 지원(Support)

젊은이들은 많은 재능과 참여할 수 있는 잠재력을 가지고 있지만, 필요한 지원이 없다면 참여가 가능한 한 효율적이지 않을 수 있다. 그들은 다양한 형태의 지원을 받을 수 있어야 한다. 예를 들어 개인, 조직 또는 지역 커뮤니티 수준의 다양한 수준에서 재정적, 도덕적 및 제도적 지원이 포함된다. 이상적으로는 지방 당국이 비용과 구조적 비용을 충당하기 위해 적절한 재정 지원을 제공해야 하지만, 여전히 많은 지역사회에서 청소년 문제가 지역 재정관리 측면에서 우선순위에 배정되지 않고 있다.

젊은이들은 또한 도덕적 지원과 조언을 받을 필요가 있다. 이는 예를 들어 개정헌장에서 보증인으로 언급된 사람 또는 청소년-성인 파트너십 분야에서 사업하는 데 필요한 경험과 전문성을 갖춘 청소년지도자 또는 기타 전문가가 제공할 수 있다. 마지막으로 기관 또는 지역사회 전체가 청소년 참여의 중요성과 기여를 지원하고 인식해야 한다. 청소년뿐만 아니라 공공기관과 사회 전반에 대해서도 마찬가지이다.

젊은이들의 의미 있는 참여가 일어나기 위해서는 RMSOS 접근방식의 5가지 요소가 모두 존재해야 한다고 이미 언급한 바 있다. 예를 들어 참여할 수 있는 권리가 거부된 경우 어떤 수단, 공간 또는 지원이 제공되는지는 중요하지 않으며 참여할 수 없다. 반면에 권리가 있지만 지원이 불충분하다는 것은 이 권리를 행사할 수 없음을 의미한다. 각 RMSOS 요소는 상호 연결된 시스템의 일부로 보아야 한다. 모든 요소가 제대로 작동할 때만 균형을 이루고 잘 작동하는 시스템이다.

② (청소년) 6단계 참여 모델(six-step Model, Council of Europe, 2008)

유럽 헌장은 청소년 참여의 역동적인 도구이며 여러 환경에서 다양한 방식으로 사용될 수 있다. 유럽 전역의 모든 도시, 지역 및 국가에서 작동하는 보편적인 모델은 없다. 따라서 필요, 상황, 자원 등에 따라 자신의 상황에서 헌장을 사용할 수 있는 가능한 방법을 확인하는 것은 지역 차원에서 청소년 참여에 관심이 있는 지방 당국, 조직 및 청소년의 역할이다.

그런데 지역사회에서 개정 헌장의 권장 사항을 구현하기 위해 필요한 실제 조치를 확인하는 방법에 대한 일반적인 지침을 제공하는 데 도움이 될 수 있는 모델이 있다. 이 모델은 6단계로 구성되며 이상적으로는 청소년 참여를 높이기 위해 협력하는 지역 당국, 조직 및 청소년이 사용해야 한다. 6단계 프로세스는 유럽의 모든 커뮤니티에서 시작할 수 있지만, 다음과 같은 측면에서 좋은 준비가 필요하다(European Youth Centre, Council of Europe, 2008: 51).

- 참여해야 하는 그룹 또는 행위자를 확인한다.
- 행위자의 의도와 동기를 명확히 한다.
- 과정이 무엇을, 언제, 어떻게, 누구와 함께 진행될 것인지에 대한 정보를 제공한다.
- 청소년 참여의 중요성, 그 혜택 및 한계를 이해한다.
- 필요한 기술의 개발 즉, 사회 분석, 계획, 의사소통 및 의사 결정 등을 수행하는 데 필요한 기술 등을 익힌다.
- 모든 사람이 자신의 역할이 무엇인지 알고 과정에 어떻게 기여할 수 있는지

정확히 아는 파트너십을 구축한다.

• 시간, 회의 시설 및 가능한 재정과 같은 필요한 자원을 확보한다.

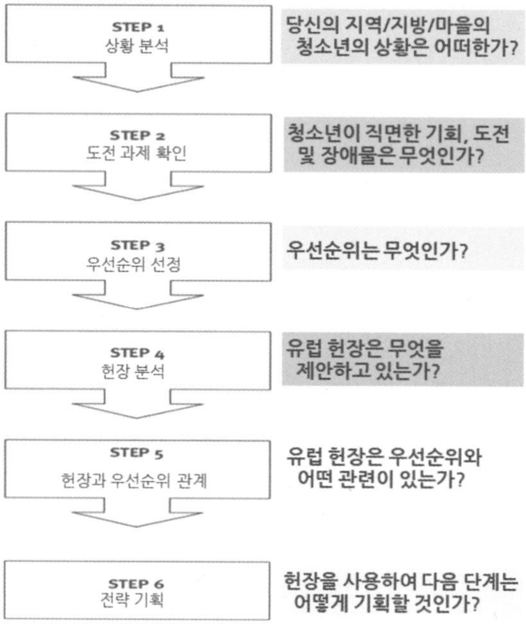

[그림 8-6] 유럽평의회의 6단계 참여 모델

유럽평의회가 제안하는 6단계는 구체적으로 다음과 같다(European Youth Centre, Council of Europe, 2008: 52-53).

㉠ 1단계 - 당신의 지역/지방/마을의 청소년의 상황은 어떠한가?

지역 행위자들은 자신의 지역사회와 환경의 상황에 대해 매우 잘 알고 있으며 청소년 참여에 영향을 미치는 요인을 알고 있다. 그러나 각 행위자는 자신의 관점에서 상황을 인식하기 때문에 테이블에 둘러앉아 마을이나 지역에서 실제로 일어나고 있는 일에 대한 견해와 의견을 교환할 필요가 있다. 현실에 대한 인식은 종종 매우 다를 수 있으며 이 단계에는 충분한 시간과 특수 도구(예: 사회 분석에 사용되는 방법 및 기술) 또는 외부 전문 지식이 필요하므로 모든 행위자가 다른 사람의 견해를 더 잘 이해할 수 있다. 상황 분석은 관찰과 경험의 분석을 통해 이루어질 수 있지만, 때때로 지역 문제에 관여하지 않는 외부 기관이나 사람에게 조사를 요청해야 할 수도 있다.

㉡ 2단계 - 청소년이 직면한 기회, 도전 및 장애물은 무엇인가?

청소년이 직면한 가장 심각한 문제를 파악하기 위해서는 지역 환경에서 젊은이들의 상황에 대한 분석이 필요하다. 이는 청소년 참여(예: 문화 활동에 참여할 수 있는 매우 제한된 기회 또는 자원 부족)와 직접적으로 관련되거나 지역사회의 예산 삭감과 같이 참여와 직접적인 관련이 없는 다른 요인일 수도 있다.

ⓒ 3단계 – 우선순위는 무엇인가?

일반적으로 청소년은 많은 도전과 문제에 직면하고 있으며 동시에 모든 문제를 다룰 수는 없다. 그렇기 때문에 단기적으로 지역 행위자들은 우선순위 영역, 특히 사용 가능한 자원이 제한적일 경우 먼저 해결해야 하는 영역을 결정해야 한다. 이것은 그 자체로 까다로운 과정이 될 수 있다. 다른 행위자들은 먼저 무엇을 왜 처리해야 하는지에 대해 다른 견해를 가질 수 있기 때문이다. 이러한 이유로 상황 분석을 진지하게 받아들여 우선순위를 쉽게 확인할 수 있어야 한다.

ⓓ 4단계 – 유럽 헌장은 무엇을 제안하고 있는가?

우선순위 영역이 합의되면 유럽 헌장을 참조하여 특정 문제를 처리하기 위한 적절한 조치와 실천을 찾을 수 있다. 이러한 권고는 헌장의 다른 부분에서 찾을 수 있으므로 부문별 정책에 대한 관련 부분뿐만 아니라 도구 및 제도적 참여에 관한 권장 사항도 분석하는 것이 중요하다.

ⓔ 5단계 – 유럽 헌장은 우선순위와 어떤 관련이 있는가?

이 단계에서 행위자는 3단계에서 정한 우선순위 영역을 유럽 헌장이 어떻게 다루는지 정확히 확인해야 한다. 유럽 헌장은 청소년 참여와 관련된 광범위한 영역을 다루지만 단계에서 확인된 우선순위 문제가 있을 가능성이 있다. 그러한 경우, 행위자는 지역, 국가 또는 국제 수준에서 활동하는 다른 조직이나 기관에서 사용할 수 있는 다른 도구를 찾도록 권장된다.

ⓕ 6단계 – 유럽 헌장을 사용하여 다음 단계는 어떻게 기획할 것인가?

이 단계는 6단계 모델의 마지막 단계이지만 실제로는 지역 상황을 해결하기 위해 유럽 헌장을 실행하는 과정의 첫 번째 단계라고도 할 수 있다. 유럽 헌장의 특정 권장 사항이 발견되면 행위자는 현지 상황에서 이러한 조치를 실제로 구현할 수 있는 방법을 논의하고 정확히 무엇을, 어디서, 어떻게, 누구에 의해, 어떤 리소스로 수행해야 하는지 계획해야 한다. 유럽 헌장은 지역 활동가들이 실천을 수립하거나 목표를 달성하는 방법을 결정할 수 있는 여지를 많이 남겨, 각 커뮤니티 또는 지역에 가장 적합한 솔루션을 찾을 수 있다.

이와 같은 6단계 모델은 여러 수준에서 사용할 수 있는 분석 도구이다. 내부 구조의 효과를 평가하기 위한 프로젝트에서, 우선순위를 결정하기 위한 커뮤니티 감사 장치로서, 청소년 문제에 대한 정부나 지방자치단체의 노력을 평가하는 프레임워크로, 또는 이해관계자에 의한 지역 참여의 척도로도 활용할 수 있다. 그렇지만 이 모델은 모든 것에 적용되는 단일 모델은 아니다. 환경과 설정에 맞게 작동하려면 각 단계와 함께 제시된 주요 질문을 변경해야 할 수도 있다(Grace and Grace, 2017: 45).

3) 월드비전 지지 청소년 참여 모델

- Lundy 아동 참여 모델(Model of child participation, Laura Lundy, 2007)
- Lansdown 아동 참여 모델(Model of child participation, Gerison Lansdown, 2011)

이미 잘 알려진 바와 같이, 월드비전(World Vision)은 전 세계의 가장 취약한 아동·가정·지역사회가 빈곤과 불평등에서 벗어나도록 하나님의 사랑을 실천하고 모든 파트너와 함께 지속가능한 변화를 만들어 가는 글로벌 NGO이다. 월드비전은 가난의 근본 원인을 해결하기 위해 지역개발사업, 긴급구호사업 및 아동옹호사업 등 3가지 핵심 사업을 추진한다. 특히 월드비전 아동옹호사업은 소년병(少年兵), 아동노동, 조혼 등 극단적인 아동인권 침해를 막고, 지역사회에서 아동을 억압하지 않고, 존중하는 것을 목표로 한다. 목표 실현을 위해 다양한 인식개선과 정책제안, 캠페인과 교육을 국제사회, 국가, 지역파트너들과 연대해 아동의 권리 보장에 앞장선다. 이 연장선상에서 월드비전은 아동 참여에 대해 다음과 같이 의미를 부여하고 있다.

〈표 8-11〉 월드비전이 제안하는 아동 참여의 의미

무엇(what)	아동과 청소년의 참여는 의사결정 과정에 영향을 미치려는 지속적인 과정이다. 캠페인은 그들에게 행동을 취하고 정책, 실천 또는 태도에 변화를 가져올 수 있는 공간을 제공한다.
왜(why)	– 참여는 국제 규약에서 부여되는 권리이다. – 더 나은 의사결정과 결과를 이끌어 내고 프로세스를 보다 효율적이고 집중적으로 만든다. – 더 높은 수준의 권한 부여 및 사회정치적 행동 기회 증가에 기여한다.
어떻게 (how)	캠페인 전략은 아동과 청소년을 옹호 활동에 참여시킨 이전 이니셔티브의 성공을 기반으로 하며 다음과 같은 4가지 접근방식을 권장한다. – 아동 주도 동원(Child–led mobilisation) – 아동 주도 사회적 책무(Child–led social accountability) – 아동 주도 연구(Child–led research) – 젊은 지도자(Young leaders)

출처: Patricio Cuevas–Parra, 2017: 14.

앞서 밝힌 바와 같이, 월드비전(World Vision)은 기존의 여러 가지 아동·청소년 참여 모델 중에서도 아동 폭력을 종식시키기 위한 글로벌 캠페인에 아동과 청소년의 캠페인 참여를 지도, 개발, 분석 및 모니터링할 수 있는 적절한 가이드로서 Lundy의 (아동) 참여 모델 및 Landsdown (아동) 참여 모델을 지지한다(Patricio Cuevas–Parra, 2017: 10).

① Lundy의 아동 참여 모델 (Model of child participation, Laura Lundy, 2007)

Lundy의 아동 참여 모델은 UN 아동권리협약(UNCRC) 제12조의 핵심 구성요소를 개념화하고 이를 의사결정 과정에 아동의 참여와 연결시킨다. 이 참여 모델에는 UNCRC 제12조에 명시된 참여권의 의미 있고 지속가능한 이행을 보장하는 데 필요한 필수 요소가 포함된다. 제12조는 성인의 권위를 훼손할 가능성이 있다고 인식되어 미국이 협약에 비준하지 않는 주요 이유가 되기도 했지만, 기본적으로 내용뿐만 아니라 아동이 성실성과 성격, 사회에 자유롭게 참여할 수 있는 능력을 갖춘 완전한 인간으로 인식하기 때문에 중요하다. 제12조의 내용은 다음과 같다.

UN 아동권리협약 제12조(아동의 견해 존중)

1. 당사국은 자신의 견해를 형성할 능력이 있는 아동에 대하여 본인에게 영향을 미치는 모든 문제에 있어서 자신의 견해를 자유롭게 표현할 권리를 보장해야 하며, 아동의 견해에는 아동의 연령과 성숙도에 따른 정당한 비중이 부여되어야 한다.
2. 이러한 목적을 위하여 아동에게는 자신에게 영향을 미치는 어떠한 사법적 · 행정적 절차에서도 직접 또는 대리인이나 적절한 기관을 통하여 진술할 기회가 국내법적 절차에 합치되는 방법으로 제공되어야 한다.

Lundy의 모델은 UN 아동권리위원회가 1995년과 2002년 영국에 대한 UNCRC의 점검 정기보고서 결과와 2005년 북아일랜드의 아동권리에 대한 대규모 감사 결과에 따른 성찰로 제시된 새로운 모델이다. 즉 성교육과 학교 배제와 같은 문제와 관련하여 학생의 의견을 구하지 않거나, 교육 분야에서 학생들에게 영향을 미치는 문제에 대해 체계적으로 협의하지 않는다는 보고서 지적이 있었다. 또한 아동에 대한 결정에 발언권이 없다는 문제가 대두되었던 것이다. 특히 제12조의 준수 여부는 기득권이 있는 성인의 협력에 달려 있는데, 제12조의 성공적인 이행의 지속적인 장애물의 하나는 조항 자체에 대한 인식이 제한되어 있다는 사실이 부각되었다. 이를 고려해서 2003년 아동권리위원회는 교사 및 아동과 함께 일하는 다른 사람들을 위한 초기 및 현직 교육이 '체계적이고 지속적'이어야 하며, '아동권리협약에 대한 지식과 이해를 높이고 모든 조항에 대한 적극적인 존중을 장려'해야 한다고 권고했다(Lundy, 2007: 928–930).

이에 바탕을 두고 Lundy는 제12조에 항상 부합하는 아동권리에 대한 이해에 근거를 두기 위해 제12조의 개념화를 위한 새로운 모델을 제안한 것이다. 새로운 모델은 교육적 의사결정 측면에서 아동에 대한 영국의 법적 의무의 진정한 범위를 더 완벽하게 포착하려고 시도한다. 즉 제12조에는 '견해를 표명할 권리'와 '견해를 정당하게 부여할 권리'라는 2가지 핵심 요소가 있는데, 이것이 절대적인 것은 아니다. 제12조에는 2가지 핵심 요소의 적용을 제한하거나 확장하는 추가 문구가 포함되어 있다는 것이다. 더욱이 제12조는 아동의 의사결정 참여에 대해 따로따로 볼 수 없고, 모든 인권의 불가분성, 상호 의존성 및 상호 연결성의 실질적인 결과는 UNCRC의 개별 조항이 협약에서 보호되는 다른 권리와 함께 읽고 해석될 때만 이해될 수 있다고 강조한다.

Lundy는 북아일랜드 연구결과에 나타난 의사결정에 대한 아동·청소년의 참여 경험에 비추어 UNCRC의 다양한 조항을 분석한 결과, 법적 및 인권의 의무를 전달하는 새로운 수단이 필요하다는 것이다. 이 필요에 근거하여 제12조를 성공적으로 이행하려면 공간(Space), 목소리(Voice), 청중(Audience) 및 영향(Influence)이라는 4가지 개별 요소의 의미를 고려해야 한다고 강조한다. Lundy의 모델은 이런 개념과 제12조의 2가지 주요 요소 및 기타 관련 UNCRC 조항과의 관계를 중심으로 제12조를 개념화하는 새로운 방법을 제공한다.

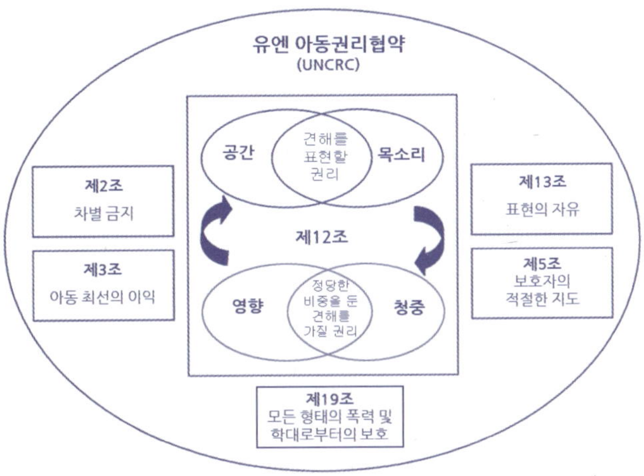

출처: Lundy, 2007: 932.

[그림 8-7] UNCRC 제12조의 개념화(Lundy의 참여 모델)

Lundy 모델은 첫째, 이러한 요소가 상호 연관되어 있다는 사실을 반영한다. 특히 공간과 목소리, 청중과 영향력 사이에 상당한 정도의 겹침이 있다. 둘째, 그것은 제12조가 명시적인 연대기를 가지고 있다는 사실을 묘사한다. 우선은 아동의 견해를 표현할 권리를 보장하는 것이다. 이어 적절한 비중이 주어진 견해를 가질 아동의 권리가 있다는 것이다. 그러나 의사결정 과정이 정적인 경우는 드물다는 사실을 인식하고 모델은 아동에게 영향의 정도를 알려면 과정이 다시 시작될 수 있음을 인정한다. 마지막으로, 이 모델은 제12조가 다른 관련 UNCRC 규정을 고려할 때만 완전히 이해될 수 있다는 사실을 나타낸다. 특히 제2조(차별 금지), 제3조(아동의 최선의 이익), 제5조(보호자의 적절한 지도), 제13조(정보를 찾고, 받고, 전달할 권리로서 표현의 자유) 및 제19조(모든 형태의 폭력과 학대로부터의 보호) 등 5개 조항과 함께 읽어야 한다(Lundy, 2007: 931−933)고 강조한다.

Lundy의 새로운 모델을 제12조의 4가지 관련된 요소인 공간, 목소리, 청중 및 영향에 대해 구체적으로 살펴보면 다음과 같다(Lundy, 2007: 933−939).

- 공간(Space) : 아동에게 견해를 표현할 기회가 주어져야 한다.
- 목소리(Voice) : 아동은 자신의 견해를 표현할 수 있어야 한다.
- 청중(Audience) : 견해는 청취되어야 한다.
- 영향(Influence) : 견해는 적절하게 실행되어야 한다.

㉠ 공간(Space)

의사결정에 아동과 청소년의 의미 있는 참여를 위한 전제조건은 참여 기회를 창출하는 것이다. 참여 기회는 아동이 자신의 견해를 표현하도록 권장하는 공간이다. 제12조는 국가가 아동에게 자신의 견해를 표현할 권리를 '보장'하도록 요구한다. 아동이 우연히 의견을 제공할 경우 단순히 의견을 받는 사람으로 행동하는 것이 아니라 의견을 초대하고 장려하는 것이다. 중요한 첫 번째 단계는 아동에게 어떤 문제가 자신에게 미치는 영향을 고려하는지, 그리고 결정 결과에 영향을 미치는 데 어떻게 참여하고 싶은지 묻는 것이다. 마찬가지로, 아동이 의사결정에 참여할 것인지 물어야 한다. 제12조는 견해를 표명할 권리(의무가 아님)이며 아동과 청소년이 참여하기를 원하지 않는 경우가 있다. 이것도 존중되어야 한다.

또한 아동이 참여할 수 있는 공간은 안전한 공간이어야 한다. UNCRC 제19조는 아동에게 학대로부터 보호받을 권리를 부여한다. 그러므로 아동은 책망이나 보복에 대한 두려움 없이 자신의 견해를 표현할 수 있어야 한다. 이것은 아이들이 매일 말한 결과에 직면할 수 있는 학교 상황에서 특히 중요하다. 그런데 아이들이 '자유롭게' 말하려면 어떤 경우에는 아이들이 자신의 견해를 익명으로 표현할 수 있는 메커니즘(e-consultation 장치 등)을 개발해야 한다.

ⓛ 목소리(Voice)

제12조는 아동에게 자신의 견해를 표현할 권리를 부여한다. 그런데 이 권리는 제12조에 국한되지 않으며 실제로 UNCRC에도 국한되지 않는다. 그것은 세계인권선언을 포함한 다양한 국제 인권 문서로 모든 인간(젊은이와 노인)에게 제공된다. 제12조의 권리에 대한 유일한 제한은 '자신의 견해를 형성할 수 있는' 아동에게 부여된다는 것이다. 견해를 형성하는 능력을 구성하는 것이 무엇인지에 대한 불확실성의 요소가 있을 수 있지만, 가장 큰 어려움은 이 문구가 제12조에 대한 논의에서 종종 사라지고 권리가 아동의 '능력'에 달려 있다는 보다 일반적인 가정으로 대체된다는 것이다. 의견을 표명할 권리가 '아동의 나이와 성숙도'에 따라 달라진다는 오해가 있을 수 있다. 권리의 적용을 분명히 제한할 수 있는 이 문구는 제12조 (1)의 두 번째 부분에만 적용된다(보기에 가중치를 부여할 의무). 자신의 견해를 표현할 수 있는 아동의 권리는 성숙한 견해를 표현하는 능력에 달려 있지 않다. 그것이 성숙하든 아니든, 관점을 형성하는 능력에만 의존한다.

어떤 경우에는 아이들이 견해를 형성하기 위해 다른 사람들의 도움이 필요할 것이다. UNCRC 제5조는 아동에게 제12조를 포함한 협약 권리 행사에 있어 성인으로부터 지침과 지시를 받을 권리를 부여한다.

또한 사법 및 행정 절차와 관련된 대리의 필요성은 제12조 (2)에서 명시적으로 인정된다. 아동의 부모로부터 별도의 대표를 요구하지 않으며'의 절차적 규칙과 일치하는 방식으로'라는 문구에 의해 자격이 부여된다는 사실을 포함하여 이 조항의 여러 제한 사항이 있다. 그러나 사법 및 행정 절차가 대변 및 옹호가 필요한 경우의 특정 사례로 간주된다는 사실이 다른 곳에서 필요로 하는 것을 배제하지는 않는다. 더욱이, 다른 경우에 아동은 예를 들어 보조 기술이나 통역사를 통해 자신의 견해를 전달하기 위해 실질적인 도움이 필요할 수 있다.

ⓒ 청중(Audience)

제12조는 아동의 견해에 '적당한 비중(가중치)'을 부여하도록 요구한다. 다른 UNCRC 조항의 대부분은 이전 인권 규약에 뿌리를 두고 있지만, 제12조의 이 측면에는 명백한 선례가 없다. 성인은 자신의 견해를 표명할 권리가 있지만 선거 과정에서 간접적인 경우를 제외하고는 가중치를 부여할 권리가 없다. 적법한 무게의 개념에 내포된 것은 의사결정 과정에 관련된 사람들이 자신의 견해를 들을 권리가 있다는 사실이다. 성인이 적극적인 청취 기술에 대한 훈련을 받아야 할 필요성은 널리 인식되어 왔다. 더욱이 아이들이 모두 말이 아닌 다양한 방식으로 자신의 견해를 표현한다는 사실에 대한 인식이 높아지고 있다.

한편 문제에 대한 아동의 견해에 의심의 여지가 없는 경우에도 효과를 줄 수 있는 위치에 있는 성인이 자신의 견해를 전달하거나 참여할 것이라는 보장은 없다. 이는 아동이 최소한 '청중의 권리'를 갖도록 해야 함을 의미한다.

ⓓ 영향(Influence)

당사국은 아동의 견해에 '연령 및 능력에 따른 적정 비중(가중치)'을 부여해야 한다. 아동의 견해에 상당한 비중을 두려면 진정한 변화가 필요하다. 어느 시점에서 관심은 영향력의 정도에 초점을 맞출 필요가 있다. 그것은 아동의 '나이와 성숙도'와 명시적으로 연결되어 있고 일반적으로 아동의 능력에 대한 성인의 인식에 달려 있다는 사실이 제12조의 이러한 측면을 매우 복잡하게 만드는 요인이다. 예를 들어, 제12조 권리의 문지기 역할을 하는 성인이 아동이 견해를 표현할 수 있을 만큼 충분히 성숙하지 않은 것으로 판단할 위험이 있다. 이 조항을 초안의 정신과 맥락에서 적용하려면 부정적이고 기회를 제한하는 것이 아니라 관대하고 아동에게 권한을 부여하는 해석이 필요하다. 이에 대한 지지는 UNCRC 제5조에서 이끌어낼 수 있으며, 성인은 아동의 성장 능력에 맞추어 지도와 지침을 제공해야 한다.

아동에게 영향을 미치는 모든 결정에서 '주된 고려사항'이 되도록 아동의 최선의 이익을 요구하는 제3조도 중요하다. 제3조 및 제12조의 운영에는 긴장과 갈등의 가능성이 분명히 있다. 아동의 최선의 이익을 최우선으로 고려해야 하지만, 성인이 자신의 성인이라는 근거를 바탕으로 적절한 가중치를 부여받을 권리를 포기할 수는 없다. 아동권리 이론가들은 아동의 자율성에 대한 합법적인 한계에 대해 얼마 동안 반영하여 아동이 선호하는 행동 방침이 아동에게 '열린 미래'에 대한 권리를 거부하는 경우에만 제한되어야 한다고 결론지었다.

제12조에서 가장 흔하고 일관된 비판 중 하나는 성인이 상담의 다양한 외부 징후에 따르고 궁극적으로 아동의 견해를 무시하기 쉽다는 것이다. 토큰주의 또는 장식적인 참여는 제12조를 위반할 뿐만 아니라 비생산적일 수 있다. 문제는 어른들이 아이들의 말을 들을 뿐만 아니라 아이들의 견해를 진지하게 받아들이도록 하는 방법을 찾는 것이다. 이것이 보편적으로 보장될 수는 없지만, 한 가지 인센티브/안전 장치는 아이들에게 자신의 견해를 어떻게 고려했는지를 알려주는 것이다. 종종 아이들은 자신의 견해를 묻는 질문을 받고 자신의 견해를 알지 못하는 경우도 있지만, 여기서 중요한 것은 아이들의 견해에 영향을 받았는지 여부일 것이다.

아동과 청소년은 어떤 결정이 내려졌는지, 그들의 견해가 어떻게 간주되었으며, 행동이 특정한 방식으로 진행된 이유를 알아야 한다. 절차를 보다 개방적이고 투명하게 만들고 성인이 아동과 청소년의 의견을 구하고 무시하는 것을 불편하게 만드는 조건을 만드는 절차적 보호 장치를 구현할 수 있다.

마지막으로 제12조에는 아동의 견해가 특정 상황에서 문제를 완전히 결정할 가능성이 포함되어 있다는 사실을 강조할 가치가 있다. 제12조에 따른 아동의 권리에 대한 논의는 항상 일정 수준의 성인 의견이 있을 것이라는 가정 하에 진행된다. '협의'와 '참여'라는 개념에 내재된 것은 그 결정이 항상 적어도 부분적으로는 성인 또는 성인과 함께 놓여 있다는 의미이다. 현실은 제12조가 UNCRC 제5조와 함께 아동의 성장하는 능력과 일치하는 방식으로 해석되어야 한다는 것이다. 제5조의 취지는 아동이 성숙함에 따라 지도를 제공할 성인의 권리가 사라지고 결국 중단될 수 있다는 것이다. 또한 양심의 자유(제14조) 및 결사의 권리(제15조)와 같이 성숙한 아동이 독립적으로 행사할 수 있는 몇 가지 다른 UNCRC 권리가 있다. 어떤 결정에서는 어떤 시점에서 어른의 견해가 무관할 수 있으며 아동의 견해가 우선해야 한다. 이러한 경우 '협의'와 '참여'의 개념은 사실상 중복된다.

Lundy의 참여 모델은 아일랜드 아동청소년부(National Strategy on Children

and Young People 's Participation in Decision-Making, 2015-2020)에서 소개되고 승인되었다. 또한 아일랜드의 국가 전략을 위해 Lundy 교수는 참여에 대한 체크리스트를 개발했다. 이 체크리스트는 조직이 아동 및 청소년과 협력하여 이를 준수하도록 돕는 것을 목표로 했다(Amini et al., 2017).

한편 월드비전은 Lundy의 모델을 사용함으로써 아동과 청소년이 UNCRC 프레임워크를 사용하여 캠페인에 참여할 수 있는 권리를 강화하고 자신과 관련이 있다고 생각하는 정책, 태도, 실천 및 프로그램의 변화에 영향을 미칠 수 있도록 지원한다(Patricio Cuevas-Parra, 2017: 14).

② Lansdown의 아동 참여 모델(Model of child participation, Gerison Lansdown, 2011)

Lansdown의 모델 역시 Lundy 모델과 마찬가지로 UN 아동권리협약 제12조가 주요한 기본적인 권리로서 능력 수준에 따라 자신에게 영향을 미치는 결정에 참여할 수 있는 인간 존엄성의 척도인 동시에 다른 권리를 실현하는 수단이기도 하다고 강조한다. 특히 Lansdown(2011: 1)은 UN 아동권리위원회(UN Committee on the Rights of the Child)가 제12조에 대한 법적 분석과 사법 및 행정 절차를 포함하여 이 권리를 완전히 실현하기 위한 요건을 설명하기 위해 2009년 채택한 '일반 논평 No. 12: 아동의 청문 권리(General Comment No. 12: The right of the child to be heard)'에 기반을 두고 세이브 더 칠드런(Save the Children)과 유니세프(UNICEF)의 보증으로 아동 참여의 리소스 가이드를 마련하였다.

UN 아동권리위원회의 '일반 논평 No.12'의 목표

일반 논평의 전반적인 목적은 제12조의 효과적인 이행에 있어 당사국을 지원하는 것이다. 그렇게 함으로써 다음을 추구한다. .

- 제12조의 의미와 정부, 이해관계자, NGO 및 사회 전반에 미치는 영향에 대한 이해 강화
- 제12조를 완전히 이행하는 데 필요한 법률, 정책 및 관행의 범위를 정교화
- 위원회의 모니터링 경험을 활용하여 제12조를 이행할 때 긍정적인 접근방식 강조
- 아동에게 영향을 미치는 모든 문제에서 아동의 견해에 적절한 가중치를 부여하는 적절한 방법에 대한 기본 요구사항 제안

출처: UN Committee on the Rights of the Child, 2009.

Lansdown(2011: 147−150)은 참여는 다양한 형태를 취할 수 있으며 다양한 방식과 수순에서 아동을 참여시킬 수 있다고 전제하고, 제12조를 이행하는 데 유효하고 의미 있는 접근방식으로서 다음과 같은 3가지 참여 형태를 제안한다. Lansdown의 참여 모델은 아동이 자신에게 영향을 미치는 문제에 영향을 미칠 수 있는 다른 수준의 기회를 제공하고, 그에 따라 권한 부여의 정도도 다르다. 그러나 그들은 각각 다른 상황에 적합하다.

Lansdown의 3가지 참여 모델은 모두 서로 다른 수준의 힘을 보여 준다. 아동을 위한 힘은 범주 간의 자연스러운 중복을 포함하여 낮은 참여 수준과 높은 참여 수준 사이의 정도를 기반으로 한다.

- 협의적 참여(Consultative participation)
- 공동 참여(Collaborative participation)
- 아동 주도 참여(Child−led participation)

㉠ 협의적 참여

이것은 성인이 자신의 삶과 경험에 대한 지식과 이해를 구축하기 위해 어린이의 관점을 찾는 과정이다. 다음과 같은 3가지 특징을 가진다.

- 성인이 시작
- 성인 주도 및 관리
- 아동이 결과를 통제할 가능성 거의 없음

따라서 의사결정 과정을 아동 자신에게 공유하거나 이전하는 것을 허용하지 않는다. 그러나 아동은 성인의 의사결정에 필요한 전문 지식과 관점을 가지고 있음을 인식한다. 협의는 예를 들어 연구를 수행할 때, 계획 과정에서, 법률, 정책 또는 서비스를 개발하거나, 가족 내 개별 아동에게 영향을 미치는 결정, 건강관리 또는 교육에서 또는 증인으로서 아동이 의견을 표현할 수 있도록 하는 적절한 수단이다. 사법 또는 행정 절차에서. 협의 과정은 아주 어린 아이들을 포함하여 모든 연령대의 아동의 견해를 확인하는 데 사용될 수 있으며, '성인' 형태의 의사소통에 참여할 수 있는 사람들로 제한되어서는 안 된다. 방법론은 진화하는 아동의 능력에 따라 조정되어야 한다.

다음을 포함하여 아동과 협의하는 데 사용할 수 있는 다양한 메커니즘이 있다.

- 온라인 설문 조사
- 동료 연구
- 학교 시스템을 통한 상담 과정
- 농촌 지역 아동을 위한 교통수단 접근, 학교에서 여학생 차별, 근로 아동을 위한 보호 고용법의 적절성과 같은 특정 관심 분야에 특정 아동 그룹을 포함하는 포커스 그룹
- 전국적으로 조직된 행사 또는 회의
- 국가 포럼에 참여하는 지역 아동 그룹을 포함하는 다단계 협의

아동은 참여 방법을 결정하고, 직접 참여하여 접근 가능하고 아동 친화적인 것을 선택한다.

ⓛ 공동 참여

공동 참여는 의사결정, 이니셔티브, 프로젝트 또는 서비스의 모든 단계에서 적극적으로 참여할 수 있는 기회와 함께 성인과 아동 간의 더 큰 파트너십을 제공한다. 다음과 같은 4가지 특징을 가진다.

- 성인이 시작
- 아동과의 파트너십 관계
- 아동이 과정과 결과 모두에 영향을 미치거나 도전하도록 권한 부여
- 일정 기간 동안 아동의 자기 주도적 행동 수준을 높일 수 있음

공동 참여에는 연구, 정책 개발, 동료 교육 및 협의, 회의 참여 또는 이사회 또는 위원회 대표에 대한 아동의 참여가 포함될 수 있다. 가족 내, 교육 및 의료 분야에서 개별 결정은 협의보다는 협력적일 수 있으며 의사결정 과정에 아동을 더 많이 참여시킬 수 있다.

공동 참여는 성인과 의사결정을 공유할 수 있는 기회를 제공하고 아동은 주어진 활동의 과정과 결과 모두에 영향을 미칠 수 있다. 예를 들어, 연구 프로젝트에서 다음과 같은 방법으로 컨설팅 프로세스를 협업할 수 있다.

- 아동이 관련 질문이 무엇인지 확인할 수 있도록 함
- 아동에게 연구방법론 개발을 도울 수 있는 기회 제공
- 아동이 연구자의 역할을 맡을 수 있도록 지원하고 격려하며 지원함
- 결과, 해석 및 향후 발전에 미치는 영향에 대한 토론에 아동 참여

㉢ 아동 주도 참여

아동 주도 참여는 아이들이 활동을 시작하고 스스로를 옹호할 수 있는 공간과 기회를 제공하거나 요구한다. 다음과 같은 3가지 특징을 가진다.

- 아동 스스로 파악한 관심 사항
- 지도자가 아닌 촉진자 역할을 하는 성인
- 아동이 과정을 통제

예를 들어 학교를 선택하거나, 의학적 조언을 구하거나, 법원을 통한 권리 실현을 요구하거나, 불만을 제기하는 메커니즘을 활용하는 등 개별적으로 아동이 행동을 시작할 수 있다. 그들은 또한 정책분석, 옹호, 인식제고를 목적으로 자체 조직을 설립하고 관리함으로써 동료 대표 및 교육을 통해, 그리고 미디어의 사용과 접근을 통해 선거권자로서의 행동을 시작할 수 있다. 아동 주도 참여에서 성인의 역할은 아동이 자신의 목표를 추구할 수 있도록 촉진자, 자원 제공자, 기술 보조자 및 아동 보호 지도자로 활동하는 것이다.

월드비전은 아동과 청소년이 협의적 참여에서 아동과 청소년이 주도하는 참여로 이동할 수 있도록 권한을 부여한다. 참여자들에게 의사결정 과정에 참여할 수 있는 공간과 기회가 주어지며 세대 간 대화를 통해 성인과 협력하여 자체 이니셔티브를 수행할 수 있다. 협의적 참여는 특정 상황이나 다른 옵션이 실행 불가능할 때 적절한 방법론으로 간주된다. 그러나 참여가 협의에 국한되어서는 안 되며,

아동과 청소년의 견해가 과정과 결과에 영향을 미치고 형성할 수 있도록 다른 공간을 제공해야 한다(Patricio Cuevas-Parra, 2017: 11).

4) 기타 주요 청소년 참여 모델

- 청소년 참여 연속체(Youth Engagement Continuum, FCYO, 2003)
- (청소년) 참여의 3가지 렌즈(Three-Lens approach to Participation, DFID-CSO Youth Working Group, 2010)
- (청소년) 참여의 꽃 모델(Flower of Participation, CHOICE for Youth and Sexuality & YouAct, 2017)

① FCYO의 청소년 참여 연속체(Youth Engagement Continuum, 2003)

FCYO(Funders' Collaborative on Youth Organizing)는 미국 뉴욕에 사무실을 두고 안정적이고 지속가능한 조직을 개발하기 위한 국가, 지역 및 지방 재단과 청소년 조직 실무자의 집합체이다. FCYO는 기금 세공사와 지역사회 단체 사이에서 청소년 조직에 대한 인식과 이해를 높이는 것을 목표로 '청소년 참여의 연속체'를 개발했다. FCYO의 청소년 참여 연속체는 교육, 시민 및 정치적 의사결정에서 진정한 청소년 권한 부여로 발전하는 발전 연속체에 대한 청소년 참여의 형태와 정도를 설명한다. FCYO는 스스로 "청소년의 사회적, 정치적 지위 한계를 명시적으로 인정하고 청소년들이 시스템에 도전하는 데 필요한 도구를 제공함으로써 그리고 기관 자체로 청소년 조직화는 전통적인 청소년사업(youth work)의 성인이 결정한 경계를 밀어붙이는 것"이라고 밝히고 있다(Karsten, 2011).

FCYO는 청소년개발과 함께 지역사회 조직화 이론을 짜는 이 새로운 전략을 청소년 조직화(youth organizing)라고 한다. 청소년 조직화는 사회와 시민 참여 및 정치적 행동에 명시적으로 헌신하는 지역사회 기반 청소년사업의 하이브리드 형태(hybrid form of community-based youth work)이다. 즉 청소년과 함께 사업하기 위한 새로운 모델로서, 지역사회 조직화 + 청소년개발 = 청소년 조직화의 등식을 말한다. 아울러 FCYO는 청소년 조직화 분야를 형성하는 지역사회 조직화 및 청소년 참여의 필수 요소에 대해 설명한다. 특히 청소년개발에 대한 논의는 Karen Pittman과 청소년투자포럼(Forum for Youth Investment)이 명시한 '긍정적인 청소년개발(positive youth development)' 프레임워크에 바탕을 두고 있다 (Funders' Collaborative on Youth Organizing, 2003: 2–3).

〈표 8–12〉 청소년 참여 연속체

개입	개발	집단적 권한 부여		체계적인 변화
청소년서비스 접근방식	청소년개발	청소년 리더십	청소년 시민 참여	청소년 조직화
		청소년개발 접근법의 구성요소와 다음을 포함	*청소년개발 및 청소년 리더십의 구성요소와 다음을 포함*	*청소년개발, 청소년 리더십 및 시민 참여의 구성요소와 함께 다음을 포함*
• 젊은 사람들을 고객으로 정의 • 청소년의 개인 문제 및 병리를 해결하기 위한 서비스를 제공 • 치료 및 예방을 중심으로 정의된 프로그래밍	• 서비스 및 지원, 돌보는 성인 및 안전한 공간에 대한 접근을 제공 • 젊은이들의 성장과 발전을 위한 기회 제공 • 그들이 있는 곳에서 청소년을 만남 • 젊은이들의 개별 역량을 키움 • 연령에 맞는 지원 제공 • 긍정적인 자기 정체성 강조 • 청소년–성인 파트너십 지원	• 프로그램 및 조직 내에서 진정한 청소년 리더십 기회를 구축함 • 청소년들이 자신의 경험과 지역 사회 문제에 대한 역사적, 문화적 이해를 심화하도록 도움 • 의사 결정자 및 문제 해결자가 될 수 있는 젊은 사람들의 기술과 역량을 키움 • 청소년은 지역사회 프로젝트에 참여	• 젊은이들을 정치 교육 및 인식에 참여시킴 • 청소년이 식별하는 문제에 대한 전력 분석 및 조치를 위한 기술과 역량 구축 • 젊은이들이 사회변화의 주체로서 젊은이들의 집단적 정체성을 구축하도록 돕기 시작함 • 옹호 및 협상에 청소년 참여	• 회원 기반 구축 • 핵심 직원 및 관리기구의 일부로 청소년 참여 • 직접 행동 및 정치적 동원에 참여 • 동맹 및 연합에 참여

출처: Funders' Collaborative on Youth Organizing, 2003: 10.

FCYO는 긍정적 청소년개발 프레임워크가 다음과 같은 3가지 중요한 기여를 했다고 주장한다. 첫째, 시민 참여에 대한 청소년의 요구를 해결하기 위한 새로운 전략과 기술을 개발하도록 이 분야를 추진했다. 둘째, 청소년 개인의 "문제"를 치료하는 것 이상을 추구하는 과정에서 청소년개발은 청소년 리더십, 청소년 시민 참여 및 청소년 조직화로 이어진 집단적 권한 부여 기술을 창출했다. 셋째, 실무자와 사상가가 해결해야 할 문제로서의 청소년 틀에서 벗어나 청소년개발 분야에서 새로운 전략과 중복 접근방식이 확산되었다. 개념적으로 이러한 접근방식은 한쪽에는 전통적인 청소년서비스 모델이 있고 다른 쪽에는 청소년이 모델을 구성하는 청소년 조직화라는 5가지 광범위한 범주에 걸쳐 연속적으로 적용된다.

청소년 참여 연속체(Youth Engagement Continuum)는 〈표 8-12〉에서 보는 바와 같이, 4가지 발달 수준 또는 청소년 참여의 점진적 정도(개입, 개발, 집단 권한 부여 및 체계적 변화) 및 발달 진행에 따른 5가지 형태의 청소년 참여를 특징으로 한다. 참여 형태는 청소년서비스(개입), 청소년개발(개발), 청소년 리더십 및 청소년 시민 참여(집단 권한 부여) 그리고 청소년 조직화(체계적 변화) 등이다.

㉠ 청소년서비스(youth services)

청소년서비스 조직 또는 프로그램은 청소년들이 겪는 문제를 해결하는 데 필요한 치료 및 지원을 제공한다. 서비스 접근방식은 젊은 사람들을 적극적인 참여자나 회원이 아닌 클라이언트로 정의한다. 이 사업은 개인적인 문제에 직면하기 위해 젊은이의 삶에 개입한다. 청소년서비스 프레임워크 내에서 젊은이들이 가진 고유의 강점이나 기술은 그들이 직면한 학업, 심리적 또는 경제적 장애로 인해 가려진다. 성공은 삶의 기회를 높이기 위한 집단적 투쟁의 일부로 그러한 장벽을 보지 않고 개인의 장벽을 극복하도록 돕는 조직의 능력으로 측정된다. 청소년서비스는 일반적으로 위기 개입 또는 예방으로 제공된다.

㉡ 청소년개발 프레임워크(youth development framework)

카네기청소년개발위원회(Carnegie Council on Adolescent Development)는 학

문적, 인지적, 시민적, 정서적, 신체적, 사회적, 문화적, 직업적 역량을 포함하여 젊은이들이 원하는 역량 목록을 작성했다. 이러한 예상되는 역량 외에도 중요한 2차 결과가 존재한다. 이는 젊은이들이 유능하고, 연결되고, 배려하고, 헌신할 수 있도록 한다.

부유하거나 저소득층 또는 학교 밖 등 모든 청소년은 참여를 유지하기 위해 다양한 서비스, 지원 및 기회가 필요하다. 청소년개발은 젊은이들이 안정적인 장소, 서비스 및 교육을 받아야 한다는 것이다. 그러나 그들은 또한 양육, 표준, 지침을 제공하는 관계와 네트워크뿐만 아니라 새로운 역할을 시도하고 도전을 마스터하고 가족과 지역사회에 기여할 수 있는 기회를 제공하는 지원이 필요하다. 이러한 조건 없이는 긍정적인 청소년개발이 이루어질 수 없고 발생하지 않는다. 지속적으로 청소년과 협력하려는 개인, 기관 또는 조직은 청소년개발 프레임워크의 원칙들을 기반으로 노력할 필요가 있다.

㉢ 청소년 리더십(youth leadership)

청소년 리더십은 청소년들이 개인의 필요와 관심사를 넘어 집단 그룹, 조직 또는 지역사회와의 관계를 볼 수 있도록 도와준다. 청소년 리더십을 실천하는 청소년지도자는 청소년이 타인의 복지에 기여할 수 있는 공간을 만든다. 리더십에 대한 적극적인 연구는 프로그램 활동에 포함되고 청소년이 세계 내에서 그들의 관계를 안내하는 윤리 강령을 구축하도록 지원된다. 청소년이 그들의 경험과 지역사회 조건에 대한 역사적, 문화적 이해를 심화시키는 데 특별한 주의를 기울인다. 청소년은 조직 내에서 의미 있는 역할, 이사회, 직원 또는 동료 트레이너로서의 역할을 통해 리더십을 실천할 수 있다. 또한, 기술 교육 및 지역사회 프로젝트는 청소년에게 의사결정 및 문제해결을 위한 추가 수단을 제공한다.

㉣ 청소년 시민 참여(youth civic engagement)

청소년 리더십 프레임워크에서 제공되는 경험을 바탕으로 청소년 시민 참여는 다른 사람들과 협력하여 민주사회를 적극적으로 형성하는 데 필요한 기술과 습관을 개발하는 젊은이로 정의된다. 이 접근방식을 독특하게 만드는 것은 조직 내부와 더 넓은 지역사회 모두에서 민주적 과정에 젊은이들을 참여시키는 것을 강조한다는 것이다. 소그룹의 젊은이들이 함께 모여 해결하고자 하는 문제를 파악한다. 기술 훈련 및 정치교육은 청소년이 확인하는 문제에 대한 지속적인 정책분석 및 옹호와 관련이 있다. 청소년들은 '내가 할 수 있는 일'이라는 개인주의적 공간에서 '함께 할 수 있는 일'이라는 집단적 공간으로 이동한다. 이러한 변화는 지역청소년위원회와 지역 옹호단체를 통해 젊은이 그룹이 지역사회와 정부의 정치시스템을 탐색하는 방법을 배우기 때문에 중요하다.

ⓜ 청소년 조직화(youth organizing)

청소년 조직화는 청소년개발 및 사회정의 전략으로, 젊은이들이 지역사회 조직 및 옹호를 훈련하고 이러한 기술을 사용하여 권력 관계를 변경하고 지역사회에서 의미 있는 제도적 변화를 창출하도록 지원한다. 청소년 조직화는 청소년과 지역사회에 영향을 미치는 문제에 대해 행동하는 청소년의 힘과 리더십에 의존한다. 청소년 스스로 문제를 정의하고 청소년 조직화 그룹은 자신의 변화 노력을 설계, 구현 및 평가할 때 문제를 지원한다. 지역사회 연구, 이슈 개발, 성찰, 정치 분석 및 직접 행동과 같은 활동을 사용하는 청소년 조직화는 시민 참여를 높이고 청소년의 개인 및 집단 리더십 역량을 구축한다.

여기에는 청소년 조직화와 다른 형태의 청소년사업 사이의 이론과 실천에 있어서 중대한 차이가 있다. 청소년 조직화, 청소년 리더십, 청소년 시민 참여는 모두 문화와 정체성에 관심을 기울인다. 그들은 모두 정치 시스템과 구조를 연구하고, 모두 돌보는 성인과의 지속적인 관계를 소중히 여기며 청소년 리더십을 위한 기회를 확대한다. 궁극적으로 청소년 조직화는 이웃이나 지역사회 내에서 권력 관계를 바꾸고 의미 있는 제도적 변화를 만드는 데 헌신하는 젊은이들의 기반을 개발하려고 한다.

가장 고립되고 자주 차별을 받는 소외된 청소년들에게 청소년 조직화는 특별한 효용이 있다. 청소년 조직화 내에서 소외된 청소년은 공적 생활과 사생활을 연결하여 주변 세계를 연구하고 이해하기 위한 동반자 관계, 구조 및 중요한 틀을 찾는다. 청소년들이 자신의 긍정적인 경험과 부정적인 경험을 다른 사람들과 공유하는 방식을 볼 수 있도록 도와줌으로써 청소년들은 집단적 힘을 구축하는 그룹 노력에 참여한다. 청소년 조직화 기술에는 다음이 포함된다.

- 의사결정자 분석을 포함한 커뮤니티 거버넌스 구조 분석
- 주류 사회화 분석 – 기업 상업주의, 미디어 이미징 및 대중문화
- 문제 분석, 전력 분석 및 의사소통 기술 연습
- 동료 및 성인 동맹과의 관계 및 동맹 구축의 중요성
- 조직 및/또는 동원 없이 참여의 한계 인식

② DFID–CSO 청소년 실무그룹의 (청소년) 참여의 3가지 렌즈(Three–Lens approach to Participation, 2010)

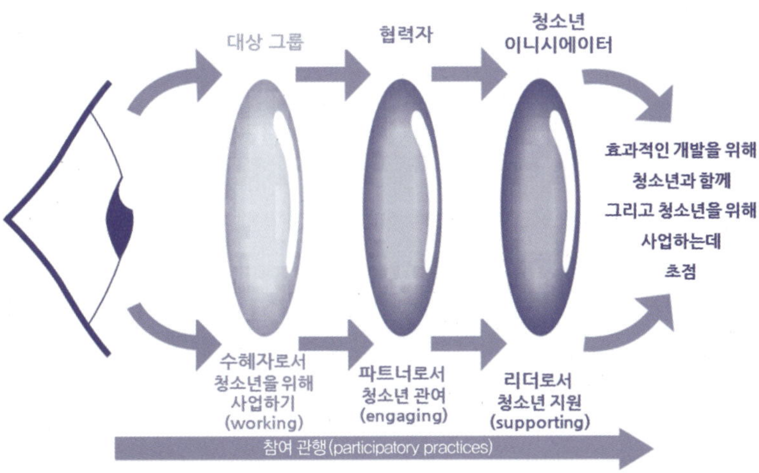

출처: DFID–CSO Youth Working Group, 2010: 3.

[그림 8–8] 청소년 참여에 대한 3렌즈 접근방식

영국 국제개발부(DFID, Department for International Development) 및 시민사회기구(CSO, Civil Society Organisations)의 청소년 실무그룹(Youth Working Group)은 의사결정 및 지역사회 생활에 대한 청소년의 적극적이고 정보에 입각한 자발적 참여를 촉진하기 위해 청소년 참여에 대한 3렌즈 접근방식을 개발했다(Karsten, 2011: 32). DFID–CSO 청소년 실무그룹은 11개 조직으로 구성된 그룹이며, 국제 개발에 청소년 참여와 관련된 30개 이상의 조직으로 구성된 광범위한

네트워크이다. 2007년 DFID와 협력하여 청소년들이 개발의 중심에 놓이도록 돕기 위해 설립되었다.

DFID-CSO 청소년 실무그룹에서 참여는 개발 과정에서 일반적으로 사용되는 접근방식 및 개념이라고 이해한다. DFID의 참여 정의는 다음과 같이 권리 관점과 연결된다.

"… 사람들이 자신의 삶에 영향을 미치는 의사결정 과정에 참여하고 관련 정보에 액세스할 수 있는 권리를 실현할 수 있도록 한다(DFID, 2000)."

㉠ 청소년 참여에 대한 3렌즈 접근방식

2007년 DFID-CSO 청소년 실무그룹은 청소년 매핑 연구를 의뢰했다. 이 연구는 DFID의 정책 및 프로그램 내에서 청소년에 대한 현재 접근방식을 평가했으며, 개발 지원이 청소년(대상 수혜자)의 이익을 위해, 청소년을 파트너로 하고 청소년을 리더로 형성해야 한다고 주장한다. 이것은 개발에 대한 청소년 참여에 대한 자산 접근방식(assets approach)이다(DFID-CSO Youth Working Group, 2010: 2).

㉡ 렌즈 접근방식의 설명

3가지 렌즈 접근방식은 다음과 같은 6가지 특성을 가지고 있다(DFID-CSO Youth Working Group, 2010: 3).

- 기관과 실무자가 3가지 렌즈를 모두 고려하는 것이 중요하다. 상호 배타적이지 않다. 청소년의 개발 참여는 종종 이 3가지 모두의 조합이다.
- 이 접근방식은 동적이다. 지역 상황과 개발 개입에 따라 하나의 특정 렌즈가 더 적절하거나 더 두드러진 초점을 가질 수 있다.
- 중재/이니셔티브 동안 서로 다른 그룹의 젊은이들에게 서로 다른 렌즈를 사용할 수 있다. 즉, 젊은 리더가 새로운 젊은이 그룹을 대상으로 다가갈 수 있다.
- 청소년 참여는 젊은 수혜자가 아닌 젊은 파트너 또는 리더에 관한 것이다. 또한 참여는 기본 기반에서 발전해야 한다.

- 궁극적인 목표는 청소년을 개발의 파트너이자 리더로 개발하는 것이다. 이것은 행동할 수 있는 능력, 그들의 기술과 능력, 자신의 삶을 바꿀 수 있는 능력과 같은 선택 의지가 있는 청소년에 기초한다.
- 파트너 및 리더로 활동하는 청소년도 본질적으로 수혜자이다.

〈표 8-13〉 수혜자, 파트너 및 리더의 정의

수혜자로서 청소년을 위해 사업하기 (Working for youth as beneficiaries)	청소년을 위한 좋은 개입의 기본으로 정의: • 수혜자로서의 청소년은 자신이 대상 그룹이며 적절한 정보를 알고 있음을 의미 • 문서를 통해 청소년 문제에 명시적으로 초점을 둠 • 파트너로서 청소년과 함께 사업할 수 있는 기반을 마련할 수 있음
파트너로서 청소년 관여하기 (Engaging with youth as partners)	다음과 같이 정의: • 청소년들이 충분히 협의하고 정보를 얻는 협력적 개입 • 상호 협력과 책임을 의미함 • 청소년들이 일반적으로 리더 및 개발의 이니시에이터가 되기 전에 이 수준에서 사업한 경험이 필요함을 인식. 이는 모두가 원하거나 할 수 있는 것은 아님
리더로서 청소년 지원하기 (Supporting youth as leaders)	다음과 같이 정의: • 청소년이 주도하고 청소년을 지향하는 중재를 가능하게 함 • 기존 구조, 시스템 및 프로세스 내에서 청소년 주도의 의사결정(위임)을 위한 공간 열기

출처: DFID-CSO Youth Working Group, 2010: 3.

③ CHOICE for Youth and Sexuality & YouAct의 (청소년) 참여의 꽃 모델(Flower of Participation, 2017)

청소년과 섹슈얼리티를 위한 선택(CHOICE for Youth and Sexuality)은 모든 청소년들은 성생활, 생식, 연애 생활에 대한 결정을 내릴 수 있는 힘이 있다는 바탕 위에 청소년의 성 및 생식 건강과 권리와 삶에 대한 결정에 의미 있는 참여를 옹호하기 위해 네덜란드에 기반을 둔 청소년단체이다. CHOICE는 젊은이들과 청소년들이 주도하는 조직의 역량을 강화하여 그들이 지역사회의 리더이자 변화를 주도할 수 있도록 지원한다.

한편 성적 및 재생산 권리에 관한 유럽 청소년 네트워크인 YouAct는 성 및 재생산 권리 분야에서 활동하고 있다. 2004년 리스본에서 출범한 이후 YouAct는 국가, 유럽 및 국제 수준에서 주요 옹호, 교육 및 인식제고 활동을 수행하면서 널리 인정받는 청소년 조직으로 성장하고 있다.

CHOICE와 YouAct는 의미 있는 청소년 참여(MYP, Meaningful Youth Participation)를 조직 및 프로그램에 통합하는 방법을 안내하기 위해 '참여의 꽃(Flower of Participation)' 모델을 개발했다. CHOICE와 YouAct는 청소년은 자신의 삶에 영향을 미치는 프로그램이나 정책과 관련하여 의사결정 과정에 의미 있게 참여할 기본적인 권리가 있다고 전제하고, 의사결정의 모든 단계(개발, 구현 및 평가)에서 의미 있는 참여가 이루어져야 하며, 프로그램과 정책이 크든 작든 상관없이 젊은이들이 포함되어야 한다고 주장한다. 청소년은 참여할 권리가 있을 뿐만 아니라 참여의 이점도 있다. 청소년의 목소리가 들리면 프로그램과 정책이 더욱 효과적이 되고 청소년의 실제 요구에 맞게 조정될 수 있다. 그런데 청소년을 위해 개발된 대부분의 프로그램은 청소년이 개발하지 않으며, 이것은 프로그램의 효과를 제한한다는 것이다.

출처: CHOICE for Youth and Sexuality & YouAct, 2017: 2.

[그림 8-9] 참여의 꽃 모델

이런 문제를 해결하기 위해 개발된 참여의 꽃 모델은

피는 꽃의 은유를 사용하여 다양한 형태의 청소년 참여와 의미 있는 방식으로 성장하고 번성할 수 있는 방법을 설명하는 도구이다. 이 때 '의미 있는 청소년 참여(MYP)'는 청소년이 성인과 동등한 조건으로 참여하거나 조직과 프로그램 및 정책 결정의 모든 단계(설계, 구현, 모니터링 및 평가)에서 독립적으로 사업할 수 있음을 의미한다. 의미 있는 참여가 일어나기 위해서는 젊은이들이 그들의 목소리를 듣고 존중하며 적극적인 역할을 할 수 있는 메커니즘이 마련되어야 한다. 젊은이들의 참여가 진정으로 의미가 있다면 그것은 젊은이들, 프로그램, 정책 또는 조직과 사회 전체에 도움이 된다는 것이다(CHOICE for Youth and Sexuality & YouAct, 2017: 3).

다시 말해 참여의 꽃 모델은 활짝 핀 꽃의 은유를 사용하여 MYP가 어떻게 성장하고 번성할 수 있는지 설명하는 도구이다. 다양한 형태의 청소년 참여를 구별하고 의미가 있는지 여부를 탐색하는 데 사용할 수 있다. 이 도구는 [그림 8-9]와 같이, MYP의 핵심 요소(뿌리), 다양한 형태의 MYP(꽃의 잎과 꽃잎), 의미 없는 청소년 참여 형태(곤충), MYP의 전제조건(물과 태양) 등을 설명한다(CHOICE for Youth and Sexuality & YouAct, 2017: 3-16).

㉠ 뿌리: MYP의 핵심 요소

꽃의 뿌리는 꽃이 살아남고 번성하는 데 필수적이다. 뿌리는 꽃이 토양에서 물과 영양분을 회수하고 스스로를 똑바로 유지할 수 있게 한다. 꽃의 뿌리가 더 강할수록 기초가 강해진다. 이 은유는 MYP에도 적용된다. MYP에는 5가지 핵심 요소가 있으며 핵심 요소가 더 강하고 더 많이 존재할수록 더 많은 MYP가 번성할 수 있다. MYP의 핵심 요소는 다음과 같다.

- 선택의 자유: 청소년이 참여 여부를 결정할 수 있는 정도를 나타낸다.
- 정보: 청소년들이 참여에 중요한 포괄적인 정보에 접근할 수 있는 정도를 나타낸다(참여할 프로그램/조직/활동의 목표, 기회 및 역할).
- 의사결정 권한: 청소년은 어느 정도까지 결정을 내릴 수 있는가(프로그램, 활

동 또는 조직과 관련된 결정)?

- 목소리: 청소년은 자신의 견해와 의견을 어느 정도까지 말할 수 있으며, 이러한 의견을 어느 정도 듣고 존중하고 있는가?
- 책임: 청소년이 독립적으로 행동할 기회가 있는 정도를 나타낸다(예: 참여하는 프로그램 또는 조직 내에서).

ⓛ 의미 있는 청소년 참여와 의미 없는 청소년 참여

청소년 참여에는 다양한 형태가 있다. 일부는 의미 있고 일부는 그렇지 않다. 일반적으로 참여는 핵심 요소가 제자리에 있을 때 더 의미가 있다. 참여의 꽃은 2가지 형태의 무의미한 청소년 참여(곤충)와 6가지 형태의 의미 있는 청소년 참여(잎과 꽃잎)를 설명한다.

〈MYP의 형태 : 곤충〉

청소년은 프로그램, 활동 또는 조직에 참여할 수 있지만 (일부) 핵심 요소가 누락되어 참여가 의미 있는 것으로 간주되지 않을 수 있다. 청소년이 프로그램, 활동 또는 조직에 참여하는 경우가 많지만 자신의 목소리와 선택의 자유를 무시하고 결정을 내리지 않는 경우가 많기 때문에 MYP와 비MYP를 구별하는 것이 중요하다.

참여의 꽃에서 곤충은 비MYP의 형태를 나타낸다. 이러한 형태의 비MYP는 실제로는 피상적으로만 포함되어 있지만 젊은이들이 의미 있게 참여하는 것처럼 보일 수 있다. 비MYP에는 다음과 같은 2가지 형태가 있다.

- 계도(조작, manipulation)

우리는 젊은이들이 원인을 지원하는 데 익숙해질 때 계도(조작)를 말한다. 동시에 사업이 젊은이들로부터 영감을 받았거나 젊은이들이 그것을 지원하고 있다고 가장한다. 젊은이들은 장식으로 사용되어 원인을 더 매력적으로 보이게 한다. 이는 젊은이들이 프로그램, 활동 또는 조직에 참여할 수는 있지만 의견을 제시할 수 없거나 통제나 책임을 누릴 수 없음을 의미한다.

• 토크니즘(명목상 참여, tokenism)

토크니즘은 의미가 없는 다른 형태의 청소년 참여이다. 이 경우 청소년들이 참여하도록 권유되지만 실제로는 이 청소년들이 목소리가 없고 그들의 의견을 듣거나 존중하지 않기 때문에 피상적인 방식으로만 참여한다. 동등한 입장에서 참여할 수 있는 공간이 없으며 의사결정 권한이나 책임도 없다. 그러나 계도(조작)와는 달리 젊은이들은 선택의 자유를 누린다. 이러한 형태의 비MYP는 종종 젊은이들을 초대함으로써 젊은이들이 의미 있게 참여하고 있다는 인상을 줄 수 있기 때문에 자주 발생한다. 그러나 실제로 MYP의 핵심 요소는 거의 존재하지 않는다.

〈MYP의 형태 : 잎과 꽃잎〉

MYP에는 6가지 형태가 있으며, 모든 다른 형태는 위에서 논의한 5가지 핵심 요소(뿌리)를 모두 포함한다. 프로그램, 활동 또는 조직에 가장 적합한 MYP 형식은 여러 요인에 따라 달라진다.

물론 MYP의 핵심 요소를 최대한 많이 포함하는 것을 목표로 한다. 따라서 아래에 제시된 모든 형태의 MYP는 실제로 의미가 있지만 MYP의 2가지 수준인 참여의 꽃의 잎과 꽃잎을 구분한다.

ⓐ 꽃의 잎

잎이 꽃의 아름다움을 대표하는 것은 아니지만, 잎은 그 꽃을 향한 예비 단계를 나타내므로 중요한 기능을 한다. 젊은 사람들이 의미 있게 포함되고 일부 핵심 요소를 즐기지만, 여전히 MYP의 '높은' 수준을 성장시키고 확립할 여지가 있다.

• 청소년은 역할이 지정되고 정보를 받음(young people are appointed a role and informed)

이러한 형태의 청소년 참여에서는 누군가가 청소년에게 과제를 수행하도록 요청하고 청소년은 참여 여부를 결정할 수 있다. 또한 청소년들은 프로그램 또는 활동의 목표, 역할 및 참여 초대 이유에 대한 정보를 받는다. 그러나 젊은이들은 의사결정권이 없으며 목소리와 책임이 제한적이다.

• 청소년은 협의 및 정보를 받음(young people are consulted and informed)

젊은 사람들이 협의 및 정보를 받을 때 의견을 요청하고 의견을 고려한다. 또한 프로그램 또는 활동의 목표, 참여 이유 및 입력으로 수행할 작업에 대한 정보를 받는다. 젊은이들의 제안은 철저히 고려된다. 그러나 협의를 받은 청소년들은 최종 결정을 내리지 못하기 때문에 의사결정 권한과 책임이 제한적이다.

ⓑ 꽃의 꽃잎

꽃의 꽃잎은 "더 높은" 형태의 MYP를 나타낸다(MYP가 더 강하고 더 많이 존재함). 4가지 형태의 MYP에서 젊은이들은 MYP의 핵심 요소 대부분을 즐긴다. MYP의 가장 좋은 형태는 프로그램 또는 활동의 목표, 설계 및 자원에 따라 다르다.

• 성인이 주도, 청소년과의 공유 결정(adult-led, shared decisions with youth)

이 형태의 MYP에서 성인은 주로 프로그램, 활동 또는 조직을 담당한다. 그러나 여기에는 의사결정 과정에서 어느 정도 통제권을 가진 젊은이들이 포함된다. 그래도 최종 발언권을 가진 사람은 성인이다.

• 청소년이 주도, 성인과의 공유 결정(youth-led, shared decisions with adults)

이 형태의 MYP는 청소년이 프로그램이나 활동을 감독하지만 발언권이 있는 성인도 포함한다는 것을 의미한다. 젊은이들이 전문 지식이나 경험이 부족하고 성인에게 학습 목적으로 참여하고 프로그램, 활동 또는 조직의 질을 높이도록 요청하는 경우가 많다.

• 청소년이 주도, 성인은 의사결정 권한 없음(youth-led, adults have no decision-making power)

프로그램, 활동 또는 조직이 성인의 참여 없이 청소년 주도로 진행되는 경우 청소년이 전적으로 책임을 진다. 젊은이들은 의사결정 능력, 정보, 목소리 및 책임의 최대 수준을 즐긴다. 성인을 초대하고 협의할 수 있지만, 이 경우에는 성인 자신을 위해 손을 뻗는 것은 젊은이들이다.

• 청소년-성인 파트너십(youth-adult partnership)

청소년-성인 파트너십(YAP)에서는 청소년과 성인이 동등하게 참여하고 권력을 공유한다. 그들은 동등한 목소리를 가지고 프로그램이나 활동의 목표를 함께 정의한다.

ⓒ MYP의 전제조건: 물과 태양

꽃은 특정 전제조건이 충족되어야만 자라고 번성할 수 있다. 예를 들어, 꽃은 물과 태양이 필요하다. 마찬가지로 MYP는 특정 전제조건 없이는 설정할 수 없다. 참여의 꽃은 역량 강화(물)와 가능하게 하는 환경(태양)의 2가지 전제조건을 구별한다.

ⓐ 물(water): 역량 강화

물은 우선 역량 강화를 나타낸다. 이것은 정보에 입각하고 효과적인 역할을 할 수 있으려면 젊은이들이 스스로를 개발하고 권한을 부여할 수 있는 기회를 가져야 한다(꽃처럼 성장할 수 있음). 역량 강화는 예를 들어 YOU(TH) Do IT과 같은 교육, 코칭 또는 (온라인) 과정을 따르는 등 다양한 방법으로 수행할 수 있다. 젊은이들의 역량 강화를 위한 또 다른 필수 요소는 젊은이들에게 멘토링을 제공하는 것이다. 효과적인 학습 환경은 실수도 허용되고 학습 과정의 일부로 간주되는 안전한 공간이어야 한다.

ⓑ 태양(sun): 환경

두 번째로 젊은이들이 성장할 수 있는 "활성화 환경"을 나타내는 태양이 있다. MYP가 번성하는 데 필요한 활성화 환경은 여러 요인으로 구성된다.

- 성인에서 MYP에 대한 헌신(commitment from adults to MYP): 성인은 젊은이들과 동등한 조건으로 사업할 것을 약속해야 하며, 젊은이들은 성인들과 사업할 것을 약속해야 한다.
- 재정적 수단(financial means): 청소년들이 동일한 책임을 가지고 성인과 동등한 사업을 할 때 그들도 동등한 보상을 받아야 한다. 그러나 재정적 수단은 또한 청소년들이 참여할 수 있도록 보상 또는 비용(식사 등)을 환급받을 수 있음을 의미한다.

- 청소년 친화성(youth–friendliness): 의미 있는 참여를 위해 청소년은 논의 중인 내용을 완전히 이해하고 편안하게 느낄 수 있어야 한다. 청소년 친화적인 언어를 사용하는 것은 매우 중요하다.
- 안전한 공간(safe space): 안전한 학습 환경은 실수를 받아들이고 (청소년) 사람들이 결과보다는 자신의 노력으로 판단되는 공간과 같다.
- 유연성(flexibility): 성인은 젊은이들의 견해와 필요에 대해 열린 태도를 가져야 한다. 이는 청소년들이 낮 시간에 학교나 직장에 자주 있기 때문에 근무시간 외에 회의를 계획하는 유연성과 같이 매우 실용적일 수 있다. 물론 젊은이들도 어른들과 함께 사업할 때 융통성이 있어야 한다.
- 정책(policies): MYP를 프로그램, 활동 또는 조직에 성공적으로 통합하려면 젊은이들이 참여할 수 있는 올바른 정책이 마련되어 있어야 한다.

마지막으로 참여의 꽃의 성장과 번영에 기여하는 2가지 요소가 더 있다. 포용성(공기)과 젊은이들의 헌신(토양)이다.

㉣ 공기(the air): 포용성(inclusivity)

포용성은 우리가 숨 쉬는 공기와 같다. 우리는 그것 없이는 살 수 없다. 젊은이들에 대해 이야기하면서 포용하는 것은 매우 중요하다. 젊은이들은 다 똑같지 않기 때문이다. 사실 그들은 모두 매우 다르다(연령, 성별, 다른 사회경제적 배경, 장애가 있는 젊은이, HIV에 걸린 젊은이, LGBTI+ 젊은이와 같은 특정 그룹도 포함). 그러므로 젊은이들의 목소리를 대변할 때 포용하는 것이 매우 중요하다.

㉤ 토양(the soil): 젊은이들의 헌신(commitment from young people)

MYP는 젊은이들에 관한 것이다. 이러한 이유로 관련된 젊은이들이 중요한 역할을 한다. 젊은이들의 프로그램, 활동 또는 조직에 대한 헌신 없이는 MYP가 불가능하다. 이것이 젊은이들의 헌신이 토양으로 대표되는 이유이다. 청소년들은 적극적으로 참여하고 그들에게 제공되는 기회를 기꺼이 파악해야 한다.

참고문헌

[국내 문헌]

강경화(2017). 지역문화정책 거버넌스의 활성화 방안에 관한 연구 - 경남의 비영리민간단체 인식조사를 중심으로. 경상대학교 대학원 박사학위논문.

강병연(2006). 청소년육성제도론. 서울: 양서원.

경향신문(2020. 3. 19.). ILO 코리아19로 전 세계일자리 2,470만 개 감소.

경향신문(2021. 4. 7.). 1인 가구 비율 곧 40% … 4인 가구 이상은 첫 10%대로.

관계부처합동(2010). 제4차 청소년정책(수정 · 보완)기본계획: 2008~2012. 서울: 여성가족부.

관계부처합동(2012). 제5차 청소년정책기본계획. 서울: 여성가족부.

국가인권위원회(2018). 유엔 아동권리협약 제3선택의정서 가입에 관한 연구. 2018년도 아동인권 증진을 위한 실태조사 연구용역보고서. 서울: 국가인권위원회.

김두현(1999). 문화체육과 청소년정책. 서울: 삼원문화사.

김영모 외(1991). 청소년정책연구. 서울: 한국복지정책연구소 출판부.

김현철(2003). 일본 청년들의 성인기 이행과정의 변화—시스템으로의 통합에서 시스템으로부터의 탈주. 청소년학연구, 10(2). 한국청소년학회.

꿈꾸는 코끼리(2012). 조직의 미션과 비전 수립. https://m.blog.naver.com/PostView.naver?isHttpsRedirect=true&blogId=flash0518&logNo=150139573934.

노컷뉴스(2019. 4. 2.). 전문대학 이색 입학 … 신발패션 유턴 입학 · 80세 성인학습자.

조선일보(2019. 3. 26.). 국경 · 인종 초월한 26억 Z세대… 모두의 미래 위해 '범지구적 연대'를 외치다.

딜로이트 컨설팅(2018). 일의 미래. 서울: 원앤원북스.

레이 커즈와일(2007). 특이점이 온다. 김명남 · 장시형 역. 서울: 김영사. (원전 출판)

마크 프렌스키(2018). 미래의 교육을 설계한다. 허성심 역. 서울: 한문화. (원전 출판)

복지국가청년네트워크 청년정책연구팀(2014). 복지국가의 청년복지정책과 청년의 사회 참여 방안 조사 연구. News From Welfare-State[자료집]. 청년허브 연구보고서. 서울시청년일자리허브.

사이언스타임즈(2020. 4. 24.). 포스트 코로나 시대의 키워드는?

삼성 SDI(2018). 블로그, Z세대 어디까지 알고 있나요? https://www.sdistory.net/generation-z/.

손민선(2010). 스마트시대의 스마트 경영. Weekly 포커스. LG Business Insight, 1116.

송용찬 외(2018). 표준정책 거버넌스에 관한 연구. 국가정책연구, 32(4).

아동권리보장원(2021a). 유엔아동권리협약 이행 지원. https://www.ncrc.or.kr/ncrc/cm/cntnts/cntntsView.do?mi=1036&cntntsId=1148.

아동권리보장원(2021b). 아동을 위한 우리의 약속. https://www.ncrc.or.kr/images/web/ncrc/main/CRC_summary.jpg.

여성가족부(2018). 제6차 청소년정책기본계획. 서울: 여성가족부.

여성가족부(2020). 2020 청소년백서. 서울: 여성가족부.

여성가족부(2021). 2021 청소년사업 안내. 서울: 여성가족부.

원용진 · 이동연 · 노명우(2006). 청소년주의와 세대 신화. 한국언론정보학보, 36.

위크리비즈(2020. 5. 1.). 코로나 이후 비즈니스 전망: 5가지 대변화 시작됐다.

유니세프 한국위원회(2021). 유엔아동권리협약. https://www.unicef.or.kr/child-rights/outline.asp.

윤철경 외(2001). 미국 · 일본 · 중국 · 홍콩의 청소년정책. 서울: 한국청소년개발원.

윤철경 · 정회욱(2001). 유럽 국가의 청소년정책. 주요 외국의 청소년정책 동향 연구 1. 연구보고 01-R07. 서울: 한국청소년개발원.

이광호(1992). 청소년 유해환경과 규제의 정당성. 한국청소년연구, 9.

이광호(2020). 아이에게 동사형 꿈을 꾸게 하라: 4차 산업혁명 시대, 미래를 바꾸는 진로교육. 서울: 보랏빛소.

이용교(1994). 한국청소년정책의 형성과정에 관한 연구. 중앙대학교 대학원 박사학위논문.

장원경 · 이선우 · 김광구(2018). 공공갈등관리를 위한 주민참여제도 개선방안 연구. 저스티스, 166.

전상진 · 정주훈(2006). 한국 후기 청소년 세대의 발달경로와 성장 유형—서울지역 대학생을 중심으로. 한국사회학, 40(6).

전자신문(2020. 4. 19.). 포스트 코로나 일하는 방식의 혁신, 이미 시작됐다.

조선일보(2020. 5. 5.). 시간제 근로자, 청년들… 코로나는 가난한 자들을 먼저 덮쳤다.

조영승(1999). 청소년학총론. 서울: 교육과학사.

중앙일보(2020. 5. 4.). 기재부 "코로나 경제 충격 이제 시작… 즉각 반등하기 어려워"

천정웅(2011). 청소년참여의 유형화 연구. 미래청소년학회지, 8(4).

청소년위원회(2005). 새로운 통합적 청소년정책 과제. 서울: 청소년위원회.

최상진 · 김양하 · 황인숙(2004). 한국문화에서 청소년이란 무엇인가? 한국심리학회지: 사회문제, 10.

최재봉(2019). 포노사피엔스. 서울: 쌤앤파커스.

클라우스 슈밥(2016). 클라우스 슈밥의 제4차 산업혁명. 송경진 역. 서울: 새로운 현재. (원전 출판)

한겨레(2020. 4. 14.). 세계경제 대붕괴 시대… 미 -5.9%, 유로존 -7.5%, 중 1.2%.

한국경제(2020. 5. 3.). 장병규 의장 "코로나19로 4차 산업혁명 더 빨라질 것"

한국청소년개발원 편(2003). 청소년정책론. 서울: 교육과학사.

한요셉(2020). 청년 고용의 현황 및 정책제언. 2020. 5. 7. KDI 보도자료.

허인혜(2012). 정책거버넌스의 관점에서 본 한국의 외환위기와 금융정책. 한국정치학회보, 46(2).

환경부(2021). 지속가능발전포털, 지속가능발전목표(UN-SDGs). http://ncsd.go.kr/unsdgs.

남춘호(2015). 생애과정의 탈표준화에 대한 경험적 연구: 남성들의 성인 이행 배열분석을 중심으로. 사회과학연구, 39(1).

정재걸(2002). 전통교육, 근대교육, 탈근대교육. 동양사회사상, 6.

EBS(2019. 2. 26.). EBS뉴스: 학생 1만 5천명이 동시에 결석을 한 이유.

Friedman, T.(2017). 늦어서 고마워: 가속의 시대에 적응하기 위한 낙관주의자의 안내서. 장경덕 역. 경기: 21세기북스. (원전 출판)

KBS(2015. 5. 3.). 오늘, 미래를 만나다, 토마스 프레이의 미래혁명 2부, '2030 세계 그리고 대한민국'

Paulo Freire(2009). 페다고지. 남경태 역. 서울: 그린비. (원전 출판)

Sandberg, S.(2012. 5. 25.). 2012년 하버드비즈니스스쿨 졸업 축사. http://www.youtube.com/watch/v=OJaqgKL-wTYo.

UN Department of Economic and Social Affairs(2019a). 세계청소년보고서: 청소년과 2030 지속가능 발전 의제. 유네스코한국위원회 · 한국청소년활동진흥원 역. https://www.unesco.or.kr/assets/data/report/apSEctFc0UMU8akU5ZfAZ59u4Zmpyq_1577958374_2.pdf.

UN Department of Economic and Social Affairs(2019b). 요약문, 세계청소년보고서: 청소년과 2030 지속가능 발전 의제, 유네스코한국위원회 · 한국청소년활동진흥원 역. https://www.unesco.or.kr/assets/data/report/apSEctFc0UMU8akU5ZfAZ59u4Zmpyq_1577958374_3.pdf.

UN Department of Economic and Social Affairs(2019c). 청소년 2030: 청소년과 함께, 청소년을 위해, UN 청소년전략, 유네스코한국위원회 · 한국청소년활동진흥원 역. https://www.unesco.or.kr/assets/data/report/T75g1Jn3122jERXnd9MESSzziuzHtI_1577960060_2.pdf.

UNOY(2020). 유엔 안보리 결의 2250호 가이드 (한국어 번역본). 청년평화 네트워크 청설모 역. https://peacemomo.org/boardPost/101733/28.

[국외 문헌]

Amini, M. et al.(2017). Factor structure and construct validity of Children Participation Assessment Scale in activities outside of school-Parent version(CPAS-P). *Occupational therapy in health care, 31*(1).

Andersson, E.(2018). Young People's Political Participation: A Public Pedagogy Challenge at the Municipal Level. *Young, 26*(2).

Arnett, J. J.(2000). Emerging Adulthood: A Theory of Development From the Late Teens Through the Twenties. *American Psychologist, 55*(5).

Arnett, J. J.(2004). *Emerging adulthood: The winding road from the late teens through the twenties*. New York: Oxford University Press.

Arnett, J. J.(2006). Emerging Adulthood in Europe: A Response to Bynner. *Journal of Youth Studies. 9*(1).

Arnstein, Sherry(1969). A ladder of citizen participation. *Journal of American Planning, 35*(4).

Barros, R., Carlinda Leite, Angelica Monteiro, Amelia Lopes, Preciosa Fernandes and Mariana Rodrigues(2020). Models of Youth Participation Handbook. Youth-Led Development for Schools' Participatory Management - BE PART 2020, December 2020. https://www.researchgate.net/publication/348231946_Models_of_Youth_Participation_Handbook.

Barros, R., Leite, C., Monteiro, A. and Lopes, A.(2020). Models of Youth Participation Handbook. https://www.researchgate.net/publication/348231946_Models_of_Youth_Participation_Handbook.

Benitez, Sarah Thomas de(2003). Reactive, Protective and Rights-Based Approaches in Work with Homeless Street Youth. Children, *Youth and Environments, 13*(1).

Cahill, H. and Dadvand, B.(2018). Re-conceptualising youth participation: A framework to inform action. *Children and Youth Services Review, 95*.

Cava, G., Clert, C. and Lytle, P.(2004). Investing in Youth Empowerment and Inclusion: A social Development Approach-Insight from the ECA and LAC regions. Paper, 60.

Center for the Study of Social Policy(2003). *Policy Matters: Setting and Measuring Benchmarks for State Policies, A Discussion Papers for the Policy Matters Project*. Washington, D. C.: Center for the Study of Social Policy.

Chisholm et al.(2011). EUROPEAN YOUTH STUDIES Integrating research: EUROPEAN YOUTH STUDIES Integrating research. https://pjp-eu.coe.int/documents/42128013/47261653/maeys_2012.pdf/38e80a55-bbe2-40fc-b9f7-dd1eb7352a72.

Choice for Youth and Sexuality & YouAct(2017). The flower of participation. https://www.youthdoit.org/assets/Uploads/20171122-Flower-of-Participation-Narrative2.pdf.

Cleaver, F.(2001). 'Institutions, Agency and the Limitations of Participatory Approaches to Development' in Cooke, B. and Kothari, U. (eds) *Participation: The New Tyranny?* London: Zed Books.

Council of Europe and European Commission(2019). YOUTH POLICY ESSENTIALS, October 2017, Revised 2019. https://pjp-eu.coe.int/documents/42128013/47261953/Youth+Policy+Essentials+-updated.pdf/92d6c20f-8cba-205f-0e53-14e16d69e561.

Council of Europe(2003). Experts on Youth Policy Indicators: Third and concluding meeting. Final Report, 26-27. European Youth Centre, Strasbourg.

Council of Europe(2008). 8th Council of Europe Conference of Ministers Responsible for Youth. *The future of the Council of Europe youth policy: AGENDA 2020*. Kyiv, Ukraine.

Council of Europe(2015a). ACCESS OF YOUNG PEOPLE FROM DISADVANTAGED NEIGHBOURHOODS TO SOCIAL RIGHTS, Recommendation CM/Rec(2015)3 of the Committee of Ministers to member States on the access of young people from disadvantaged neighbourhoods to social rights, adopted by the Committee of Ministers on 21 January 2015. https://rm.coe.int/168066671e.

Council of Europe(2015b). Revised European Charter on the Participation of Young People in Local and Regional Life. https://rm.coe.int/CoERMPublicCommonSearchServices/DisplayDCTMContent?documentId=090000168071b4d6.

Council of Europe(2021a). Youth Participation. https://www.coe.int/en/web/youth/youth-participation.

Council of Europe(2021b). Youth work essentials.https://www.coe.int/en/web/youth-portfolio/youth-work-essentials.

Council of Europe, Children's Rights Division and Youth Department(2016). CHILD PARTICIPATION ASSESSMENT TOOL. https://rm.coe.int/ CoERMPublic CommonSearchServices/DisplayDCTMContent?document Id=09000016806482d9.

Crowley, A. and Moxon, D.(2017). New and innovative forms of youth participation in decision-making processes, Council of Europe. https://rm.coe.int/new-and-innovative-forms-of-youth-participation-in-decision-making-pro/1680759e6a.

Curtain, R.(2001). Youth and employment: A public policy perspective. *Development Bulletin, 55*(1).

Denstad, F. Y.(2009). *Youth Policy Manual: How to develop a national youth strategy*.

Strasbourg: Council of Europe Publishing. http://book.coe.int.

Denstad, F. Y., Robert Thomson and Abdeslam Badre(2016). YOUTH POLICY MANUAL FOR ARAB COUNTRIES: How to develop a national youth strategy, Revised version. https://pjp-eu.coe.int/documents/42128013/47261623/Youth-Policy-Manual-ENG-for-ARA.pdf/7a8862c0-e50b-47bc-9071-8066a576e8d1.

Department of Children, Equality, Disability, Integration and Youth(Ireland)(2014). BETTER OUTCOMES BRIGHTER FUTURES: Report of The National Policy Framework for Children and Young People 2014-2020, 16 April 2014, Last updated on 23 August 2019. https://assets.gov.ie/23796/961bbf5d975f4c88adc01a6fc5b4a7c4.pdf.

Department of Health, Australian Government(2020). National Youth Policy Framework. https://www.health.gov.au/initiatives-and-programs/national-youth-policy-framework.

DFID-CSO Youth Working Group(2010). Youth Participation in Development: A Guide for Development Agencies and Policy Makers. https://gsdrc.org/document-library/youth-participation-in-development-a-guide-for-development-agencies-and-policy-makers/.

Dougherty, I.(2016). Why Canada needs a national youth policy, 29 september 2016. https://policyoptions.irpp.org/fr/magazines/septembre-2016-2/why-canada-needs-a-national-youth-policy/.

Dumollard, M. and Loncle, P.(2017). Chapter 7 Local integrated youth policies in France - What are the benefits at community level?, Nico, M. and Taru, M.(eds.)(2017), Needles in haystacks: Finding a way forward for cross-sectoral youth policy, Youth partnership between the European Commission and the Council of Europe, Youth Knowledge #21. https://pjp-eu.coe.int/en/web/youth-partnership/needles-in-haystacks.

Ehmke, E. and Alex Farrow(2016). Age Matters! Exploring age-related legislation affecting children, adolescents and youth, *Youth Policy Working Paper 4*, November 2016. https://www.youthpolicy.org/blog/youth-childrens-rights/youth-policy-working-paper-4-exploring-age-related-legislation-affecting-children-and-young-people/.

ESCAP(1999). *Youth Policy formulation Manual: The concept, rationale and benefits of a national youth policy*. N.Y.: UN.

European Commission(2018). Developing digital youth work: Policy recommendations and training needs, Expert group set up under the European Union Work Plan for Youth for 2016-2018. https://op.europa.eu/en/publication-detail/-/publication/fbc18822-07cb-11e8-b8f5-01aa75ed71a1.

European Commission(2018). Resolution of the Council of the European Union and the Representatives of the Governments of the Member States meeting within the Council on a framework for European cooperation in the youth field: The European Union Youth Strategy 2019-2027(2018/C 456/01). https://eur-lex.europa.eu/legal-content/EN/TXT/?uri=uriserv%3AOJ.C_.2018.456.01.0001.01.ENG&toc=OJ%3AC%3A2018%3A456%3AFULL.

European Commission(2021). EU Youth Strategy, 11 European Youth Goals. https://europa.eu/youth/strategy_en.

European Youth Centre, Council of Europe(2008). HAVE YOUR SAY!: Manual on the revised European Charter on the Participation of Young People in Local and Regional Life. Council of Europe. https://rm.coe.int/16807023e0.

European Youth Forum(2016). A toolkit on Quality Standards for Youth Policy. https://www.youthforum.org/sites/default/files/publication-pdfs/Toolkit_Quality_Standards.pdf.

European Youth Forum(2020). The European Youth Forum: our goals & vision. https://www.youthforum.org/european-youth-forum-our-goals-vision.

Family Health International(2008). Youth Participation Guide: Assessment, Planning, and Implementation, Advocates for Youth. Rights. Respect. Responsibility. http://www.advocatesforyouth.org/publications/publications-a-z/1652-youth-participation-guide-assessment-planning-and-implementation [Accessed 24 May 2018].

Farrow, A.(2018). SALTO THINK TANK ON YOUTH PARTICIPATION: closer to the edge of participation and activism, SALTO-YOUTH Participation and Information Resource Centre, Tallinn 2018. https://www.salto-youth.net/downloads/4-17-3830/Raport_210x210mm_sm.pdf.

Farthing, R.(2012). Why Youth Participation? Some Justifications and Critiques of Youth Participation Using New Labour's Youth Policies as a Case Study. *Youth & Policy, 109*, September 2012. https://www.researchgate.net/publication/298745098_Why_Youth_Participation_Some_Justifications_and_Critiques_of_Youth_Participation_Using_New_Labour's_Youth_Policies_as_a_Case_Study.

FCYO(Funders' Collaborative on Youth Organizing)(2003). An Emerging Model for Working with Youth Community Organizing + Youth Development = Youth Organizing. *OCCASIONAL PAPERS SERIES ON YOUTH ORGANIZING, 1*. https://fcyo.org/uploads/resources/8141_Papers_no1_v4.qxd.pdf.

Federal Ministry of Youth and Sports Development(Nigeria)(2019). National Youth Policy-Enhancing Youth Development and Participation in the context of Sustainable

Development. https://www.prb.org/wp-content/uploads/2020/06/Nigeria-National-Youth-Policy-2019-2023.pdf.

Federal Republic of Nigeria, Federal Ministry of Youth and Sports Development(2019). National Youth Policy: Enhancing Youth Development and Participation in the context of Sustainable Development. https://www.prb.org/wp-content/uploads/2020/06/Nigeria-National-Youth-Policy-2019-2023.pdf.

First Global Forum on Youth Policies(2014). Baku Commitment to Youth Policies, Baku, Azerbaijan, 28-30 October 2014. https://www.youthpolicy.org/library/documents/baku-commitment-to-youth-policies/.

Forkby, T. and Kiilakoski, T.(2014). Building capacity in youth work: Perspectives and practice in youth clubs in Finland and Sweden. *Youth & Policy, 112*.

Gallie, D. and Paugam, S.(Eds.)(2000). *Welfare regimes and the experience of unemployment in Europe*. Oxford: Oxford University Press.

Government of Canada(2018). Canada's Youth Policy. https://www.canada.ca/content/dam/y-j/documents/YP-ENG.pdf.

Grace, J. and Grace, P.(2017). *360° Participation*. Youth Handbook. https://docs.wixstatic.com/ugd/f3cf4c_cb09e020f28145449b0ea711886a1486.pdf

Hart, R.(1992). *Children's participation: from tokenism to citizenship*. Essay for UNICEF(Innocenti Essay No. 4).

Hodgson, D.(1995). *Participation of Children and Young People in Social Work*. New York: UNICEF.

Holdsworth, Roger et al.(eds.)(2006). *Civic Engagement and Young People in the City of Melbourne*. Melbourne: Australian Youth Research Centre.

Hussey, Sally(2020). International Public Participation Models 1969-2020, Published Date: 24 August 2020, Last modified on September 2, 2020. https://www.bangthetable.com/blog/international-public-participation-models/.

IARD(2001). Study on the state of young people and youth policy in Europe. Final reports, 1. Executive summary and comparative reports, Milan.

ICNYP(2004). *ICNYP BASIC INDICATORS OF A NATIONAL YOUTH POLICY*. http://www. ditzendy.hu/.../icnyp_basic_indicators_of_a_national_youth_policy_2004.pdf.

ICNYP(2008). *DEFINITIONS OF TERMS RELATED TO A NATIONAL YOUTH POLICY*. http://www.icnyp.net.

Jeffrey, K.(2008). *Youth Policy: What Works and What Doesn't: A Reviews of Youth Policy Models from Canada and Other Jurisdictions*, Feb. 2008, Toronto: United Way Toronto.

Karkara, R.(unknown). TOOL KIT ON INCLUSIVE YOUTH PARTICIPATION: Strengthening Participation of Young Women and Young men in the Implementation of Agenda 2030, DRAFT: Tool Kit on Inclusive Youth Participation. https://static1.squarespace.com/static/530f924ee4b0ce7399024e62/t/5902472537c581a5bb15d76f/1493321517116/Draft+Youth+Participation+in+SDG+ToolKit+Final+Draft+%281%29.pdf.

Karsten, A.(2011a). A POTPOURRI OF PARTICIPATION MODELS, Youthpolicy.org. https://www.youthpolicy.org/library/documents/a-potpourri-of-participation-models/.

Karsten, A.(2011b). Different Models and Concepts of (Youth) Participation, Participation in Urban Climate Protection, Sep 2011. https://www.academia.edu/2548314/Different_Models_and_Concepts_of_Youth_Participation.

Karsten, A.(2012). A POTPOURRI OF PARTICIPATION MODELS - Updated, Published November 22, 2012. https://www.nonformality.org/2012/11/participation-models/.

Karsten, A.(2018). Youth policy interventions & programmes: best practices, Caribbean Forum on Population, Youth & Development Georgetown, Guyana, 25 July 2018, Youth Policy Labs. https://www.cepal.org/sites/default/files/presentations/2a_andreas_karsten.pdf.

Karsten, A., John Muir., Yael Ohana., & Grzegorz Wolszczak.(2013). 2013-2014 Research Handbook, Brlin: Demokratie & Dialog e.V. (D & D). www.demokratie-dialog.de

Kellett, M.(2011). Engaging with children and young people. Centre for Children and Young People: *Background Briefing Series, 3*. https://childhub.org/sites/default/files/library/attachments/fulltext.pdf.

Kelly, P.(1999). Wild and Tame Zones: Regulating the Transitions of Youth at Risk. *Journal of Youth Studies, 2*(2).

Kelly, P.(2011). An untimely future for youth studies? *Youth Studies Australia, 30*(3).

Kiilakoski, T.(2019). Concepts and principles of youth participation, 29. Finnish Youth Research Network, ppt presentation material.

Kiilakoski, T.(2020). PERSPECTIVES ON YOUTH PARTICIPATION - Analytical paper, Youth Partnership, February 2020. https://pjp-eu.coe.int/ documents/42128013/59895423/Kiilakoski_Participation_Analytical_Paper_final%252005-05.pdf/b7b77c27-5bc3-5a90-594b-a18d253b7e67.

Krzaklewska, E. and Williamson, H.(2013). *Youth policy in Ukraine: conclusions of the Council of Europe international review team*. Strasbourg: Council of Europe Publishing.

Lansdown, G.(2011). *Every Child's to Be Heard - A resource guide on the UN Committee on the*

Rights of the Child General Comment, 12. London: Save the Children and UNICEF.

Laurizen, P.(2006). *Defining Youth Work, Internal working paper*. Council of Europe. Strasbourg.

Loynes, C.(2007). Narratives of Agency: The hero's journey as a construct for personal development through outdoor adventure. http://www.thresholdconsulting.co.uk/articlesPDF/narratives.pdf.

Lundy, L.(2007). Voice is not enough: conceptualising Article 12 of the United Nations Convention on the Rights of the Child. *British Educational Research Journal, 33*(6).

Marina Gorbis and Thomas Friedman(2013). Can't We Do Better?, The New York Times, Sunday Reiview, Dec. 7, 2013. https://www.nytimes.com/2013/12/08/opinion/sunday/friedman-cant-we-do-better.html.

Marina Gorbis(2016). The Future as a Way of Life: Alvin Toffler's Unfinished Business. https://mgorbis.medium.com/the-future-as-a-way-of-life-4bc314ec97de.

McCrindle, M. and Wolfinger, E.(2010). Generations defined, *Ethos, 18*(1). https://www.researchgate.net/publication/306189905_Generations_defined.

McGowan, H. E. and Shipley, C.(2018). Fit for the future: The key to success in the foot-losses world in learning, Dialogue: The New Business for Leader, 2018. 10. 8., from dialoguereview.com/learning-key-sucess-future/.

McGowan, H. E. and Shipley, C.(2020). *The Adaptation Advantage: Let Go, Learn Fast, and Thrive in the Future of Work*. New York: Wiley.

Ministry for Children and Families, Government of British Columbia(2000). youth policy framework. file:///C:/Users/user/Desktop/youth_policy_framework.pdf.

Ministry of Education and Culture(2006). Youth Act (72/2006). http://www.ilo.org/dyn/natlex/docs/ELECTRONIC/73188/97071/F30481611/FIN73188%20English.pdf.

Ministry of Education and Culture(2017). Government proposal for a new Youth Act & Youth Act. https://minedu.fi/documents/1410845/4276311/Youth+Act+2017/c9416321-15d7-4a32-b29a-314ce961bf06/Youth+Act+2017.pdf.

Ministry of Education and Culture(2017). Youth Act 2017. https://minedu.fi/en/legislation-youth.

Ministry of Education and Culture(Finland)(2020). National youth work and youth policy programme 2020-2023: Aiming to ensure a meaningful life and social inclusion for all young people. https://julkaisut.valtioneuvosto.fi/bitstream/handle/10024/162381/OKM_2020_4.pdf?sequence=1&isAllowed=y.

Ministry of Education(2008). Youth Work and Youth Policy - Fact Sheet, Helsinki: Ministry of

Education.

Ministry of Integration and Gender Equality(2009). The Swedish Government's youth policy, Fact Sheet.

Ministry of Youth Development(2010). An Introduction and Context for the Development of Youth Policy - A Guide for Local Government. http://www.myd.govt.nz/documents/policy-and-research/policy-document-final.pdf.

Ministry of Youth Development(2020). An introduction and context for the development of youth policy. http://www.myd.govt.nz/documents/policy-and-research/policy-document-final.pdf.

Murray, C.(2001). Underclass +10: Charles Murray and the British Underclass 1990-2000. http://www.civitas.org.uk/pdf/cs10.pdf.

National Youth Development Agency(Republic of South Africa)(2015). National Youth Policy 2020-2030: A decade to accelerate positive youth development outcomes. https://www.gov.za/sites/default/files/gcis_document/202103/nationalyouthpolicy.pdf.

Nico, M.(2014). Life is cross-sectoral. Why shouldn't youth policy be? Overview of existing information on cross-sectoral youth policy in Europe, youth partnership between the European Commission and the Council of Europe. https://pjp-eu.coe.int/documents/42128013/47261623/Needles-In-Haystacks-WEB.pdf/b63de6f1-9dd6-66e6-9493-d1ed7aed6ec3.

Nico, M.(2017). Chapter 1 A primary look at secondary data - CSYP in official documents, Nico, M. and Taru, M.(eds.)(2017). Needles in haystacks: Finding a way forward for cross-sectoral youth policy, Youth partnership between the European Commission and the Council of Europe, Youth Knowledge #21. https://https://pjp-eu.coe.int/en/web/youth-partnership/needles-in-haystacks

Nico, M.(2017). Youth work, cross-sectoral youth policy, and co-operation: critical reflections on a puzzling relationship, Hanjo Schild, Nuala Connolly, Francine Labadie, Jan Vanhee, Howard Williamson(eds.), THINKING SERIOUSLY ABOUT YOUTH WORK And how to prepare people to do it, Council of Europe and European Commission, Youth Knowledge #20. https://pjp-eu.coe.int/en/web/youth-partnership/thinking-seriously-about-youth-work.

NYA(2009). What is Youth Work(1). http://www.nya.org.uk/information/108501/whatisyouthwork/.

NYCI(national Youth Council of Ireland)(2019). EUROPEAN GUIDELINES FOR DIGITAL YOUTH WORK. https://www.youth.ie/articles/european-guidelines-for-digital-youth-work-launched/.

OECD(2018a). SEVEN KEY FINDINGS FROM THE YOUTH GOVERNANCE SURVEY. http://www.oecd.org/mena/governance/seven-key-findings-from-the-youth-governance-survey.pdf.

OECD(2018b). EMPOWERING YOUTH ACROSS THE OECD-A youthful summary of the Stocktaking Report. https://www.oecd.org/gov/empowering-youth-across-the-oecd.pdf.

OECD(2018c). Youth Engagement and Empowerment-In Jordan, Morocco and Tunisia. https://www.oecd.org/mena/governance/youth-engagement-and-empowerment-report.pdf.

Organizing Engagement(2021). Pathways to Participation. https://organizingengagement.org/models/pathways-to-participation/.

Patricio Cuevas-Parra(2017). CHILDREN AND YOUNG EOPLE'S PARTICIPATION: An Essential Approach for Ending Violence against Children. World Vision.

Pierce, C.(1975). Hart on Paternalism. *Analysis, 35*(6).

Republic of Kenya, Ministry of ICT, Innovation anc Youth Affairs(2019). Kenya Youth Development Policy 2019. https://ict.go.ke/wp-content/uploads/2020/08/Kenya-Youth-Development-Policy-2019.pdf.

Rogers, A.(2004). Looking again at non-formal and informal education—towards a new paradigm. http://www.infed.org/biblio/non_formal_paradigm.htm.

Sener, T.(2009). Introduction to Youth Policies: Swedish and Turkish Perspectives, January 2009, uploaded by Tulin Sener on 23 June 2015. https://www.researchgate.net/publication/279060074_Introduction_to_Youth_Policies.

Serban, A. M. and Barber, T.(2018). INSIGHTS INTO YOUTH POLICY GOVERNANCE, Council of Europe and European Commission. https://pjp-eu.coe.int/documents/42128013/47261953/122018-Insights_web.pdf/99400a12-31e8-76e2-f062-95abec820808.

Shier, H.(2001). Pathways to participation: Openings, opportunities and obligations, *Children & Society, 15*.

Sinclair, R. and Franklin, A.(2000). A Quality Protects Research Briefing: Young People's Participation. London: Department of Health.

Siurala, L. and Kalala, E.(2018). New directions for integrated youth policy, Conference paper, XVII Annual Conference of Youth Studies-Celebrating 30th Anniversary of the Finnish Youth Research Society at Helsinki. https://www.researchgate.net/

publication/340861229_New_directions_for_integrated_youth_policy.

Siurala, L.(2003). How do governments guide local youth work? — Observations on Nordic youth policies, Oslo.

Siurala, L.(2005). *A European framework for youth policy*. Directorate of Youth and Sport Council of Europe Publishing.

Stefan, V. and Serban, A. M.(2020). Youth inclusion, digital solutions and the global pandemic. https://pjp-eu.coe.int/documents/42128013/63918992/POY%2520EYE%2520Digital%2520platforms%2520covid%252026%2520May%25202020.pdf/ebef686d-c741-9e35-e2c1-96fb299eb759.

Taru, M.(2017). Chapter 2 Integrated youth policy - Riding the wave of cross-sectoralism, Nico, M. and Taru, M.(eds.)(2017), Needles in haystacks: Finding a way forward for cross-sectoral youth policy, Youth partnership between the European Commission and the Council of Europe, Youth Knowledge #21. https://pjp-eu.coe.int/en/web/youth-partnership/needles-in-haystacks.

The European Youth Forum(2002). *11 INDICATORS OF A (NATIONAL) YOUTH POLICY*, https://www.youthforum.org.

The Government Offices of Sweden(2020). Youth Policy. https://www.government.se/government-policy/youth-policy/.

Tomi Kiilakoski(2020). PERSPECTIVES ON YOUTH PARTICIPATION - Analytical paper, Youth Partnership, February 2020. https://pjp-eu.coe.int/documents/42128013/59895423/Kiilakoski_Participation_Analytical_Paper_final%252005-05.pdf/b7b77c27-5bc3-5a90-594b-a18d253b7e67.

Treseder, P.(1997). *Empowering Children and Young People: Promoting Involvement in Decision Making*. Swansea: Save the Children.

UN Department of Economic and Social Affairs(2021). THE 17 GOALS. https://sdgs.un.org/goals.

UN Economic and Social Affairs(2010a). *Growing Together: Youth and the Work of the United Nations*. N.Y.: UN.

UN Economic and Social Affairs(2010b). *World Programme of Action for Youth*. N.Y.: UN.

UN Office of the Secretary-General's Envoy on Youth(2021). Reflecting on two years of Youth2030 — the first-ever UN Youth Strategy. https://www.un.org/youthenvoy/2020/09/reflecting-on-two-years-of-youth2030-the-first-ever-un-youth-strategy/.

UN(2003). *2003 World Youth Report*. N.Y.: UN.

UNESCAP(The Economic and Social Commission for Asia and the Pacific)(2012). INVESTING IN YOUTH POLICY - Sharing good practices to advance policy development for young people in the Asia-Pacific region, April 5, 2012. https://www.unescap.org/sites/default/files/Investing_In_Youth_Policy.pdf.

UNESCO(2004). *Unesco's Contribution: Empowering Youth through National Policies*. http://www.unesco.org/youth.

UNICEF(2001). The participation rights of adolescents: a strategic approach. UNICEF Working Paper Series. https://www.unicef.org/Participation_Rights_of_Adolescents_Rajani_2001.pdf

United Nations Economic and Social Commission for Western Asia(2009). National Youth Policy: Priorities and Paradigms, E/ESCWA/PI/2009/12. https://www.unescwa.org/sites/www.unescwa.org/files/publications/files/e_escwa_pi_09_12_e.pdf.

USAID(2020). Youth Policy Toolkit: Defining Youth. https://toolkits.knowledgesuccess.org/toolkits/youthpolicy.

Veronica Stefan and Adina Marina Serban(2020). Youth inclusion, digital solutions and the global pandemic. https://pjp-eu.coe.int/documents/42128013/63918992/POY%2520EYE%2520Digital%2520platforms%2520covid%252026%2520May%25202020.pdf/ebef686d-c741-9e35-e2c1-96fb299eb759.

Wallace C. and Bendit R.(2011). "Trends towards Europeanization of Policy" In Chisholm L., Kovacheva S., Merico M.(eds) European Youth Studies: Integrating Research. Policy and Practice.

Walther, A. et al.(2002). *Youth Transitions, Youth Policy and ParticipationState of the Art Report*, Working Paper 1, Research Project YOYO.

Walther, A.(2005). Risks and Responsibilities? The Individualisation of Youth Transitions and the Ambivalence between Participation and Activation in Europe, *Social Work & Society, 3*(1). http://www.socwork.net/Walther2005.pdf.

Walther et al.(2021). Regimes of Youth Participation? Comparative Analysis of Youth Policies and Participation across European Cities. *Young, 29*(2).

Warshak, R.(2003). Payoffs and Pitfalls of Listening to Children. *Family Relations, 52*(4).

White, R., Wyn, J. and Robards, B.(2017). *Youth and Society 4th Edition*. Oxford: Oxford University Press.

Williamson, H.(2002). *Supporting young people in Europe: principles, policy and practice*. Strasbourg: Council of Europe Publishing.

Williamson, H.(2006). *Youth work and the changing policy environment for young people*.

Leicester: National Youth Agency.

Williamson, H.(2008). *Supporting Young People in Europe, 2, Lessons from the 'second seven' Council of Europe international reviews of national youth policy*. Strasbourg: Council of Europe Publishing.

Williamson, H.(2017). *SUPPORTING YOUNG PEOPLE IN EUROPE, 3, LOOKING TO THE FUTURE*. Strasbourg: Council of Europe Publishing.

Wong, N. T., Zimmerman, M. A. and Parker, E. A.(2010). A Typology of Youth Participation and Empowerment for Child and Adolescent Health Promotion. *American Journal of Community Psychology, 46*.

Woodman, D. and Wyn, J.(2013). Youth policy and generations: why youth policy needs to rethink youth. *Social Policy and Society, 12*(2).

World Bank(2006). World Development Report 2007: Development and the Next Generation. http://documents1.worldbank.org/curated/en/556251468128407787/pdf/359990WDR0complete.pdf.

World Bank(2007). *World Development Report 2007: Development and the Next Generation*. Washington, D.C.: The World Bank.

Wyn, J. and White, R.(2000). Negotiating social change: The Paradox of Youth. *Youth & Society, 32*(2).

Xuan Li(2019). Rethinking youth policy model in Europe and its constituents: civic learning and civic engagement, Urban Research & Practice. file:///C:/Users/user/Downloads/rethinkingyouthpolicymodelineuropeanditsconstituentsciviclearningandcivicengagementcopy.pdf.

Young Adullt(2020). Youth policy. http://www.young-adulllt.eu/glossary/detail.php?we_objectID=221.

Youth Express Network(2020). Digitalise-it: local workshops using Digital Storytelling. http://youthexpressnetwork.org/tag/digitalise-it-en/.

Youth of European Nationalities(2019). Toolkit on youth participation. http://www.yeni.org/wp-content/uploads/2019/10/toolkit-youth-participation_YEN.pdf.

Youth Partnership(2008). Country Sheet on Youth Policy: Irland. http://youth-partnership-eu.coe.int/youth-partnership/documents/Questionnaires/Country/2007/Ireland.pdf.

Youth Partnership(2010). Country Sheet on Youth Policy FRANCE. http://youth-partnership-eu.coe.int/youth-partnership/documents/Questionnaires/Country/2010/FRANCE.pdf.

Youth Partnership(2020). About time: Youth Policy in 21st Century, working document: Youth policy manual-2020 Draft for consultation, A reference manual for youth policy development and implementation from a European perspective in the 21st century, Draft manual for consultation version of 25 March 2020. https://pjp-eu.coe.int/documents/42128013/47261623/Youth-Policy-Manual-2020-draft-for-consultation.pdf/f14eefb9-0d1f-7d35-68d7-3ea2cf0c4746.

Youth Policy Labs(2020). Factsheets. https://www.youthpolicy.org/factsheets/.

Zimmerman, M. A.(2000). Empowerment Theory: Psychological, Organizational and Community Levels of Analysis. *Handbook on Community Psychology*. edited by J. Rappaport and E. Seidman. New York: Plenum Press.

落合良行・伊藤裕子・齊藤誠一(2001). 青年の心理學, 東京: Yuhikaku.

內閣府 編(2021). 令和3年版 子供・若者白書(全体版), 東京: 內閣府.

內閣府(2021). 子ども&・若者育成支援推進本部. https://www8.cao.go.jp/youth/suisin/kwhonbu/index.html.

子ども・若者育成支援推進本部(2010). 子ども・若者ビジョン, 2010年 7月 子ども・若者育成支援推進本部 發表資料.

子ども・若者育成支援推進本部(2016). 子供&・若者育成支援推進大綱(平成28年2月9日 子ども&・若者育成支援推進本部決定). https://www8.cao.go.jp/youth/suisin/pdf/taikou.pdf.

平塚眞樹(2016). 第3章 子ども・若子支援の政策と課題, 田中治彦・萩原建次郎 編著, 若子の居場所と參加: ユ-ス ワ-クが築く新たな社會, 東京: 東洋館出版社.

저자소개

이 광 호

- 연세대학교 교육학과 졸업
  동대학교 대학원 석사, 박사학위 취득(Ph. D.)
- 경기대학교 사회과학대학 청소년전공 교수
- 한국청소년활동진흥원 이사장
- 국무총리실 소속 국가청소년위원회 청소년정책단장(별정직)
- 한국청소년정책연구원 선임연구위원

저서 및 논문

- 『아이에게 동사형 꿈을 꾸게 하라』, 『청소년정책론(공저)』, 『청소년활동론(공저)』, 『청소년수련활동론(공저)』, 『한국 근대교육체제 형성과 학력주의』 외 다수
- 『새로운 아동청소년정책 통합과 발전과제에 대한 제언』, 『청소년사업의 역사적 변천 과정과 개념적 특성에 관한 연구』 외 다수

2판

새로운 청소년정책 총론

초 판 1쇄 발행 2012년 8월 9일
초 판 3쇄 발행 2016년 7월 10일
제2판 1쇄 발행 2022년 1월 4일

지 은 이 | 이광호
펴 낸 이 | 김기섭
편 집 인 | 이윤희·조진주
펴 낸 곳 | 창지사 www.changjisa.com
08589 서울시 금천구 가산디지털 1로 83 파트너스타워 1차 9층
전화 (02)719-2211~3
팩스 (02)701-9386
등 록 | 1977년 4월 28일 · 제1-421호

ISBN 978-89-426-1478-3 (93330)

값 27,000원